Eduardo de Campos Valadares

Spaß mit Physik

Kreative Versuche für Schule und Freizeit

3. stark erweiterte und überarbeitete Auflage

Aulis Verlag Deubner

Bibliografische Information Der Deutschen Bibliothek

Die Deutsche Bibliothek verzeichnet diese Publikation in der Deutschen Nationalbibliografie; detaillierte bibliografische Daten sind im Internet über <http://dnb.ddb.de> abrufbar.

Titel der brasilianischen Originalausgabe:

„Física mais que divertida"

Deutsche Übersetzung: *Friederike Wolff Valadares* und *Hans Teetzmann*

Illustrationen: *Cláudio Roberto*

Titelgestaltung: *Sybille Hübener*

Satz: *con-dere, Köln*

Best.-Nr. 6097

Printed in the European Community

ISBN 978-3-7614-2771-2

Inhalt

Experiment
* mittleren Schwierigkeitsgrades
* * etwas höheren Schwierigkeitsgrades
* * * hohen Schwierigkeitsgrades

Vorwort

Spaß mit Physik ist eine praktische Anleitung, um zu entdecken, wie faszinierend Physik ist. Es wird ausprobiert, angefasst und gespürt, dass viele der Naturgesetze anschaulich und verständlich sind. Außerdem wird man aufgefordert, über verschiedene mögliche Anwendungen des Erlernten nachzudenken und selbstständig weitere, noch kompliziertere Prototypen zu entwickeln und zu bauen. Physik wird mit Entdeckungen und Innovation verknüpft! Die Grundvoraussetzung ist die Freude am Forschen und Kreativität, die wir alle im Überfluss haben.

Die dargestellten Experimente und Prototypen verwenden Haushaltswerkzeugen und wiederverwendbare und billige Materialien, die in Supermärkten, Drogerien, Apotheken und Baumärkten erhältlich sind. Es gibt Experimente für jeden Geschmack und für jedes Alter. Die vorgeschlagenen Anleitungen entsprechen nur einigen von vielen Möglichkeiten, wie man zum Ziel kommt. Wenn Du auf den Konzepten dieses Buches aufbaust, wirst Du in unserem Alltag viele Möglichkeiten zum Entdecken und Erneuern erkennen.

Ein weiterer Schwerpunkt dieses Buches ist die Förderung der Teamarbeit. Lade Deine Klassenkameraden und Freunde dazu ein, am Abenteuer des Entdeckens der Natur und des Entwickelns neuer Anwendungen der Grundwissenschaften teilzunehmen. Erlebe den Spaß am gemeinsamen Entdecken. Du wirst lernen, dass es viel mehr Ideen gibt und schneller Ergebnisse erreicht werden, wenn man als Team arbeitet. Es geht darum, einfache und billige Lösungen zu finden. Die Welt wartet auf neue Entdeckungen. Warum sollte man die Experimente nicht in Parks, Zeltlagern, Jugendzentren, auf Kindergeburtstagen und natürlich auch in der Schulen vorzuführen? Das ist die große Herausforderung. Wissenschaft ist ansteckend. Probiere es mal!

Auch Lehrer für Naturwissenschaften finden hier eine Menge neuer Anregungen, um Basiskonzepte zu demonstrieren und um damit ihren Unterricht noch lebendiger und anregender zu gestalten. Nebenbei werden ihre Schüler in die Lage versetzt, die Faszination von Entdeckung direkt zu erleben. Das Wichtigste ist, eine für die Schüler günstige Atmosphäre zu schaffen, in der sie neue Ideen entwickeln und in der sie aktiv sein können. Der erste Schritt könnte die Verbesserung von Projekten sein, wie sie in diesem Buch vorgestellt werden, so dass die Schüler stärker motiviert werden, Vertrauen gewinnen und die notwendigen Fertigkeiten entwickeln, um aufwendigere Projekte anzupacken. Es ist wichtig zu beachten, dass jede Altersgruppe unterschiedliche Bedürfnisse und Fähigkeiten besitzt. Teenager im Alter von 14 bis 17 Jahren wollen sicherlich ganze Projekte alleine durchführen und neue Ideen für wissenschaftliche Projekte in die Praxis umsetzen. Sie sollten zunächst mit Haushaltswerkzeugen umzugehen lernen und Sicherheitsmaßnahmen kennen, bevor sie ihre Projekte weiterentwickeln. Dies wird dazu beitragen, Unfälle zu verhindern.

Kinder werden ihre Freude daran haben, Experimente mit der Hilfe eines Erwachsenen durchzuführen; das können die Eltern oder Lehrer sein. Kinder sind sehr kreativ und die Erwachsenen werden sicherlich von ihren Ideen beeindruckt. Der Erfolg dieser Strategie hängt davon ab, eine genaue Auswahl durchzuführen, welche Aktivitäten die Kinder alleine ausführen können und für welche sie Hilfe benötigen.

Dieses Buch ist in fünf große Abschnitte mit Experimenten eingeteilt. Die Überschriften lauten: „Lustige Mechanik", „Spielereien mit Licht: Optik", „Die Welt der Atome und unsere Welt: Kälte, Wärme und Riesenseifenblasen", „Spielereien mit Tönen: Akustik" und „Elektrisierende Experimente: Elektrizität und Magnetismus". Diese Blöcke stehen in Beziehung zueinander und es gibt viele Querverbindungen zwischen den verschiedenen Kapiteln. Eine Einführung der notwendigen Werkzeuge und Sicherheitsmaßnahmen ist im Kapitel „Gebrauchsanweisung" gegeben. Die benötigten Materialien werden detailliert unter „Material" beschrieben. Vorschläge zur Durchführung der Projekte werden in „Schritt für Schritt" vorgestellt und weitere Ideen finden sich in den Bereichen „Einen Schritt weiter" und „Noch einen Schritt weiter". Hinweise zum wissenschaftlichen Hintergrund der Experimente und Prototypen werden in den Abschnitten „Wissenswertes" angeboten. Diese helfen dabei, neue Einsichten und Denkanstöße zu geben. Du wirst dazu herausgefordert, weitere Zusammenhänge herauszufinden und Alternativen zu entwickeln, wenn Dir nicht alle benötigten Materialen zur Verfügung stehen und Dinge zu erfinden, von denen Du wahrscheinlich nie geträumt hast. Die Idee ist es Neugierde und Entdeckergeist zu fördern, um neue Lösungen zu finden und die Problemen aus anderen Perspektiven zu betrachten. Schließlich entstehen Neuerung und Endeckung meistens aus der Not oder dem Mangel an Mitteln.

Einige Projekte bieten verschiedene Schwierigkeitsgrade an. Ein Beispiel hierfür ist der Windtunnel, der mit dem einfachen Anblasen eines Blattes Papier beginnt. Ein weiteres Beispiel ist die fliegende Untertasse („Reibungslose Bewegung"), bei der die einfachste Version aus einem CD-Modell besteht. Die nächsten Stufen beider Projekte benötigen speziellere Fertigkeiten, obwohl sie weiterhin für Demonstrationen in Verbindung mit den einfacheren Versionen verwendet werden können. Die zugrundeliegenden Prinzipien sind die gleichen, so dass sowohl Kinder als auch Erwachsene über die gleichen Experimente staunen werden. Andere Projekte sind vom Konzept her komplizierter, obwohl sie einfach herzustellen sind, und mögen Erstsemester inspirieren. Die Reihe an Experimenten „Der Astronaut im Lift", „Fliegende Bälle" und „Neue Entdeckungen mit Polarisationsfiltern" könnten in diese Gruppe gehören. Die anspruchsvolleren Experimente sind mit einem Stern (mittlerer Schwierigkeitsgrad), zwei Sternen (etwas höherer Schwierigkeitsgrad) und drei Sternen (hoher Schwierigkeitsgrad) gekennzeichnet.

Themen von aktuellem Interesse, wie beispielsweise alternative Energiequellen, Nanotechnologie und Umweltfragen, sind in diese neue Auflage mit aufgenommen worden. Sie bieten eine Menge Anregungen für jüngere Menschen, Forschung und Entwicklung selbst auszuprobieren. Dies ermöglicht Probleme der Energieversorgung und Umwelt besser zu verstehen und veranschaulicht, wie man neue Lösung ausprobieren kann. Da die Nanotechnologie eine wichtige Rolle in unserem täglichen Leben spielt, ist es an der Zeit, neue Generationen in die Nanowelt einzuführen.

Seit dem 21. Jahrhundert zeigt sich, dass Physik, Chemie und Biologie immer stärker miteinander verflochten sind. *Spaß mit Physik* verdeutlicht diesen Trend durch Experimente und Modelle. Allerdings gibt es deutlich mehr als Wissenschaft und Technologie in diesem Buch. Seine wichtigste Botschaft ist die Überzeugung, dass Wissenschaft und Technologie Werkzeuge sind, um Menschen voranzubringen und ihnen zu helfen, Talente und neue Möglichkeiten zu entdecken und die Lebensbedingungen unserer Gesellschaft zu verbessern.

Widmung

Für meine Eltern *Alzira* und *Sindulfo* und meine Familie: *Sofia Carolina, Elisa, Felix* und *Friederike*

Danksagung

Dieses Buch enthält die Erfahrung des Autors beim Lehren und Lernen von Grundlagenphysik. Es entstand durch Kontakte mit Leuten aus allen Lebensbereichen sowohl in Brasilien als auch im Ausland. Die deutsche Ausgabe wurde ermöglicht durch die Unterstützung von *Prof. Klaus Weltner* und *Wolfgang Lotte*. Diese neue Auflage wäre nicht möglich ohne die Abbildungen von *Cláudio Roberto*, die sorgfältige Gestaltung von *Petra Piskar* und die Übersetzung von *Friederike Wolff Valadares* und *Hans Teetzmann*.

Gebrauchsanleitung

Beim Umgang mit den Werkzeugen gilt als oberstes Gebot:
Unfälle sind zu vermeiden!
Alle in diesem Buch beschriebenen Experimente sind so angelegt, dass bei sachgemäßer Benutzung der Werkzeuge und Materialien ein Unfallrisiko nicht existiert. Die meisten hier abgebildeten Werkzeuge sind bekannt und im Haushalt vorhanden. Falls nicht, können sie in Baumärkten oder in Hobbymärkten beschafft werden. Eine gewisse Verletzungsgefahr besteht beim Hantieren mit elektrischen Geräten. Eine elektrische Bohrmaschine oder Stichsäge sollte nur unter Anleitung oder Aufsicht von Erwachsenen benutzt werden.

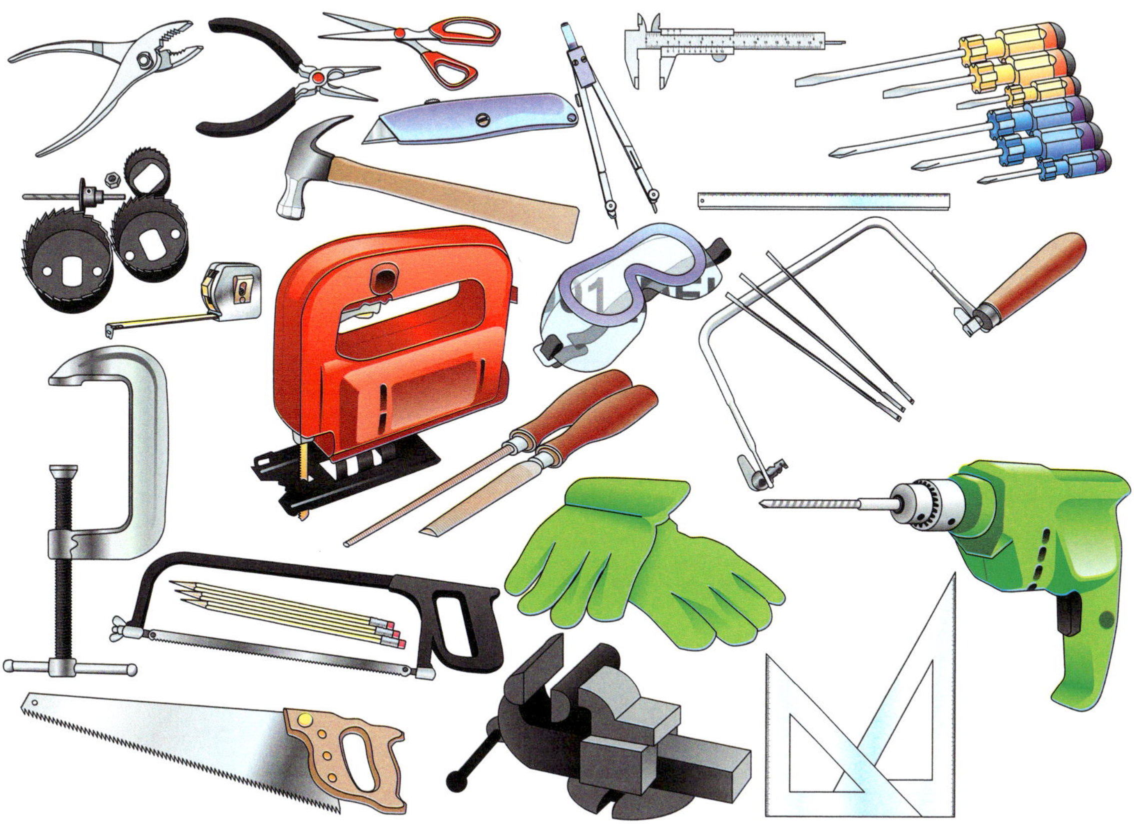

Gebrauch von Handschuhen und Schutzbrillen

Um Augenverletzungen zu vermeiden, raten wir dringend, beim Sägen, Bohren und Feilen von Holz oder Metall eine Schutzbrille zu tragen.
Beim Umgang mit Glas sollte man geeignete Handschuhe anziehen.

Schieblehre

In einigen Experimenten sind die Materiallängen mit 1/10 mm Genauigkeit zu messen. Zu dieser Präzisionsmessung dient eine Schieblehre. Der Gebrauch des Instrumentes ist einfach und wird in der Abbildung erklärt.

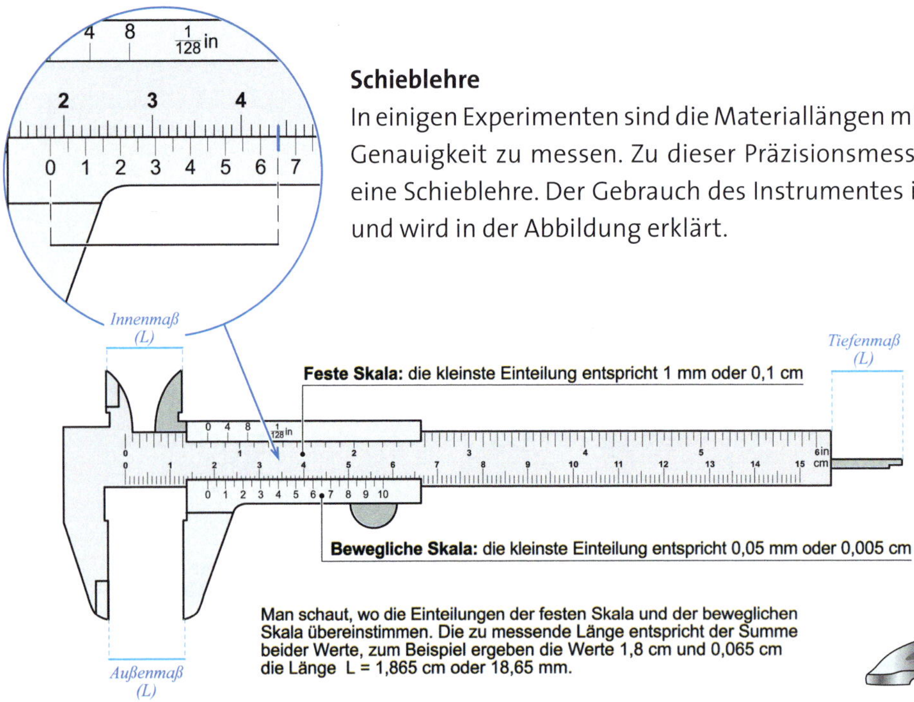

Man schaut, wo die Einteilungen der festen Skala und der beweglichen Skala übereinstimmen. Die zu messende Länge entspricht der Summe beider Werte, zum Beispiel ergeben die Werte 1,8 cm und 0,065 cm die Länge L = 1,865 cm oder 18,65 mm.

Schraubzwingen

Dies sind Zwingen mit regulierbarer Fixierung. Sie werden benutzt, um Teile auf einer Arbeitsbank zu fixieren. Die mittleren Größen sind am besten für alle vorgeschlagenen Experimente geeignet.

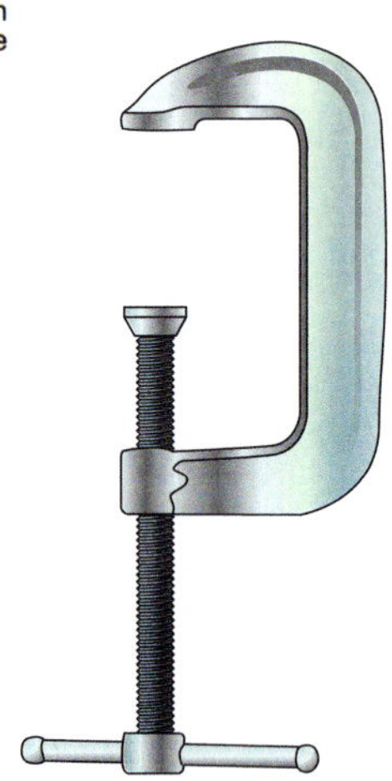

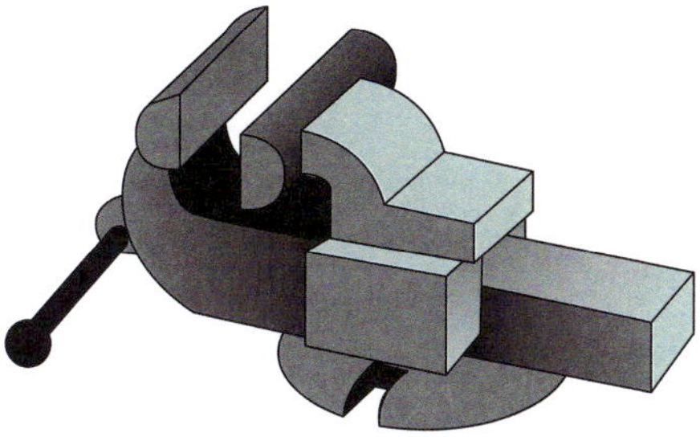

Schraubstock

Er wird z. B. mit Hilfe einer Schraubzwinge oder mit Schrauben an der Arbeitsbank fixiert. Seine Grundfunktion besteht darin, Teile festzuhalten, um sie bearbeiten zu können. Er ist gegeignet, um z. B. PVC-Rohre oder Holzstangen zu zersägen.

Runde und abgeflachte Feilen

Beide helfen bei der Fertigstellung und dem Abschleifen von Materialien. Die runde Feile wird vor allem dazu benutzt, den Durchmesser von Löchern in Holz, Plastik oder Metall zu vergrößern.

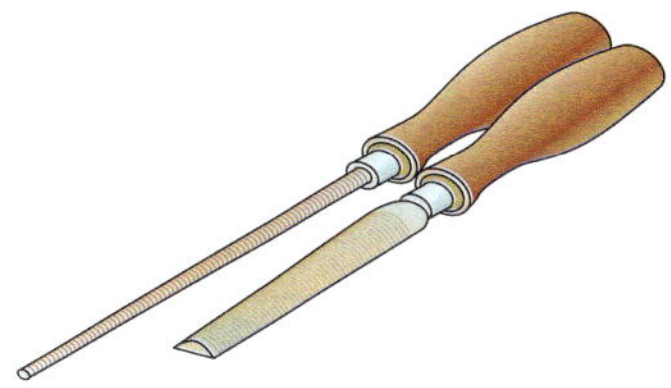

Handbügelsäge

Es handelt sich hierbei um eine Handsäge zum Sägen von z. B. Holz, Metall- oder Plastikrohren. Es gibt spezielle Sägeblätter für Holz und Metall und beim Arbeiten muss auf die richtige Auswahl geachtet werden.

Elektrische Bohrmaschine

Der Gebrauch einer Halterung (Stützlager) erleichtert die Anwendung der Bohrmaschine und macht die Benutzung kontrollierter und sicherer. Um die Arbeitsbank nicht zu beschädigen, sollte man das Teil vor der Bohrung auf eine Holzbasis legen. Die Auswahl der Bohrer ist sehr wichtig. Es gibt spezielle Bohrer für Holz und Metall. Nützliche Zusatzteile zur Bohrmaschine sind zum einen die Schleifscheibe, die es ermöglicht, schnell glatte Oberflächen herzustellen und zum anderen die Lochsäge, um Löcher zu sägen und zu erweitern. Um eine Lochsäge zu nutzen, musst Du zunächst ihren Führungsbohrer in der Bohrmaschine befestigen. Der Bohrer führt die Säge in das Holz und verhindert ein Ausbrechen der Säge. Wenn Du ein Loch vergrößerst, existiert kein

Holz, in das Du den Bohrer bohren könntest. Das Ergebnis ist, dass die Säge führungslos über die ganze Platte wandert. Um dieses Problem zu umgehen, befestigst Du ein Stück Sperrholz (1-1,5 cm dick) über dem existierenden Loch. Dann bohrst Du in das Sperrholz und durch das Loch dahinter. Das Sperrholz wird den Führungsbohrer führen, bis die Säge zu schneiden beginnt.

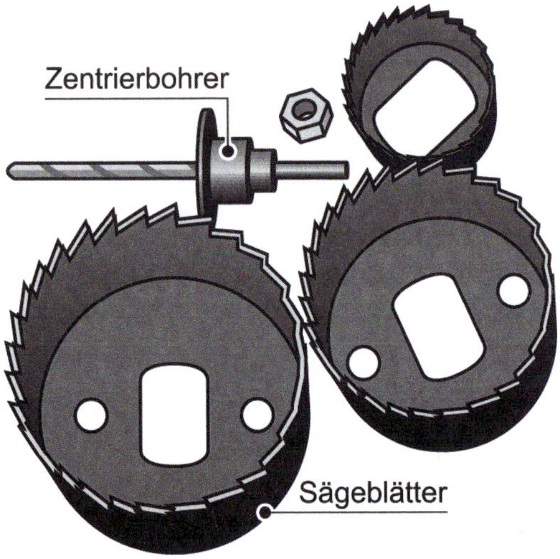

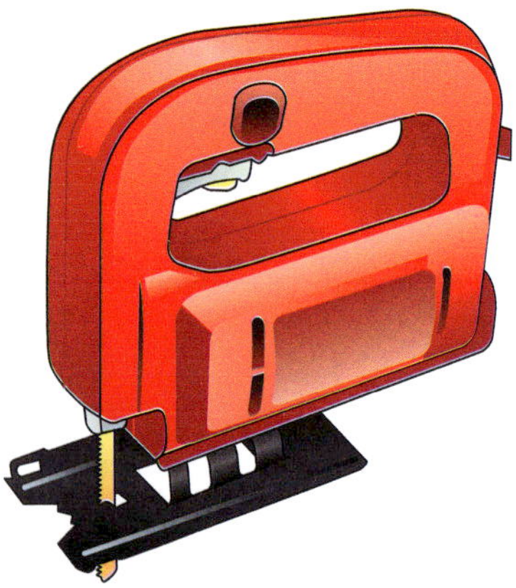

Stichsäge

Hierbei handelt es sich um eine vielseitige elektrische Säge. Sie erlaubt z. B. das Schneiden von Kurven. Die Basis kann so eingestellt werden, dass man schräg sägen kann.

Material M 1.1
- *Dose mit abnehmbarem Deckel*
- *Gummiband*
- *große Schraube mit Mutter*
- *Nagel*

1 | Lustige Mechanik

1.1 Die Zauberdose

Wie wäre es, eine Dose herzustellen, die rollt, stoppt und auf Befehl zurückkommt?

Schritt für Schritt

Drehe die Schraubenmutter bis zum Schraubenkopf. In die Mitte des Gummibandes machst Du eine Schleife und befestigst diese am anderen Ende der Schraube. Nun wird ein Loch in die Mitte des Deckels und des Bodens der Dose gebohrt. Stecke ein Ende des Gummis durch das gebohrte Loch im Dosenboden und befestige es mit einem Knoten oder Nagel (s. Abb.). Dehne das Gummi und stecke das andere Ende durch den Dosendeckel. Schließe den Deckel und befestige das Gummi am Deckel. Schüttele die Dose, um Dich zu vergewissern, ob die Schraube nicht die Dosenwand berührt. Nun lässt Du die Dose auf einer glatten Oberfläche ohne Hindernisse rollen. Die Zauberdose kann noch lustiger werden, wenn Du sie anmalst.

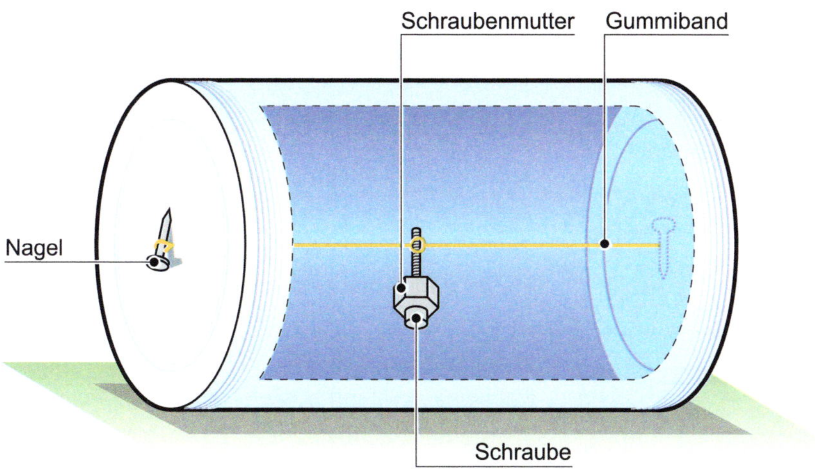

Alternative

Du kannst direkt beobachten, was in der Dose passiert. Dafür benutzt Du anstelle der Dose eine durchsichtige Plastikflasche. Die Löcher sollten im Boden und Deckel zentral gebohrt werden. Du könntest weitere verschiedene Versionen mit Teilen von Plastikflaschen testen („zwei Becher"), die Du ineinander einpasst.

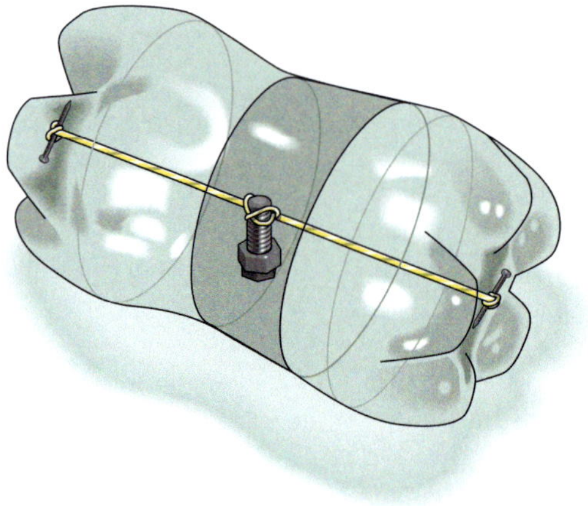

Manche Spielzeuge und Aufziehuhren funktionieren nach dem gleichen Prinzip.

Wissenswertes

Das Dehnen eines Gummibandes erfordert einigen Aufwand. Du kannst es loslassen und beobachten, was passiert. Irgendetwas ist im gespannten Gummiband gespeichert, das in Bewegung verwandelt werden kann. Dieses Irgendetwas wird Energie genannt. Je stärker Du das Gummiband spannst, desto mehr Spannenergie ist im Band gespeichert. Es gibt noch andere Energieformen. Es ist nicht möglich, Energie aus dem Nichts zu erzeugen, man kann nur eine Form von Energie in eine andere umwandeln. Elektrizität kann beispielsweise ein Bügeleisen, einen Fernseher, eine Waschmaschine und einen Computer gleichzeitig arbeiten lassen. All diese Beispiele beinhalten die Umwandlung von einer Energieform in eine andere. Was ist mit der Zauberdose? Wie wird die Energie gespeichert und wie wird sie in Bewegung umgewandelt?

M 1.2	**Material** • *zwei Plastiklineale* • *drei weiße DIN A4-Papierblätter* • *Pappe*

1.2 Wie die Schwachen stark werden

Jeder von uns hat eine schwache und eine starke Seite. Die Materialien ebenfalls. Du kannst diese Zweiseitigkeit kennenlernen, indem Du Lineal, Papier und Pappe benutzt.

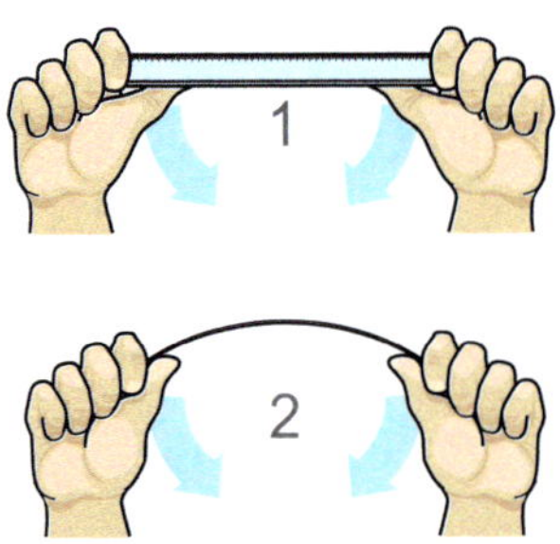

A. Biegen eines Lineals

Ein Lineal wird mit beiden Händen an den Enden festgehalten. Versuche es zu verbiegen, wie es auf Bild 1 und 2 zu sehen ist. Kannst Du feststellen, welches die starke und welches die schwache Seite ist?

Die schwache Seite ist von oben gesehen breit. Die starke Seite ist von oben gesehen schmal.

Wie kannst Du diese beiden Seiten des Lineals nutzen? Zum Beispiel, wenn man zwei Lineale so zusammenfügt, dass sie ein T bilden. Dann ist die Kombination in beiden Richtungen stark. Andere Möglichkeiten sind I- und U-Profile, die man oft beim Hausbau benutzt.

Wissenswertes

In Bild 1 könnte man sich ein Lineal vorstellen, das sehr schmal in Blickrichtung des Betrachters und sehr dick senkrecht dazu ist. In Bild 2 ist das Lineal sehr breit (Blickrichtung) und sehr schmal (vertikal dazu). In beiden Fällen ist die Länge des Lineals identisch. Welche Eigenschaft ist entscheidend, wenn man das Lineal biegt? Welcher Vorteil besteht darin, sowohl schmal als auch breit zu sein? Die Länge des Lineals spielt auch eine Rolle beim Biegen. Wenn Du das eine Ende des Lineals wie ein Sprungbrett mit der einen Hand auf einer Tischkante festhältst, dann kannst Du durch Variieren der Länge dieses „Sprungbrettes“ entdecken, wie die Länge die Biegbarkeit beeinflusst.

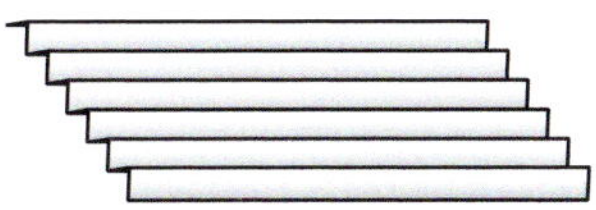

B. Gefaltetes Papier

Stelle ein Blatt Papier senkrecht auf. Warum fällt es um? Das Blatt wird wie auf dem Bild zu einer Ziehharmonika gefaltet. Bleibt das Blatt nun stehen?

Überprüfe, ob es das Gewicht eines glatten Papierblattes aushält.

Mit Hilfe eines gefalteten Blattes wird eine Brücke gebastelt. Stütze sie auf zwei Büchern ab und probiere aus, welches Maximalgewicht sie aushält. Hält die Papierbrücke mehr Gewicht aus, wenn die Anzahl an Faltungen in vergleichbaren Papierblättern steigt? Wenn Du ein Blatt Papier in zwei gleiche Hälften zerschneidest und zwei identische Röhren bastelst (mit Tesafilm verkleben), kannst Du untersuchen, wie diese als Brücke funktionieren. Dazu stützt Du sie auf zwei Büchern ab und testest, wie viel sie tragen. Nun verkleinere den Radius der Röhren, indem Du sie enger rollst. Bilden die neuen Röhren eine widerstandsfähigere Brücke? Welchen Anteil an der Veränderung hat der abnehmende Radius und welchen die zunehmende Wandstärke der Röhren?

Wissenswertes

Die mechanische Widerstandsfähigkeit eines Körpers hängt vom Material ab, aus dem der Körper hergestellt wurde (vergleiche ein Blatt Papier und ein Metallblech derselben Größe – und siehe auch das nächste Experiment) und von der Geometrie des Körpers, wie die vorangegangenen Experimente gezeigt haben.

Das Falten von Metallblechen kann die mechanische Festigkeit erheblich steigern. Unterschiedliche Arten der Faltung können die Widerstandsfähigkeit eines Körpers beim Biegen, Dehnen oder Verdrehen beeinflussen (Materialien werden auch strukturiert, um Stöße zu absorbieren.). Das Metallblech, das beispielsweise für Autos verwendet wird, wird immer dünner. In Autos gibt es eine Menge verschiedener Faltungen. Wozu dienen sie? Um uns herum gibt es eine Menge Arten von Faltungen, beispielsweise bei Plastikbechern und Böden von Plastikflaschen. Welche Aufgabe haben sie? Um zu begreifen, welche Eigenschaften die Faltungen haben, kannst Du Papier benutzen, um die Faltungen nachzubauen, die Du entdeckt hast.

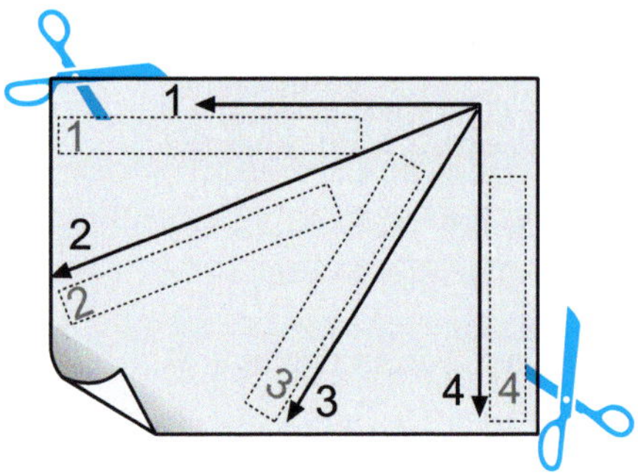

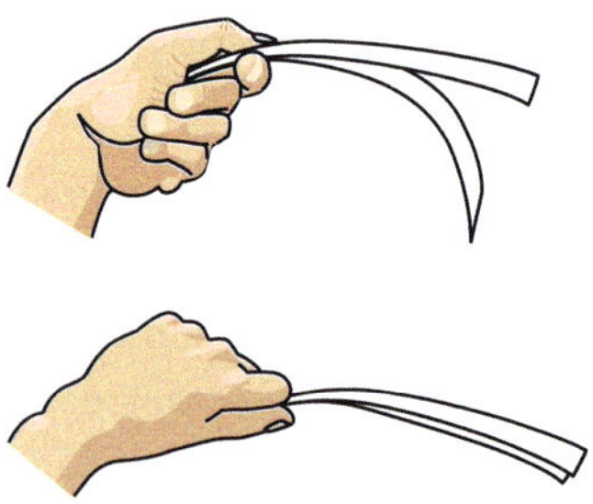

C. Einen Schritt weiter: Steifigkeitstest (Papier)

Aus einem Papierblatt werden zwei Streifen von 2 cm x 15 cm ausgeschnitten (Streifen 1 und 4 der Abb.). Ein Streifen wird über den anderen gelegt und beide mit den Fingerspitzen an einem ihrer Enden festgehalten.

Die Position der Streifen wird umgekehrt, so dass der obere Streifen unten liegt und umgekehrt (drehe einfach die Hand um). Beobachte, was in beiden Fällen passiert. Welcher Streifen ist widerstandsfähiger? Wie hängt die relative Steifigkeit des Papierstreifens von der Richtung ab, in der der Streifen aus dem Blatt Papier geschnitten wurde? Wie ändert sich die Steifigkeit von Papier, wenn es nass wird?

Wissenswertes

Wenn Du ein Papierblatt mit einem Mikroskop untersuchen würdest, welches Atome sehen ließe, würdest Du verschiedene Atome aneinandergereiht sehen können. Die Atome bilden Ketten oder Gruppen, diese nennt man Makromoleküle. Diese Makromoleküle bilden Fasern. Normales Druckerpapier besteht aus einem Netzwerk von Cellulosefasern, die mit Wasserstoffbrücken verbunden sind. Man kann Papier also als geschichtete Netzwerkstruktur ansehen, die annähernd zweidimensional ist. Papier hat typischerweise die gleiche Dicke wie ein menschliches Haar, also ungefähr 100 Mikrometer. Zirka 10 bis 20 Fasern liegen nebeneinander. Ein DIN A4-Blatt Papier enthält beispielsweise 10 Millionen Fasern.

Celluloseketten bilden auch Wasserstoffbindungen mit Wassermolekülen. Wenn das Papier feucht oder nass wird, spalten sich Wasserstoffbindungen zwischen benachbarten Celluloseketten auf, da die Wassermoleküle um die Verbindungsstelle konkurrieren. Dadurch schwächen die Verbindungen der Ketten untereinander. Deswegen ist nasses Papier wesentlich weniger steif als trockenes Papier. Der industrielle Papierherstellungsprozess zielt darauf ab, die Cellulosefasern entlang einer bestimmten Richtung auszurichten. Während des Trocknungsprozesses wird eine größere Papierspannung in dieser Richtung erzeugt. Das Ergebnis ist eine größere Festigkeit in dieser Richtung. Man kann dieses auch testen, indem man ein Blatt Papier (A4) parallel zur kürzeren Seite einreißt und beobachtet, wie der Riss sich allmählich in senkrechter Richtung krümmt, bis das Papier in zwei Hälften zerrissen ist. Wie wirken sich Unregelmäßigkeiten und Falten auf den Weg des Risses aus?
Du kannst nun anhand des vorhergegangenen Experiments entdecken, wie die Festigkeit von der Orientierung abhängt. Dafür schneide Streifen in verschiedenen Richtungen des Papierblattes, schreibe auf jeden Streifen eine Nummer zur Identifizierung und wiederhole den Test anschließend. Es wird der widerstandsfesteste Streifen des 1. Experiments als Referenz benutzt und nach jedem Experiment durch denjenigen ersetzt, der sich als am stärksten erweist. Es werden Pfeile, mit den entsprechenden Nummern auf das Papier gezeichnet, die die Richtung der verschiedenen Papierstreifen anzeigen, siehe Bild.

Einen Schritt weiter

Der Widerstandstest wie in C vorgeschlagen kann mit anderen Materialien wie Recyclingpapier, Karton oder Plastik wiederholt werden. Du kannst auch die Blätter von Pflanzen daraufhin untersuchen.

M 1.3

Material
- *Ei*
- *Eierkarton*
- *zwei Plastikflaschen mit unterschiedlichen Durchmessern*
- *Dosendeckel*
- *Sand*
- *Trichter (den man auch aus Papier improvisieren kann)*

1.3 Auf Eier treten

Es wird gezeigt, wie man auf Eier treten kann, ohne sie zu zerbrechen.

Schritt für Schritt

Du kannst eine Flasche wie in Bild A gegen den Boden oder wie in Bild B seitlich drücken. In welchem Fall wird die Flasche stärker eingedrückt? Welche Übereinstimmungen gibt es zwischen der Flasche und dem Ei?

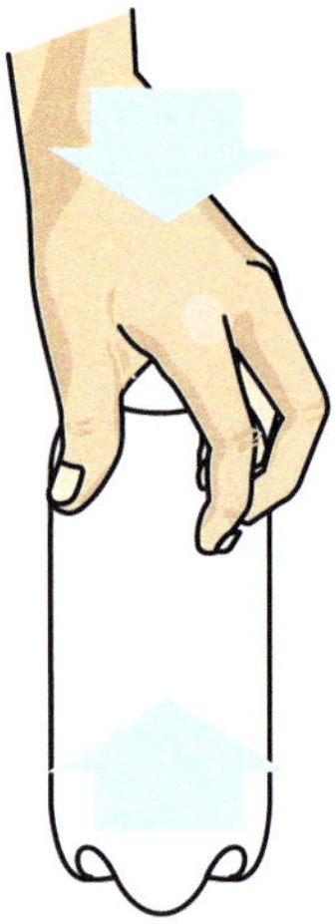

(A)

(B)

Einen Schritt weiter

Zerschneide die Plastikflasche mit dem größeren Durchmesser so, dass Du einen Becher von 20 cm Höhe erhältst. Die Eierschachtel wird in zwei Scheiben vom Durchmesser der Plastikflaschen zerschnitten, um eine Stütze für das Ei zu erhalten.

Eine der Kartonscheiben wird auf den Boden des größeren Plastikbechers gesteckt. Das Ei wird in den Karton gesetzt und der Dosendeckel darauf.

Darüber wird die andere Kartonscheibe gelegt. Nun wird die andere Flasche auf die obere Kartonscheibe gestellt und langsam mit Sand gefüllt. Wie viel Kilo hält das Ei aus? Anhand dieser Entdeckung kannst Du herausfinden, wie man auf Eier tritt, ohne sie zu zerbrechen.

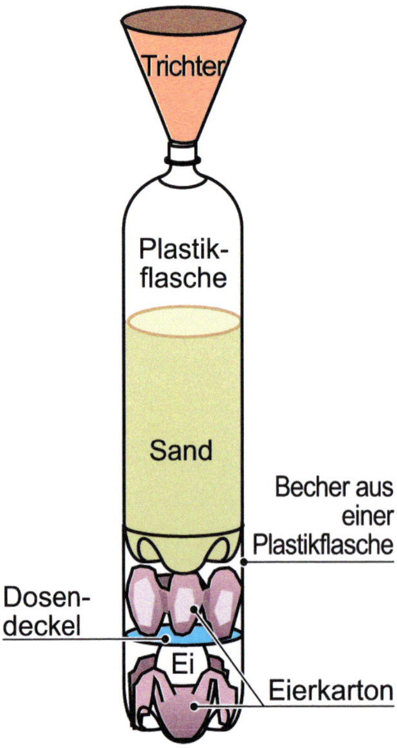

Wissenswertes

Der Hals und der Boden der Flasche sind natürlicherweise stärker „strukturiert“ als die Seiten der Flasche (Boden und Hals sind gekrümmt). Wenn Du die Flasche drückst wie in Bild A, dann versuchst Du, die Seiten der Flasche so zu biegen wie im Fall der stärkeren Seite des Lineals, die im Experiment „Wie die Schwachen stark werden" untersucht wurde. Wenn Du dies tust, belastest Du die stärksten Teile der Flasche. In der Situation Bild B ist es umgekehrt. Wie das Lineal hat auch die Flasche eine weiche Seite. Wenn Du nun die Flasche durch das Ei ersetzt, kannst Du erkennen, weshalb Küken immer durch die seitliche Eierschale schlüpfen. Übrigens, wie öffnet man ein Ei? Und wie werden Eier im Eierkarton gelagert? Und warum kann man mehrere mit Eiern gefüllte Eierkartons übereinander stapeln? Wäre dies genauso möglich, wenn die Eier in den Kartons liegen würden? Die Form des Eis alleine kann dies nicht bewerkstelligen, wenn das Hühnerfutter nicht reich an Kalzium ist: Das Material der Eierschale ist ebenso wichtig für die mechanische Festigkeit. Ohne genügend viel Kalzium würden Eierschalen weich werden und brechen, wenn die Eier transportiert werden. Allgemein formuliert haben Ingenieure die Form (Geometrie) und die Festigkeit des Materials zu kombinieren, um Autos, Flugzeuge, Raketen, Gebäude und viele andere Dinge herzustellen.

1.4 Dicke und dünne Ballons

Entdecke, warum es beim ersten Mal so schwierig ist, einen Luftballon aufzupusten.

Material M 1.4

- *zwei Luftballons*
- *eine Plastikkappe (Schraubverschluss) mit Loch in der Mitte oder ein 5 cm bis 10 cm langes Stück Gummischlauch (Durchmesser ca. 2 cm)*

Schritt für Schritt

Die Öffnung eines Ballons wird über die Plastikkappe oder den Schlauch gestülpt. Dann wird ein zweiter Ballon aufgeblasen und seine Öffnung verdrillt, aber nicht verknotet, so dass die Luft nicht entweichen kann. Nun wird die Öffnung dieses zweiten Ballons auch über die Kappe bzw. das

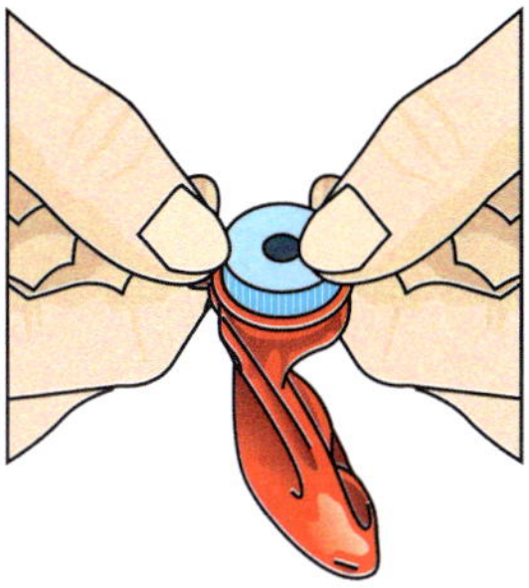

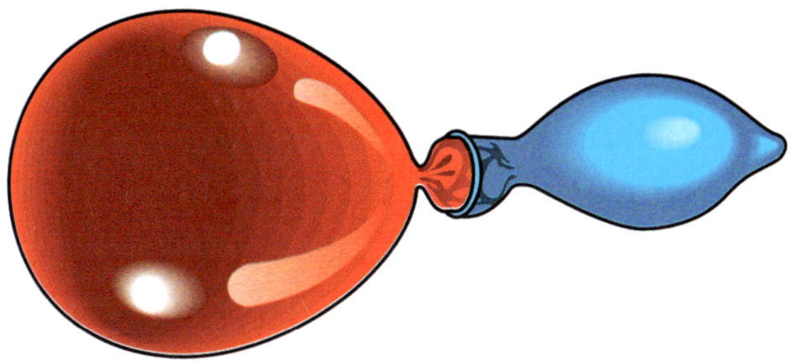

andere Schlauchende geschoben, so dass die beiden Ballons miteinander verbunden sind. Wenn Du die Öffnung dieses zweiten Ballons aufdrehst, ermöglichst Du der Luft in dem Ballon sich auszudehnen. Was passiert dabei mit dem ersten Ballon? Wird er aufgeblasen? Wenn Du den ersten Ballon drückst und dies mit dem Drücken des stärker ausgedehnten Ballons vergleichst, kannst Du ermitteln, in welchem Fall weniger Aufwand notwendig ist.

Drei Schritte weiter

A. Doppelballon gegenüber einem Einfachballon

Ein Ballon wird aufgeblasen und seine Öffnung so verdrillt, dass die Luft nicht entweichen kann (nicht verknoten). Dann wird ein Luftballon in einem anderen gestekkt, um einen Doppelballon zu erhalten. Zwischen den Ballons sollte sich keine Luft befinden. Nun wird der Doppelballon aufgepustet oder mit einer Luftpumpe gefüllt und die Öffnung luftdicht verdrillt. Beide Ballons sollten ungefähr das gleiche Volumen haben und werden mit einer Plastikkappe bzw. einem Schlauchstück wie vorher miteinander verbunden. Was passiert, wenn man die Ballons aufdreht? Was passiert mit den Ballons während des folgenden Tages?

B. Ballonwettbewerb

Die Plastikkappe wird durch ein Stück Gummischlauch mit einem Loch in der Seite ersetzt. Jetzt werden zwei Ballons mit unterschiedlichem Luftvolumen miteinander über das Schlauchstück verbunden. Welcher Ballon entleert sich schneller? Wie ist es, wenn man einen Einfach- und einen Doppelballon mit gleichem Volumen testet?

C. Gerundete und zylindrische Ballons

Man kann sich einen runden gefüllten Ballon als Kombination aus Ballonteilen mit unterschiedlichen Krümmungsradien vorstellen. Alle Ballonteile sind demselben Druck ausgesetzt wie im Experiment „dünne und dicke Ballons“. Die Dehnung eines jeden Ballonteils lässt sich mit dem entsprechenden Krümmungsradius verknüpfen. Sind die Ergebnisse stimmig mit den Ergebnissen aus dem Experiment mit den verbundenen Ballons? Wegen des Herstellungsprozesses kann die Dicke eines Ballons an einigen Stellen variieren. Wie beeinflusst diese Dicke die Dehnbarkeit? Die Enden eines gefüllten zylindrischen Ballons könnten als zwei Halbkugeln mit dem gleichen Krümmungsradius wie der zylindrische Teil angesehen werden. Welche Teile des Ballons sind stärker gedehnt: die Wand des Zylinders oder die Halbkugeln?

Wissenswertes

Wenn Du einen Ballon aufbläst, musst Du Dich anstrengen. Dadurch wird Energie als Spannenergie und in der komprimierten Luft im Ballon gespeichert. In den stärker gedehnten Stellen des Ballons sind die Gummipolymerketten entzerrt und daher stärker geordnet, vergleichbar mit trockenen Spaghetti in einer Verpackung. Im Gegensatz dazu wickeln sich die Polymerketten in den schlaffen Teilen des Ballons in zufälligen Wicklungen auf, wie gekochte Spaghetti. Diese Wicklungen sind verantwortlich für die bemerkenswerte Elastizität eines Gummis. Wenn Du einen Ballon in einem schlaffen Teil durchstichst, kann die Nadel in das Gummi eindringen, ohne es zu zerreißen, weil die Gummimoleküle sich aus dem Weg der Nadel herausdehnen ohne zu zerreißen. Entferne vorsichtig die Nadel und teste, ob Luft aus dem Loch pfeift, dass Du gestochen hast. Das Gummi um die Nadel wird verdreht und erfährt eine starke Rückstellkraft, so dass die Lücke gefüllt und dadurch verhindert wird, dass die Luft entweicht. Wenn Du einen Ballon in einem gedehnten Teil durchstichst, reißt der Ballon auseinander, weil Verbindungen und Kreuzverbindungen zwischen Molekülen immer weiter zerbrochen werden, wenn die Luft herausgepresst wird. Auf diese Art und Weise wird Spannenergie frei und die entzerrten Gummimoleküle kehren zu ihren zufällig gewickelten Formen zurück. Es scheint, dass die Natur das Chaos der Ordnung vorzieht.

1.5 Löcher im Luftballon, ohne dass er zerplatzt

Nicht immer zerplatzt ein Luftballon, wenn er ein Loch bekommt. Entdecke seine starke und seine schwache Seite.

Material	M 1.5
• *Luftballons* • *Sicherheitsnadel oder Stecknadel* • *Stricknadel* • *Tesafilm*	
Achtung *Um Unfälle zu verhindern, muss die Nadel gut festgehalten werden. Es ist empfehlenswert, während dieses Experiments Schutzbrillen zu benutzen.*	

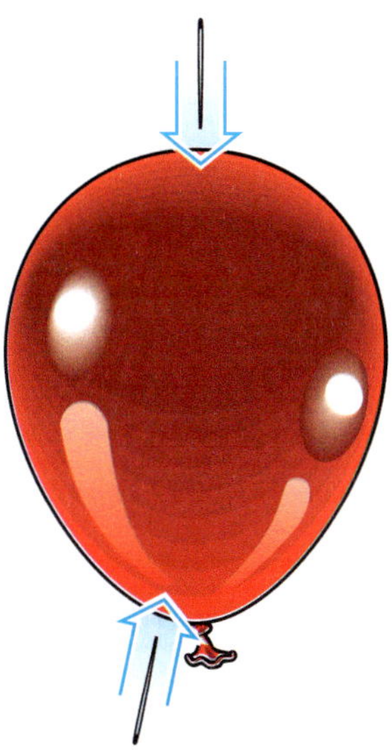

Schritt für Schritt

Der Luftballon wird aufgeblasen und das Ende verknotet, damit die Luft nicht entweichen kann. Man steckt eine Nadel oben oder unten in den Ballon, wie in der Abb. gezeigt. Man kann an solchen Stellen auch ein „Piercing“ machen oder den Ballon mit einer Stricknadel von oben nach unten durchqueren.

Einen Schritt weiter

Der Bauch des Ballons wird durchstochen. Danach sticht man durch einen Teil des Ballons, der noch nicht durchstochen ist, ohne ihn zu spannen. Ein anderer Teil des Ballons wird mit den Händen gespannt und eine zweite Person gebeten, ein Loch hineinzustechen. Was schließt Du aus diesem Experiment mit den Luftballons?

Zwei Schritte weiter

A. Die Anatomie eines Ballons

Untersuche jeden Teil eines gefüllten Ballons: seinen Hals, seinen Bauch und seinen Boden. Vergleiche runde Ballons mit zylindrischen. Welche Teile sind schlaffer und welche sind stärker gedehnt?

Wissenswertes

Stelle Dir jeden Ballon als Sammlung verschiedener Ballons unterschiedlicher Größe vor, die alle den gleichen Innenluftdruck besitzen. Gibt das Experiment „dünne und dicke Ballons" Dir einen Hinweis, warum unterschiedliche Teile eines Ballons stärker und weniger stark gedehnt sind?

B. Der Bauch des Ballons

Klebe auf den Bauch eines gefüllten Ballons ein Stück Tesafilm. Dann durchstich den beklebten Teil mit einer Nadel. Was passiert mit dem Ballon jetzt? Warum? Ist Dein Ballon jetzt bereit für eine Operation?

Wissenswertes

Der Bauch eines runden Ballons ist der am stärksten gedehnte Bereich des Ballons. Wie ist das bei zylindrischen Ballons? Wenn Du den Ballon an der beklebten Stelle durchstichst, ist es so, dass der Tesafilm den Ballon lokal verstärkt, so dass die umgebenen Teile nicht bemerken, dass der Ballon durchstochen wurde. Der Ballon überlebt nur „kleinere Operationen".

M 1.6

1.6 Dehnendes Karussell

Ein sich an einem Seil drehendes Objekt dehnt das Seil. Baue ein einfaches Messgerät, um diese Kräfte an unterschiedlichen Stellen des Seils zu untersuchen.

Material
- *ein Stück feste Schnur (Länge ca. 61 cm)*
- *zwei gleiche Stücke Gummiband (ca. 16,5 cm lang)*
- *zwei Stücke schwarzes Isolierband (ca. 4 cm lang)*
- *zwei leichte schwarze Objekte (zum Beispiel zwei kleine Plastikkugeln)*

Schritt für Schritt

Befestige ein Gummibandstück sicher an jedem Objekt. Binde mit einem festen Knoten das andere Ende eines der Gummibänder an ein Ende der Schnur. Am anderen Ende wirst Du festhalten. Dann klebe ein Stück Isolierband an die Schnur direkt neben den Knoten. Das schwarze Band sollte auf der Schnur kleben, nicht auf dem Gummiband. Das schwarze Objekt und das schwarze Klebeband werden es leicht ermöglichen zu sehen, wie stark das Gummiband gedehnt ist, wenn man die Schnur dreht. Befestige mit einem festen Knoten das andere Stück Gummiband in ca. 36 cm Entfernung zum ersten Gummiband an der Schnur. Beachte dabei, dass die Entfernung zwischen Knoten und Objekt bei beiden Objekten dieselbe ist. Klebe ein weiteres Stück Isolierband direkt neben den zweiten Knoten an die Schnur. Nun halte die Schnur in der Nähe des zweiten Knotens fest und schleudere sie in einer vertikalen Ebene vor einer gut beleuchteten weißen Wand im Kreis herum. Entdecke, welches Gummibandstück stärker gedehnt wird, wenn Du die Drehgeschwindigkeit erhöhst. Pass dabei auf, dass niemand von den Objekten getroffen wird, wenn Du sie drehst oder falls die Objekte vom Gummiband abreißen!

Wissenswertes

Die Objekte ändern beim Herumdrehen ständig ihre Richtung. Um dies zu erreichen, ist eine Kraft notwendig, die senkrecht zur Geschwindigkeit wirkt. Die Objekte sind beim Drehen träge und widersetzen sich jeder Änderung (sie haben

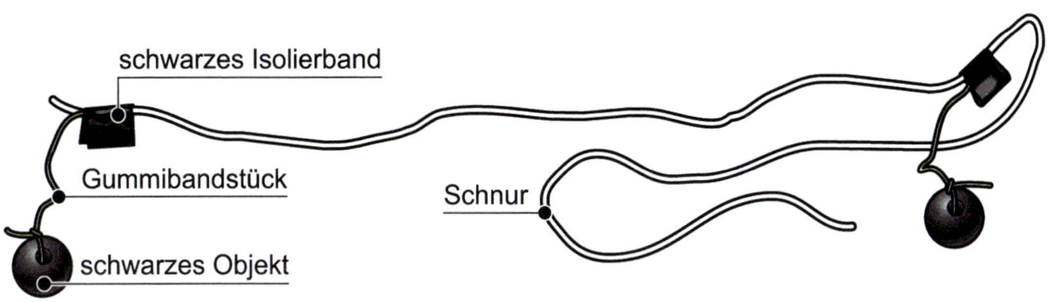

Massenträgheit). Als Resultat ziehen sie sowohl an der Schnur als auch an den Gummibändern. Nun ist es so, dass sich die Gummibänder immer weiter dehnen können (bis zu einer bestimmten Grenze), wenn Du die Zugkraft erhöhst, während die Schnur ihre Länge beinahe beibehält. Weil die Enden beider Gummis an der Schnur festgeknotet sind, ändern sie ihre Position nicht. Die Objekte allerdings, die an den Gummibändern befestigt sind, widerstehen den Änderungen und dehnen so die Gummibänder. Du kannst die Dehnbarkeit der Gummibänder nutzen, um zu untersuchen, wie die Kraft, die auf die Objekte wirkt, von ihrem Abstand zu Deiner Hand abhängt. Deine Hand stellt dabei ungefähr die Drehachse dar.

1.7 Papiersäge

Wenn man ein Papierblatt spannt, wird sein Rand scharf wie ein Messer. So ist es möglich, eine Säge aus Papier zu machen.

M 1.7 **Material**

- *eine Scheibe aus Papier von 16 cm Durchmesser*
- *zwei Scheiben aus Pappe mit 10 cm Durchmesser*
- *Schrauben*
- *Flaschenschraubverschluss von zwei Plastikflaschen*
- *Bohrmaschine*
- *Kreide*
- *Einwegplastikbecher*

Schritt für Schritt

Schneide mit Hilfe eines Stiletts oder eines scharfen Küchenmessers die obere Seite des Schraubverschlusses so ab, dass eine flache Plastikscheibe entsteht. Sowohl ins Zentrum der Plastikscheibe als auch in den intakten Schraubverschluss bohre ein Loch. Die Scheibe und der Schraubverschluss dienen als Unterlegscheiben für die Schrauben.

Die Papierscheibe wird zwischen die Pappscheiben gesetzt und alle Teile wie auf der Abbildung mit Hilfe einer Schraube an der Bohrmaschine befestigt. Die Bohrmaschine wird angeschaltet und ein Stück Kreide an das sich drehende Papier gehalten. Ebenso kannst Du einen Plastikbecher oder ein gespanntes Stück Papier zersägen. Ist der Test überzeugend? Warum schneidet das Papier eigentlich?

Wissenswertes

Das Experiment „Dehnendes Karussell“ ermöglicht Dir zu sehen, was mit einer sich drehenden Papierscheibe passiert. Punkte in der Nähe der Rotationsachse erfahren andere Kräfte als Punkte am Rand der Scheibe. Nun stelle Dir verschiedene, sich gleichzeitig drehende gleichlange Schnüre vor, an denen jeweils identische Objekte befestigt sind (wie ein Kettenkarussell). Verhält sich das Papier ähnlich? Geschickte Köche benutzen den gleichen Trick, wenn sie einen Pizzateig sehr schnell auf einem Finger drehen. Kannst Du durch das Ändern des Radius der

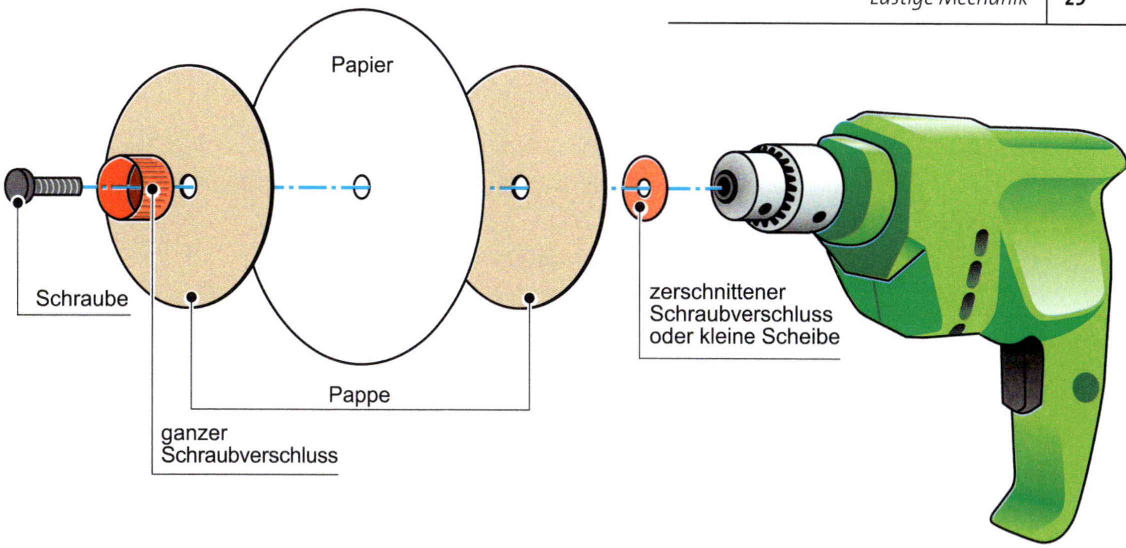

Papierscheibe schärfere Sägen erzeugen? Wie ist es mit der Zunahme der Rotationsgeschwindigkeit der Scheibe? Was passiert, wenn Du die Papierscheibe durch ein Papierdreieck ersetzt? Teste auch Papierscheiben mit Schnitten in verschiedenen Richtungen.

1.8 Todeskarussell

Ist es möglich ein Motorrad zu lenken, wenn man auf dem Kopf steht? Entdecke, wie das ohne größeres Risiko funktioniert.

Material — M 1.8
- *Luftballon (am besten hell und durchsichtig)*
- *kleine Kugel (Glasmurmel oder Styroporkugel)*
- *Geldstück*
- *1,5-Liter-Plastikflasche*

Schritt für Schritt

Das Mundstück des Ballons wird gedehnt und die kleine Kugel hineingesteckt. Am besten bittest Du jemanden um Hilfe. Der Ballon wird aufgeblasen und zugeknotet, damit keine Luft entweichen kann. Drehe mit

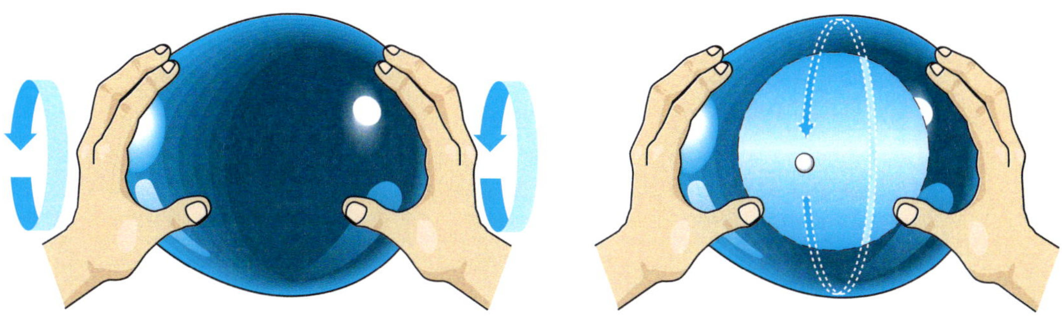

Achtung
Wenn man eine Glasmurmel benutzt, ist der Gebrauch von Schutzbrillen empfehlenswert. Außerdem soll man die Glasmurmel nicht zu schnell drehen, um Schaden beim eventuellen Zerplatzen des Ballons zu vermeiden.

beiden Händen schnell den Ballon wie abgebildet und halte ihn danach fest. Was beobachtest Du?

Alternative
Anstelle der Kugel kannst Du ein Geldstück hineinstecken. Schaffst Du es, das Geldstück aufrecht rollen zu lassen, indem Du den Luftballon wie im vorhergegangenen Experiment bewegst?

Einen Schritt weiter
Das gleiche Experiment kannst Du mit einer Kugel oder einem Geldstück in einer 1,5-Liter-Plastikflasche wiederholen. Halte nun die Plastikflasche ohne Deckel senkrecht mit dem Flaschenhals immer drehend nach unten und versuche, die Kugel nicht herausfallen zu lassen. Du kannst das gleiche Experiment mit Wasser ausprobieren.

Wissenswertes
Dies ist eine einfache Variante des sich an einer Schnur drehenden Objektes. In diesem Fall spielt die innere Wand des Ballons die Rolle der Schur, weil sie die Bewegung des Balles (der Murmel) beschränkt. Die Wand übt also eine Kraft in Richtung der Ballonmitte auf den sich bewegenden Ball aus, der sich deshalb auf einem Kreis bewegt. Aufgrund seiner Massenträgheit übt der Ball eine entgegengesetzte Kraft auf die Wand aus. Die Wand wird an den Stellen, an denen der Ball ist, gedehnt, was Du leicht beim Durchführen des Experimentes sehen kannst. Es existiert also ein Aktion und eine entsprechende Reaktion. Wenn Du die Drehgeschwindigkeit erhöhst, wird die Wand stärker gedehnt. Du solltest den Ball nicht zu schnell drehen, weil der Ballon sonst platzen könnte. Siehe dazu auch das Experiment „Papiersäge“, S. 28. An seinem höchsten Punkt übt der Ball also eine Druckkraft auf den Ballon aus, die nach oben gerichtet ist und entgegengesetzt zur Erdanziehung. Der Ballon übt gleichzeitig eine Kraft aus, die nach unten gerichtet ist. Als Ergebnis „fällt“ der Ball nach unten. Wenn die Geschwindigkeit des Balles unter eine bestimmte Grenze sinkt (teste niedrige Drehgeschwindigkeiten), nimmt die Gravitation überhand und lässt den Ball so schnell fallen, dass er den Kontakt mit dem Ballon verliert. Bist Du nun auf Dein nächstes Abenteuer – dieses Mal in einer Achterbahn – vorbereitet?

M 1.9

1.9 Abflachung der Erde an den Polen

Die Erde war früher einmal ein Ball aus heißer und weicher Materie, der sich um seine eigene Achse drehte, so wie sie es immer noch tut. Wir erfahren hier, wie die Pole abflachen.

Material
- *Pappe*
- *Holzplatte (20 x 40 cm), 1,3 cm dick*
- *ein Stück stabilen Draht von 25 cm Länge*
- *Bleistift, Plastikröhrchen (von einem Stift) oder ein Holzdübel (um als Griff zu dienen)*
- *eine Schraube oder ein Nagel und zwei Unterlegscheiben (für die Achse des größeren Rades)*
- *Kreppband*
- *dickes Kartonpapier*
- *Gummiband oder Packpapierband*
- *Plastikflasche mit Schraubverschluss*
- *2 Scheiben aus Kunststofffolie (3 cm und 10 cm Durchmesser)*
- *Sekundenkleber*
- *Klebstoff für Papier*
- *Heißkleber*
- *Tesafilm*

Achtung
Heißklebepistolen können genau wie Heißkleber ernsthafte Verbrennungen hervorrufen, wenn sie mit Deiner Haut in Berührung kommen.

Schritt für Schritt

Riemenscheiben (eine kleine und eine große)

Um die große Riemenscheibe herzustellen, schneide vier Kreise aus dem Karton, zwei mit 10 cm Radius und zwei mit 9,5 cm Radius. Die Mitte wird markiert. Klebe die beiden kleineren Kreise mit Klebstoff zusammen und klebe das Kreppband um den Rand dieser Doppelscheibe. Setze die Doppelscheibe zwischen die größeren Scheiben und klebe die Scheiben mit Klebstoff. Bohre in die Mitte der Riemenscheibe ein Loch und stekke als „Achse" eine Schraube oder Nagel hinein. Zur Herstellung der kleineren Riemenscheibe schneide Scheiben von 3 cm bzw. 2,5 cm Radius aus und verfahre auf die gleiche Art und Weise.

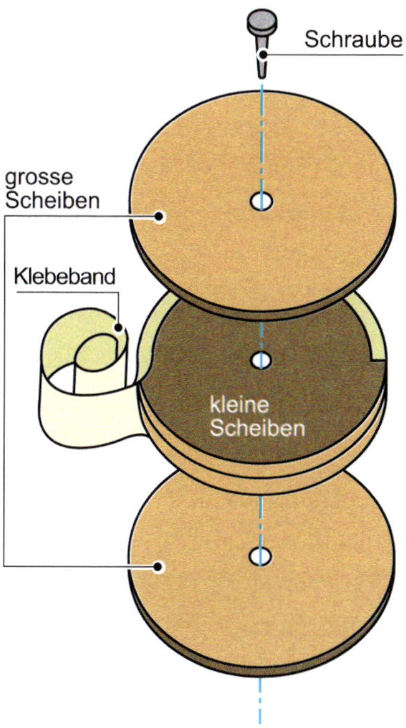

Drehkurbel

Bohre ein Loch in die Mitte des Plastikverschlusses, gerade so groß, dass der Bleistift bzw. das Plastikröhrchen oder der Holzdübel genau hineinpassen. Schneide oder säge den Hals der Plastikflasche gerade unterhalb des Plastikdeckels ab (eventuell musst Du ihn glatt schmirgeln). Schraube den Verschluss fest auf und stecke den Dübel oder Bleistift in das mittige Loch im Deckel. Verwende Heißkleber, um den Boden des Dübels bzw. Bleistifts und den Hals der Flasche auf die Dreifachscheibe zu kleben, so wie es in der Zeichnung gezeigt ist.

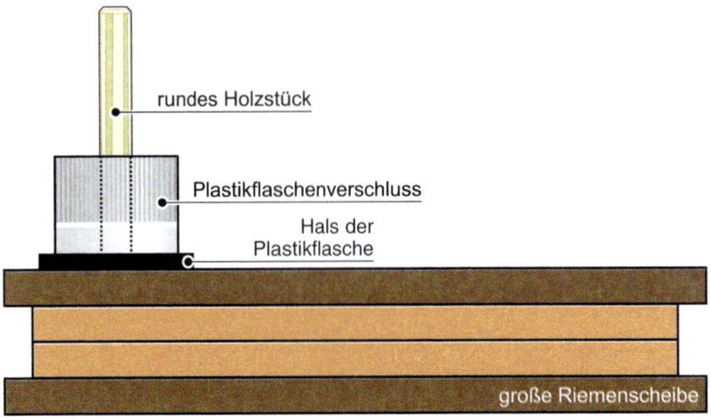

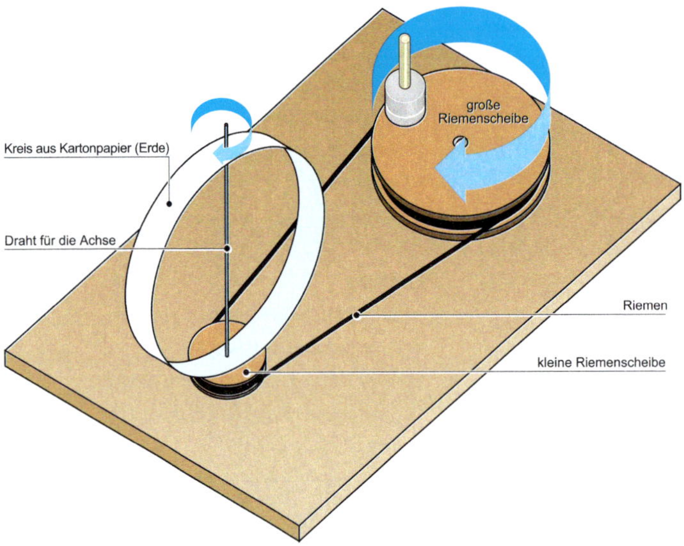

Montage zur Fertigstellung

Schneide 2 Kartonpapierstreifen von 2,5 cm Breite und 60 cm Länge aus und klebe sie zusammen, um einen stabilen Doppelstreifen zu bekommen. Dieser wird zu einem Kreis zusammengeklebt, der die Erde darstellt. Befestige die „Erde" auf der kleinen Riemenscheibe im Zentrum und klebe sie mit Klebstoff fest. Bohre ein Loch in die Mitte der Scheibe und des Papierstreifens („Südpol der Erde") und in die gegenüberliegende Seite des Pappstreifens („Nordpol der Erde"). Stecke einen Draht durch die „Pole der Erde" und die Scheibe und befestige ihn auf der Holzplatte. Um die Reibung zu minimieren, kannst Du die Scheiben aus Kunststofffolie zwischen die Scheiben und die Platte bauen. Stelle aus einem Gummiband oder sonstigem Band einen Antriebsriemen her, der die beiden Scheiben verbindet. Auf dem Holzbrett wird die zentrale Schraube, die als Achse der kleineren Scheibe dient, so befestigt, dass der Antriebsriemen gespannt wird. Wenn Du nun die beiden Scheiben mit Hilfe der Kurbel bewegst, um die Bewegung der „Erde" zu simulieren, kannst Du beobachten, was mit dem Kreispapierstreifen passiert.

Wissenswertes

Stelle Dir zwei Punkte E und P auf dem kreisförmigen Streifen (der Erde) vor, einen Punkt in der Nähe des Äquators (E) und einen in der Nähe eines Pols (P). Der Punkt E dreht sich auf einem großen Kreis in derselben Zeitspanne, in der sich Punkt P auf einem kleinen Kreis bewegt. Das bedeutet, dass E sich schneller bewegt als P. Je schneller sich ein Objekt auf einem Kreis bewegt, desto größer ist die Kraft, die notwendig ist, um das Objekt auf dem Kreis zu halten. Siehe die Experimente „Dehnendes Karussell", S. 27, und „Todeskarussell", S. 29. Weil der Papierstreifen nicht am Nordpol befestigt ist (er kann sich an der Achse auf und ab bewegen), wird die Erde flacher, wenn Du sie drehst. Versuche die Drehgeschwindigkeit zu steigern und beobachte, was passiert. Vor Milliarden von Jahren war die Erde ein riesiger Ball aus heißer, weicher Materie, der sich um seine Achse drehte wie heute. Durch die verschiedenen Kräfte, die sich aus dem Drehen der Erde um ihre Achse ergeben, wurde die Erde flach und blieb so, als der Planet abkühlte. Was wäre passiert, wenn sich die Erde wesentlich schneller gedreht hätte? Hätten die Gravitationskräfte die verschiedenen Bestandteile des Planeten zusammen gehalten? Befestige eine Münze am Ende eines dünnen Papierstreifens und drehe die Münze immer schneller werdend um Dich herum, indem Du sie am anderen Ende des Streifens festhältst. Was passiert mit dem Papierstreifen? Pass auf, dass niemand von einer fliegenden Münze getroffen wird, wenn Du dieses Experiment machst! Du kannst genauso eine oder mehrere Münzen an dem kreisförmigen Papierstreifen (der Erde) an unterschiedlichen Positionen mit Tesafilm befestigen und beobachten, wie diese zusätzliche Masse die Form der Erde beim Drehen um ihre Achse beeinflusst. Denke dabei an die sehr massereichen Meteore, die unseren Planeten in der Vergangenheit getroffen haben. Wie könnten sie die Erddrehung beeinflusst haben?

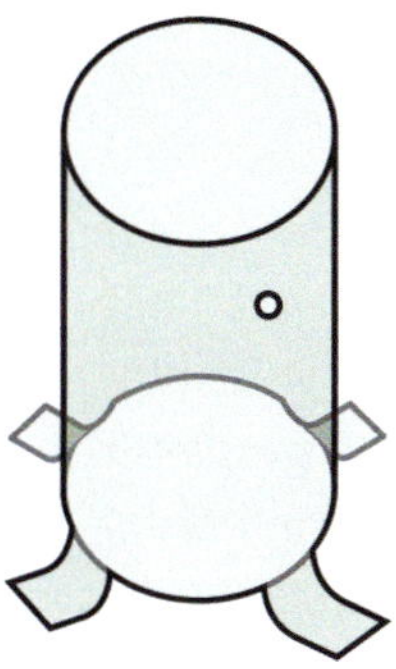

Einen Schritt weiter: An die Wand gedrückt werden
Schritt für Schritt

Baue aus der Plastikflasche einen Zylinder mit ca. 15-18 cm Höhe und vier Befestigungslaschen am Boden (s. Abb.). Bohre ein Loch (Durchmesser etwas größer als der Trinkhalmdurchmesser) in den Zylinder 4-5 cm unterhalb des oberen Rands und eines in die Mitte des Styroporstücks. Entferne die Rotationsachse der Erde. Befestige das kleinere Rad mit aufgeklebter Pappscheibe mittig mit einer Schraube oder einem Nagel und einer Unterlegscheibe auf dem Brett. Um die Reibung zu minimieren, kannst Du die kleinere Scheibe aus Kunststofffolie zwischen das kleinere Rad und das Brett bau-

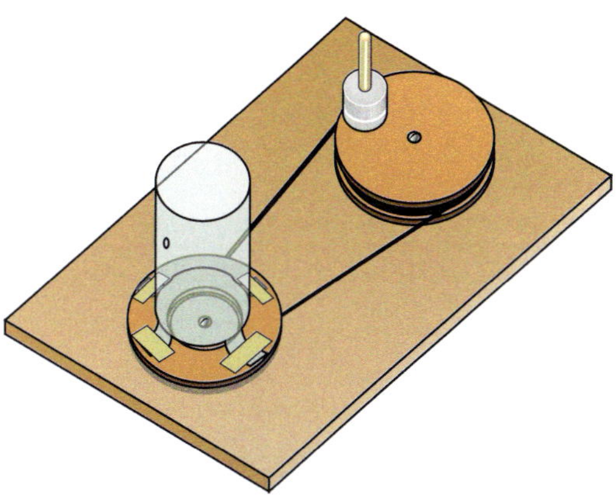

M 1.9

Material

- *das Erdmodell aus dem ersten Versuchsteil*
- *1,5-Liter Plastikflasche*
- *Scheibe aus Pappe (ca. 18 cm Durchmesser)*
- *ein Stück Trinkhalm (ca. 3 mm Durchmesser und ca. 10 cm lang)*
- *ein Stück Styropor (1 cm dick, 1,5 x 5 cm groß)*

en. Vergewissere Dich, dass der Antriebsriemen (das Gummiband) genügend straff gespannt ist. Befestige den Zylinder mit Tesafilm auf der Pappscheibe, wie es in der Abbildung gezeigt ist. Stecke den Strohhalm in das Loch in der Zylinderwand und in die Mitte des Styroporstücks, so dass es festgehalten wird. Was passiert mit dem Styroporstück, wenn man das große Rad schnell dreht? Was passiert mit dem Trinkhalm? Funktioniert dieser Trick genauso, wenn man ein größeres Stück Styropor nimmt?

Wissenswertes

Bei einer bestimmten Drehgeschwindigkeit des Zylinders fliegt das Stück Strohhalm aufgrund seiner Trägheit aus dem Zylinder heraus. Die Innenwand des Zylinders hindert das Stück Styropor daran, das Gleiche zu tun. Das Styropor übt Druck auf die Wand aus und fällt aufgrund der Reibung nicht herunter. Das Gleiche passiert, wenn Du versuchst, ein schweres Objekt hinter Dir herzuziehen. Die Reibungskraft wirkt in die entgegengesetzte Richtung zu der Kraft, die Du auf das Objekt ausübst. In dem Experiment entspricht diese Kraft dem Gewicht des Styropors, die durch die nach oben gerichtete Reibungskraft ausgeglichen wird. Auf diese Weise fällt das Stück Styropor nicht herunter, solange es sich schnell genug dreht.

Einen Schritt weiter: Drehender Eimer

Schritt für Schritt

Entferne die Rotationsachse der Erde. Befestige das kleinere Rad mittig mit einer Schraube oder einem Nagel und einer Unterlegscheibe auf dem Brett. Vergewissere Dich, dass der Antriebsriemen (das Gummiband) genügend straff gespannt ist. Zerschneide die Pappe in vier gleichgroße Scheiben (nummeriert von 1 bis 4)

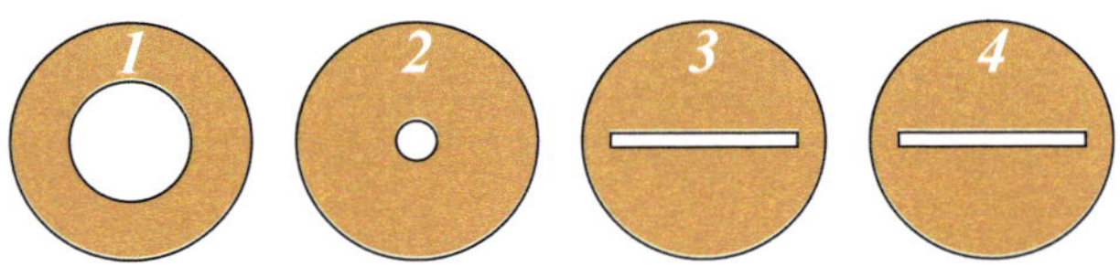

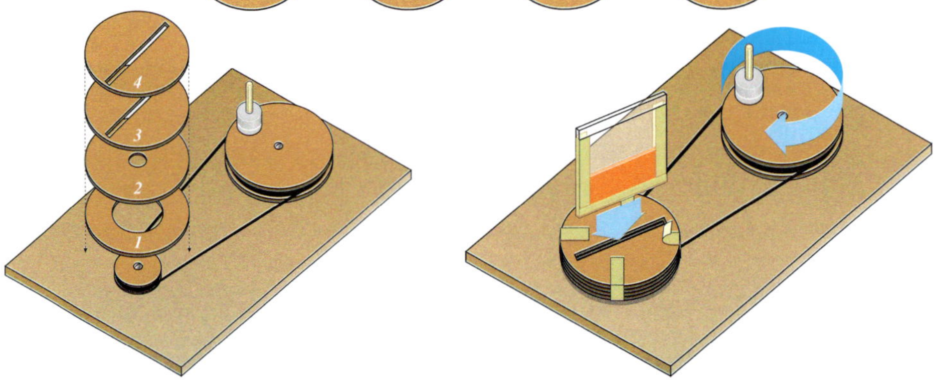

Material M 1.9

- *das Erdmodell aus dem ersten Versuchsteil*
- *Pappe*
- *eine CD-Hülle*
- *Klebeband (um die Hülle wasserdicht zu verschließen)*
- *eine Schraube oder ein Nagel und eine Unterlegscheibe (für die Achse des kleinen Rades)*
- *Wasser mit Lebensmittelfarbe (zum Einfärben)*
- *Sekundenkleber*

mit einem Radius von 8 cm und markiere die Mitte jeder Scheibe. Schneide ein Loch mit einem Radius von 3 cm in Scheibe 1 und ein kleines Loch in Scheibe 2, etwas größer als die Unterlegscheibe, so dass sich das kleine Rad später frei drehen kann. Schneide rechteckige Löcher in die verbliebenen Scheiben 3 und 4, um die verschlossene CD-Hülle (den „Eimer") zu befestigen, wie in der Abbildung gezeigt. Klebe die vier Scheiben mit Sekundenkleber zusammen und achte dabei darauf, die Scheiben mittig zueinander auszurichten, um einen Halter für den Eimer zu bekommen. Passe das kleinere Rad in das kreisförmige Loch der zusammengesetzten Scheibe ein. Fülle ungefähr ein Drittel des Volumens der abgedichteten CD-Hülle mit eingefärbtem Wasser und stecke die Hülle in das rechteckige Loch. Beobachte, was mit dem Wasser passiert, wenn Du das größere Rad mit unterschiedlichen Geschwindigkeiten drehst. Was würde in der CD-Hülle passieren, wenn Du zwei Flüssigkeiten mit unterschiedlicher Dichte hättest? Die CD-Hülle würde dann als Zentrifuge fungieren.

Wissenwertes

Die Massenträgheit des Wassers versucht das Wasser auf einer geraden Bahn zu halten und die rotierende CD-Hülle zieht es nach innen, um es auf eine Kreisbahn zu biegen. Solange die CD-Hülle diese Kraft nach innen auf das Wasser ausübt, muss das Wasser eine nach außen wirkende Kraft auf die schmalen Seiten der rotierenden CD-Hülle ausüben (Aktion = Reaktion). Wie das Experiment „Dehnendes Karussell" demonstriert, steigt die horizontale Kraft, die auf das Wasser wirkt, an unterschiedlichen Punkten innerhalb der CD-Hülle mit dem Abstand vom Mittelpunkt der Hülle (der Rotationsachse), wo diese Kraft gleich null ist. Das Wasser wird also gegen die schmalen Seitenwände gepresst und gleichzeitig von der Erdanziehung nach unten gezogen. Der resultierende Querschnitt der Oberfläche ist eine Parabel. Wenn Du die CD-Hülle schneller drehst, ändert sich die Parabel so, wie die Beschleunigung des Wassers nach innen steigt. Wenn die drehende CD-Hülle als Zentrifuge arbeitet, umkreisen ihre Inhalte das Zentrum der Zentrifuge (die Rotationsachse). Die Massenträgheit lässt jeden Inhalt geradeaus fliegen, während die CD-Hülle die Inhalte nach innen biegt. In jedem Fall ist es so, dass die dichteren Bestandteile sehr weit außen auf der Kreisbahn zu finden sind und die weniger dichten eher im Zentrum auftreten. Was würde passieren, wenn das Zentrum der CD-Hülle nicht mit der Achse des kleinen Rades übereinstimmt? Probiere es selber aus!

M 1.10

Material
- *Modell aus dem Experiment „Einen Schritt weiter: Drehender Eimer", S. 34*
- *ein rundes oder rechteckiges Stück Pappe (als „Staffelei") mit einem rechteckigen Loch in der Mitte, so wie die Scheiben 3 und 4*
- *ein Blatt Papier (als „Leinwand")*
- *einen Pappkarton*
- *eine Sprayflasche (benutze zum Beispiel eine leere Parfum- oder Deodorantflasche; wie man sein eigenes Spray herstellt, findest Du auf Seite 76)*
- *verschiedene Farben (z.B. Wasserfarben)*
- *Sekundenkleber*
- *Tesafilm*

1.10 Lustige Malerei

Man vereinigt Kunst und Wissenschaft auf einem lustigen Bild, indem man verschiedene bunte Farben auf eine sich drehende Leinwand tropfen lässt.

A. Spritzende Farben

Schritt für Schritt

Platziere das Pappstück (die Staffelei) oben auf Scheibe 4 so, dass die Löcher übereinstimmen. Schneide zwei bis vier Pappstreifen in gleicher Länge wie das rechteckige Loch und mit einer Breite von drei Schichten der Pappe (Scheibe 3 und 4 plus Staffelei) zurecht. Klebe so viele dieser Streifen zusammen, dass der entstehende Streifen genau in das dreischichtige Loch passt (dies erlaubt Dir, dieses Projekt später für andere Zwecke zu verwenden). Die drehende Staffelei, die Deine Papierleinwand halten wird, ist fertig. Du kannst die vier Seiten eines Pappkartons benutzen, der mit einer seitlichen Öffnung versehen ist (s. Abb.), um sicherzustellen, dass die Person, die das große Rad dreht, nicht vollgespritzt wird. Schneide ein Loch in die Mitte des Kartonbodens. Befestige das kleine Rad mit der Schraube durch das Loch im Karton. Mache einen kleinen Schlitz am Boden der Box, der breit genug für den Antriebsriemen ist. Zerknülle ein Stück Papier zu einem Ball. Dann streiche es ein wenig glatt. Deine Leinwand sollte ein paar Falten haben, um eine Landschaft darzustellen. Klebe die Leinwand mit Tesafilm auf der Pappstaffelei fest. Bitte jemanden darum, das große Rad zu drehen, während Du die Sprayflasche benutzt, um ein oder zwei Mal von der Seite Farbe zu spritzen. Dann drehe das Rad in die andere Richtung und spritze mit einer anderen Farbe. Benutze Farben mit einem großen Kontrast (zum Beispiel rot und grün). Du wirst stolz auf Deine Malerei sein!

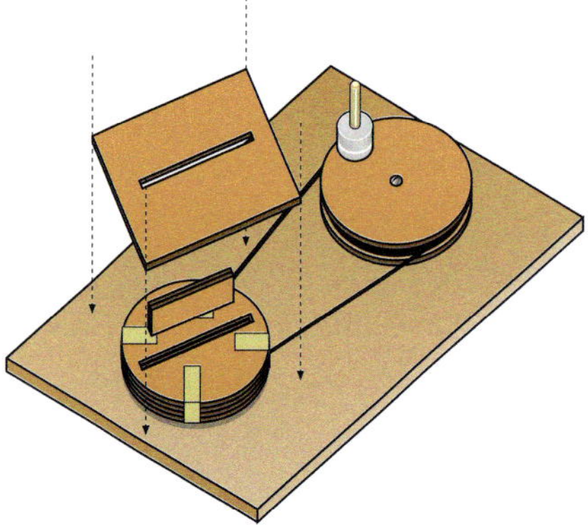

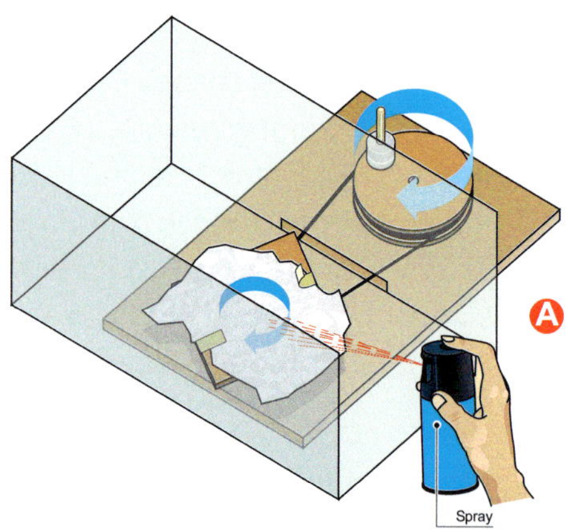

Wissenswertes

Das Spray produziert sehr winzige Tropfen. Wenn die Tropfen das Papier treffen, werden sie fast auf der Stelle aufgenommen. Dies passiert, weil die winzigen Tropfen ein großes Oberflächen-Volumen-Verhältnis haben. Das bedeutet, dass die Anzahl an Atomen auf der Oberfläche des Tropfens einen beträchtlichenTeil der Gesamtzahl der Atome des Tropfens darstellt. Die Oberflächenatome sind diejenigen, die mit der Oberfläche des Papiers reagieren. Je kleiner ein Tropfen und je größer die Anzahl der Tropfen ist, desto besser wird die Aufnahme auf dem Papier. Das Papier formt eine Miniaturlandschaft wie ein Bild einer Gebirgskette mit Tälern, das von einem Satelliten aus fotografiert wurde. Wenn Du die Farbe seitwärts spritzt, treffen die Tropfen nur bestimmte Bereiche des sich drehenden Papiers (welche?). Versuche verschiedene Drehgeschwindigkeiten und benutze Papierblätter, die unterschiedlich zerknüllt sind, um zu untersuchen, was passiert.

B. Tröpfeln von Farbtropfen

Schritt für Schritt

Platziere ein zu bemalendes Blatt Papier auf der Pappstaffelei und befestige es mit Büroklammern. Während das große Rad gedreht wird, tropfe Tropfen verschiedener Farben oder Tinten in verschiedenen Abständen von der Rotationsachse auf das rotierende Papier. Um die Tropfen zu tropfen, kannst Du einen Trinkhalm oder eine Pipette (z.B. für Augentropfen) verwenden. Stecke den Trinkhalm in die Farbe und verschließe das obere Ende des Halms mit einem Finger. Um einen Tropfen fallen zu lassen, nimm einfach Deinen Finger für eine Sekunde vom oberen Ende weg und schließe den Halm dann sofort wieder. Erfreue Dich an Deinem Meisterwerk!

Material	M 1.10
• *Baue das vorherige Experiment (Spritzende Farben)* • *Trinkhalm (als „Pinsel")* • *Blatt Papier (als „Leinwand")* • *verschiedene Farben (zum Beispiel Wasserfarben)* • *Büroklammern*	

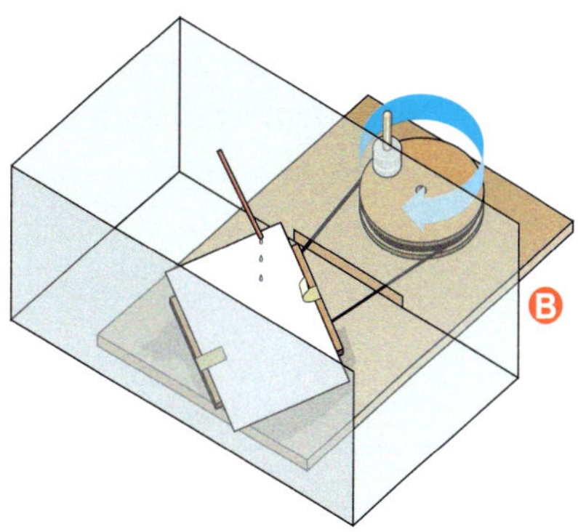

Wissenwertes

Im Gegensatz zum Spray sind die Farbtropfen groß genug, um nicht sofort vollständig aufgenommen zu werden, wenn sie das Papier treffen. Deshalb werden sie nach außen gedrängt, als ob sie auf einer rotierenden Plattform stehen (siehe dazu das Experiment „Dehnendes Karussell"). Abhängig von der Position der Tropfen und der Drehgeschwindigkeit bekommst Du unterschiedliche Ergebnisse, weil die Kräfte, die auf die Tropfen wirken, mit dem Abstand von der Drehachse variieren. Probier es aus!

1.11 Der Astronaut im Lift

Man spürt eine gewisse Leichtigkeit in einem Aufzug,wenn er hinunterfährt (ein „komisches Gefühl im Bauch") und einen gewissen Druck in den Füßen, sobald der Aufzug hochfährt. Das folgende Experiment zeigt Dir,was passieren würde,wenn das Seil des Aufzugs zerreißt und er in freiem Fall hinunterfällt. Das Gleiche passiert mit einem Raumschiff auf der Umlaufbahn der Erde. Im Endeffekt fällt es ununterbrochen im Raum,wie ein Aufzug in einen unendlich tiefen Brunnen. Dieses erfährt man in den folgenden Experimenten.

M 1.11	**Material A** • *bewegliche Feder aus Draht oder Plastik*

A. Schritt für Schritt
Halte ein Ende der Feder fest und spanne sie durch ihr eigenes Gewicht (s. Abb.). Lasse die Feder los und beobachte, was passiert.

M 1.11	**Material B** • *Plastikflasche mit Deckel* • *Wasser*

B. Schritt für Schritt
Bohre ein Loch in die seitliche Wand der Flasche, ca. 2 cm vom Boden entfernt. Das Loch wird mit einem Finger zugehalten. Fülle die Flasche mit Wasser und verschraube den Verschluss gut. Der Finger wird vom Loch genommen, der Deckel etwas gelöst und dann kannst Du beobachten, was passiert. Funktioniert der Deckel wie ein Wasserhahn? Warum fließt ein Wasserstrahl aus dem Loch? Nun wird die Flasche losgelassen. Wohin fließt der Wasserstrahl?

M 1.11	**Material C** • *500-ml-Plastikflasche* • *durchsichtiger Trinkhalm* • *Alleskleber* • *Wasser*

C. Schritt für Schritt
Bohre ein Loch ins Zentrum des Deckels, so dass der Trinkhalm gerade hindurchpasst. Stecke den Trinkhalm in das gebohrte Loch und klebe ihn fest, so dass er gut abgedichtet ist. Fülle Wasser in die Flasche, so dass nach Zuschrauben des Deckels ein Teil des Trinkhalms unter Wasser steht (s. Abb.). Schraube den Deckel fest und blase in den Trinkhalm. Warum steigt eine Wassersäule in ihm auf? Lass nun die Flasche aus etwa 1-1,5 m Höhe fallen und beobachte, was im freien Fall passiert.

Material D M 1.11
- *Einwegplastikbecher*
- *Gummiband*
- *zwei Geldstücke*
- *Kreppband*
- *Streichhölzer*

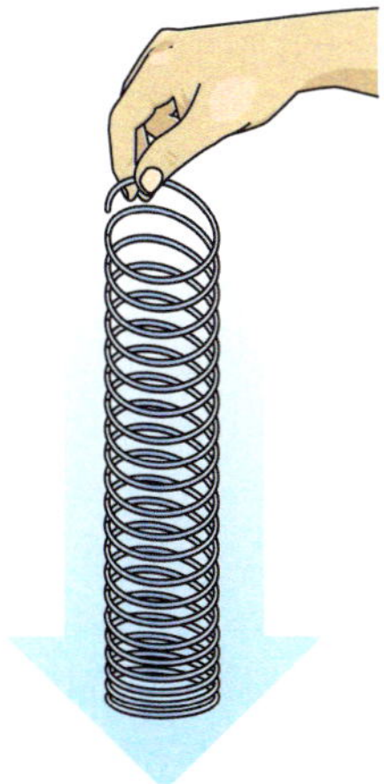

A

D. Schritt für Schritt
Bohre ein Loch in die Mitte des Becherbodens. Zerschneide das Gummi und befestige an jedem seiner Enden mit Kreppband ein Geldstück. Stecke die Mitte des Gummis durch das Loch im Boden des Bechers. Mache einen Knoten in das durchgesteckte Gummi, so dass die Geldstücke das Gummi spannen. Sichere den Knoten mit Hilfe eines Streichholzes, so dass das Gummi nicht herausrutschen kann (s. Abb.). Lass den Becher im freien Fall fallen. Was passiert mit den Geldstücken?

B

Was passiert letztendlich mit dem Gewicht der Feder (A), des Wassers (B) und (C) und dem Geldstück (D)?

Wissenswertes
Stell dir vor, dass Du in einem Bus bist, der sich auf einer geraden Straße bewegt, oder in einem Flugzeug, das geradeaus fliegt. Beides soll mit konstanter Geschwindigkeit passieren. Wenn Du nicht sehen kannst, was draußen passiert, könntest Du Dir denken, dass Du in Ruhe bist. Du kannst unbesorgt den Gang im Bus oder Flugzeug entlang laufen. Wenn der Bus oder das Flugzeug nun aber plötzlich bremst, wirst Du das sofort spüren. Du wirst nach vorne bewegt, weil Dein Körper die Geschwindigkeitsänderung ignorieren möchte: Beachte die Wichtigkeit von Anschnallgurten. Das Umgekehrte passiert, wenn der Bus oder das Flugzeug beschleunigen. In beiden Fällen scheint es, dass Dein Körper in die entgegengesetzte Richtung beschleunigt wird. Dies passiert ebenso, wenn der Bus oder das Flugzeug eine Kurve fahren bzw. fliegen: Dein Körper scheint nach außen zu drängen. Denke Dir nun ein Objekt im freien Fall. Es wird fortwährend beschleunigt, weil die Erde es anzieht. Stelle Dir vor, Du wärst in einem Fahrstuhl, der

C

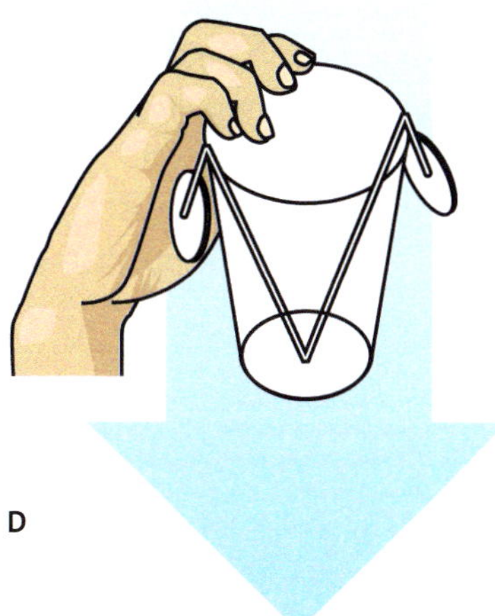

D

frei fällt. Der Fahrstuhl wird nach unten beschleunigt und Du wirst in der entgegengesetzten Richtung beschleunigt, genauso wie im Bus oder im Flugzeug. Der einzige Unterschied ist, dass die Erde nun Dich (und den Fahrstuhl) nach unten zieht. Du wirst sowohl nach oben beschleunigt (wegen des Falls des Fahrstuhls) als auch nach unten (wegen der Erdanziehung). Diese beiden Effekte gleichen sich genau aus, so wie es durch die „Astronaut im Lift"-Experimente demonstriert werden kann. Genannt wird dies Äquivalenzprinzip: Du kannst nicht unterscheiden, ob Du auf unserem Planet bist oder in einem beschleunigenden Raumschiff im Weltraum fährst, vorausgesetzt, dass die Beschleunigung des Raumschiffs der Beschleunigung im freien Fall durch die Erdanziehung entspricht. Das Gleiche passiert in einer Raumstation, die die Erde umkreist. In der Station fühlen die Astronauten eine künstliche Gravitation, weil die Station während des Umkreisens der Erde durch die Erdanziehung ständig beschleunigt wird. Beide, die Astronauten und die Raumstation, werden von der Erde angezogen, so dass die künstliche Gravitation innerhalb der Station und die Erdanziehung ausgeglichen werden. Es gibt noch einen anderen Weg, um die Abwesenheit von Gravitation im Weltall zu erklären. Die Astronauten und die Raumstation fallen ständig gemeinsam, so dass die Astronauten nicht an die inneren Wände der Station gepresst werden und umgekehrt (wie die Flüssigkeiten in fallenden Flaschen in den vorangegangenen Experimenten). Wenn die Raumstation plötzlich durch ihren eigenen Antrieb beschleunigt wird, fühlen die Astronauten wegen ihrer Massenträgheit eine Kraft. Sie werden dort verharren, wo sie sind, und die Raumstation wird sich bewegen, so dass die Astronauten bemerken werden, dass die Wand (der „Fußboden") der Raumstation sich entweder auf sie zubewegt oder sich entfernt. Wenn die Astronauten keine externe Orientierung haben, dann können sie dies als künstliche Gravitation interpretieren. Kannst Du erkennen, weshalb Astronauten in einer Raumstation, die um die Erde fliegt, schwerelos werden? Wenn Du in einem Auto bist, das beschleunigt oder bremst, passiert dies parallel zur Erdoberfläche. In diesem Fall fühlt man die Beschleunigung: Es ist nichts da, was die Beschleunigung des Fahrzeugs ausgleicht, wie es im freien Fall geschieht, weil die Erdanziehung nur nach unten wirkt. Verstehst Du nun, warum es in den vorangegangenen Experimenten so schien, als ob die Erdanziehung ausgeschaltet worden wäre?

Material	M 1.12
• *eine runde 1,5-Liter-Plastikflasche* • *eine Kunststoffscheibe, die in die Flasche passt (zum Beispiel ein Plastikdeckel)* • *eine Schnur* • *ein nasser Lappen*	

1.12 Waschmaschine

Schaue Dir die Trommel einer Waschmaschine an. Sie hat viele Löcher. Wozu sind sie gut? Warum dreht sich die Trommel?

Schritt für Schritt

Entferne den oberen Teil der Flasche, so dass der Bodenteil (Tasse) ungefähr 10 cm hoch ist. Mache zwei Löcher, ungefähr 2,5 cm unterhalb des oberen Randes der großen Tasse an gegenüberliegenden Seiten. Führe die Schnur durch diese Löcher und befestige sie mit sehr viel Überhang, um einen Henkel zu bilden. Verbinde dann diesen Henkel mit einem längeren Stück Schnur, wie die Abbildung zeigt. Dann stanze viele Löcher in die Kunststoffscheibe. Platziere die Scheibe in der Flasche und lege einen nassen Lappen oder ein nasses Stück Papier auf die Scheibe. Schleudere jetzt die Flasche am Ende der Schnur im Kreis um Dich herum. Was passiert mit dem nassen Lappen? Wo ist das Wasser geblieben? Ersetze jetzt die Plastikscheibe mit den Löchern durch den Boden einer kleineren Flasche mit einem einzigen Loch. Wo sollte das Loch sein, wenn die „Waschmaschinentrommel" nun um eine vertikale Achse gedreht wird (probier es aus)? Hinweis: Fülle etwas Wasser in die Tasse, um die neue Variante zu testen. Nun weißt Du, warum die Trommel einer Waschmaschine so viele kleine Löcher besitzt.

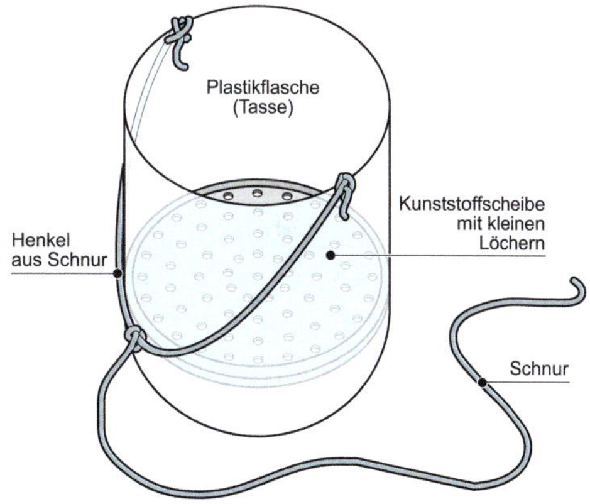

Einen Schritt weiter: Wasser auf dem Kopf

Material	M 1.12
• *das Modell aus dem ersten Teil dieses Experiments* • *Wasser*	

Schritt für Schritt

Fülle die Tasse mit ein wenig Wasser. Halte das Ende der Schnur und drehe die Tasse mit Wasser um Dich herum auf einer vertikalen Kreisbahn. Was passiert mit der Schnur? Was ist mit dem Wasser? Fällt es runter auf die Erde?

Wissenswertes

Wenn Du die Tasse über Deinem Kopf kreisen lässt, ziehst Du an ihr nach unten und beschleunigst sie sehr schnell nach unten. Das Wasser und der nasse Lappen verharren in der umgedrehten Tasse, weil die Tasse stärker beschleunigt wird als die Erdanziehung Tasse und Wasser bzw. Lappen beschleunigen kann. Obwohl das Wasser und der Lappen frei fallen, überholt die Tasse das fallende Wasser und Lappen. Als Ergebnis werden Wasser und Lappen gegen den Boden der Tasse bzw. gegen die Plastikscheibe gepresst. Weil nur das Wasser die kleinen Löcher in der Scheibe durchdringen kann, trennst Du das Wasser vom Lappen. Es gibt noch eine andere Möglichkeit, dies zu betrachten. Wenn die Tasse beschleunigt wird, weil Du sie herumwirbelst, wird eine künstliche Gravitation in der Tasse erzeugt, die entgegengesetzt zur Beschleunigung der Tasse (die Tasse wird in Richtung der Schnur beschleunigt) gerichtet ist. Diese künstliche Gravitation ist größer als die Erdanziehung und verhindert also, dass das drehende Wasser und der Lappen nach unten fallen, wenn die Tasse auf dem Kopf steht. Das Wasser und der nasse Lappen werden dann an den Boden der Tasse gedrückt und das Wasser wird vom Lappen getrennt, weil es durch die Löcher dringen kann.

1.13 Das quadratische Rad und andere Räder

Warum soll es kein quadratisches Rad geben? Dies ist eine einmalige Gelegenheit, das Rad und die Straße neu zu erfinden.

M 1.13

Material

- *zwei Holzlatten mit 9,5 x 132 cm*
- *vier Holzlatten von 7 x 13 cm*
- *Holzplatte für die Räder*
  Anmerkung: Alle Holzlatten sollten die gleiche Dicke haben, und zwar zwischen 2 und 2,5 cm.
- *Besenstiel aus Holz*
- *Klebstoff oder Holzleim*
- *Musterbild der vier Räder (Vorlage im Anhang)*

Schritt für Schritt

A. Straße

Lege die zwei langen Holzlatten genau übereinander und nagle sie mit zwei Nägeln zusammen. Kopiere die Schablone der Straße (Vorlage im Anhang) mindestens 5 Mal hintereinander auf der zusammengenagelten Platte; dabei sollte der untere Rand genau mit der Holzlatte übereinstimmen. Säge die zwei Latten anhand des aufgezeichneten Modells aus und entferne dann die zwei Befestigungsnägel. Um die Laufspuren der Räder parallel festzustellen, nagle die vier Latten von 13 cm Länge rechtwinklig zwischen die langen Holzlatten, an der Liegefläche genau übereinstimmend (s. Abb.).

B. Räder

Suche das Modell des Rades aus, welches Dir am

besten gefällt (s. Vorlage im Anhang). Säge zwei gleiche Stücke aus der Holzplatte, groß genug für das ausgewählte Rad (Schablone 1-4). Nagle die zwei Platten mit zwei Nägeln zusammen wie im vorangegangenen Teil des Straßenbaus. Kopiere die Schablone auf die Platte und säge sie entsprechend aus. Bohre ein Loch ins Zentrum, wo ein X eingezeichnet ist, um die Achse des Rades (Besenstiel) einzusetzen. Der Durchmesser des Loches sollte sehr knapp bemessen sein, so dass der Stiel mit Druck hineingeschoben werden muss, um gut festzusitzen. Dafür kannst Du mit einem Zirkel einen Kreis in die Mitte des Rades zeichnen, der etwas kleiner ist als der Durchmesser des Besenstiels. Bohre mit der Bohrmaschine in diesen Kreis zunächst mehrere kleine Löcher, bis die richtige Lochgröße erreicht ist. Feile danach die Ränder mit einer Rundfeile glatt. Entferne die Nägel, um die beiden Räder voneinander zu lösen. Um die Radachse zu erhalten, musst Du ein Stück von 17-18 cm Länge vom Besenstiel absägen. Der Stock wird in die Löcher der Räder gesteckt und mit Holzleim oder anderem Klebstoff befestigt. Du musst darauf achten, dass beide Räder gerade und zentriert sitzen. Du kannst die Räder und Straße glattfeilen bzw. -schleifen und schön anstreichen. Viel Spaß mit der neuen Erfindung!

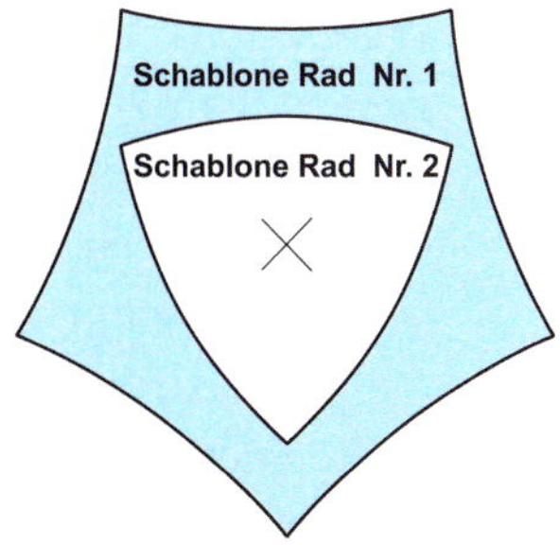

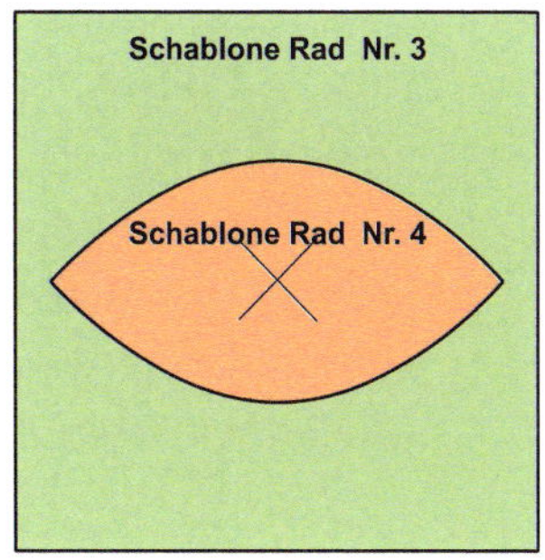

Wissenswertes

Auf einer Straße mit Bodenwellen können ohne Erschütterungen nur Räder bestimmter Formen und Größen fahren, so wie die Modellräder, die im Anhang gezeigt sind. Das kleinste Rad entspricht einem an 2 Seiten gebogenen Polygon. Das folgende Rad kann als ein gebogenes Dreieck gesehen werden, es folgen das quadratische Rad und ein gebogenes Fünfeck (Pentagon). Weitere Räder können als Polygon mit 6, 7, 8, 9 gebogenen Seiten entworfen werden. In dem Maße, wie die Zahl der Seiten

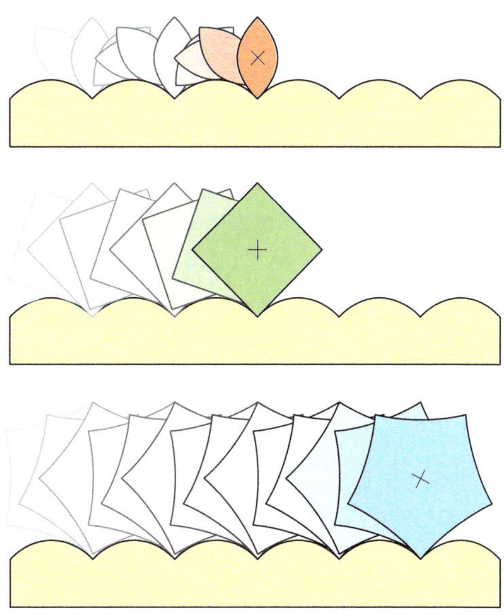

des Polygons zunimmt, nimmt auch die Größe des Rades zu. Wenn die Anzahl der gebogenen Seiten sehr groß wird, ähnelt das Rad immer mehr einem gewöhnlichen runden Rad. In diesem Falle werden die Bodenwellen im Vergleich zum Rad immer kleiner. Hierbei handelt es sich um eine mechanische Analogie zu den Atomen. Die Elektronen der Atome stellen ganz bestimmte Energiestufen dar, im Gegensatz zu unserer täglichen Umwelt, wo Personen, Fahrräder, Autos, Flugzeuge etc. Energien besitzen, die kontinuierlich variieren. So kannst Du z. B. eine Rampe hochlaufen, Elektronen in Atomen dagegen können nur Energietreppen steigen, indem sie die „Treppenabsätze springen". Entsprechend unserer Analogie können auf einer ebenen Straße wie in der Alltagswelt runde Räder jeglichen Durchmessers rollen, im Gegensatz zur Straße mit den Bodenwellen, auf denen das quadratische Rad rollt. Andererseits würde ein sehr großes Rad die kleinen Erhebungen der Bodenwelle kaum spüren (z. B. Reifen, die im Sand fahren). Für diese Räder scheint es, als wäre die Straße mit den Bodenwellen eben. Aus ähnlichem Grunde bemerken wir die winzigen Atome in unserer Welt der Riesen nicht.

Noch eine Anmerkung

Ein Atom erscheint für uns wie ein Floh im Verhältnis zur Erde.

M 1.14	**Material** • *Luftballon* • *Nylon- oder Packpapierband von 5-7 m* • *Trinkhalm* • *Kreppband*

1.14 Luftballonraketen

Es ist einfach, einen Ballon in eine luftgetriebene Rakete mit einer oder zwei Stufen zu verwandeln. Erfreue Deine Freunde!

A. Einstufige Rakete

Schritt für Schritt

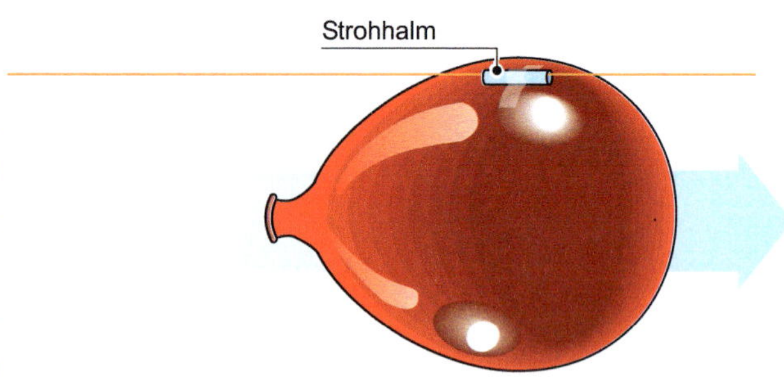

Man benutzt das Nylonband oder ein anderes Band als Führung. Das Ende des Bandes wird an einem höher gelegenen Punkt, z. B. einer Tür, festgebunden. Man schneidet ein 5-10 cm langes Stück des Trinkhalms ab und steckt das freie Ende des Bandes hindurch. Der Ballon wird aufgeblasen und das Mundstück mit den Fingern festgehalten, so dass die Luft nicht entweichen kann. Man bittet jemanden, den Trinkhalm am

Zusätzliches Material **M 1.14**
- *2 Luftballons*
- *1,5-Liter-Plastikflasche*

Luftballon mit Krepppapier festzukleben (s. Abb.).
Um die Rakete zu starten, spannt man das Band und lässt den Luftballon los.

Einen Schritt weiter
Stecke einen Ballon in einen zweiten von gleicher Größe (ein Stift oder ein Bleistift hilft beim Hineinstecken). Versichere Dich, dass zwischen den Ballons keine Luft mehr verblieben ist. Puste den Doppelballon mit Hilfe einer Luftpumpe auf und verdrehe die Öffnung, so dass die Luft nicht entweichen kann. Bitte jemanden, das Trinkhalmstück wie oben an den äußeren Ballon zu kleben. Nun spanne die Schnur und lass Deine Rakete los. Welche Rakete bewegt sich schneller: ein einfacher oder ein doppelter Ballon?

B. Zweistufige Rakete
Schritt für Schritt
Schneide aus einer Plastikflasche einen Ring von 2-3 cm Breite aus. Das Band des vorigen Experiments wird wieder benutzt. Blase einen der Luftballons auf (2. Raketenstufe) und halte das Mundstück mit den Fingern fest. Der Hals des Ballons wird gespannt und in den ausgeschnittenen Plastikring (s. Abb.) am Rand gehalten. Bitte jemanden, den zweiten Luftballon so aufzublasen (1. Raketenstufe), dass der Bauch im Ring stecken bleibt. Sobald der zweite Ballon aufgeblasen ist und im Ring steckt, verhindert er, dass sich der erste Ballon entleert. Mit den Fingern wird das Mundstück der 1. Raketenstufe festgehalten, damit die Luft nicht entweichen kann. Schneide zwei 5-10 cm lange Stücke des Trinkhalms ab, stecke das freie Ende des Bandes durch die Trinkhalmstücke und befestige einen Trinkhalm an je einem Ballon mit Kreppband. Um die Rakete zu starten, musst Du das Band spannen und die 1. Raketenstufe loslassen.

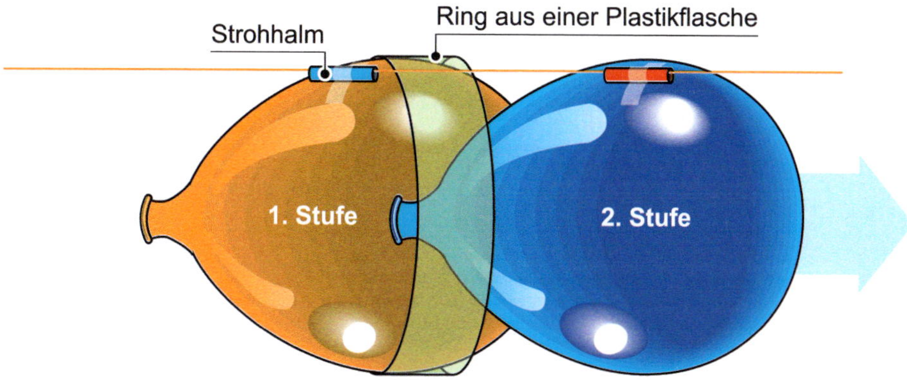

Wissenswertes

An der Ballonöffnung werden elastische und Druckenergie in kinetische Energie umgewandelt. Das gesamte System, das aus dem Ballon und der Luft darin besteht, würde aufgrund seiner Trägheit lieber an seiner Stelle bleiben (träge Masse). Die Luft, die aus dem Ballon kommt, bewegt sich nach links (siehe Abbildung). Folglich wird der Ballon sich nach rechts bewegen. Die Ballonmasse nimmt ständig ab, weil die Luft aus ihm entweicht, genauso wie bei einer richtigen Rakete die Masse abnimmt, weil Treibstoff entzündet wird, um Gasstrahlen zu produzieren, die am Raketenende ausgestoßen werden. Du kannst denselben Trick verwenden, um die Flugbahn der Rakete seitlich zu verändern: Du musst nur Gase aus einer Öffnung an der Seite der Rakete ausstoßen. Dies zwingt die Rakete, sich in die entgegengesetzte Richtung zu bewegen (Aktion = Reaktion-Prinzip).

M 1.15

Material
- *Essig*
- *Backpulver*
- *eine leere Filmdose mit Deckel*
- *dickes Tonpapier*
- *Sekundenkleber*
- *Klebeband*
- *Plastiktüte*

Achtung
Es ist besser, das Experiment im Freien durchzuführen.

1.15 Raketen mit chemischem Antrieb und Luftantrieb

Lasst uns eine Rakete und ihre Startrampe ganz neu entwickeln.

A. Ein chemischer Antrieb
Schritt für Schritt

Fülle ein wenig Backpulver und ein bisschen Essig (probiere die Mengenverhältnisse, die am besten funktionieren, selber aus) in die Filmdose und verschließe sie schnell. Der Deckel der Filmdose ist das untere Ende Deiner Rakete. Mache einen Schritt zurück und bereite Dich auf den Start vor! Du kannst Deine Rakete verbessern, indem Du eine konische Spitze und Flossen (als Leitwerk) aus Tonpapier ergänzt, so wie es im nächsten Modell gemacht wird.

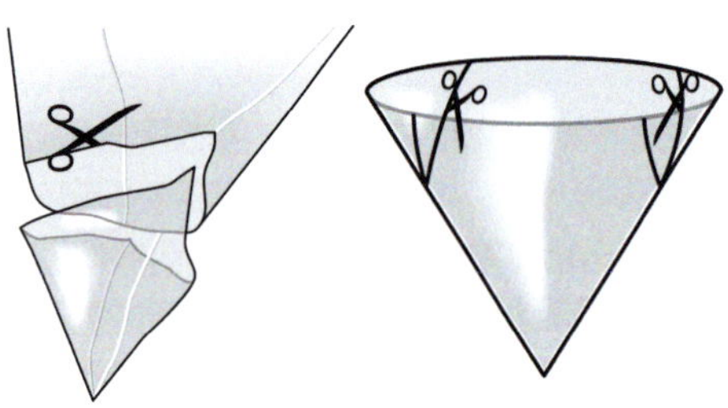

Einen Schritt weiter

Schneide eine Ecke in den Boden einer Plastiktüte, um eine Kegelform zu bekommen, die gut in die Dose passt. Schneide im oberen Bereich des Kegels zwei dreieckige Schnitte, wie in der Abbildung gezeigt wird. Fülle etwas Essig in die Filmdose und ein wenig Backpulver in den Kegel.

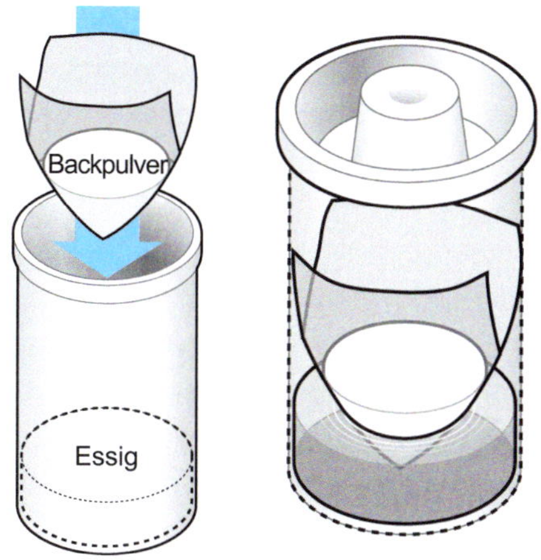

Stecke den Kegel so in die Dose, dass das Backpulver und der Essig sich nicht vermischen. Verschließe die Dose fest mit dem Deckel. Stelle die Filmdose umgekehrt auf den Boden und entferne Dich schnell. Kannst Du Deine chemische Rakete noch weiterentwickeln?

Wissenswertes

Im Falle des chemischen Antriebs produzieren der Essig (eine Säure) und das Backpulver (Natriumbicarbonat) beim Vermischen Kohlensäure. Die Kohlensäure zerfällt schnell in Kohlenstoffdioxid (CO_2) und Wasser. Wenn sich das CO_2 ausdehnt und die Dose verlässt, treibt es die Rakete nach oben (Aktion = Reaktion-Prinzip).

B. Luftantrieb

Schritt für Schritt

Die Abschussbasis

Säge mit einer Bügelsäge (oder einer anderen Säge) ein Stück von dem Holzstab ab. Verbinde den Stab seitlich am Fundamentbrett mit zwei Nägeln, wie die Abbildung zeigt. Stecke ein Ende des Schlauchs in das Rohr, bis es das Ende des Rohrs erreicht hat. Bohre ein Loch von einer Seite des Rohrs bis zur anderen, um die Schraube hindurchzustecken. Befestige das Rohr mit Hilfe der Schraube am Holzstab. Stecke das andere Ende des Schlauchs in die Flasche. Wickle, wenn nötig, Klebeband um das Ende des Schlauchs, damit er fest in der Flasche sitzt.

Material — **M 1.15**

- *dickes Tonpapier*
- *ein 1-m-Stück gezahnter Schlauch*
- *ein 22-cm-Stück PVC-Rohr, in das der Schlauch fest hineingesteckt werden kann*
- *2 1,5-Liter Plastikflaschen*
- *1 Stück Holz (als Fundament), ungefähr 10 x 25 cm, 1,5 cm dick*
- *Holzstab, ungefähr 2,54 x 2,54 x 20 cm*
- *Nägel*
- *1 Schraube mit Unterlegscheibe*
- *1 Stück Draht*
- *1 Kreisscheibe (Teller) mit 3 bis 5 cm Radius oder einen Zirkel*
- *Klebeband*
- *Holzkleber*
- *1 kleiner Styroporball (optional)*

Die Rakete

Bastle aus dem Tonpapier einen 20 cm langen Zylinder, der genau in das PVC-Rohr passt. Zeichne mit Hilfe der Kreisscheibe oder des Zirkels auf das Papier einen Halbkreis mit einem Radius von 3 bis 5 cm. Schneide den Halbkreis aus und baue daraus einen Kegel, der auf den Zylinder passt. Klebe den Kegel mit Klebeband auf den Zylinder. Alternativ könntest Du den Styroporball als Raketennase verwenden. Klebe ihn einfach mit Kleber oder Klebeband

Raketen mit Luftantrieb

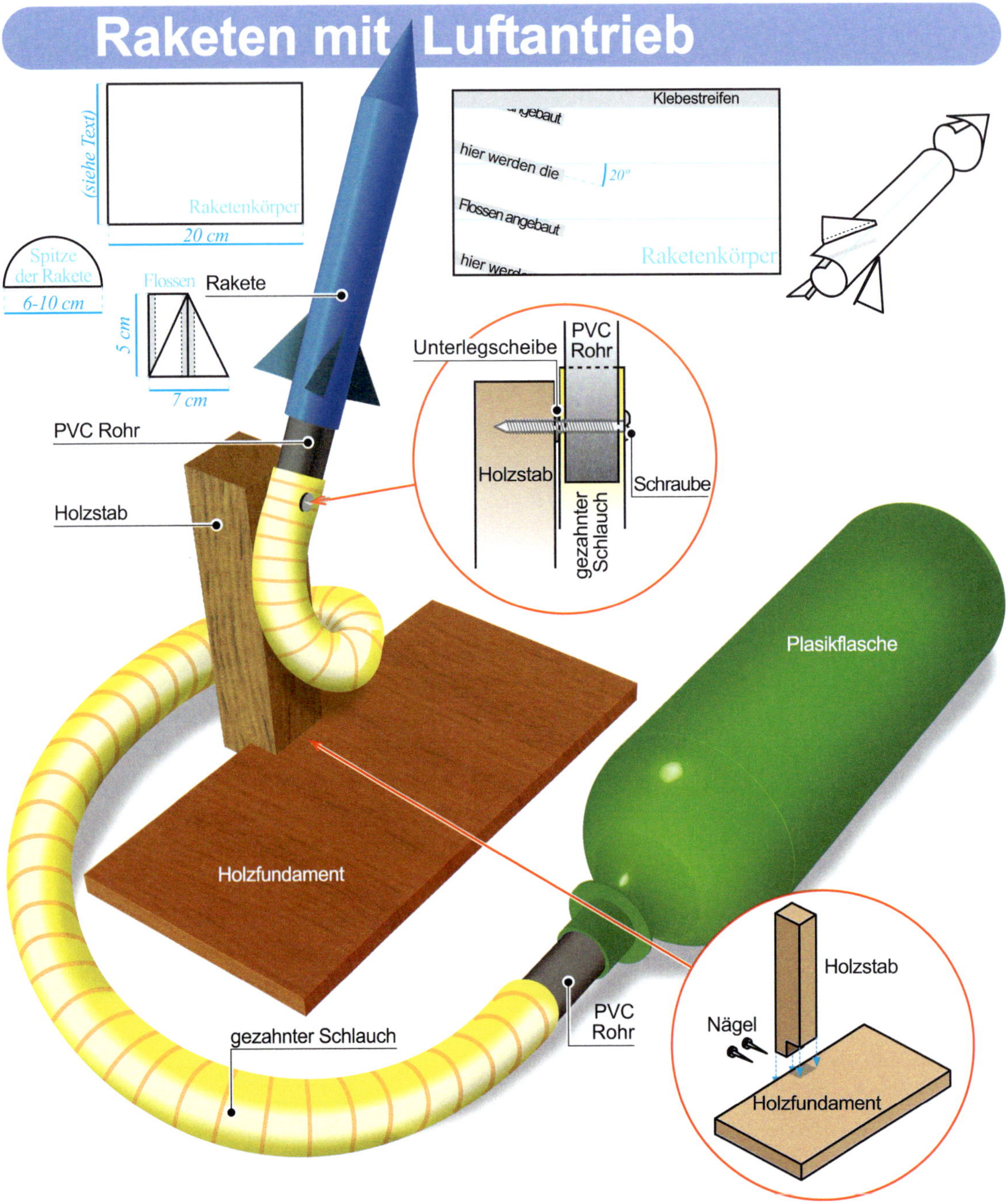

in das obere Ende des Zylinders. Schneide weiter drei rechtwinklige Dreiecke mit den Schenkeln 3,5 cm und 5 cm als Flossen aus und verbinde sie an den gezeigten Positionen mit dem Raketenkörper. Die Flossen können senkrecht oder leicht geneigt sein (ungefähr 20°). Um die Rakete zu starten, lege die Flasche auf den Boden und tritt mit einem Fuß darauf. Du kannst verschiedene Raketentypen testen, um herauszufinden, welche Rakete am höchsten fliegt. Du kannst ebenso die Startrampe neigen und untersuchen, unter welchem Startwinkel die größte Flugweite erzielt wird. Bei jedem Start wird die Plastikflasche zerdrückt. Um dies rückgängig zu machen, musst Du sie durch das offene Ende es PVC-Rohres wieder aufblasen. Eventuell musst Du die Flasche für eine neue Rakete ersetzen.

Wissenswertes
Der Luftstrom lässt die Rakete hochschießen und die Rakete wiederum stößt die Luft zurück. Hier arbeitet das Aktion = Reaktion-Prinzip. Kannst Du dasselbe Prinzip bei allen Raketen wiedererkennen? Die Flossen der Rakete spielen auch eine wichtige Rolle, genauso wie bei Haien und anderen Fischen. Wenn die Flossen geneigt werden, sorgen sie dafür, dass die Rakete sich um ihre eigene Achse dreht. Wenn Du mit dem Fahrrad fährst, fällst Du nicht um, weil die sich drehenden Räder eine bestimmte Stabilität erzeugen (siehe das Experiment „Der Fahrradtrick"). Dasselbe gilt für die Turbinen eines Flugzeuges. Wie ist es bei den Raketen?

1.16 Wasserraketen

Material — M 1.16
- *zwei 1,5-Liter Plastikflaschen*
- *ein Schraubverschluss aus Plastik*
- *eine Fahrradpumpe*
- *2 m Plastikschlauch, der so an der Pumpe befestigt warden kann, dass keine Luft entweicht*
- *ein Korken, der genau in den Flaschenhals passt*
- *Wasser*
- *Pappe und Tesafilm (optional)*

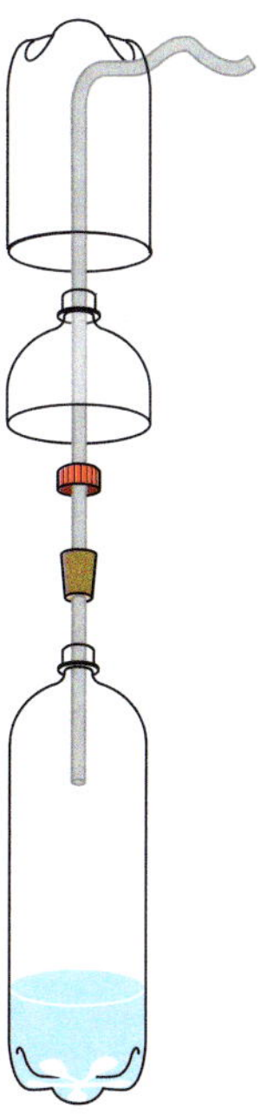

Entdecke, wie leicht Du einfache Plastikflaschen in Raketen umwandeln kannst, die bis zu 12 Meter hoch fliegen.

Schritt für Schritt
Bohre in die Mitte des Schraubverschlusses und in die Mitte des Korkens jeweils ein Loch, so dass der Schlauch gerade hindurchpasst und gleichzeitig abgedichtet ist. Verwende ein Bastelmesser, um dem Korken eine konische Form zu geben. Zerschneide eine der Plastikflaschen, um eine Tasse und einen Trichter (die Plattform) zu bekommen. Bohre ein seitliches Loch in der Nähe des Bodens in die Tasse, um den Schlauch hindurchzustecken (passgenau). Stecke den Schlauch in den Trichter und führe ihn dann durch das mittige Loch im

Hinweis
Lass die Rakete zunächst ohne Wasser starten, indem Du nur Luft pumpst und beobachtest was passiert. Danach füllt man das Wasser ein und beobachtet den Unterschied in der Leistung der Rakete. Was ist das Besondere am Wasser? Es wird mehr oder weniger Wasser hinein gefüllt und herausgefunden, was die größte Höhe und Entfernung ist, die die Rakete erreichen kann. Probiere auch kleinere Raketen aus, indem Du 500-ml-Flaschen verwendest.

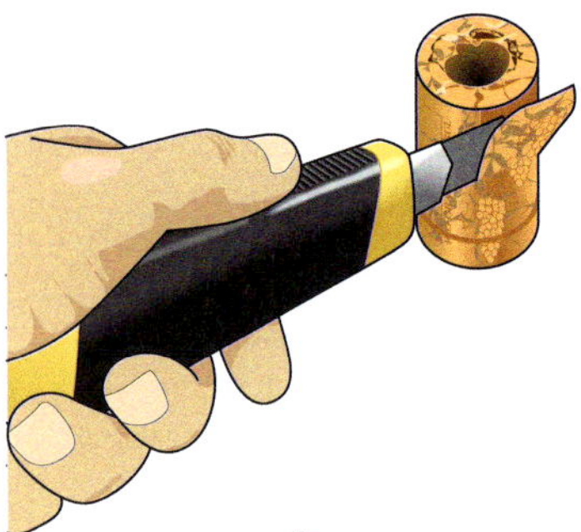

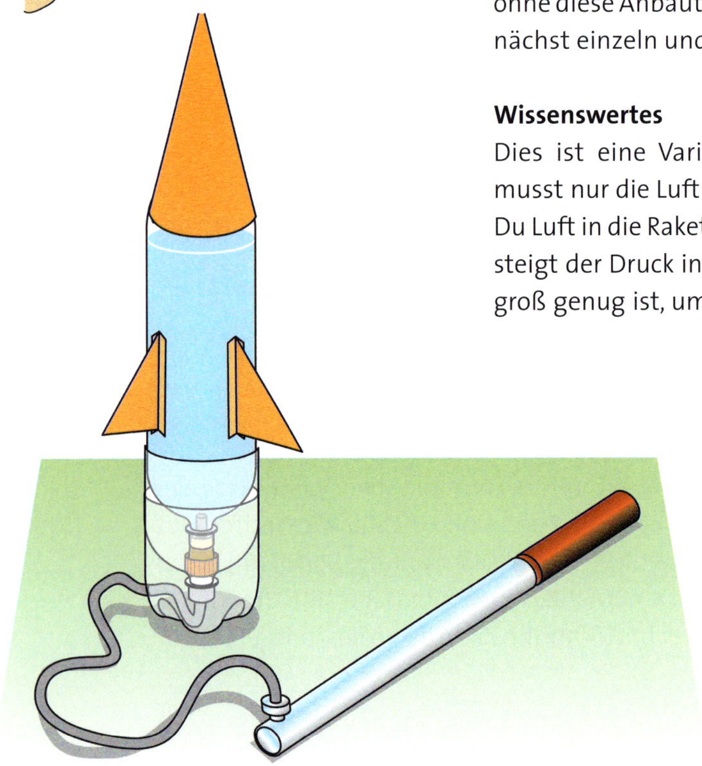

Schraubverschluss und dann durch das Loch im Korken (s. Abb.). Fülle die Rakete teilweise mit Wasser und stecke den Korken in den Flaschenhals. Drücke den Korken nur so fest, dass eine gute Abdichtung erreicht wird. Platziere die Rakete auf ihrer Abschussplattform, wie die Abbildung zeigt, und befestige das andere Ende des Plastikschlauches an der Fahrradpumpe. Nun pumpe Luft in die Rakete und starte damit den Countdown. Die Plattform sammelt Wasser, das man beim nächsten Raketenabschuss wieder verwenden kann.

Einen Schritt weiter
Du kannst versuchen, die Leistung und die Stabilität Deiner Wasserrakete mit einigen einfachen Ergänzungen zu verbessern. Baue einen Kegel (die Raketennase) und drei oder vier Flossen aus Pappe und befestige sie am Gehäuse der Rakete. Vergleiche die Leistungen Deiner Rakete mit und ohne diese Anbauten. Teste Nase und Flossen zunächst einzeln und danach zusammen.

Wissenswertes
Dies ist eine Variation der Ballonraketen. Du musst nur die Luft durch Wasser ersetzen. Wenn Du Luft in die Rakete pumpst, die Wasser enthält, steigt der Druck in der Rakete so lange an, bis er groß genug ist, um das Wasser herauszustoßen.

Wenn das Wasser ausströmt, wird die Rakete leichter und bewegt sich in entgegengesetzter Richtung zum Wasser (genau wie die Luft in den Ballonraketen). Bemerkst Du, dass hier das Aktion = Reaktion-Prinzip wirkt? Die konische Form des Korkens ist wichtig für einen erfolgreichen Start Deiner Wasserrakete. Ein zylindrischer Korken hat verglichen mit einem konischen Korken eine relativ große Kontaktfläche mit der Innenwand des Flaschenhalses. Eine größere Fläche bedeutet eine größere Reibung zwischen dem Korken und dem Flaschenhals. Der konische Korken andererseits hat eine geringere Kontaktfläche und benötigt folglich einen geringeren Aufwand, um entfernt zu werden. Außerdem bietet er eine gute Abdichtung.

1.17 Fliegende Bälle

Material	M 1.17
• *1 großer Ball und 1 kleinerer Ball (beide z. B. aus Gummi)*	

Halte in einer Hand einen großen und in der anderen einen kleinen Ball. Lass beide aus der gleichen Höhe fallen. Wie hoch springen beide, nachdem sie auf den Boden gefallen sind? Jetzt probiere etwas Neues aus.

Schritt für Schritt

Die beiden Bälle werden aus 1 m Höhe fallengelassen, wobei der kleine Ball auf dem großen Ball liegt. Was passiert, wenn der große Ball den Boden berührt? Kannst Du nun verstehen, warum z. B. ein Fußgänger (kleiner Ball) weit fortgeschleudert wird, wenn er von einem Auto (großer Ball) angefahren wird?

Einen Schritt weiter

Wiederhole das Experiment, indem Du drei verschiedene Bälle unterschiedlicher Größe verwendest. Platziere den mittelgroßen Ball zwischen den großen und den kleinen Ball. Vergleiche, wie weit der kleine Ball in jedem dieser zwei Experimente springt.

Wissenswertes

Stelle Dir einen Ball vor, der einen geparkten Lastwagen frontal trifft. Der Ball

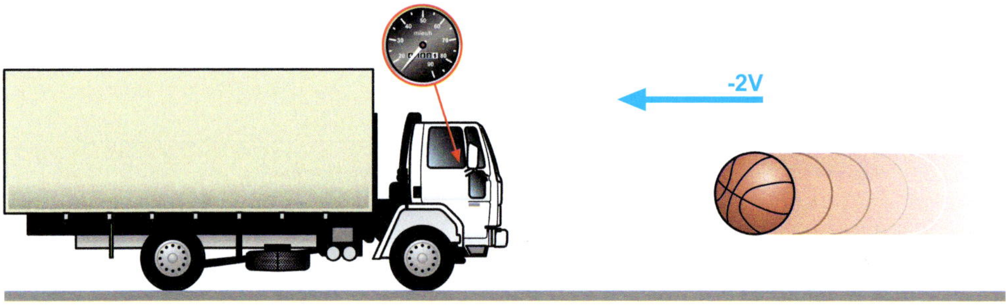

wird mit fast derselben Geschwindigkeit abprallen, die er vor der Kollision hatte, während der Lastwagen unverändert am selben Ort steht. Dies passiert, weil der Ball viel leichter ist als der Lastwagen. Nimm jetzt an, dass der Ball und der Lastwagen sich mit der gleichen Geschwindigkeit aufeinander zubewegen (^{V}Ball = -^{V}LKW = v), wie es von einer stationären Radargeschwindigkeitskontrolle gemessen werden würde. Stell Dir vor, dass Du während der Kollision im LKW sitzt. Für Dich wäre es so, dass der LKW parken würde (^{V}LKW = 0) und der Ball nähert sich mit dem Doppelten der Geschwindigkeit, die das Radar gemessen hat (^{V}Ball = 2v). Nach der Kollision wird der Ball die gleiche Geschwindigkeit (2v) haben, allerdings fliegt er jetzt in umgekehrter Richtung. Um stimmig mit der stationären Kontrolle zu sein, musst Du die Geschwindigkeit des LKWs und die des Balls addieren. Für das Radar bewegen sich jetzt beide, also Ball und LKW, in derselben Richtung. Als Resultat ergibt sich, dass die Geschwindigkeit des Balls, bezogen auf das Radar, 3v ist. Kannst Du einen Zusammenhang zwischen der LKW-Ball-Kollision und den zwei fliegenden Bällen erkennen?
Im Falle der drei fliegenden Bälle ergibt sich aus dem gleichen Grund wie oben, dass sich der mittlere Ball nach der Kollision mit dem größten Ball mit einer Geschwindigkeit von ungefähr 3v nach oben bewegt. Dann wird er mit dem kleineren Ball kollidieren, der sich mit einer Geschwindigkeit v nach unten bewegt. Kann das Verwenden eines mittleren Balls die vom kleinen Ball erreichbare Maximalhöhe wirklich weiter erhöhen?

M 1.18

1.18 Empfindliche Pendel

Pendel können launisch sein. Und das Radio und der Fernseher? Wenn sie „provoziert" werden, reagiert jedes auf seine Art und Weise. Hier kann man das nachprüfen!

Material
- *Besenstiel aus Holz*
- *grober Draht*
- *zwei 10 cm lange PVC-Rohre mit Durchmesser 3/4 Zoll*
- *4 gleiche Objekte (z. B. Holzwürfel, Angelblei, Murmeln)*
- *90 cm Nylonfaden*
- *zwei Holzlatten von 1,5-2 cm Dicke, 2 cm Breite und 20 cm Länge*
- *Holzbrett mit 1,5-2 cm Dicke, 5 cm Breite und 40 cm Länge*
- *Nägel und Schrauben*

A. Rhythmus und Schwingung

Schritt für Schritt

Baue aus dem großen Holzbrett und den zwei Holzlatten eine Basis in der Form eines I (vgl. Abb.). Zersäge den Besenstiel so, dass Du zwei Teile von 30 cm Länge erhältst. Befestige die Stiele auf der Basis mit Schrauben und Nägeln in einem Abstand von 36 cm. Bohre dann in ein PVC-Rohr zwei sich gegenüberliegende Löcher, jeweils 2 cm vom Ende entfernt. In das andere Rohr bohre nur ein Loch. Die Löcher sollten groß genug sein, dass der Draht problemlos hindurch passt. Forme in den Draht fünf Knicke in Form eines V, gemäß der Abbildung im Abstand von 7 cm. Die erste Vertiefung sollte vom einen Ende 8 cm entfernt sein. Stecke den Draht durch die PVC-Rohre und die PVC-Rohre auf die Holzstiele. Der fünfte Knick verhindert, dass der Draht herausrutscht. Schneide vier Nylonfäden von 12, 18, 24 und 30 cm Länge zu (Du kannst auch andere Längen ausprobieren).

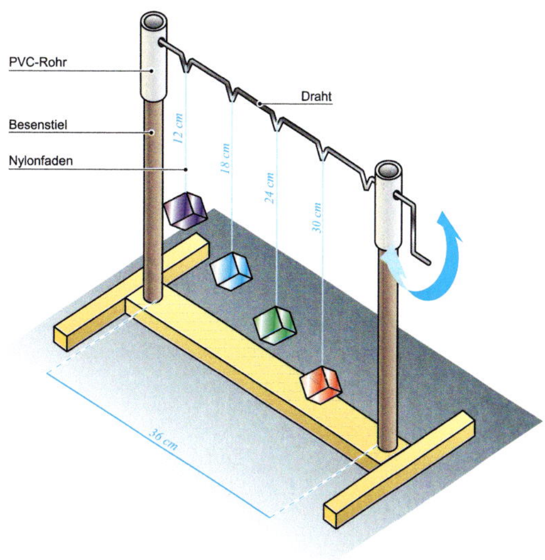

Am Boden der Knicke binde jeweils einen Faden fest, und zwar mit zunehmender Länge (s. Abb.). Binde am unteren Fadenende die jeweils vier gleichen Objekte fest – Du erhältst so vier Pendel. Aus dem herausragenden Drahtende forme eine Kurbel.

Art der Schwingung

Lenke zunächst zwei benachbarte Pendelmassen aus, lasse sie zur gleichen Zeit los und vergleiche ihre Rhythmen. Sind ihre Frequenzen (Anzahl von vollen Schwingungen pro Sekunde) gleich? Nun schwinge die Kurbel mit einem festen Rhythmus hin und zurück. Erhöhe deinen Rhythmus langsam. Vergleiche die Art der Schwingung der Kurbel mit der eines jeden Pendels. Was passiert, wenn die Frequenz, mit der Du die Kurbel betätigst, mit der Frequenz eines der Pendel übereinstimmt?

M 1.18

Material
- *ein Tisch*
- *3 geleerte Getränkedosen, bei denen der Verschluss aber noch an der Dose befestigt ist*
- *Schnur*
- *dicker Faden*
- *Wasser*

Hinweis
Teste das Experiment zunächst mit einem mit der Schnur verbundenen Pendel, bevor Du weitere Durchführungen mit zwei und drei Pendeln vornimmst. Du kannst ebenso herausfinden, ob zwei Pendel mit derselben Fadenlänge, aber unterschiedlichen Massen (unterschiedliche Wasser- oder Sandvolumina in den Dosen) unterschiedliche Schwingungsfrequenzen haben. Lenke die Pendel einfach an einem Punkt zwischen den beiden Knoten aus und lass sie dann gleichzeitig schwingen. Beeinflusst die Art des Materials in den Dosen ihre Schwingung? Vergleiche zwei Pendel mit gleicher Länge aber unterschiedlichem Material in den Dosen, beispielsweise Reis und Sand.

Wissenswertes
Wenn Du die Kurbel hin und her schwingst, überträgst Du Energie auf die Pendel. Du kannst mit dem Experiment herausfinden, wann diese Energieübertragung am besten funktioniert. Diesen Fall nennt man Resonanz. Das ist vorstellbar wie ein Fließband zum Transportieren von Waren, die an einem bestimmten Punkt auf das Band geladen werden und an einem anderen Punkt wieder entfernt werden. Wenn die Ladefrequenz mit der Entladefrequenz übereinstimmt, werden alle aufgeladenen Waren entladen und aufgestapelt. In dieser Analogie stehen die geladenen Waren für die Schwingungsenergie der Kurbel und die aufgestapelten Waren für die Menge an Energie, die im Resonanzfall auf die Pendel übertragen wird. Die maximale Auslenkung der Pendel aus der Vertikalen nimmt dabei zu. Du kannst das Pendelmodell nutzen, um zu erklären, wie man den Empfang eines bestimmten Radiosenders (AM oder FM) oder eines Fernsehsenders einstellt. Unterschiedliche Sender senden ununterbrochen Signale auf verschiedenen Frequenzbändern. Wenn Du Dein Radio oder Dein Fernsehgerät einstellst, dann stellst Du die Frequenz ein, die Du empfangen willst. Dein Empfänger ist dadurch nur empfangsbereit für den speziellen Sender auf der Frequenz, die Du ausgewählt hast, eben auf der Resonanzfrequenz. Im Falle der Pendel ist es so, als hättest Du verschiedene Empfänger auf unterschiedliche Frequenzen eingestellt (die verschiedenen Pendel), aber nur einer dieser Empfänger empfängt Deine Übertragung (das Hin- und Herschwingen der Kurbel). Probier es aus!

B. Gekoppelte Pendel
Schritt für Schritt
Verbinde die Schnur so mit zwei Beinen des Tisches, dass sie gespannt ist. Schneide zwei gleiche Stücke Faden (ca. 20 cm) und ein längeres Stück (ca. 30 cm). Verbinde jedes Stück mit je einem Verschluss der Dosen. Knote dann jeweils das andere Ende der Schnüre mit ein wenig Abstand voneinander so an die Schnur am

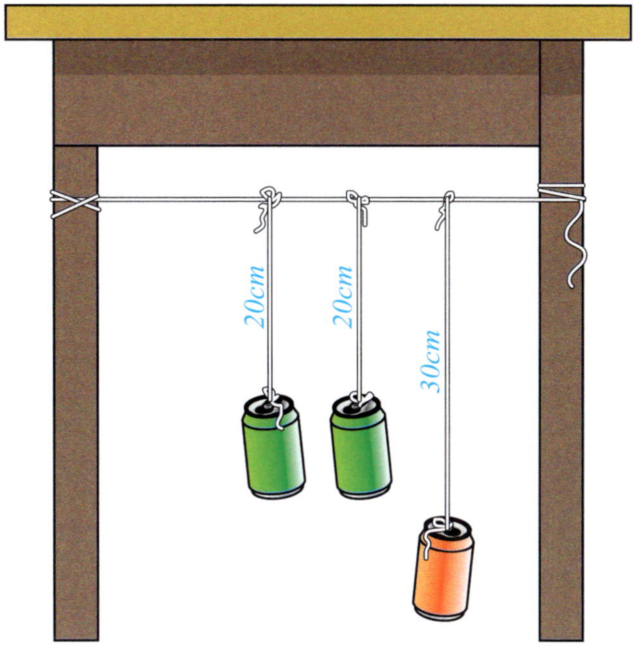

Tisch, dass die Dosen herunterhängen (s. Abb.). Fülle ungefähr ein Fünftel der Dosen mit Wasser und lasse eine von ihnen schwingen. Wie reagieren die anderen Pendel?

Wissenswertes

Wenn eines der Pendel aus der Ruhelage ausgelenkt wird, wird die Schnur verdreht. Du kannst das fühlen, wenn Du die Schnur vorsichtig berührst. Die Pendel werden also durch die verdrehte Schnur miteinander verbunden. Die Energie, die mit dem ersten Pendel verbunden ist (kinetische und potenzielle Energie) wird auf die anderen Pendel übertragen, wie Du leicht demonstrieren kannst. Untersuche, wie das längere Pendel reagiert, wenn eines der kürzeren Pendel zu schwingen beginnt. Wie reagieren die zwei Pendel mit der gleichen Fadenlänge, wenn Du das längere Pendel schwingen lässt? Untersuche alle Möglichkeiten!

1.19 Extrem empfindliche Ringe

Beobachte, wie Papierringe reagieren, wenn man sie schaukelt.

Material	**M 1.19**
• *zwei weiße Papierblätter* • *Pappe* • *Tesafilm*	

A. Die Größe der Ringe

Schritt für Schritt

Schneide aus einem Blatt Papier in derselben Richtung zwei Streifen aus von 2 cm-2,5 cm Breite und 19 cm bzw. 29 cm Länge (Du kannst auch andere Maße ausprobieren). Forme das Papier zu Ringen und klebe sie mit Tesafilm auf der Pappe fest (s. Abb.) Bewege die Pappe zunächst seitlich hin und her, dann auf und ab wie auf dem Bild angedeutet. Beginne mit einem langsamen Rhyth-

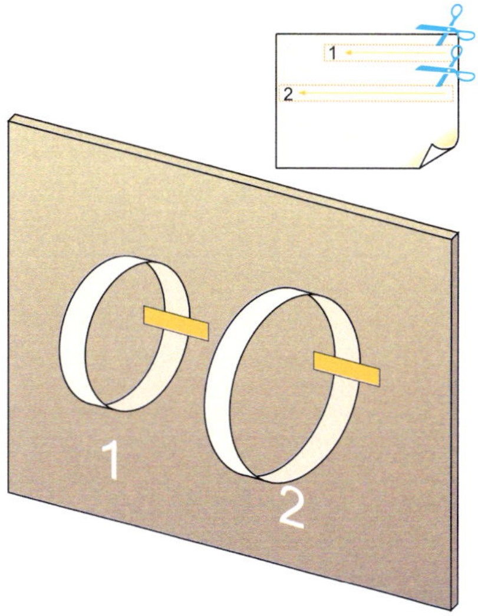

mus (niedrige Frequenz) und beschleunige dann den Rhythmus, bis die Ringe „tanzen" (Resonanzfrequenz).

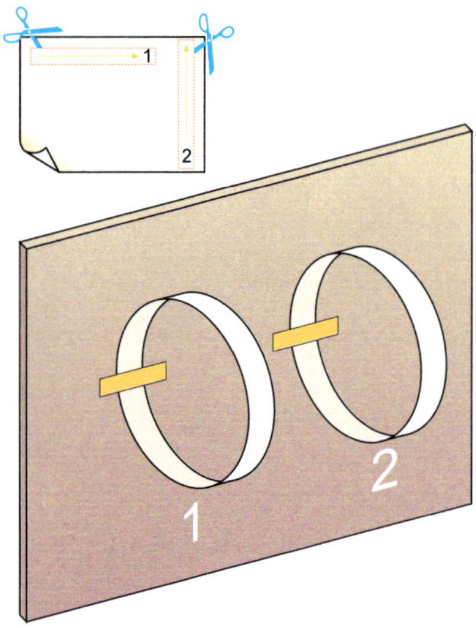

B. Beschaffenheit der Ringe

Schneide rechtwinklig zwei Streifen aus dem Papierblatt aus, beide von ca. 20 cm Länge und 2 cm-2,5 cm Breite. Nummeriere die Streifen entsprechend der Schnittrichtung. Wiederhole den Widerstandstest aus „Wie die Schwachen stark werden" (S. 18). Forme die Papierstreifen zu Ringen und klebe sie mit Tesafilm auf der Pappe fest. Schaukle sie wie im vorherigen Experiment. Gibt es eine Beziehung zwischen der Festigkeit der Papierringe und der entsprechenden Resonanzfrequenz?

C. Verdrehte Ringe

Schneide zwei identische Papierstreifen (2 cm-2,5 cm breit, 20 cm lang) in derselben Richtung aus. Forme einen Streifen zu einem Ring und klebe ihn mit Tesafilm auf der Pappe fest. Verdrehe den anderen Streifen wie auf der Abbildung (Möbius-Schleife) und klebe ihn ebenfalls auf der Pappe fest. Bewege die Pappe wie in den vorherigen Experimenten hin und her. In welcher Beziehung steht die Form des Ringes zur Tanzfrequenz der Ringe? Es sei angemerkt, dass die „Möbius-Schleife" im Gegensatz zu dem runden Ring Faltstellen hat (s. auch „Wie die Schwachen stark werden"). Bringen die Faltstellen einen Vorteil?

Einen Schritt weiter

Mache einen Test mit anderen Materialien, z. B. Karton und Plastik. Auf einem Computer- oder Fernsehbildschirm kannst Du die Oszillationen der Streifen besser beobachten (vgl. „Zeitlupentempo", S. 149).

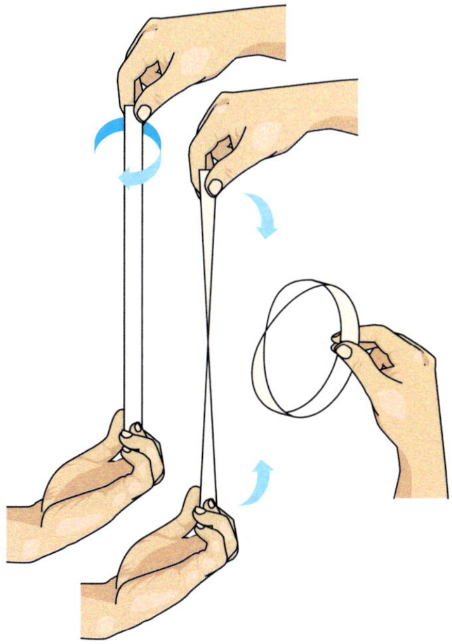

Wissenswertes

Wenn Du die Pappe schüttelst, lässt Du den Papierring tanzen. Jeder Ring hat dabei seinen eigenen Tanzrhythmus mit einer dazugehörigen Frequenz (Anzahl der Bewegungen pro Sekunde). Wenn die Schüttelfrequenz und die Frequenz eines Rings übereinstimmen, hast Du Resonanz. In diesem Fall ist die Energieübertragung vom Schütteln zum Ring optimal. Ingenieure sind sehr erpicht darauf, Resonanzfrequenzen von Strukturen (wie Brücken, Wolkenkratzern und Flugzeugen) zu untersuchen, um Resonanzeffekte zu verhindern, die diese Strukturen zerstören könnten. Gebäude unterschiedlicher Höhe beispielsweise reagieren unterschiedlich während eines Erdbebens, abhängig von der Frequenz, bei der das Erdbeben am meisten Energie überträgt. Die Idee ist, solche Strukturen zu schützen, indem man spezielle Materialien und Geometrien benutzt, so dass sie durch äußere schwingende Störungen wie Wind oder Erdbeben nicht ungünstig beeinflusst werden.

1.20 Nagelbrett

Stelle Dein eigenes Nagelbrett her und entdecke das Geheimnis des Fakirs.

Material — **M 1.20**

- *Holzbrett 24 cm x 24 cm mit 1,5-2 cm Dicke*
- *Holzstreifen (als Rahmen)*
- *400 Nägel (länger als 3 cm) für das Brett und 12 Nägel, um den Rahmen festzuhalten*
- *Luftballon*

Achtung

Die Aufsicht eines Erwachsenen ist angeraten!

Schritt für Schritt

In das Holzbrett wird ein Quadrat von 20 cm x 20 cm geritzt, so dass noch ein Rand übrigbleibt. Markiere an den Seiten des Quadrates Punkte im Abstand von 1 cm und ziehe mit einem Lineal parallele Verbindungslinien zwischen den Markierun-

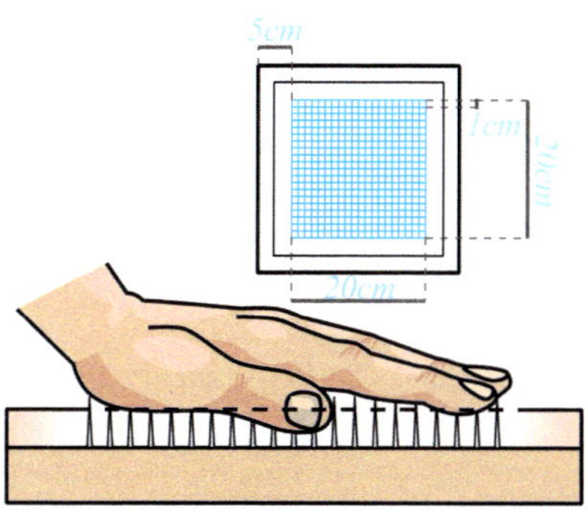

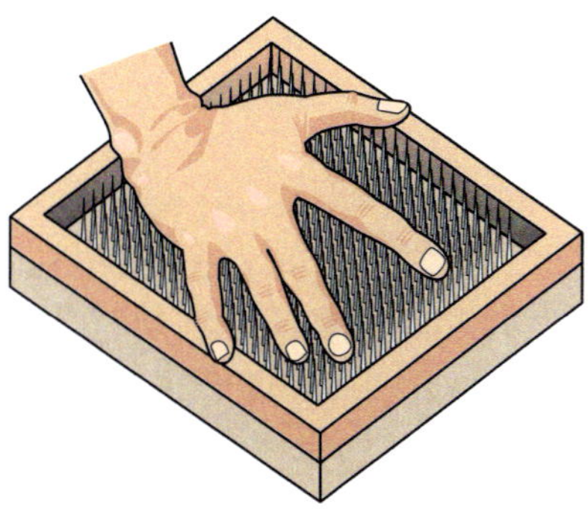

gen, so dass ein Karomuster entsteht. Die Nägel werden in den Kreuzungspunkten der Verbindungslinien eingeschlagen. Dafür solltest Du zunächst mit einem Bohrer Löcher in die Kreuzungspunkte bohren, mit einem etwas kleineren Durchmesser als die Nägel. Sonst kann das Holz leicht splittern, wenn Du die Nägel einschlägst. Als Absicherung baue anschließend einen Rahmen um die Nägel (s. Abb.).

Tests

1. Befühle das Nagelbrett mit Deiner ganzen Hand.
2. Drücke einen luftgefüllten Luftballon gegen einen einzelnen Nagel.
3. Nun drücke einen anderen Luftballon auf das Nagelbrett.
4. Lege das Nagelbrett auf einen Stuhl. Jetzt kannst Du Dich unbesorgt langsam auf das Nagelbrett setzen.

Wissenswertes

Jedes Stuhlbein oder Bettbein „fühlt“ nur ein Viertel des Gewichts auf sich lasten. Wenn Du die Zahl der Beine erhöhst, verminderst Du das Gewicht, das jedes Bein „fühlt“ (7 Beine „fühlen“ jeweils ein Siebtel des Gewichts usw.). Stell Dir vor, der Stuhl wäre voller Beine, aber falsch herum. Das ist Dein Nagelbrett.
Ein einzelner Nagel kann Dich verletzen, wie jeder spitze Gegenstand oder eine scharfe Schneide, wenn er gegen Dich gedrückt wird, weil die Fläche, über die die Kraft ausgeübt wird, einfach zu klein ist. Dies ist im Falle des Nagelbrettes oder beispielsweise des Stuhls nicht der Fall, weil Dein Gewicht (die Kraft) auf eine viel größere Fläche verteilt wird. Jeder Punkt dieser Fläche übt eine sehr kleine Kraft auf Dich aus. Druck ist das Maß der Kraftverteilung über die Oberfläche, über die die Kraft wirkt. Wenn Du die Fläche verdoppelst, dann musst Du die doppelte Kraft aufwenden, um denselben Druck zu erhalten. Du kannst dies durch die Beziehung Druck = Kraft/Fläche ausdrücken. Weißt Du jetzt, weshalb ein Fakir auf einem Nagelbrett bequem schlafen kann?

M 1.21	**Material** • *drei Kämme mit Zinken im Abstand von ca. 2 mm* • *25-30 Plastiklineale (Dicke entsprechend den Abständen der Zinken)*

1.21 Ein Bett aus Linealen

Wie wäre es, die „starke“ Seite der Lineale zu testen?

Schritt für Schritt

Stecke die Lineale zwischen die Zinken der 3 Kämme, so dass zwei Kämme an den Enden sind und einer in der Mitte.
Tritt jetzt auf die Lineale und teste ihre starke Seite (siehe „Wie die Schwachen

stark werden", S. 18) Welches ist die Mindestzahl an Linealen, die das Gewicht einer Person tragen?

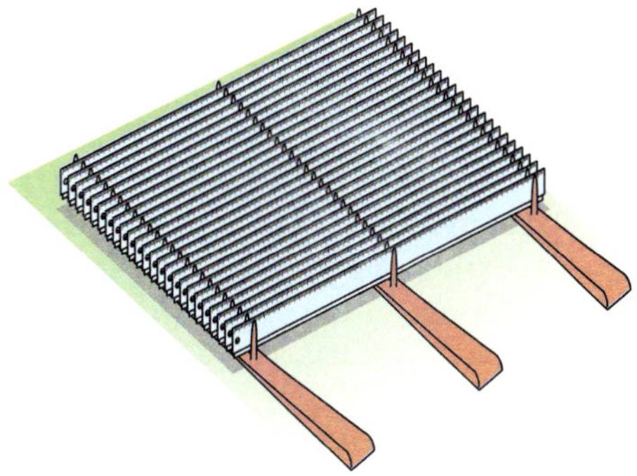

Wissenswertes

Wie im Fall des Nagelbretts verteilt sich Dein Gewicht auf alle Lineale, die hier auch mit der günstigsten Methode verwendet werden, um Dein Gewicht auszuhalten. Weil das Linealbett eine Menge Lineale besitzt, um Dich zu halten, kannst Du sogar darauf stehen. In jedem Falle ist es sinnvoll, mit einer vollen Linealbesetzung anzufangen und dann zu probieren, ein Lineal nach dem anderen zu entfernen.

1.22 Das Unterseeboot

Ein Unterseeboot kann sowohl untertauchen als auch wieder zur Wasseroberfläche zurückkommen. Wie funktioniert das?

Material	**M 1.22**
• *1,5-Liter-Plastikflasche* • *Luftballon* • *Plastikrohr (Gartenschlauch) 1 m Länge* • *Essbesteck (3 oder 4 Messer)* • *Spülbecken in der Küche oder Eimer*	

Version 1

Schritt für Schritt

Schneide jeweils zwei Löcher mit etwa 3-4 cm Durchmesser in den oberen und unteren Teil der Flasche, wie in der Abbildung gezeigt wird. Stecke das eine Ende des Rohrs in die Öffnung des Ballons (es muss gut passen; benutze Klebeband, falls notwendig). Stecke die Messer (Ballast) durch die seitlichen Löcher in die Flasche. Führe das Ende des Rohrs mit dem Ballon in die Öffnung der Flasche ein und positioniere den Ballon in der Mitte der Flasche. Dein neues U-Boot ist fertig. Lege es auf den Boden des Spülbeckens oder eines Eimers. Fülle das Becken oder den Eimer mit Wasser, bis das U-Boot unter Wasser ist. Blase in das offene Ende des Schlauchs und beobachte, was passiert.

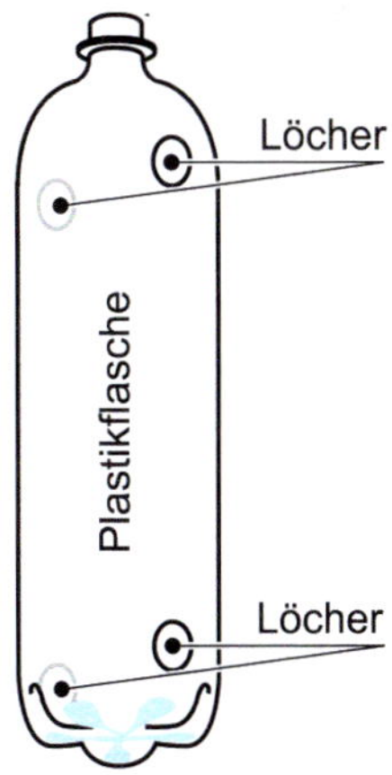

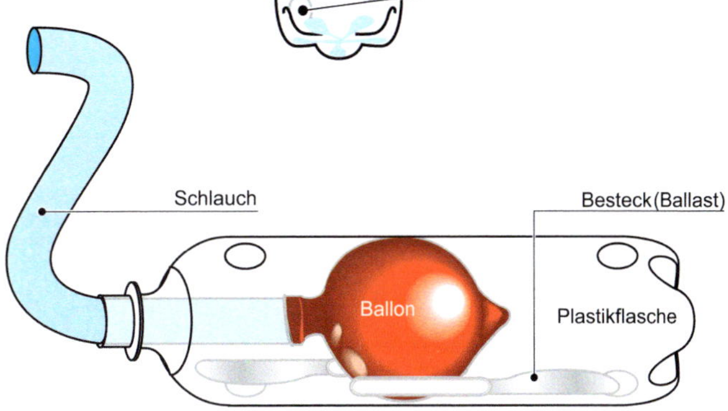

M 1.22

Material
- *2 Ballons*
- *2 Münzen*
- *2 Plastikflaschen, eine große und eine kleine, beide mit Schraubverschluss*
- *Klebeband*
- *Wasser*

Wissenswertes

Wenn Wasser statt Luft im Ballon wäre, wäre die Masse des Wassers ungefähr tausendmal so groß wie die Luft, die sich im Ballon befindet. Die Dichte ist ein Maß für die Anzahl einer Materie (Masse) pro Volumeneinheit. Wir können sagen, dass das Wasser tausendmal dichter ist als die Luft im Ballon. Wenn der Ballon gefüllt wird, steigt das U-Boot auf, so dass mehr Wasser (höhere Dichte) in der größeren Tiefe im Becken oder Eimer verbleibt und die Luft (niedrigere Dichte) darüber bleibt. Auf diese Weise verbleibt mehr Materie (Masse) in der Nähe der Erdoberfläche. Dies ist ein Ergebnis der Massenanziehung der Erde. Andernfalls würden wir einfach schwimmen! Dies passiert, wenn wir beim Schwimmen unsere Lungen mit Luft füllen. Sobald wir die Luft aus der Lunge lassen, beginnen wir zu sinken, genau wie das U-Boot, wenn wir die Luft aus dem Ballon lassen.

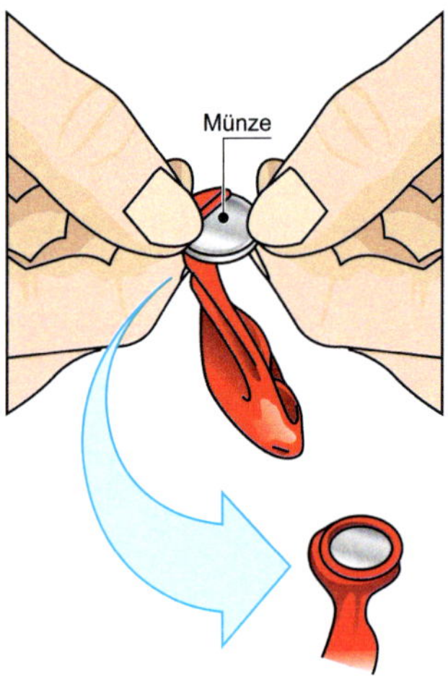

Version 2

Schritt für Schritt

Entferne so viel Luft aus den Ballons wie Du kannst. Falls notwendig, rolle sie, als ob sie eine leere Zahnpastatube wären. Füge die Münzen in die Ballonöffnungen ein. Die Münzen fungieren als Ventile. Stecke die Ballons in die Flaschen, fülle die Flaschen mit Wasser und verschließe sie fest mit Hilfe der Verschlüsse. Die wenige Luft, die in den Ballons verblieben ist, sorgt dafür, dass die Ballons schwimmen wie auf der Abbildung zu sehen ist. Bitte jemanden, die eine Flasche zu drü-

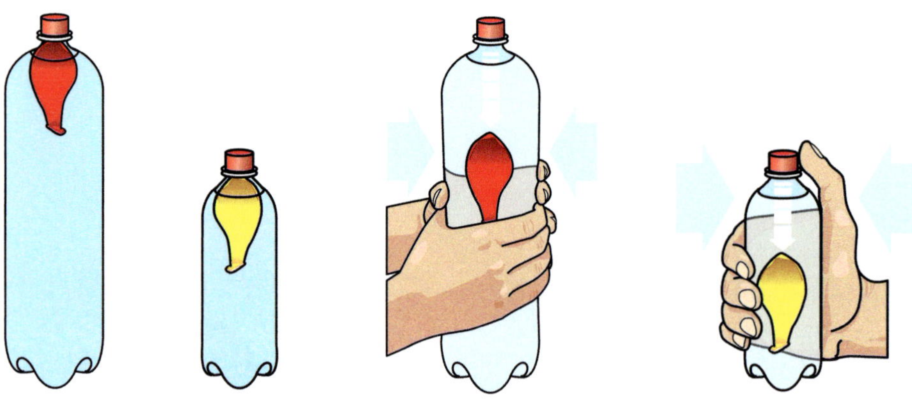

cken, während Du die andere drückst. Untersuche, welche der Flaschen es leichter ermöglicht, das U-Boot untertauchen zu lassen. Was passiert, wenn die Flaschen nicht vollständig mit Wasser gefüllt sind?

A. Pressen

Verschließe eine leere Plastikflasche fest mit einem Deckel; dann drücke sie so stark, wie Du kannst, mit Deinen Händen zusammen. Du wirst sicher in der Lage sein, die Flasche zu verformen (zumindest zeitweise). Versuche ebenso eine Flasche zu verformen, die wie im U-Boot-Experiment mit Wasser gefüllt ist. Der kleine Rest Luft in der Flasche kann bis zu einem bestimmten Punkt komprimiert werden. Das Wasser kann nicht zusammengedrückt werden, man sagt, es ist nicht kompressibel.

B. Blasen

Piekse mit einer Nadel kleine Löcher an verschiedenen Stellen in eine Plastikflasche. Blase durch die Öffnung der Flasche und fühle die Luft, die aus den kleinen Löchern entweicht. Fülle die Flasche mit Wasser und verschließe sie gut. Wenn die Löcher klein genug sind, wird fast kein Wasser auslaufen. Presse die Flasche. Sei vorsichtig! Das Wasser spritzt wie bei einer Dusche aus den Löchern in alle Richtungen. Mit diesen beiden Experimenten kannst Du zeigen, dass der Druck sich in Luft und in einer Flüssigkeit in alle Richtungen ausbreitet.

Wissenswertes

Die U-Boot-Experimente zeigen, dass jeder von außen ausgeübte Druck unvermindert an alle Teile einer eingeschlossenen Flüssigkeit (beispielsweise Wasser oder Luft) weitergegeben wird. Wegen der unterschiedlichen Oberflächen der Plastikflaschen in Version 2 produzierst Du im Wasser in den Flaschen unterschiedliche Drücke, wenn Du die Flaschen mit derselben Kraft zusammenpresst. Dieser äußere Druck zwingt die Ballons in diesem Fall dazu zu schrumpfen und damit ihre mittlere Dichte zu erhöhen. Wenn der ausgeübte Druck groß genug ist, werden die U-Boote eventuell sinken. In welcher Flasche sinkt das U-Boot eher?

Version 3

Schritt für Schritt

Fülle in die Hülse (das Fläschchen) Wasser, bis es fast gefüllt ist und nur noch eine kleine Luftblase oben übrig bleibt. Fülle die Plastikflasche mit

Material — M 1.22

- *eine Kugelschreiberhülse mit verschlossenem oder abgedichtetem Ende*
- *eine kleine Flasche, beispielsweise von einer Parfumprobe*
- *ein leeres Backaromafläschchen*
- *ein hölzernes Streichholz*
- *eine Plastikflasche mit Schraubverschluss*
- *Wasser*

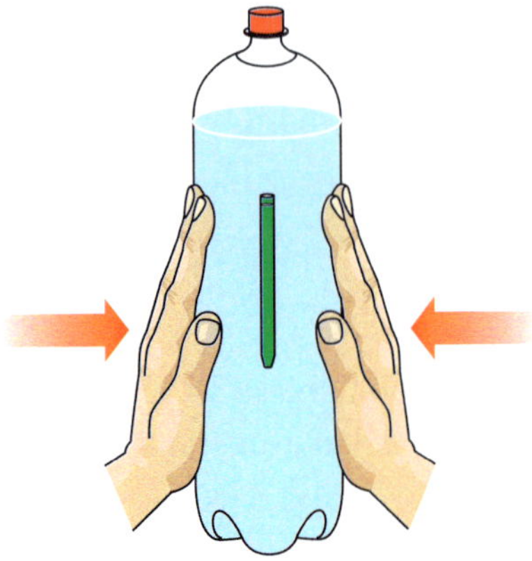

Wasser und stecke das U-Boot so hinein, dass es aufrecht steht. Verschließe die Flasche gut und presse die Seiten der Flasche zusammen, wie es in der Abbildung gezeigt wird. Was passiert, wenn man das hölzerne Streichholz als U-Boot verwendet? Probiere auch zwei unterschiedlich lange Streichhölzer und teste, welches als Erstes sinkt.

Wissenswertes

Diese Version ist lediglich eine Variante des vorangegangenen Modells. In diesem Fall ist es so, dass der äußere Druck, der im Inneren der Flasche produziert wird, wenn Du die Flasche zusammendrückst, die Luftblase in der Hülse (im Fläschchen) schrumpfen lässt und dabei die mittlere Dichte des U-Boots erhöht. In einem echten U-Boot wird dieser Effekt, den Du mit Deinen Händen erzeugt hast, mit Hilfe von Ansaugpumpen erreicht. Die Pumpen pumpen Wasser in einen Ballasttank und erhöhen damit die mittlere Dichte des U-Bootes, bis es untertaucht. Um wieder an die Oberfläche zu kommen, wird das Wasser wieder zurück in den Ozean gepumpt, wobei die mittlere Dichte des U-Boots so lange verringert wird, bis es wieder an die Oberfläche steigt. Obwohl Schiffe aus Materialen gebaut werden, die dichter sind als Wasser, sinken sie nicht. Dies ist so, weil der größte Teil des Raumes in einem Schiff mit Luft gefüllt ist. Wenn das Gewicht des Schiffes zuzüglich seiner Ladung einen bestimmten Wert übersteigt, sinkt das Schiff zwangsläufig, wie ein U-Boot mit vollen Ballasttanks. Was passiert, wenn die Flasche nicht vollständig mit Wasser gefüllt ist oder wenn sie ein kleines Loch im Deckel oder im Boden hat? Funktioniert das U-Boot genauso gut?

M 1.23	**Material**
	• *zwei 1,5-Liter-Plastikflaschen* • *Schlauch von 50 cm Länge* • *Kiste aus Pappe oder Holz* • *Sekundenkleber* • *Spritze ohne Nadel oder Fahrradpumpe* • *Wasser*

1.23 Die wundersame Vermehrung von Wasser

(Wassertransistor)

Es ist ganz leicht, wenig Wasser in eine Menge Wasser umzuwandeln.

Schritt für Schritt

Schneide eine der Flaschen 7 cm unterhalb des Flaschenhalses ab. So erhältst Du einen „Speicher" und einen „Trichter". Schneide eine runde Öffnung in den Speicher, etwa 5 cm vom unteren Boden entfernt, groß genug, um den Schlauch hineinzustecken. Biege den Schlauch wie auf dem

Hinweis
1. Du kannst die Kiste anmalen oder dekorieren, damit sie besser aussieht
2. Du kannst Deine Freunde beeindrucken, indem Du Wasser in Wein verwandelst. Es genügt, ein wenig Farbe (z.B. Trauben- oder Rotebeetesaft, Fruchtsaftkonzentrat) in das Wasser des Speichers zu geben.

Bild gezeigt, stecke ihn in den Speicher und ein Ende durch die ausgeschnittene Öffnung. Verwende Sekundenkleber, um den Schlauch gut abzudichten. Fülle den Speicher so mit Wasser auf, dass fast der ganze Schlauch im Wasser untertaucht (vgl. Abb.). Schneide ein Loch in die Kiste, so dass der Hals des Trichters hinein passt, und ein zweites Loch in die untere Seite für den Austritt des Schlauchs. Stelle den Speicher in die Kiste und verschließe sie, so dass der Speicher darin versteckt ist. Stelle die Kiste auf einen Tisch nahe am Rand und stecke das freie Schlauchende in die andere Plastikflasche. Schütte etwas Wasser in den Trichter, und zwar so viel, dass der Schlauch im Speicher völlig unter Wasser liegt. Warum funktioniert der Trick?

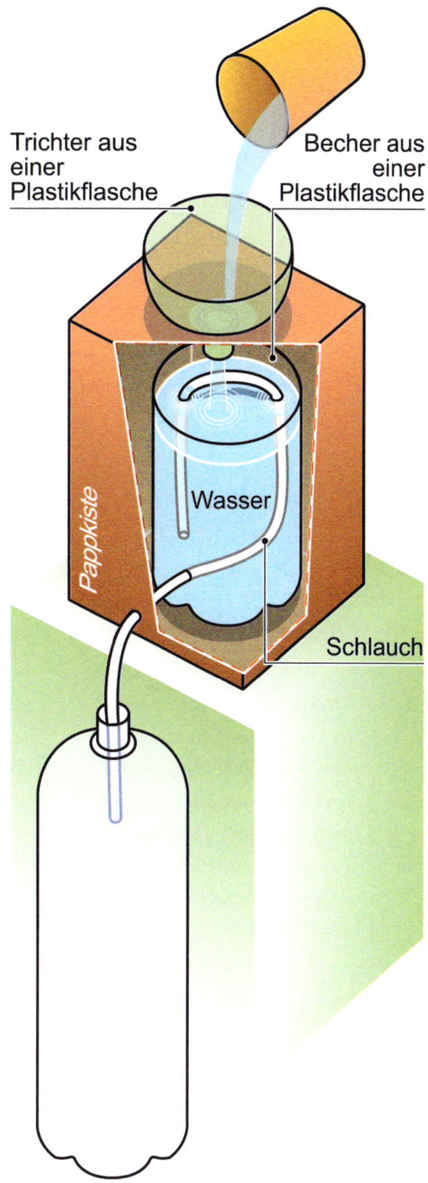

Einen Schritt weiter

Nimm den Speicher aus der Kiste und stelle ihn auf eine Küchenarbeitsplatte neben das Spülbecken, so dass das Wasser in das Becken ausfließt. Fülle den Speicher so mit Wasser, dass die obere Schlauchbiegung oberhalb des Wasserspiegels bleibt. Stecke die Spitze der Spritze ins rechte Ende des Schlauches, wobei der Kolben der Spritze vollständig in die Spritze eingeführt sein sollte. Ziehe jetzt den ganzen Kolben aus der Spritze, um die Luft aus dem Schlauch herauszuziehen und beobachte, was passiert, wenn Du die Spritze entfernst. Du kannst ebenso eine Fahrradpumpe verwenden, um die Luft aus dem Schlauch zu ziehen.

Wissenswertes

Wenn Du ein Objekt in eine bestimmte Höhe hebst, bekommt es potenzielle Energie. Diese Art von Energie ist abhängig von der Erdanziehung. Wenn Du das Objekt loslässt, wird es nach unten beschleunigt, so dass die potenzielle Energie in Bewegungsenergie, genannt kinetische Energie, umgewandelt wird. Die Tendenz von allem, eingeschlossen Wasser, ist es, der Erdoberfläche so nah wie möglich zu sein, um die potenzielle Energie möglichst zu minimieren. Genauso ist es im Wassertransistor. Um zu verstehen, was passiert, wenn der „Transistor" arbeitet, entferne den Speicher aus der Kiste. Das linke Ende des Schlauches ist teilweise mit Wasser gefüllt, wie Du leicht sehen kannst, während das verbliebene Schlauchstückchen mit Luft gefüllt ist. Wenn Du Wasser in den Speicher laufen lässt, bleibt die Höhe der Wasserspiegel im linken Schlauchende und im Speicher gleich. Wenn die obere Biegung des Schlauches vollständig untergetaucht ist, beginnt das Wasser aus dem Speicher nach unten in die Flasche zu fließen, weil so seine potenzielle Energie kleiner wird. Der Druck im Inneren der oberen Biegung des Schlauches wird dadurch niedriger als der atmosphärische Druck, der auf die Wasseroberfläche im Speicher und auf das äußere Ende (den Ausfluss) wirkt. Du kannst dieses durch das Herausziehen der Luft aus dem Schlauch demonstrieren (siehe „einen Schritt weiter"). Diese Druckdifferenz lässt das Wasser im linken Ende des Schlauches steigen. Dies ist vergleichbar mit dem, was passiert, wenn Du beispielsweise einen Trinkhalm benutzt. Das Wasser fließt wegen seines Gewichts aus dem rechten Ende des Schlauches. Solange der Druck in der oberen Biegung des Schlauches niedriger gehalten wird als der äußere Luftdruck, wird das Wasser im linken Schlauchende steigen und rechts nach unten fließen, auch wenn die Biegung sich oberhalb des Wasserspiegels des Speichers befindet. Dies ist der so genannte „Siphon-Effekt". Wann hört der Transistor auf zu arbeiten? Was passiert dann mit dem Wasser im Schlauch? Wie wäre es mit dem Entwickeln weiterer Modelle von „Wassertransistoren", die auf dem Siphon-Effekt basieren?

1.24 Hydraulischer Lift

Entdecke, wie ein schweres Objekt ohne viel Anstrengung hochgehoben wird.

M 1.24

Material
- *5-ml-Spritze ohne Nadel*
- *20-ml-Spritze ohne Nadel*
- *20 cm Aquariumschlauch*
- *vier Holzlatten im Format 6 cm, 16 cm und mit 1-2 cm Dicke*
- *Nägel, Schrauben*
- *Wasser*

Schritt für Schritt

Mit Hilfe der Abbildung baust Du ein Gestell aus den vier Brettern. Bohre zwei runde Löcher in das obere Brett, passend für die kleine und die größere Spritze. Verbinde die Spritzenöffnungen mit dem Schlauch. Danach entferne den Kolben der großen Spritze und fülle sie mit Wasser auf. Setze den Kolben wieder ein und drücke so auf den Stempel, dass die kleine Spritze und der Schlauch sich mit Wasser füllen. Jetzt drücke auf den Kolben der kleinen Spritze. Was passiert? Wiederhole den Vorgang mit der großen Spritze. Was gibt es für eine Beziehung zwischen der ausgeübten Kraft und dem Durchmesser der Spritzen?

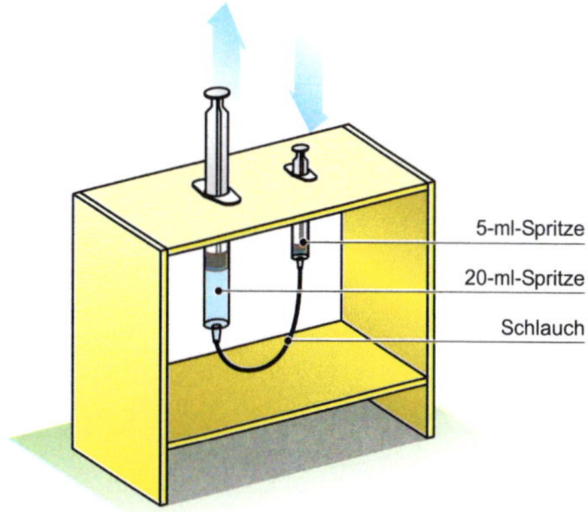

Wissenswertes

Der hydraulische Lift funktioniert so einfach, weil das Wasser den Druck so effizient transportiert. Dies macht eine große Vervielfachung des Drucks möglich. In diesem Fall passiert dies, weil die beiden Spritzen unterschiedliche Querschnitte haben. Vergleiche den potenziellen Schaden eines einzelnen Nagels mit der Harmlosigkeit eines Nagelbretts wie im Experiment „Nagelbrett“. Der Druck, den Du durch das Ausüben einer Kraft auf die kleinere Oberfläche (Spritze mit kleinerem Querschnitt) erzeugst, wird unverringert zum Kolben der größeren Spritze (größerer Querschnitt) transportiert. Das bedeutet, dass eine größere Kraft (Druck multipliziert mit der Fläche) den Kolben mit größerem Querschnitt nach oben drückt. Weil Wasser eine nicht komprimierbare Flüssigkeit ist, muss das Wasservolumen, das aus der kleineren Spritze durch den Kolbendruck herausgedrückt wurde, genauso groß sein, wie das Wasservolumen, das auf der anderen Seite den Kolben herausdrückt. Was passiert, wenn der Schlauch oder ein anderer Teil des Systems dehnbar wie ein Ballon ist? Und wenn das System ein Leck hat?

1.25 Roboter aus Spritzen

Es wird ein Roboter vorgestellt, der verschiedene Aufgaben erledigen kann. Wie wäre es, auch andere Modelle zu erfinden?

Material — **M 1.25**

- *drei 5-ml-Spritzen*
- *eine 3-ml-Spritze*
- *drei Holzbretter (Format etwa 2 cm x 7 cm, 2 cm x 16 cm, 2 cm x 19 cm und Dicke 1 cm)*
- *Holzbasis von 20 cm x 20 cm und mit etwa 1 cm Dicke*
- *Scharnier*
- *lange Schraube mit Mutter*
- *PVC-Rohr von 1/2 Zoll Durchmesser*
- *Plastikflasche mit Schraubverschluss*
- *7 cm langer Draht von 2-2,5 mm Durchmesser*
- *Holzschrauben*
- *1 Haken*
- *Wasser*

Schritt für Schritt

1. Halterung aus PVC-Rohr für die Spritzen

Es werden zwei Halterungen benötigt: eine für die senkrechte Spritze und eine andere für die horizontale Spritze (vgl. Abb.) Schneide ein 4 cm langes Stück von dem PVC-Rohr ab. Bohre zwei Löcher im Abstand von 1,5 cm durch das gesamte Rohr hindurch, um die Schrauben für die Fixierung hindurchzustecken. Vergrößere den Durchmesser der äußeren Löcher, so dass der Schraubenkopf hindurch passt (vertikale Halterung, Detail 1). Die ho-

Roboter aus Spritzen

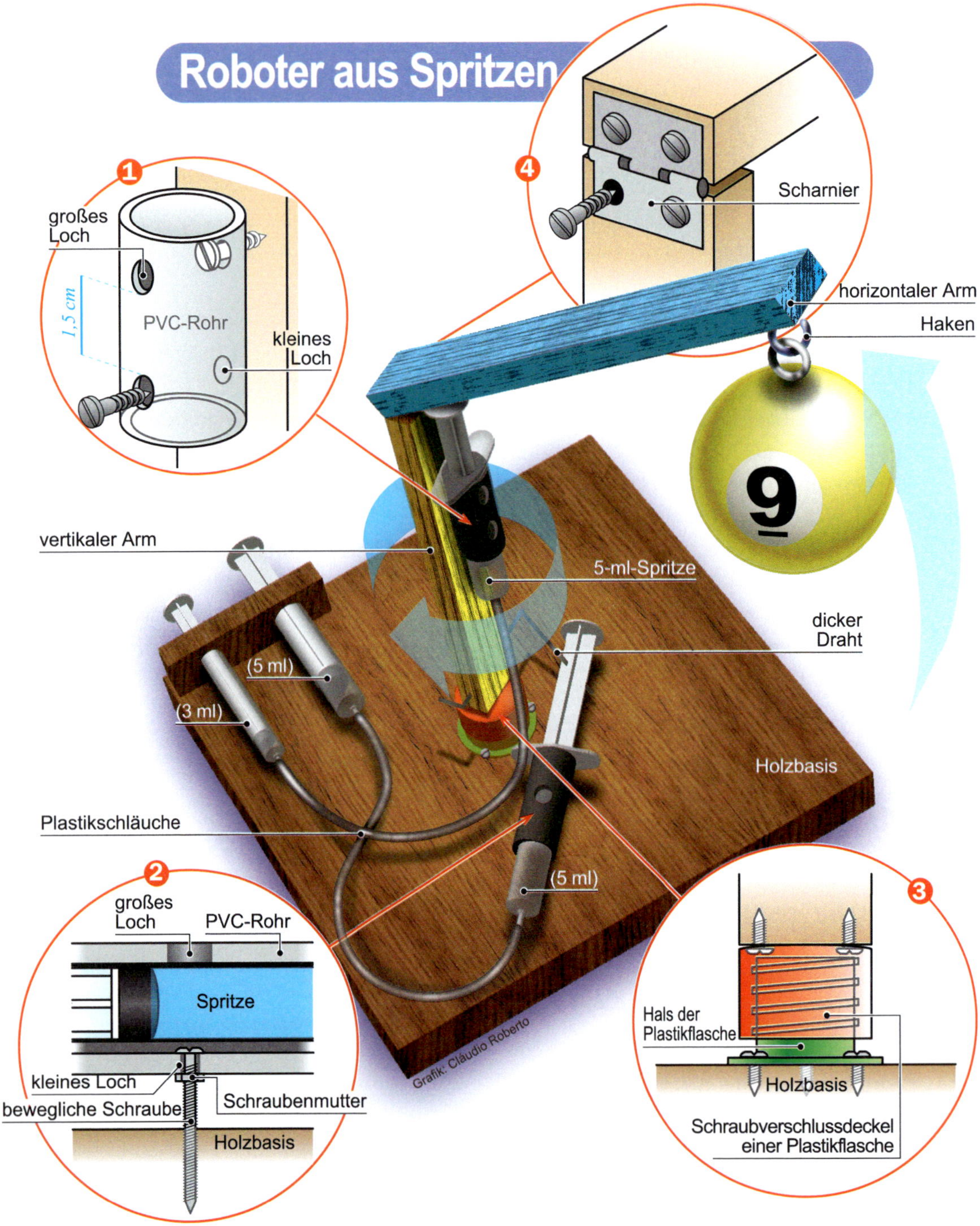

Hinweis
Wie wäre es, kleine Hebel („Kraftverstärker") einzubauen, um die Kolben der Spritzen des Schaltbretts zu betätigen?

rizontale Halterung benötigt nur ein Loch in der Mitte. Stecke die lange Schraube durch dieses Loch und befestige sie am Rohr mit der Mutter (vgl. Detail 2). Stecke eine 5-ml-Spritze mit hineingedrücktem Stempel in die Halterung.

2. Roboterarm

Säge den Hals der Plastikflasche oberhalb des Flaschenbauches ab. Dann schraube die 16 cm lange Holzlatte an dem Flaschendeckel fest, um einen beweglichen senkrechten Arm zu erhalten (siehe Detail 3 auf der Abb.). Nun befestige den Haken am Ende der 19 cm langen Holzlatte. Beide Latten werden mit Hilfe des Scharniers miteinander verbunden (siehe Detail 4). Am senkrechten Arm befestige eine der Spritzen, und zwar mit hineingestecktem Stempel. Die Spritze muss in einer Höhe befestigt werden, in der der waagrechte Arm auf ihr aufliegen kann, während er mit dem senkrechten Arm einen rechten Winkel bildet. Anschließend befestige den senkrechten beweglichen Arm auf der Basis. Man bestimmt die Seite, zu der sich der senkrechte Arm bewegt, wenn der Flaschenverschluss aufgeschraubt wird. Auf dieser Seite wird die horizontale Spritze befestigt. Der Spritzenkopf soll 3 cm vom senkrechten Roboterarm entfernt sein und in einem Winkel von 90 Grad zu ihm liegen. Jetzt bohre ein Loch in die Basis, um mit der langen Schraube die horizontale Spritze in leichtem Abstand zum Boden zu befestigen, so dass sie sich problemlos verdrehen kann (siehe Detail 2). Der Draht wird zur Form eines L gebogen. Am Ende des Spritzenstempels und an der Basis des senkrechten Armes bohre ein Loch und stecke den Draht hindurch (s. Abb.). Die Enden des Drahtes werden um den senkrechten Arm und um den Spritzenstempel herumgebogen, um sie zu fixieren (s. Abb.).

3. Schaltbrett

Bohre zwei Löcher in die 7 cm langen Holzlatten. Die 3-ml- und 5-ml-Spritzen sollen knapp hineinpassen. Befestige diese Steuerung mit Hilfe von Schrauben oder Nägeln an der Basis (s. Abb.).

4. Funktion des Roboters

Die Spritzen der Steuerung werden über einen Plastikschlauch mit der Spritze des Roboterarmes verbunden. Die Spritzen werden mit Wasser gefüllt, ähnlich wie im vorhergegangenen Experiment („Hydraulischer Lift", S. 64). Es genügt, die Spritzen der Kontrolle zu bewegen, um zu sehen, wie der Roboter funktioniert.

Wissenswertes

Der hydraulische Roboter basiert auf einer Druckübertragung und daraus resultierend auf einer Kraftübertragung durch eine Flüssigkeit. In unserem Modell wird der Druck verwendet, um den Roboter zu drehen und den Arm zu bewegen. Alle hydraulischen Systeme, beispielsweise die Mechanismen, um Bustüren zu öffnen, die Steuerung der Klappen von Flugzeugflügeln, Autobremsen, Kompressoren, Presslufthämmer, Fahrstühle und Wagenheber, basieren auf demselben Prinzip der einfachen hydraulischen Komponenten, die Du aus Grundbestandteilen bauen kannst. Ist das nicht prima?

M 1.26

Material
- *drei 10-ml-Spritzen*
- *T-Verbindungsstück aus Plastik für Schläuche*
- *Plastikschlauch*
- *PVC-Rohr*
- *Holzschrauben und -nägel*
- *zwei Scharniere*
- *Holzlatten*
- *Holzbasis*

1.26 Hydraulische Brücke
(Hebearmbrücke)

Es wird das gleiche Prinzip wie beim Lift und beim Roboter angewandt.

Schritt für Schritt

Befestige an jedem „Brückenpfeiler" ein Scharnier (mit Schrauben oder Nägeln). Jetzt werden zwei Halterungen aus PVC-Rohren für die Spritzen benötigt (s. vorheriges Experiment mit dem Roboter). Stecke die Spritzen in die Halterungen und befestige sie so an den Pfeilern, dass das Scharnier aufliegend auf dem Spritzenstempel einen rechten Winkel bildet. Befestige jetzt das Scharnier an den beweglichen Teilen der Brükke. Die Pfeiler werden mit Nägeln oder Schrauben an der Basis befestigt (s. Abb.). In der Mitte der Basis wird ein T-Verbindungsstück befestigt. Nun werden die Spritzen über das T-Verbindungsstück mit Hilfe der Plastikschläuche verbunden und an die „Kontrollspritze" (Schaltspritze) angeschlossen. Fülle die Kontrollspritze mit Wasser. Durch den Druck auf die Spritze werden die Schläuche gefüllt. Fülle die Kontrollspritze nochmals mit Wasser auf. Bei Druck auf die Spritze heben sich die Brü-

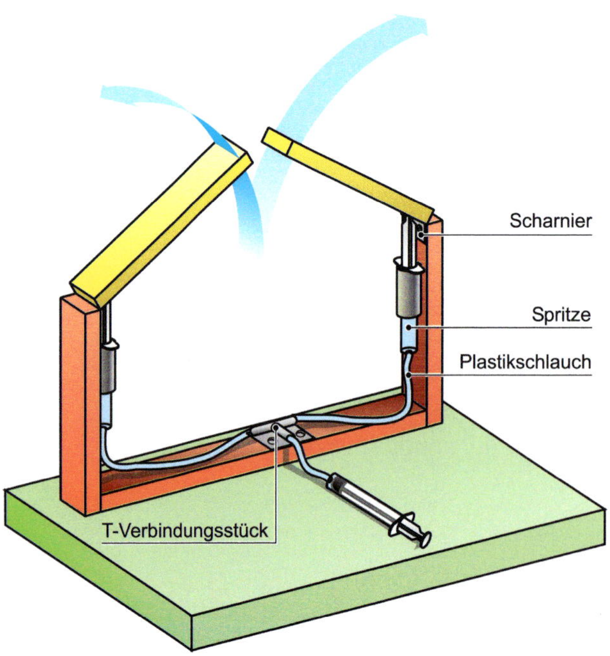

ckenarme, beim Hinausziehen des Stempels kehrt die Brücke in ihre Ausgangsposition zurück. So funktioniert z.B. eine Hebearmbrücke, um Fußgänger und Fahrzeuge passieren zu lassen.

Wissenswertes
Wenn Du den Antriebskolben drückst, verschiebt die aufgewendete Kraft das Wasser und überträgt den ausgeübten Druck auf die beiden Spritzen, die mit den beweglichen Brückenarmen verbunden sind. Die Kolben dieser Spritzen bewegen sich nach oben und heben die Arme der Brücke nach oben. Basierend auf dem Prinzip, dass sich der Druck im Wasser in alle Richtungen ausbreitet, kannst Du viele weitere technische Einrichtungen verstehen (zum Beispiel noch kompliziertere hydraulische Roboter). Bist Du dazu bereit?

1.27 Hindernisse umgehen: Wie Luft- und Wasserströme ihren Weg finden

Gekrümmte Luftströme produzieren eine Menge cooler Effekte, angefangen beim Jonglieren von Ballons bis hin zum Heben von Flugzeugen und viele mehr. Hier werden wir mit einfachen, aber verblüffenden Experimenten einen kleinen Schritt in diese faszinierende Welt gehen.

Material — M 1.27
- *ein Haarfön (mit Kaltluft)*
- *ein Staubsauger*
- *kleine Bälle aus Watte oder Papier*
- *ein Trinkhalm*
- *ein Glas mit Wasser oder ein Gefäß mit Mineralwasser*
- *Tesafilm*

A. Vom hohen Druck zum niedrigen Druck

Schritt für Schritt
Platziere die Düse des Föns auf einer glatten flachen Oberfläche (auf dem Fußboden oder auf dem Tisch), um einen Luftstrom zu produzieren, der parallel zur Tischoberfläche verläuft. Lege einen Ball aus Watte oder Papier vor die Luftaustrittsdüse des Föns und schalte ihn an, wobei Du die Kaltluftfunktion nutzen solltest. Ersetze den Fön durch den Staubsauger und lege den Ball ca. 5 cm vor die Saugdüse. Als letztes Experiment saugst Du das Wasser mit Hilfe eines Trinkhalmes aus dem Wasserglas.

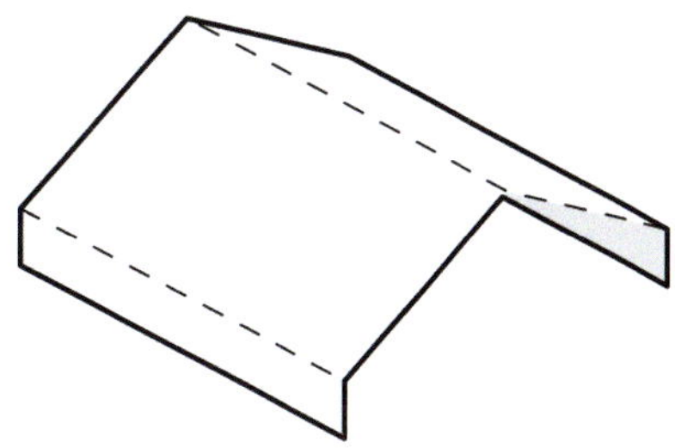

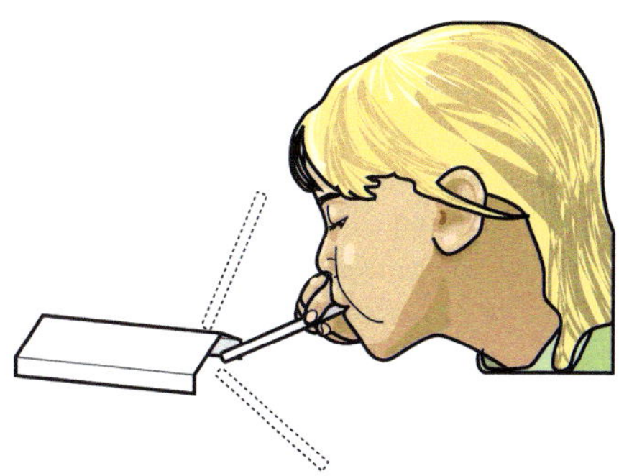

Wissenswertes

Die kleinen Bälle (Deine „Proben“) waren anfangs, bevor Du den Fön oder den Staubsauger eingeschaltet hast, in Ruhe. Das Wasser im Glas war auch in Ruhe. Der eine Ball wurde durch die Luft, die aus dem Fön kam, weggestoßen, während der andere vom Staubsauger verschluckt wurde. Auch das Wasser wurde durch Deinen Mund verschluckt. Die Bälle (und auch die Luft) werden durch das Auftreten einer Differenz im Luftdruck beschleunigt. Sie starten bei der Geschwindigkeit Null und enden bei einer Endgeschwindigkeit. Dasselbe gilt für das Wasser, das Du mit dem Trinkhalm aufgesaugt hast. In all diesen Fällen kannst Du feststellen, dass eine Druckdifferenz eine Kraft erzeugt, die die Luft und das Wasser beschleunigt. Kannst Du den Luftdruck mit den aufgrund von Druckdifferenzen entstehenden Geschwindigkeiten des Luftstroms (wo sind sie niedriger und wo höher?) in Verbindung bringen? In den nächsten Experimenten untersuchen wir, wie Unterschiede im Luftdruck auch Luftströme und Wasserstrahlen biegen können. Untersuche zu Anfang, wie ein flacher Tisch einen aus einem Trinkhalm oder einer leeren Stifthülse kommenden Luftstrom beeinflusst, wobei der Trinkhalm bzw. die Hülse in unterschiedlichen Winkeln positioniert werden. Fühle mit Deiner Hand, was mit dem Luftstrom passiert, nachdem er die Hülse bzw. den Trinkhalm verlassen hat. Du kannst auch, wie in der Abbildung gezeigt, ein schmales Zelt aus Papier verwenden, um den Luftstrom zu untersuchen. Versichere Dich, dass die seitlichen Wände des Zelts befestigt sind. Du kannst Tesafilm benutzen und die Wände auf dem Tisch festkleben. Hinweis: Der Luftdruck oberhalb des Zeltes ist der atmosphärische Druck. Wie bewegt sich der Luftstrom, wenn die Hülse oder der Trinkhalm gekippt werden? Stelle Dir einen Ball vor, der eine Mauer trifft. Was passiert, wenn das Dach des Zelts abgesenkt wird? Was beobachtest Du, wenn der Luftstrom das Zelt parallel zur Tischoberfläche passiert? Gibt es mit gesaugter Luft die gleichen Effekte wie mit gepusteter Luft?

M 1.27	**Material** • *aufgepustete Ballons* • *ein Stück Schnur, ca. 45 cm lang* • *das Spülbecken in der Küche* • *ein Fön mit Kaltluft*
	Achtung *Halte den Raum geschlossen, um unerwünschte Luftbewegungen zu vermeiden.*

B. Ballons begegnen Wasserstrahlen und Luftströmen

Schritt für Schritt

Knote ein Ende der Schur an einen gefüllten Ballon. Halte die Schnur am anderen Ende fest und lass den Ballon direkt neben einem Wasserhahn herunterhängen (siehe die Abbildung rechts). Drehe den Hahn voll auf, so dass das Wasser, das herausströmt, eine Seite des Ballons trifft. Wie fließt das Wasser über die Ballonoberfläche? Was passiert mit dem Ballon? Nun verbinde das freie Ende der Schnur mit einem schwereren Objekt (nicht über der Spüle), so dass der Ballon nicht wegfliegen kann, und benutze den Fön (Kaltluft), um einen Luftstrom von oben nach unten gegen die Seite des Ballons zu pusten, wie es in der Abbildung rechts gezeigt wird. Versuche auch einen horizontalen Luftstrom, der den oberen Teil des Ballons trifft. Was passiert mit dem Ballon? Vergleiche die Effekte, die Luft- und Wasserstrom auf den Ballon haben.

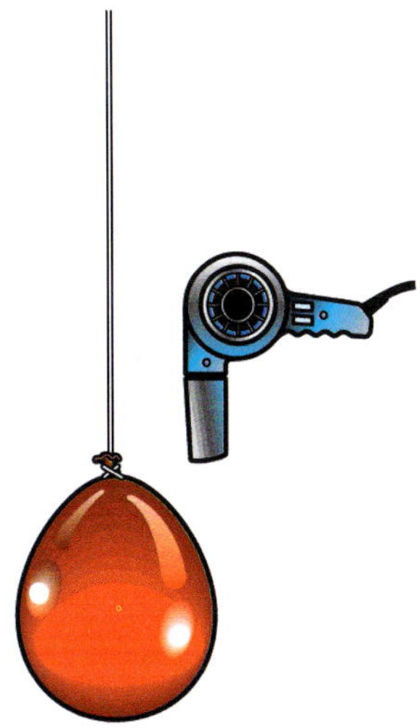

Wissenswertes

Wenn ein direkter Luft- oder Wasserstrom eine Oberfläche trifft, bewegt sich dieser Strom entlang der Oberfläche weiter. Dabei wird Luft mitgezogen, so dass neben dem Strom ein partielles Vakuum entsteht, das den Strom zwingt, sich in Richtung der Oberfläche zu verbiegen und der Oberfläche zu folgen. Dies wird Coanda-Effekt genannt. Andererseits erfährt die andere, vom Wasser- oder Luftstrom abgewandte Seite des Ballons den Luftdruck. Das Druckungleichgewicht, das auf diese Weise erzeugt wird, lässt den Ballon seitwärts wandern. Was passiert, wenn der horizontale Luftstrom die Ballonoberseite trifft?

C. Wettrennen

Dieses Experiment sollte auf einer glatten Oberfläche, beispielsweise dem Fußboden, in einem geschlossenen Raum mit ausgeschalteter Klimaanlage, Heizung und Ventilatoren durchgeführt werden.

Schritt für Schritt

Platziere den Fön so auf dem Boden, dass die Düse nah am Glase liegt. Lege zwei kleine Stücke Watte oder zwei kleine Papierbälle verschiedener Far-

Material • *eine Glasflasche oder Dose (ein zylindrisches Objekt mit glatter Oberfläche tut es, teste verschiedene Durchmesser)* • *Haarfön (Kaltluft)* • *kleine Bälle aus Watte oder zerknülltem Papier mit verschiedenen Farben (um sie zu unterscheiden)*	**M 1.27**
Achtung *Verwende den elektrischen Fön nicht in der Nähe des Spülbeckens oder einer Wasserquelle.*	

be (Deine „Proben“) in die Nähe des Glasrandes, wie in der Abbildung gezeigt wird. Schalte den Fön an und beobachte, welches der Wattestücke bzw. welche Papierkugel sich schneller bewegt. Verwende Deine Hand und Wattestückchen oder Papier, die Du um das Glas herum positionierst, um weiter zu untersuchen, was mit dem Luftstrom passiert, nachdem er das Glas getroffen hat. Du kannst auf einem Blatt Papier die Flugbahnen der kleinen, unterschiedlich um das Glas positionierten Bälle zeichnen, um die Luftströmung sichtbar zu machen. Wenn Du einen Camcorder besitzt, ist es einfacher, das Experiment zu filmen und dann in Zeitlupe wieder abzuspielen. Was passiert, wenn Du an die Stelle des angemalten Wattestücks (in der Abbildung) einen gefüllten Ballon legst? Wie ist der Luftdruck in diesem Punkt? Tritt eine Luftdruckdifferenz auf? Wie wäre es, einen Druckmesser zu benutzen, um den Luftdruck um das Glas herum zu messen? Kannst Du nun den Zusammenhang zwischen Luftdruck und der Geschwindigkeit des Luftstroms um das Glas herum entdecken? Was macht das Biegen des Luftstroms möglich? Du kannst auch das Glas durch einen Eimer, den Fön durch einen Ventilator und die kleinen Bälle durch Tischtennisbälle ersetzen. Was passiert, wenn Du den Fön durch einen Staubsauber ersetzt? Die Luft wird jetzt gesaugt und nicht mehr geblasen. Hab Spaß an diesem spannenden Rennen.

Wissenswertes

An dem Punkt, an dem der Luftstrom aus dem Fön das Glas trifft, wird der Luftdruck höher als der atmosphärische Druck (der normale Luftdruck). Wenn der Strom sich nun um die Glasoberfläche herumbewegt, ändert seine Geschwindigkeit die Richtung und der Luftstrom wird beschleunigt. Diese Experimente zeigen, dass Änderungen im Druck die Kräfte erzeugen, die notwendig sind, um den Luftstrom zu biegen und zu beschleunigen. Eventuell kann ein Luftstrom auf einen höheren Luftdruck stoßen. Was passiert dann? Kannst Du herausfinden, wo der Luftdruck verglichen mit dem Atmosphärendruck kleiner ist und kannst Du diese Differenz mit der Luftstromgeschwindigkeit an unterschiedlichen Stellen rund um das Glas in Verbindung bringen?

Material	M 1.28
• *drei Luftballons* • *Fön mit Halterung (Kaltluftstufe)*	

1.28 Ballons jonglieren

Ist es möglich, drei Luftballons in der Luft kreisen zu lassen, nur mit Hilfe eines Föns? Hier die Herausforderung.

Schritt für Schritt

Stelle den Fön mit Hilfe der Halterung so auf, dass der kalte Luftstrom senkrecht hoch steigt. Die Luftballons werden aufgeblasen und zugeknotet, damit die Luft nicht entweicht. Jeder Luftballon wird einzeln im Luftstrom schweben gelassen. Falls nötig, wird der Fön etwas geneigt (s. Abb.).

Und noch mehr

Durchbohre verschiedene Gegenstände in ihrer Mitte (z. B. Styroporwürfel oder -kugeln). Durch das Loch wird ein Nylonfaden als Führung gesteckt. Ein Ende des Fadens wird am Luftaustritt des Föns befestigt, das andere Ende so an einem höhergelegenen Punkt, dass der Faden in der Senkrechten gespannt ist. Finde heraus, welcher Gegenstand höher steigt, wenn Du den Luftstrom von unten kommen lässt (oder bei welchem die vom Luftstrom ausgeübte Kraft größer ist). Es sei daran erinnert, dass im Falle des Würfels das Loch sowohl durch das Zentrum der paralellen Seiten als auch durch die Ecken in der Diagonalen laufen kann.

Wissenswertes

Der Luftstrom, der aus dem Fön kommt, trifft die Ballons und umgekehrt stoßen die Ballons, die Luft zurück (Aktion = Reaktion). Wenn der Luftstrom, der senkrecht nach oben geht, einen Ballon direkt über sich trifft, bewegt sich der Luftstrom weiter an der Oberfläche des Ballons entlang. Das bedeutet, dass der Luftstrom, der ursprünglich gerade war, nun seitlich gebogen sein muss. In diesem Fall zwingen alle Seiten des Ballons den Luftstrom, sich zu biegen, so dass kein Effekt auftritt. Wenn eine Ballonseite sich aus dem Zentrum des Luftstroms aus dem Fön

M 1.29

Material
- *eine leere Stifthülse oder ein Strohhalm*
- *ein Stück Papier (7,5 x 15 cm)*
- *ein Glas (möglichst durchsichtig)*
- *ein kleines Stück Watte oder zusammengeknülltes Papier*
- *ein Eimer*
- *ein gefüllter Ballon, der in den Eimer hineinpasst*
- *ein Fön*
- *ein Ventilator*

herausbewegt (sehr weit rechts und links in der Abbildung), wird ein Ungleichgewicht erzeugt. Der Luftdruck an der Seite, die dem Luftstrom weniger ausgesetzt ist, entspricht dem atmosphärischen Druck, während an der anderen Seite durch den Luftstrom ein partielles Vakuum entsteht. In diesem Fall zielen die Ballons darauf ab, in der Nähe der Mitte herumzutanzen. Nun, warum tanzen sie dort herum, statt in Ruhe in der Mitte des Luftstroms zu verharren? Kannst Du herausfinden, was sie schneller herumtanzen lässt? Was langsamer? Was weiter? Was passiert, wenn Du den Fön zwischen stark und weniger stark pustend hin- und herschaltest?

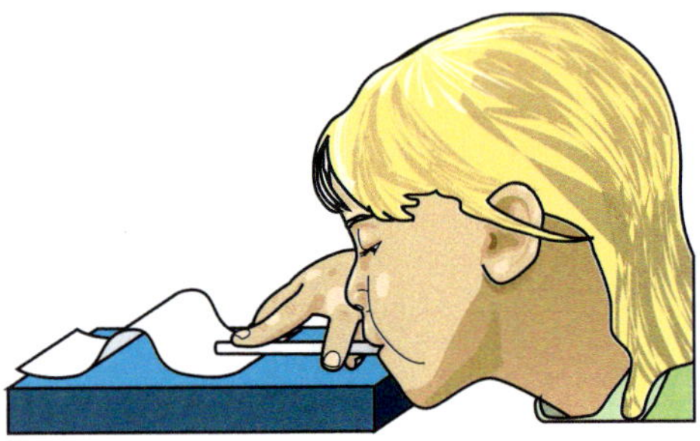

1.29 Luftströmungen über Autodächern, Hausdächern und Bergen

Entdecke, was bei einem Dach passiert, wenn eine seitliche Luftströmung auftaucht.

Schritt für Schritt

Biege das Papier in der Mitte über einen Finger, um eine Welle zu bilden (Deinen „Berg" oder das Autodach). Halte das Papier auf einer Oberfläche, so wie es in der Abbildung gezeigt wird. Platziere das eine Ende der Stifthülle oder des Trinkhalms in der Nähe der Welle und puste durch das andere Ende. Was passiert mit dem oberen Teil der Welle? Was schließt Du über den Druck oberhalb der Welle, wenn Du bedenkst, dass der Druck unterhalb der Welle der atmosphärische Druck ist (es gibt hier keinen Luftstrom)? Was ist mit der Geschwindigkeit der Luft, die dort entlang strömt? Platziere dort einen kleinen Ball aus Watte oder zerknülltem Papier, um das zu testen. Erhöht sich die Geschwindigkeit des Luftstroms, wenn er sich nach oben bewegt? Nun stelle das Glas mit einem kleinen Stück Watte oder Papier innen drin auf eine Arbeitsplatte. Bearbeite das Experiment „Hausgemachtes Spray“ als Nächstes. Positioniere die Düse des Föns so vor dem Glas, dass sie noch auf der Arbeitsplatte liegt. Bewege die Düse bei angeschaltetem Fön nach oben und beobachte, was passiert, wenn der Luftstrom beginnt, über die obere Kante des Glases zu streichen (s. Abb.). Nun ersetze das Glas durch den Eimer mit dem Ballon und ersetze den Fön durch einen Ventilator. Stelle den Ventilator so auf, dass der Luftstrom unterhalb der oberen Kante des Eimers ist. Bewege nun den Ventilator nach oben und beobachte, was geschieht. Du kannst den Eimer mit einer Seite Zeitungspapier (dem „Dach“) bedecken, um die Auswirkung von seitlichem Wind zu erforschen.

Wissenswertes

Um ein Hindernis zu umströmen, muss der ankommende Luftstrom seine Richtung ändern. Dies erfordert eine Kraftkomponente senkrecht zur Ausbreitungsrichtung der Strömung. Wenn der Luftstrom das Hindernis trifft, wird er abgebremst und der Druck nimmt lokal zu. (Kinetische Energie wird in „Druckenergie“ umgewandelt.) Betrachte den Luftdruck um das Hindernis herum an Punkten, die einen Abstand von dem Punkt haben, der genau von dem einströmenden Fluss getroffen wird. Wenn der Druck an diesen Punkten geringer als der Atmosphärendruck wird, wird eine resultierende Kraft senkrecht zum Luftstrom erzeugt, die es dem Strom möglich macht, sich zu biegen. Außerdem sorgt das Druckungleichgewicht um das Hindernis herum dafür, dass der Luftstrom an Geschwindigkeit zunimmt, wenn er sich in Richtung des Punktes mit dem geringsten Druck bewegt. Druckenergie wird so in kinetische Energie umgewandelt (Bernoulli-Effekt). Stelle Dir eine Flagge vor, die im Wind ausgebreitet ist und sich in einer Welle kräuselt. Der Luftdruck oberhalb der Welle nimmt ab, so dass sich der Luftstrom biegen kann, wenn er über die Kräuselung streicht. Der Luftdruck an der gewellten Stelle der Flagge wird genauso wie im Experiment mit dem Papier auf beiden Seiten der Flagge ungleich. Weil die Welle sich zufällig über die Flagge bewegt, flattert die Flagge im Wind.

M 1.30

Material
- *Pappe*
- *zwei Trinkhalme mit unterschiedlichen Durchmessern*
- *Tesafilm*
- *Glas mit Wasser*

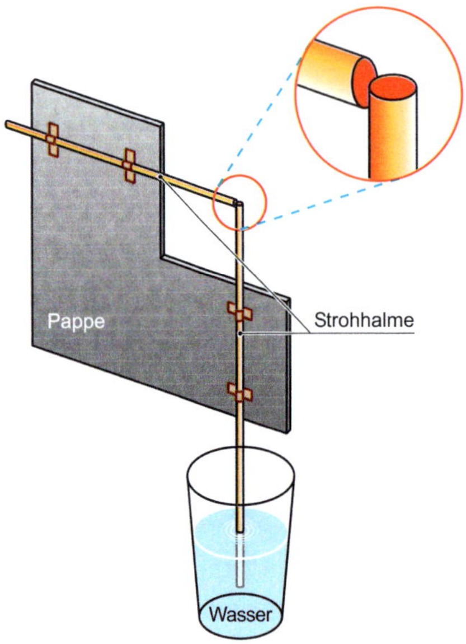

1.30 Hausgemachtes Spray

Sprays haben sehr vielseitige Verwendung, z. B. in Parfümflaschen und Farbdosen. Hier stellen wir unser eigenes Spray her und finden heraus, wie es funktioniert.

Schritt für Schritt

Schneide ein Quadrat aus der Pappe aus (s. Abb.). Befestige zwei Trinkhalme mit Klebestreifen im rechten Winkel zueinander und zwar so, dass die Öffnung des waagrechten Trinkhalms teilweise durch den anderen Trinkhalm verschlossen wird (s. Detail).

Der senkrechte Trinkhalm wird in ein Wasserglas gesteckt. Das Spray funktioniert, wenn man in den horizontalen Trinkhalm bläst.

Einen Schritt weiter

Du kannst den horizontalen Trinkhalm durch einen mit größeren Durchmesser ersetzen und die Luftöffnung teilweise verschließen. Was passiert jetzt? Weiterhin kannst Du Dir andere Varianten des Zerstäubers, ähnlich dem Zerstäuber in der Abbildung, ausdenken. Um ein Loch in den dickeren Trinkhalm zu machen, um den dünneren hineinzustecken, kannst Du ein Streichholz entzünden, es ausblasen und sofort auf die Seite des Trinkhalms drücken. Ist es effektiver, dünnere Trinkhalme zu nutzen, um das Wasser nach oben zu pumpen? Probiere auch andere Möglichkeiten aus (s. Abb.). Versuche, einen Regenbogen zu bekommen, indem Du an Deinen Zerstäuber bläst, während Du mit dem Rücken zur Sonne vor einem Schatten stehst. Welcher Zerstäuber produziert den besten Regenbogen?

Wissenswertes

Der Zerstäuber ist lediglich eine Variante des vorangegangenen Experimentes. Der vertikale Trinkhalm repräsentiert das Glas (oder den Eimer) und das Wasser steht für Deine Probe: das Stück Watte im Glas (oder der Ballon im Eimer). Der Luftstrom, der aus dem horizontalen Trinkhalm kommt, wird teilweise durch den vertikalen Trinkhalm geblockt. Dies ist genauso wie der Luftstrom, der das Glas (den Eimer) trifft, wenn Du den Fön (oder den Ventilator) einschaltest. Wenn das Wasser oben ankommt, wird es in viele winzige Tropfen zerstäubt und vom Luftstrom mitge-

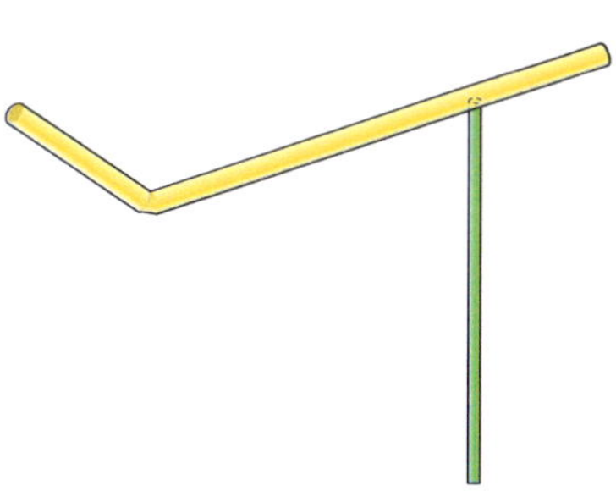

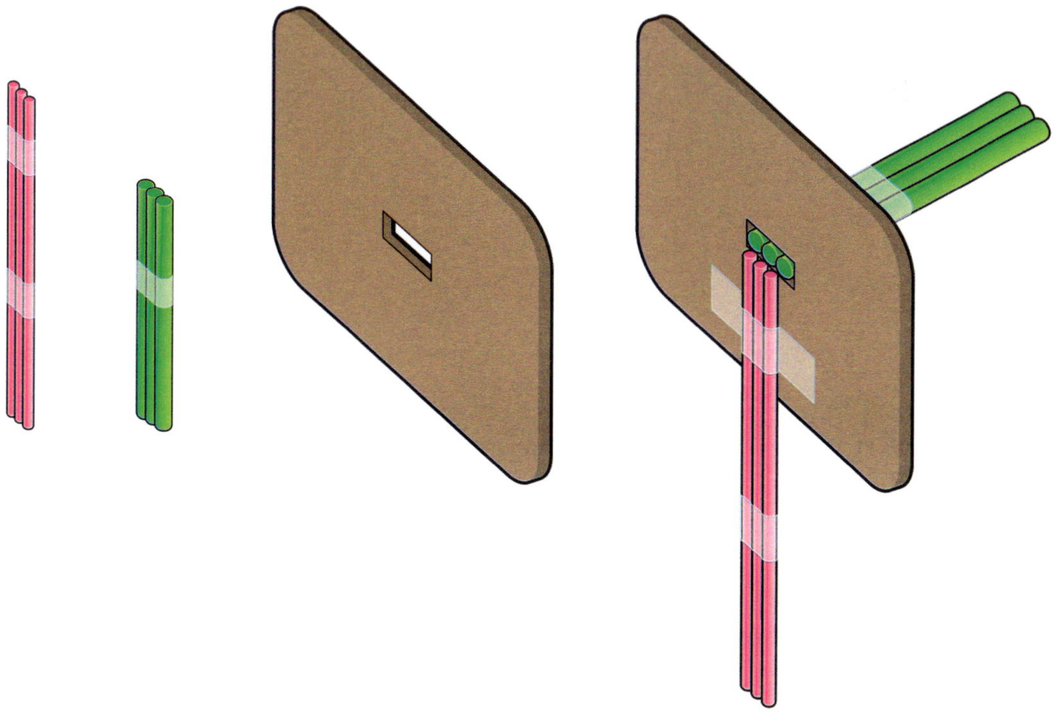

nommen. Was passiert, wenn Du anstelle des Blasens in den Trinkhalm pustest? Funktioniert der Zerstäuber in diesem Fall als eine Wasserpumpe?

Material | **M 1.30**

- *ein Staubsauger*
- *ein aufgeblasener Luftballon*
- *ein Stück Schnur, ca. 45 cm lang*

Noch einen Schritt weiter

Kann ein Staubsauger verrückt werden?

Schritt für Schritt

Verbinde ein Ende der Schnur mit dem Hals des Ballons. Halte das andere Ende der Schnur fest und platziere den Ballon in der Nähe des Ansaugstutzens des Staubsaugers. Be-

merkst Du etwas Eigenartiges im Verhalten des Ballons, wenn er die Düse des Staubsaugers trifft? Sind Staubsauger nicht dafür gedacht, Dinge einzusaugen?

Wissenswertes

Der gefüllte Ballon hat eine flexible Oberfläche. Wenn Du sie dehnst, speichert sie Spannenergie. Wenn Du den Ballon loslässt, bewegt er sich. (Seine Spannenergie verwandelt sich in Bewegung. Probiere es aus!) Wenn Du Deine Handfläche näher als 2 cm an den Ansaugstutzen des Staubsauger bringst, wirst Du sicher einen Luftstrom spüren. Würdest Du ihn fühlen, wenn Deine Hand weiter entfernt wäre? Wenn der Platz zwischen Deiner Hand und dem Lufteinlass kleiner wird, steigt die Geschwindigkeit der Luft, bis sie vollständig stoppt, wenn Du den Lufteinlass gänzlich verschließt. Du kannst ebenso leichte Objekte verwenden, um dies auszuprobieren. Was passiert mit dem Luftdruck in der Düse, wenn Luft angesaugt wird? Produziert der Luftstrom ein zusätzliches Vakuum? Was passiert mit dem Luftdruck innerhalb der Düse, wenn der Lufteinlass vollständig blockiert ist? Kann der Staubsauger bei konstanter Saugkraft den Ballon mit einem Druck dehnen, der niedriger ist, als der Staubsauger zu leisten vermag? Mit diesen Hinweisen wirst Du sicherlich herausfinden, was sich hinter diesem coolen Effekt verbirgt.

M 1.31	**Material** • *Papierblatt* • *Nähfaden oder kleine Papierstreifen* • *Klebstoff oder Klebestreifen*
	Hinweis *Die Viskosität ist ein Maß für die Schwierigkeit einer Flüssigkeit hinter sich selbst her zu fließen – vergleiche Honig und Wasser.*

1.31 Windtunnel

Ist es nicht erstaunlich, dass ein Flugzeug fliegt, obwohl es schwerer ist als Luft? Wir wollen die Bedeutung der Flügel für den Auftrieb des Flugzeugs genauer kennen lernen.

A. Flugzeugflügel

Schritt für Schritt

Halte ein Papierblatt („Flügel") mit beiden Händen fest und blase von oben und dann von unten, wie auf dem Bild abgebildet. Überprüfe, was in beiden Fällen passiert. Um zu be-

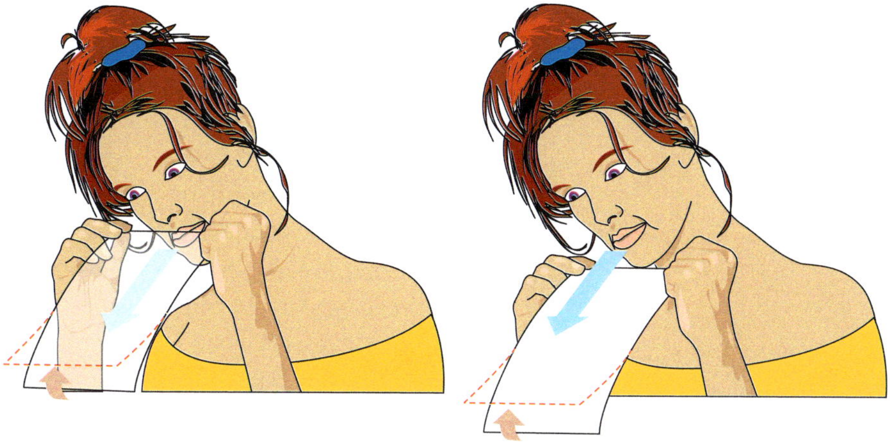

obachten, wie der Luftstrom auf die Flügel wirkt, genügt es, einen Papierstreifen oder einen Nähfaden an verschiedenen Stellen des Flügels oben und unten festzukleben. Betrachte genau, was beim Blasen passiert. Was geschieht mit dem Luftstrom, wenn er den Flügel erreicht? Und wie reagiert der Flugzeugflügel?

Wissenswertes

Wenn Du ein Blatt Papier von oben wie gezeigt anbläst, muss sich der Luftstrom biegen, um am Papier entlang zu fließen. Umgekehrt erfordert dies, dass der Luftdruck auf der Oberseite des Papiers abnimmt. Weil der Druck auf der anderen Papierseite der atmosphärische Luftdruck ist, wird das Papier angehoben. Wenn Du das Blatt Papier von unten anbläst, wird der Luftstrom gebremst, wenn er das Papier trifft. Das bedeutet, dass der Luftdruck unter dem Blatt in Vergleich zum atmosphärischen Druck erhöht wird. Daher wird das Papierblatt nach oben gedrückt (Siehe auch das nächste „Wissenswertes" für eine andere Interpretation).

B. Windtunnel und Anstellwinkel

Schritt für Schritt

Material	M 1.31
• *1,5-Liter-Plastikflasche* • *Karton* • *Draht* • *Klebstoff* • *Trinkhalm* • *Ventilator oder Fön*	

Schneide die Plastikflasche so auf, dass ein Rohr von 21 cm-22 cm Länge entsteht (Windtunnel). Forme aus dem Draht eine Gabel mit zwei langen Zinken (vgl. Abb.). Schneide nun zwei Schlitze von etwa 7 cm Länge und etwa 3 mm Breite parallel zueinander in den oberen Teil des Rohres. Bohre in den unteren Teil zwei Löcher für die Gabelzinken. Forme jetzt aus Karton einen Flügel von etwa 7 cm Breite und 7 cm-8 cm Länge. Bohre in den Flügel zwei Löcher von einer Größe, durch die die Trinkhalme gerade mit etwas Spannung passen. Stecke die Gabelzähne in die beiden Schlitze, dann durch die Löcher des Flügels und schließ-

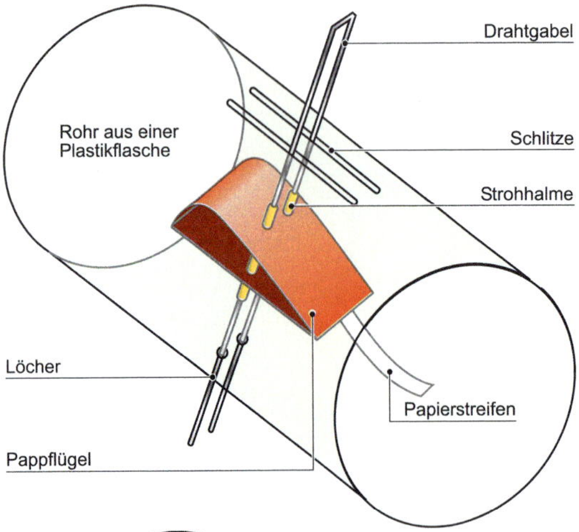

lich durch den unteren Teil des Rohres. Durch Drehung der Gabel kannst Du die Neigung des Flügels variieren („Anstellwinkel"). Halte den Eingang des Tunnels vor einen eingeschalteten Ventilator oder Fön (Kaltluftstufe). Nun kannst Du beobachten, was passiert, wenn der Anstellwinkel des Flügels variiert wird. Du kannst auch an der Unterseite des Flügels kurze Nähfadenstücke oder Papierstreifen befestigen, wie im vorhergegangenen Experiment, und allmählich den Anstellwinkel vergrößern. Dieses Experiment zeigt deutlich, dass der Flügel durch die Wirkung des Windes in der Luft gehalten wird, sogar wenn das Flugzeug auf dem Kopf steht.

Einen Schritt weiter

Du kannst auch andere Formen des Flügels ausprobieren und den Vorteil des vorgestellten Modells erkennen.

Wissenswertes

Wenn keine Turbulenzen vorhanden sind, folgt ein horizontaler Luftstrom, der ein Objekt trifft, den Konturen der Objektoberfläche (der Coanda-Effekt). Eine Voraussetzung ist, dass die Geschwindigkeit der Luft (und anderer Flüssigkeiten wie Wasser) nicht zu hoch ist. Andere Faktoren, wie die Dichte oder die Viskosität der Flüssigkeit und geometrische Faktoren, beeinflussen das Auftreten von Turbulenzen, die das ruhige Fließen behindern. Weil die Unterseite des Flügels flach ist, biegt sich der Luftstrom nur dann, wenn der Flügel gekippt ist. In diesem Fall strömt die Luft an der Unterseite entlang, wenn sie dem Flügelprofil folgt. Der Luftstrom wird dann langsamer und der Luftdruck erhöht sich auf der Unterseite des Flügels. Als Reaktion erfährt der Flügel eine Aufwärtskraft, bekannt als Auftrieb. Die Oberfläche des Flügels produziert selbst dann einen Auftrieb, wenn die untere Fläche flach ist. In diesem Fall bewegt sich der Luftstrom erst hoch und dann hinunter am Flügelprofil entlang. Dies erfordert einen niedrigeren Druck auf der Oberseite des Flügels. Der Luftstrom wird also beschleunigt, wenn er sich nach oben bewegt und wenn er nach unten abgelenkt wird, wenn er den Flügel verlässt, siehe das Experiment „Luftströmungen über Autodächern, Hausdächern und Bergen", S. 74. Daraus entsteht ein Auftrieb senkrecht zum Flügel. Die Horizontalkomponente des Auftriebs bildet eine Zugkraft,

M 1.31

Material
- *eine 0,5-Liter Plastikflasche*
- *dickes Tonpapier*
- *2 Rechtecke aus Pappe, ungefähr 10 cm x 25 cm groß*
- *ein Styroporbrett*
- *55 cm starker Draht*
- *2 bis 3 Pins für die Pinnwand*
- *70 cm durchsichtiger Schlauch mit einem Innendurchmesser von ungefähr 4 mm*
- *45 cm flexibler Schlauch mit einem Innendurchmesser von ca. 3 mm*
- *Wasser*
- *Lebensmittelfarbe zum Anfärben*
- *ein Fön mit Haltevorrichtung, um ihn gekippt aufzustellen*
- *Tesafilm*
- *Sekundenkleber*
- *ein Schnitz- oder Teppichmesser*

Achtung
Sei sehr vorsichtig, wenn Du elektrische Gerätschaften wie einen Fön in der Nähe von Wasser verwendest. Halte den Fön nicht ins Wasser und spritze kein Wasser über den Fön. Halte Dich insgesamt fern von Wasser, das eventuell auf den Boden gelaufen ist, wenn Du den Fön hältst.

bekannt als induzierter Widerstand. Der Luftstrom zieht Energie aus dem Flugzeug; wenn er abgelenkt wird, bremst das Flugzeug und erzeugt den Widerstandseffekt. Ersetze die Gabel durch zwei Stücke Schnur, um den Flügel aufzuhängen, und probiere, ob der Flügel in der Stromlinie geschleppt wird. Wenn der Anstellwinkel vergrößert wird, also der Flügel stärker gekippt ist, werden die Turbulenzen wichtig. In diesem Fall trennt sich der Luftstrom oberhalb des Flügels von der Flügeloberfläche und es bildet sich eine Turbulenz, wodurch das Flugzeug instabil wird. Der Auftrieb sowie die Zugkraft nehmen ab. Du kannst den Effekt, der auf Turbulenzen basiert, anhand der kleinen Nähfadenstücke oder Papierstreifen beobachten, die am Flügel im Windtunnel befestigt sind.

C. Die Druckverteilung aufzeichnen
Schritt für Schritt
Schneide aus der Flasche eine Tasse von ungefähr der halben Höhe der Flasche und einen Halter aus dem Flaschenhals. Schneide von dem durchsichtigen Schlauch 10 cm ab. Biege den stabilen Draht, um eine Halterung für den verbleibenden durchsichtigen Schlauch zu bauen, wie auf S. 83 abgebildet ist. Befestige den durchsichtigen Schlauch mit Tesafilm an der Halterung. Schneide eine kleine Scheibe aus Tonpapier (Durchmesser ca. 1,3 cm) und klebe sie vorsichtig auf ein Ende des 10 cm langen transparenten Schlauchstücks. Dies wird den Hauptteil des Druckprüfers bilden. Verbinde das andere Ende des Stücks mit dem flexiblen Schlauch. Stich vorsichtig ein kleines Loch in die Mitte der Scheibe. Dies wird der empfindliche Teil des Prüfers sein. Bastle einen Flügel aus Tonpapier, ungefähr 7 cm breit und 7 bis 8 cm lang, siehe die Abbildung zum vorangegangenen Experiment „Windtunnel und Anstellwinkel". Übertrage das Flügelprofil zweimal auf das Styroporbrett, wie es gezeigt wird. Schneide mit einem Schnitz- oder Teppichmesser zwei identische Styroporstücke aus, die in den

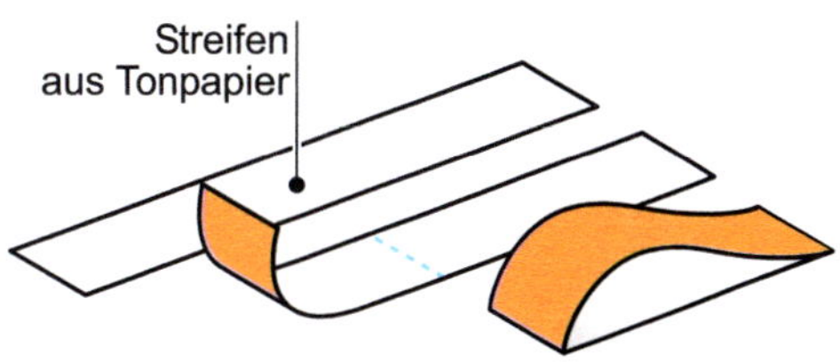

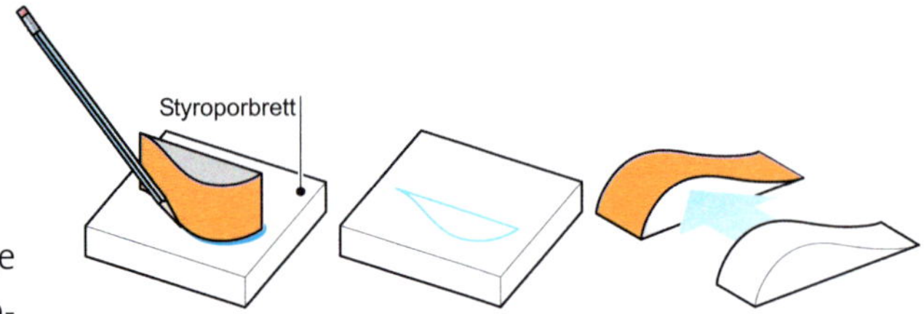

Flügel hineinpassen, und füge sie seitlich ein. Falte die Papprechtecke jeweils 5 cm von einer der 10 cm Kanten entfernt zu zwei L-Profilen (20 cm hoch), um sie auf Deiner Arbeitsfläche aufzustellen und um den Flügel zu halten. Schneide ein Rechteck aus Styropor in 7 cm Breite aus und füge es zwischen die zwei Seiten am Boden der L ein. Das Styroporrechteck dient als Abstandshalter und um die Seiten senkrecht zur Arbeitsfläche zu halten. Befestige ihre Böden (die unteren Teile der L) mit Tesafilm auf der Arbeitsfläche. Füge den Flügel zwischen den zwei Seiten ein und verbinde ihn mit Hilfe von Pinnwandpins mit den Seiten. Klebe die Oberteile der Seiten mit Tesafilm zusammen (s. Abb.). Platziere dann den Fön vor dem Flügel, wie gezeigt. Tauche jetzt das gebogene Ende des befestigten transparenten Schlauchs in die mit gefärbtem Wasser gefüllte Tasse. Befestige das andere Ende dieses Schlauchs mit Tesafilm auf dem Halter. Justiere die Höhe des Halters so mit dem Schraubverschluss, dass der gerade Teil des transparenten Schlauchs leicht nach oben geneigt ist. Der Prüfer wird Dir ermöglichen, die Druckverteilung sowohl auf der Oberseite als auch auf der Unterseite des Flügels aufzuzeichnen, wenn der Fön (Kaltluft) angeschaltet ist. Um dies zu tun, musst Du zunächst das Wasser aus der Tasse bis zum Nullpunkt saugen. Der Nullpunkt ist der Punkt, an dem das Wasser in der Tasse und das Wasser im Schlauch auf demselben Niveau stehen. Denke immer daran, dass der Druckmesser zwischen den Messungen neu auf Null gestellt wird. Verbinde jetzt das flexible Schlauchstück mit dem Hauptteil des Prüfers. Schalte den Fön (Kaltluft) an, während Du die kleine Scheibe parallel zur Flügeloberfläche hältst, und beobachte die Druckänderungen oberhalb und unterhalb der Flügeloberflächen. Um die Änderungen des Wasserstandes im transparenten Rohr besser sichtbar zu machen, klebe einen Papierstreifen an den Schlauch, wie abgebildet. In welchen Teilen des Flügels ist der Druck niedriger und wo ist er höher? Nach Deiner Messung der Druckverteilung, kann der geneigte Flügel das Flugzeug anheben?

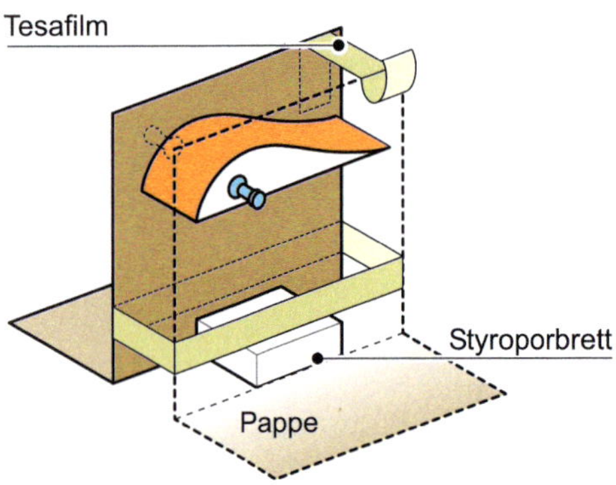

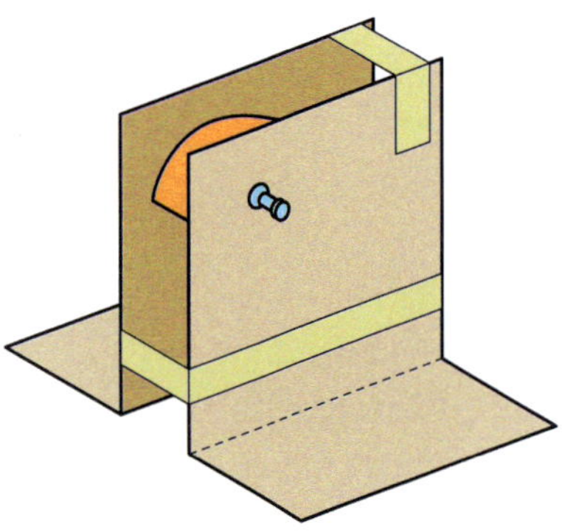

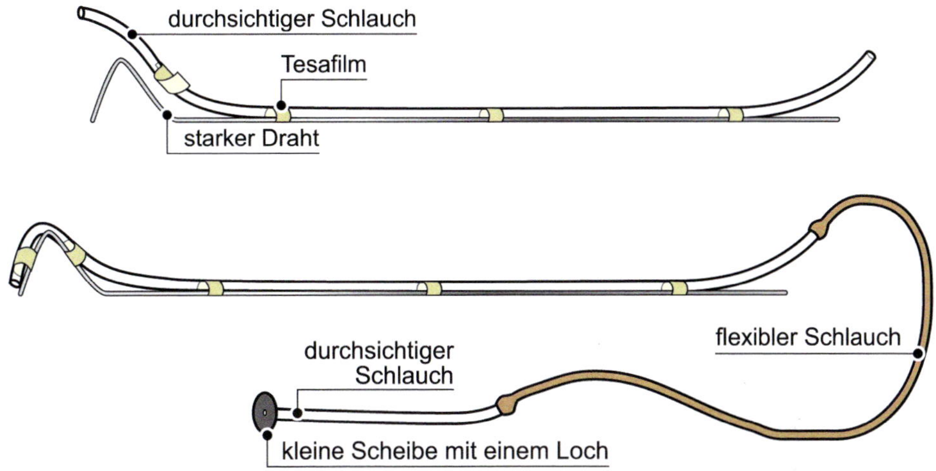
durchsichtiger Schlauch
Tesafilm
starker Draht
flexibler Schlauch
durchsichtiger Schlauch
kleine Scheibe mit einem Loch

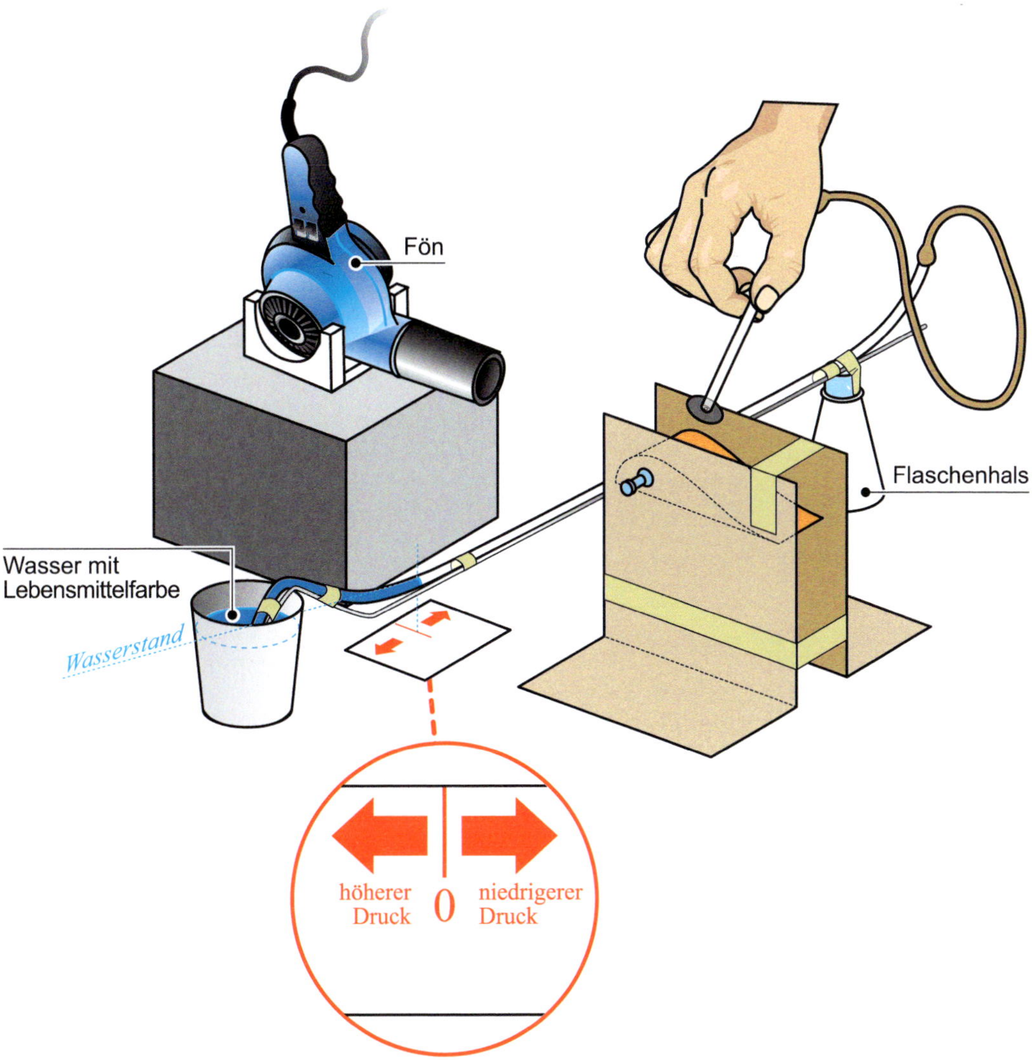
Fön
Flaschenhals
Wasser mit Lebensmittelfarbe
Wasserstand
höherer Druck
0
niedrigerer Druck

Wissenswertes

Es gibt einen speziellen Grund, weshalb der Prüfer, der hier zum Untersuchen der Druckänderungen entlang der Flügeloberfläche verwendet wird, eine kleine Scheibe mit einem Loch benötigt. Ohne die Scheibe würde der Luftstrom, der untersucht werden soll, durch den Prüfer gebogen werden, so wie es in einem Zerstäuber passiert (siehe auch das Experiment „Luftströmungen über Autodächern, Hausdächern und Bergen"). Die kleine Scheibe verhindert dies und lässt also den Luftstrom fast ungehindert fließen. Beachte, dass in der Abbildung die Scheibe parallel zum Flügel steht. Nun platziere die Scheibe in die Nähe der Föndüse und parallel zum Luftstrom. Ist der Druck, der gemessen wird, anders als der atmosphärische Druck („statische Druck")? Nun halte die Scheibe senkrecht zum Luftstrom. Halte sie zunächst näher zum Luftaustritt und dann weiter weg. Was passiert jetzt und warum? Kannst Du Dein Druckprüfgerät (Manometer) kalibrieren, indem Du die Standarddruckeinheiten verwendest?

M 1.32	**Material** • *Plastikflasche* • *Papierkügelchen*

1.32 Unerwünschtes Kügelchen

Für ein einfaches Papierkügelchen kann es unmöglich sein, in eine Flasche zu kommen, obwohl man versucht, es durch Pusten hineinzublasen.

Schritt für Schritt

Lege das Papierkügelchen in den Flaschenhals der liegenden Flasche. Nun versuche, das Kügelchen in die Flasche zu bekommen, indem Du direkt in die Flasche pustest. Das Experiment wird wiederholt, indem Du von der Seite pustest. Du kannst auch Löcher in die Flasche machen und das Experiment wiederholen.

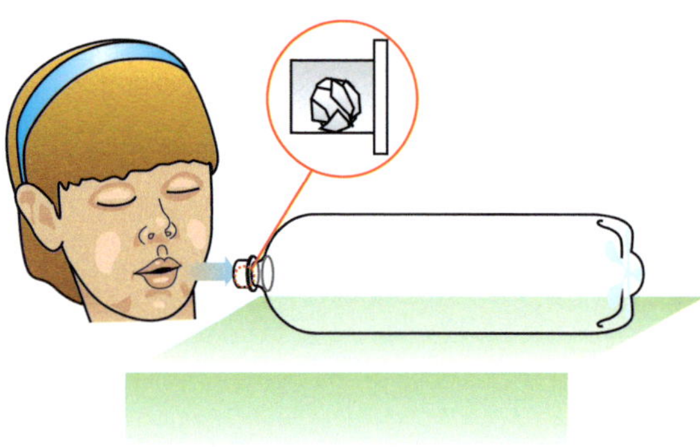

Alternative

Anstatt einer Flasche kannst Du auch eine Papierröhre mit einer Öffnung verwenden. Probiere unterschiedlich große Bälle. Teste Flaschen und Röhren mit verschieden großen Öffnungen und unterschiedlichen Verhältnissen von Ballgröße und Öffnungsgröße. Wenn Du Löcher in die Seite der Flasche oder Röhre piekst – spielt die Größe der Löcher eine Rolle?

Wissenswertes

Obwohl die Luft komprimiert werden kann (siehe das Experiment „Das Unterseeboot“ unter „Ein Schritt weiter“, Teil A), ist sie immer noch aus Material gemacht, das Raum braucht. Reifen, volle Ballons und Bälle sind gute Beispiele für den Raum, den Luft benötigt. Wenn Du versuchst, den kleinen Ball in die Flasche zu pusten, wird er weggedrückt, weil in der Flasche kein zusätzlicher Platz für die Luft ist, die Du hineinpustest. Wenn Du ein Loch in die Flasche piekst, kann einige Luft entweichen, so dass Platz für den Ball vorhanden ist.

1.33 Reibungslose Bewegung

(Fliegende Untertasse)

Wie wäre es, die Reibungskraft herabzusetzen? Wir wollen das Prinzip der Fahrzeuge und Schiffe entdecken, die über den Boden bzw. das Wasser schweben.

Material • *CD oder kleine Vinylscheibe* • *Luftballon* • *Verschluss einer Plastikflasche* • *Sekundenkleber und/oder Heißkleber (nicht zu heiß)*	**M 1.33**
Achtung *Heißklebepistolen und Heißkleber können ernsthafte Verbrennungen erzeugen, wenn sie mit der Haut in Kontakt kommen.*	

Schritt für Schritt

Bohre ein Loch in die Mitte des Flaschenverschlusses und klebe den Verschluss mit Hilfe des Sekundenklebers an der CD fest (s. Abb.). Blase den Ballon auf und verdrehe den Hals so, dass die Luft nicht entweichen kann. Nun stecke den Ballon auf den Verschluss. Stelle die CD auf eine glatte Oberfläche und lasse den Ballon los.

Teste auch einen Doppelballon (siehe Experiment „Dicke und Dünne Ballons“). Du kannst auch das Ende eines leeren Ballons (Einfach- oder Doppelballon) in die Kappe stopfen und eine Luftpumpe verwenden, um den Ballon aufzupusten, indem Du die Pumpe mit dem Loch in der Kappe verbindest. Vergewissere Dich, dass der Ballon senkrecht steht, wenn Du seine Öffnung mit der Kappe verbindest.

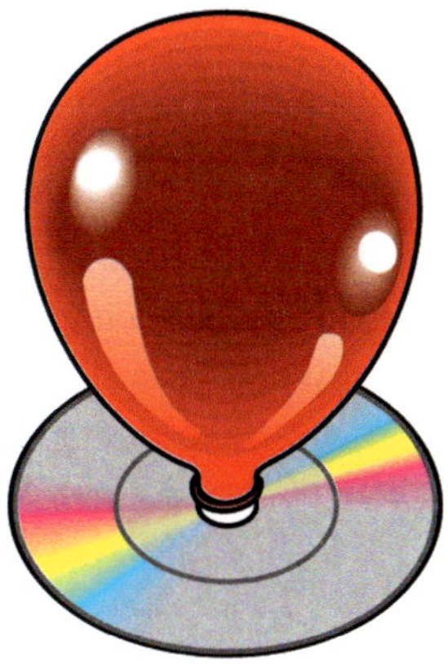

M 1.33

Material

- *das gleiche Material wie im vorangegangenen Modell*
- *5 cm-7 cm Trinkhalm*
- *ein kleines Papprechteck*
- *Klebeband*

Eine Untertasse mit Richtung und das CD-Karussell

Schritt für Schritt

Mache ein seitliches Loch in die Kappe, das groß genug ist, um das Stück Trinkhalm genau einzupassen (verwende ein Stück Klebeband, falls notwendig). Du kannst das Loch entweder bohren oder einen dicken Lötkolben verwenden (Vorsicht: Verletzungsgefahr!). Durchlaufe dieselben Schritte wie oben. Jetzt fliegt Deine Untertasse in eine Richtung. Um ein CD-Karussell zu bauen, musst Du nur das Pappstück zu einem L formen. Klebe das L so auf die CD in die Nähe des Trinkhalmendes, dass der Trinkhalm mit der senkrechten Wand des L einen 45°-Winkel bildet (siehe Abbildung). Versuche auch andere Möglichkeiten, Deine Untertasse zu kontrollieren. Probier es aus!

Wissenswertes

Reibung tritt auf, wenn zwei aneinander liegende Oberflächen einander „festhalten". Wenn die Oberflächen rau sind, verhaken sie sich mechanisch ineinander. Die „Gipfel" der einen Oberfläche hängen in den „Tälern" der anderen Oberfläche. Wenn die Oberflächen glatt und flach sind, entsteht die Reibung durch Kräfte mit geringer Reichweite zwischen den Atomen beider Oberflächen. Die Kräfte wirken in Entfernungen von Nanometern. Ein Nanometer definiert die Längeneinheit in der Nanowelt und ist ungefähr 70000mal kleiner als der Durchmesser eines menschlichen Haars. Je stärker die Oberflächen zusammengepresst werden, desto besser halten sie zusammen. Wenn die Oberflächen nicht länger in Kontakt sind, verschwindet die Reibung. Die Kräfte mit kurzer Reichweite zwischen dem Boden und Deinen Füßen beispielsweise sind eine Folge der Elektrostatik (siehe dazu die Experimente im Kapitel „Elektrisierende Experimente") und der Quantenphysik, der Physik der Nanowelt. Stehen ist eine Art „Nanoschweben".
Der Luftdruck, der vom Ballon zur Verfügung gestellt wird, produziert ein kleines Luftdruckkissen unterhalb der CD. Du kannst diesen Effekt auch demonstrieren, indem Du eine CD auf eine ebene, glatte Oberfläche legst und mit Hilfe eines Trinkhalmes oder einer Stifthülse Luft senkrecht von oben in ihre Mitte pustest. Das Ende des Halms muss dabei in der Nähe der Oberfläche sein. Die Luft findet

Material M 1.33

- *Holzscheibe von etwa 13 cm-14 cm Radius und 7 mm-10 mm Dicke*
- *widerstandsfähige Plastikplane (z. B. Einkaufstasche)*
- *kleine starre Plastikscheibe (z. B. Dichtung im Flaschenverschluss einer Plastikflasche)*
- *kleine Nägel*
- *Fön*
- *PVC-Rohr (etwas größer als die Fönöffnung)*
- *Kreppband*
- *Sekundenkleber*

Achtung

Achtung! Versuche nicht, Deine Untertasse auf Wasser fliegen zu lassen, weil es dann elektrische Unfälle geben kann!

dann ihren Weg unter die CD. Das Druckluftkissen ist die Ursache für das Anheben oder Steigen der CD; die Reibung zwischen der CD und dem Arbeitsplatz sinkt ausreichend stark, so dass die CD leicht über den Tisch gleiten kann. Weil die Luft seitwärts unter der CD entweicht, bleibt die CD nur angehoben oder „auf einem Kissen", solange es einen kontinuierlichen Luftstrom gibt. Das Anheben endet, wenn der Ballon leer wird. Es ist deshalb wichtig, die kissenbildende Luft einzusperren, so dass sie nicht entweichen kann. Dieses wird durch das Verwenden einer Art „Plane" erreicht, welche die Luft festhält. Das Gesamtgewicht, das ein Luftkissenboot anheben kann, ist gleich dem Kissenluftdruck multipliziert mit der Fläche des Luftkissenboots. Lass uns diese Herausforderungen mit den nächsten Modellen anpacken.

Zur Untertasse mit Richtung: Wenn die Luft aus dem Trinkhalm kommt, bewegt sich die Untertasse in die entgegen gesetzte Richtung. Es handelt sich nur um eine Variante der „Luftballonrakete" (s. S. 44)

Zum CD-Karussell: Wenn die Luft aus dem Trinkhalm kommt und die zum L geformte Pappe trifft, prallt die Pappe (und damit die ganze CD) ab, genauso wie ein sich drehender Rasensprenger (siehe „Wasserquelle" auf S. 101). In beiden Fällen arbeitet das Aktion-Reaktion-Prinzip.

Einen Schritt weiter

Bohre ein Loch in die Holzscheibe für den Luftaustritt des Föns. Das Loch sollte etwas kleiner sein als die Öffnung des Föns, damit Du den Fön auf der Holzscheibe abstützen kannst. Klebe das PVC-Rohr als Halterung für den Fön mit Sekun-

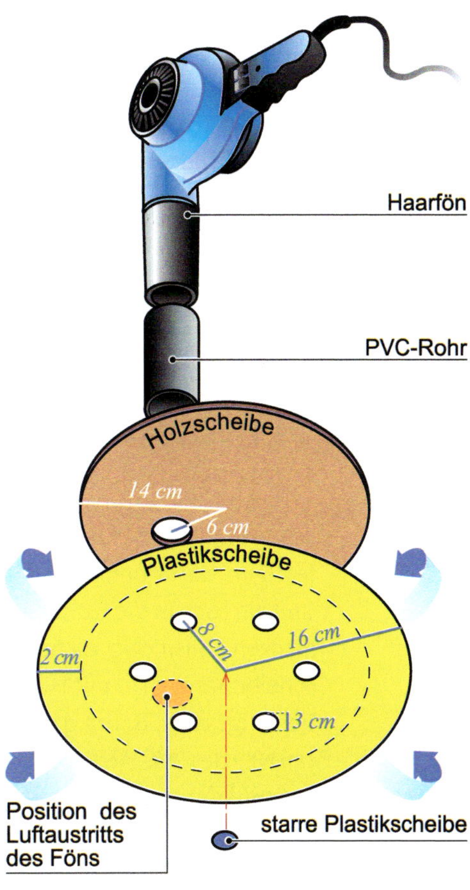

M 1.33

Material
- *Holzscheibe von etwa 40 cm-45 cm Radius und 1,5 cm-2 cm Dicke*
- *dicke Plastikplane*
- *herausgeschnittener Boden einer Plastikschüssel (Durchmesser ca. 25 cm) oder Metallscheibe von ca. 25 cm Durchmesser und 2 mm Dicke*
- *Isolierband*
- *Plastikschlauch*
- *Schraube mit Mutter und Unterlegscheibe*
- *Staubsauger, der als Gebläse funktioniert*

Achtung
Versuche nicht, Deine Untertasse auf Wasser fliegen zu lassen, weil es dann elektrische Unfälle geben kann!

denkleber auf die Holzscheibe. Nun schneide einen Kreis von etwa 15 cm-16 cm Radius aus der Plastikplane aus. Lege das Plastik unter die Holzscheibe und befestige es mit Kreppband auf der Oberseite der Holzscheibe. Dichte die Plastikränder gut ab, damit die Luft nicht entweicht. Befestige die kleine starre Plastikscheibe mit einem Nagel mittig auf der Unterseite der Holzscheibe und auf der Plastikplane. Schneide mit einem scharfen Messer (Skalpell) sechs Löcher für den Luftaustritt in das Plastik (s. Abb. S. 87). Jetzt musst Du nur noch den Fön auf das PVC-Rohr aufsetzen und anschalten (Kaltluftstufe); dabei liegt das Modell am besten auf einem glatten Tisch. Von der Seite schauend kannst Du prüfen, ob es einen Spalt gibt zwischen der Auflage und der Scheibe. Noch besser kannst Du beobachten, was passiert, wenn Du das Modell auf eine Glasscheibe (z. B. Glastisch) setzt. Du kannst auch Gewichte auf die Scheibe stellen, um zu prüfen, ob tatsächlich die Reibung überwunden werden kann.

Noch einen Schritt weiter
Man kann noch mehr wagen!
Wie wäre es, ein Modell zu bauen, welches bis zu 250 kg tragen kann? Es genügt, der Anweisung für das vorherige Modell zu folgen. Als Maßstab benutzt Du die Beziehung zwischen den Radien der beiden Modelle. Die Plane wird mit Isolierband abgedichtet. Eine Unterlegscheibe zwischen Plane und Plastikboden hilft, die Plane im Zentrum der Holzscheibe zu befestigen; dafür benutzt Du eine Schraube mit Mutter. Bohre Löcher in die Plane und ein Loch in die Holzscheibe, um den Schlauch des Staubsaugers hindurchzustecken. Falls nötig, dichte den Schlauch mit Isolierband ab. Die Seiten der Holzscheibe kannst Du mit Hilfe eines Plastikschlauches schützen, der mit Schrauben befestigt wird. Bohre dafür verschiedene Löcher in den Schlauch, wie es im Detail Nr. 1 der PVC-Abstützung für die vertikale Spritze des „Roboters aus Spritzen" (s. S. 66) dargestellt ist.

Wissenswertes

Unter der Untertasse bildet sich in der Plane ein Druckluftkissen, so dass die Untertasse über den Boden schwebt. Die Plane wird durch die Luft, die aus dem Fön kommt, unter Druck gehalten. Der Fön ersetzt die Luft, die aus den sechs Löchern der Plastikscheibe entweicht, die an der Untertasse befestigt ist. Weil die Reibung erst dann einsetzt, wenn die Untertasse mit dem Boden in Berührung kommt, kann die Untertasse sich leicht umherbewegen. Sobald der Fön ausgeschaltet wird, leert sich die Plane, die Untertasse schwebt nicht mehr und die Reibung setzt ein. Fahrzeuge, die auf diesem Prinzip basieren, können an Land oder auf Wasser fahren.

Eine größere Untertasse benötigt mehr Leistung, um das Luftkissen voll Luft zu halten. Weil der Luftdruck im Kissen dem Druck die Waage hält, der durch das Gewicht der Untertasse und ihrer Ladung ausgeübt wird (verteilt auf eine größere Fläche), kann die Untertasse mehr Gewicht tragen.

1.34 Das Rad, welches eine Rampe hochrollt

Der gesunde Menschenverstand sagt uns, dass Räder Rampen herunterrollen. Wir stellen ein Rad her, welches das Gegenteil macht.

Material — M 1.34

- *große Blechbüchse (z. B. Keksdose)*
- *Magnet (z. B. aus einem Lautsprecher)*
- *Kreppband*
- *Holzbrett*

Schritt für Schritt

Lege für das Rad den Magneten auf den Boden der Dose nahe der Seitenwand und klebe ihn an. Alternativ kannst Du eine Batterie mit Kreppband an der Dosenwand befestigen. Baue die Rampe, indem Du ein Holzbrett auf einem Buch aufstützt.

Funktion

Das Rad wird so auf den unteren Rand der Rampe gelegt, dass sich der Magnet oder die Batterie am höchsten Punkt des Rades befindet. Was passiert mit dem Magnet oder der Batterie, wenn die Dose hochrollt?

M 1.34

Material
- *zwei Plastikflaschen mit konischem oberen Teil*
- *zwei Holzstöcke oder starker Draht*
- *Kreppband*

Alternative

Schritt für Schritt

Schneide zwei Flaschen etwa 8 cm unterhalb des Flaschenhalses so ab, dass Du zwei „Trichter" erhältst. Klebe beide Trichter mit Kreppband gemäß Abbildung zu einem Rad zusammen. Die Radachse wird von den Flaschenhälsen gebildet. Um die Rampe zu erhalten, lege die beiden Stöcke zu einem V zusammen und stütze sie auf einem Buch (oder einem anderen Gegenstand) ab. Lege das Rad auf das V. Wir beobachten nun, wie es hochrollt.
Rollt das Rad letztendlich hinauf oder herunter? Wo befindet sich seine gesamte Masse? Was hat dieses Experiment mit dem vorherigen gemeinsam?

Wissenswertes

Ein solider Körper kann als ein Punkt betrachtet werden, in dem die gesamte Masse vereinigt ist, genannt Schwerpunkt. Weil alles die Tendenz hat, sich möglichst nahe an der Erdoberfläche aufzuhalten, um die potenzielle Energie zu minimieren, wird sich der Schwerpunkt zwangsläufig nach unten bewegen, wenn das Rad nach oben klettert. Bei einem Ring beispielsweise liegt der Schwerpunkt in der Mitte, auch wenn dort keine Masse existiert. Um dies zu verstehen, stelle Dir den Kreis vor, eingeteilt in eine große gerade Anzahl (wie 1000, 1002, 1004 usw.) von kleinen Stücken. Du kannst immer zwei Stücke finden, die einander gegenüber liegen. Der Schwerpunkt dieser zwei Stücke kann nur auf dem Mittelpunkt des Kreises liegen (wo auch sonst?). Dasselbe gilt für den gesamten Ring. Die gleiche Begründung kann für die Dose gefunden werden. Das Gewicht, dass ihr hinzugefügt wurde, ändert die Position des Schwerpunkts, welcher sich weiter nach unten bewegt, wenn die Dose nach oben rollt. Im Falle des Doppeltrichterrads kannst Du Dir das Rad als eine Kombination schmaler Ringe vorstellen. Weil die zwei Trichter gleich sind, muss der Schwerpunkt in der Mitte des Kreises sein, an dem die beiden Trichter zusammenstoßen. Nun, wie ist es damit, parallel zu jedem einen Holzstab zu platzieren? Wird das Rad auch diese Mal hochklettern? Teste auch, das Rad hinunterrollen zu lassen. Wie schnell bewegt sich die Achse des Rades nach unten? Würde ein Rad mit einer anderen Geometrie (ein zylindrischer Stift beispielsweise) schneller rollen? Wie wäre es mit einem Wettrennen zwischen zwei gleichen zylindrischen Plastikflaschen, eine leer und die andere ganz gefüllt mit Wasser? Lass beide gleichzeitig eine Rampe hinunterrollen. Welche bewegt sich schneller? Warum?

Hinweis

Wenn die Räder hinunterrollen, wird ihre potenzielle Energie in Bewegungsenergie umgewandelt. Du bemerkst eventuell zwei Arten von Bewegung: Rotation und Translation, die für dieses Wettrennen wichtiger ist. Wenn die Rotationsträgheit (Massenträgheit) eines Rades größer ist, worin wird das meiste seiner potenziellen Energie umgewandelt?

1.35 Der Trick der Baletttänzerin

Wer hat schon bemerkt, dass die Balletttänzerinnen zum Pirouettendrehen die Arme öffnen und dann ganz nah an den Körper pressen? Warum tun sie das?

Material	M 1.35
• *ein Drehstuhl, gegebenenfalls ein Bürodrehstuhl* • *Schnur* • *ein Plastiklineal*	
Hinweis *Verdrehe die Schnur durch das Drehen des Lineals viele Male und lasse dann das Lineal los.*	

Schritt für Schritt

Setze Dich auf den Stuhl und strecke Arme und Beine aus. Eine zweite Person dreht den Stuhl. Nun ziehe die Arme und Beine an den Körper und entdecke den Trick der Balletttänzerin.

Wissenswertes

Wer kann leichter beschleunigen oder bremsen: ein Elefant oder eine Ameise? Das Gewicht eines Körpers bestimmt die Schwierigkeit, zu beschleunigen oder abzubremsen. Verantwortlich dafür ist die Trägheit. Die Trägheit bei Drehungen hängt vom Gewicht des Körpers und seiner geometrischen Verteilung ab. Daher wirst Du mit ausgestreckten Armen und Beinen ein Elefant und mit angezogenen Armen und Beinen eine Ameise.

Einen Schritt weiter

Binde eine Schnur an eine Seite des Lineals und versuche, das Lineal an der Schnur um seine ver-

M 1.35

Material
- *zwei 1,5 cm x 4 cm Papprechtecke*
- *2 Zahnstocher*
- *4 Essstäbchen aus dem Restaurant, gerade Drähte oder Holzstäbchen*
- *Klebeband*

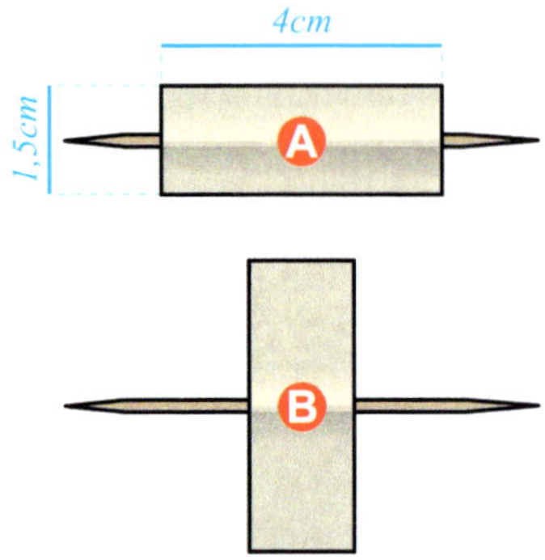

tikale Achse zu drehen (senkrechtes Lineal). Binde dann die Schnur um die Mitte des Lineals und drehe es (waagerechtes Lineal). Auf welche Weise geht das Drehen einfacher?

Noch einen Schritt weiter

Piekse ein kleines Loch in die Mitte eines Rechtecks, um einen Zahnstocher als Achse hineinzuführen. Ergänze auch das andere Rechteck wie abgebildet um eine Achse. Deine „rechteckigen" Räder sind fertig. Platziere die vier Holzstäbchen parallel zueinander so, dass die oberen Enden höher liegen; benutze beispielsweise ein Buch dazu. Platziere die Achsen der „Räder" auf den Stäbchen an deren höchstem Ende parallel zur Tischoberfläche. Nun lass die Räder rollen. Welches rotiert schneller?

Wissenwertes

Wer hat es schwerer beim Gehen: ein Elefant oder eine Ameise? Die Masse eines Körpers bedingt seine Schwierigkeit, sich geradlinig in Bewegung zu versetzen oder anzuhalten (Translationsträgheit). Im Gegensatz dazu hängt die Trägheit, die mit dem Rotieren verknüpft ist (genannt Trägheitsmoment), von der Masse des Körpers und ihrer geometrischen Verteilung ab, wobei die Drehachse als Referenzpunkt angesehen wird (siehe bei diesem Experiment auch „Einen Schritt weiter"). Aus dieser Sicht bist Du mit ausgestreckten Armen und Beinen ein „Elefantentänzer", während Du mit eingezogenen Extremitäten wie eine Ameise

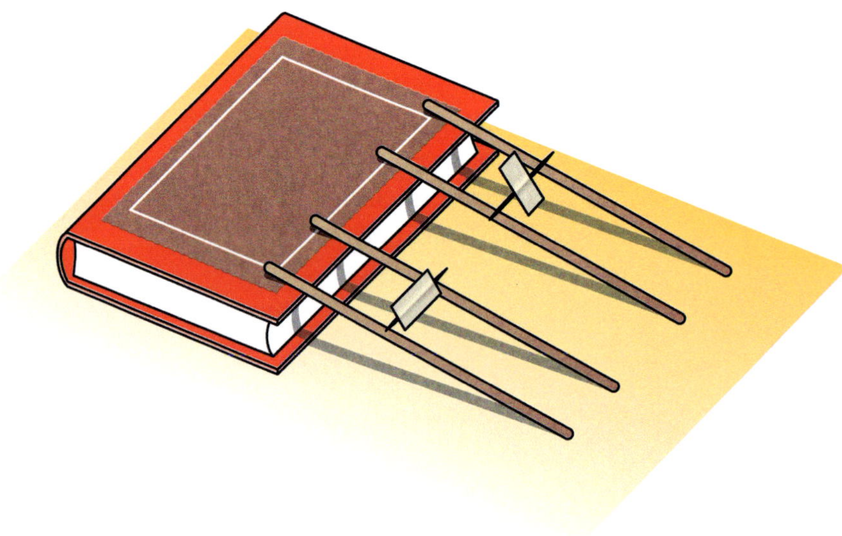

tanzt. Das Gleiche gilt für die „rechteckigen Räder“. Wenn Du Deine Arme und Beine einziehst, steigt Deine kinetische Energie und damit Deine Drehgeschwindigkeit. Solange Du keiner größeren äußeren Kraft ausgesetzt bist, würdest Du Dich für immer drehen. Wenn Du Dein Trägheitsmoment verkleinerst, benötigst Du etwas, um dies zu kompensieren. Physiker nennen dies Drehimpuls, welcher das Produkt aus der Drehmasse und der Drehgeschwindigkeit ist. Also, wenn Dein Trägheitsmoment sinkt, muss Deine Drehgeschwindigkeit steigen. Wenn Du Schlittschuhlaufen magst, dann hast Du diesen coolen Effekt vielleicht schon mal ausprobiert. Kannst Du ihn in anderen Situationen wiedererkennen?

1.36 Der Fahrradtrick

Warum fälltst Du nicht vom Fahrrad, wenn Du in die Pedale trittst und fährst? Kannst Du das Gleichgewicht auf einem stehenden Fahrrad halten? Warum neigst Du den Körper, wenn Du eine Kurve fährst? Die folgenden Experimente helfen, diese Fragen zu beantworten.

Material — **M 1.36**

- *Rad eines Fahrrads ohne Mantel*
- *zwei Holzgriffe*
- *zwei doppelte Sechskantmuttern für die Fahrradachse*
- *Sekundenkleber oder Epoxikleber*
- *feste Schnur, 1 m-2 m lang*

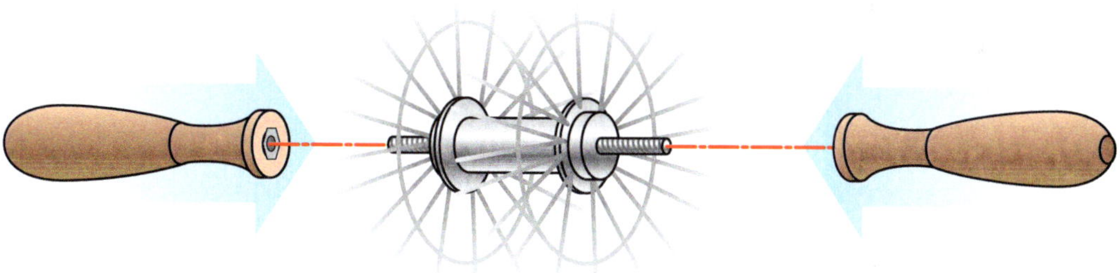

Schritt für Schritt

Bohre ein Loch in die zwei Holzgriffe, um die Schraubenmuttern dort hineinzustekken und festzukleben. Schraube die Handgriffe auf beide Seiten der Achse auf. Befestige ein Seilende an einem Handgriff, befestige das andere Seilende an einem etwas erhöhten Punkt, z. B. an der Decke oder einem Baumast.
Sichere nun den freien Holzgriff mit der Hand, drehe das Rad und lasse dann den Handgriff los. Was passiert? Warum fällst Du nicht zur Seite, wenn Du Fahrrad fährst? Nun kannst Du versuchen, das Rad mit beiden Handgriffen zu halten und die Richtung der Achse zu ändern. Was passiert?

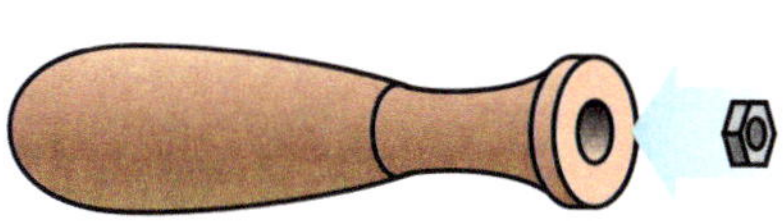

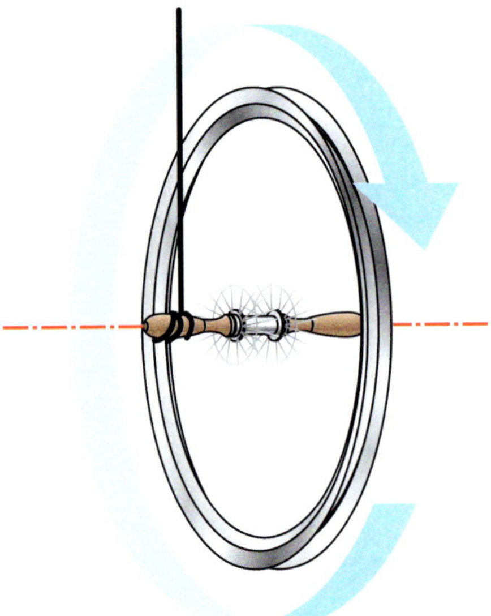

Einen Schritt weiter

A. Drehende Münze

Stelle eine Münze senkrecht auf. Blase jetzt die Münze um. Das geht leicht, oder? Nun versuche, die stehende Münze mit einem Fingerschnippser um ihre senkrechte Achse in Drehung zu versetzen. Versuche erneut, die sich drehende Münze durch Pusten umzublasen. Klappt es? Gibt es einen Zusammenhang zwischen der Münze und dem Fahrrad, wenn sich beide drehen?

B. Schräggestelltes Rad

Halte die beiden Handgriffe bei sich drehendem Rad mit den Händen fest und neige die Achse so, wie Du beim Fahren den Körper zur Seite legen würdest. Du kannst versuchen eine Kurve zu machen, indem Du beide Bewegungen kombinierst, also die Kurvendrehung und das Neigen der Achse.
Ist das leichter? Wie verhält sich die Rotationsachse des Rades in diesem Falle?

Wissenswertes

Wenn nichts einen sich drehenden Körper stört, wird er sich für immer drehen. Um diesen Zustand zu ändern, ist ein äußerer Einfluss notwendig, wie das vorangegangene Experiment gezeigt hat. Dies ist eine Folge der Drehimpulserhaltung, einer Bewegungsgröße, die mit sich drehenden Objekten verknüpft ist (siehe auch das vorige Experiment „Der Trick der Balletttänzerin"). Die Drehung erzeugt Stabilität durch die Rotationsträgheit, genannt gyroskopischer Effekt. Du kannst den gyroskopischen Effekt auch bei Deiner luftgetriebenen Rakete (Experiment „Raketen mit chemischem Antrieb und Luftantrieb", S. 46) beobachten. Wegen des gyroskopischen Effekts können Zementlastwagen in scharfen Kurven umkippen, wenn die Mixtrommel sich zu schnell dreht. Die Rotationsträgheit der sich drehenden Trommel zielt darauf ab, die Rotationsachse als feste Richtung beizubehalten. Die Drehgeschwindigkeit der Trommel muss sehr langsam gehalten werden, um Unfälle zu vermeiden.
Du kannst die Richtung des Drehimpulses des sich drehenden Rads (gehalten vom Seil, das am Griff befestigt wurde) mit einer einfachen Regel feststellen. Biege die

Finger Deiner rechten Hand in die Drehrichtung des Rads. Dein Daumen zeigt dann nach rechts in die Richtung des Drehimpulses des Rades. Wenn Du die linke Hand verwendest, zeigt Dein Daumen in die entgegengesetzte Richtung. Dies bedeutet, dass der Drehimpuls kein Spiegelbild hat. Das Massenzentrum des sich drehenden Rades, welches mit der Nabe des Rades übereinstimmt, ist nicht direkt unterhalb des Seils, das das Rad hält. Wenn das Rad bewegungslos wäre, würde es einfach herunterfallen, um seine potenzielle Energie zu minimieren. Der Schwerpunkt würde dann direkt unterhalb des Seilendes landen. Dies passiert nicht, weil sich das Rad bewegt. Die Gravitation sorgt dafür, dass sich das Rad zur rechten Seite neigt. Wenn Du die Rechte-Hand-Regel benutzt, kannst Du erkennen, dass in der Position des Rades, die in der Abbildung gezeigt wird, durch die Gravitation eine neue Komponente des Drehimpulses erzeugt wird, die in Richtung der Rückseite zeigt. Der Drehimpuls weicht dann in Richtung der rechten Rückseite ab. Die Verdrehung durch die Gravitation sorgt für neue Komponenten, die zum Drehimpuls addiert werden, und zwar senkrecht zur Drehachse und parallel zur Erdoberfläche. Als Resultat rotiert die Drehachse des Rades im Uhrzeigersinn um eine senkrechte Achse, die mit dem Seil zusammenfällt. Diese Bewegung nennt man gyroskopische Präzession. Wenn Du mit einem Fahrrad fährst und Deinen Körper nach rechts lehnst, wird das Fahrrad nach rechts steuern, wie es mit dem schwebend gehaltenen Rad passiert ist. Wenn Du Dich nach außen lehnst, um eine Kurve zu fahren, ist eine zusätzliche Kraft notwendig, um Deine Bewegungsrichtung zu ändern. So hast Du es dann mit zwei Kräften zu tun, nämlich mit der Reaktion auf die Erdanziehung (der Aufdruck- oder Normalkraft) und der nach rechts gerichteten Reibungskraft zwischen den Reifen und der Straße (s. Abb.). Die resultierende Kraft ist mit dem Schwerpunkt des Systems, bestehend aus Deinem Körper und dem Fahrrad, verbunden. Diese Kraft erzeugt keine Drehung, genauso wie das Drücken einer Tür gegen die Angeln keine Rotation der Tür erzeugt. Die gyroskopische Präzession und das Drehen des Rades um seine Steuerachse arbeiten also zusammen, um das vorwärts fahrende Rad unglaublich gut zu stabilisieren.

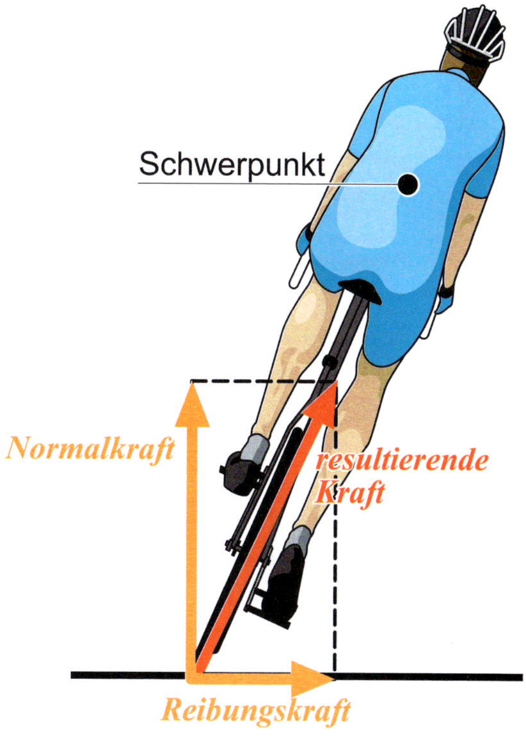

M 1.37

Material

- *Styroporkugel oder Weinkorken*
- *Einmachglas (Marmeladenglas) mit Schraubdeckel*
- *Schnur*
- *Klebstoff*
- *Sekundenkleber*
- *Epoxidkitt (die Sorte, die Du formen kannst wie Lehm und die dann aushärtet)*

Achtung

Lies die Anleitung für das Verwenden des Epoxids genau durch. Verwende Gummihandschuhe, Latexhandschuhe sind nicht geeignet. Arbeite in einem Bereich mit guter Belüftung. Verwende nur Seife und Wasser, um Deine Hände zu reinigen.

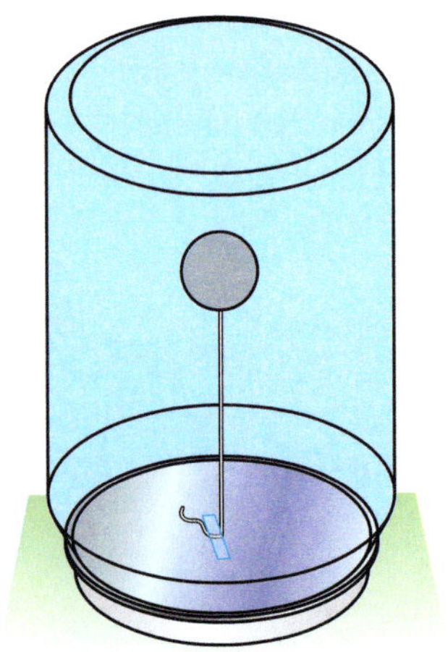

1.37 Beschleunigungsmesser

Was fühlst Du, wenn Du Dich in einem Bus oder Auto befindest und das Fahrzeug beschleunigt oder bremst? Es wird ein Beschleunigungsmesser gebaut, um Situationen dieser Art zu simulieren und die Auswirkung der Beschleunigung in Kurven zu testen.

Schritt für Schritt

Befestige mit Sekundenkleber ein Ende der Schnur an der Styroporkugel oder am Weinkorken. Klebe das andere Ende an der Innenseite des Schraubdeckels fest. Das Glas wird mit Wasser gefüllt und mit dem Schraubdeckel verschlossen. Der Ball oder der Korken befinden sich im Glas. Nun stelle das Glas auf den Kopf: Die Kugel oder der Korken schwimmt oben. Der Beschleunigungsmesser ist fertig!

Alternative

Baue eine Wasserwaage mit Hilfe einer wassergefüllten durchsichtigen Plastikflasche, in der sich eine Luftblase befindet. Kann die Luftblase die Rolle der Styroporkugel oder des Korkens übernehmen?

Test

Jetzt kannst Du den Beschleunigungsmesser mit ins Auto oder in den Bus nehmen und beobachten, was in den Kurven passiert, wenn das Fahrzeug beschleunigt oder auf gerader Strecke bremst.
Du kannst außerdem ausprobieren, das Glas auf eine sich drehende Plattform zu stellen (z. B. Drehtisch oder Drehstuhl).

Wissenswertes

Wenn Du auf einer beschleunigten Plattform sitzt (Auto, Bus, Flugzeug oder einem Drehstuhl zum Beispiel), produziert die Beschleunigung der Plattform eine lokale Gravitation (siehe das Experiment „Der Astronaut im Lift“), die in die zu ih-

> **Achtung**
> *Es ist wichtig, den Beschleunigungsmesser gut zu befestigen, um einen Unfall zu vermeiden. Du kannst den Beschleunigungsmesser benutzen, um das eigene Schritttempo zu überprüfen.*

rer Beschleunigung entgegengesetzte Richtung gerichtet ist. Während schwerere (dichtere) Objekte dazu neigen, sich zum „Boden" zu bewegen, bewegen sich die Objekte mit geringerer Dichte als das Wasser (Styroporball, Kork, Luftblasen) in Richtung der Beschleunigung. Im Falle des Autos kann Boden sowohl rechts als auch links als auch zur Seite bedeuten, je nachdem ob das Auto bremst, beschleunigt oder eine Kurve fährt. Der Beschleunigungsmesser erlaubt Dir also zu demonstrieren, dass die Gravitation im Inneren eines beschleunigten Autos umso größer ist, je stärker es beschleunigt wird (genau wie in einem Raumschiff). Du kannst den Beschleunigungsmesser auch halten, während Du auf einem sich drehenden Stuhl sitzt. Halte ihn nah bei Deinem Körper und dann strecke die Arme so von Dir, dass Du Deinen „Anzeiger" (Ball, Kork, Luftblase) sehen kannst. Du kannst also den Beschleunigungsmesser als Alternative zum „Dehnenden Karussell" verwenden (siehe das Experiment auf S. 27).

1.38 Rohes und gekochtes Ei

> **Material** — M 1.38
> - *ein rohes und ein gekochtes Ei*

Es ist leicht herauszufinden, ob ein Ei roh oder gekocht ist, ohne die Schale zu zerbrechen.

Schritt für Schritt

Stelle die Eier senkrecht hin und drehe sie mit den Fingern, als ob es Kreisel wären. Was ist der Unterschied zwischen den Bewegungen der beiden Eier?

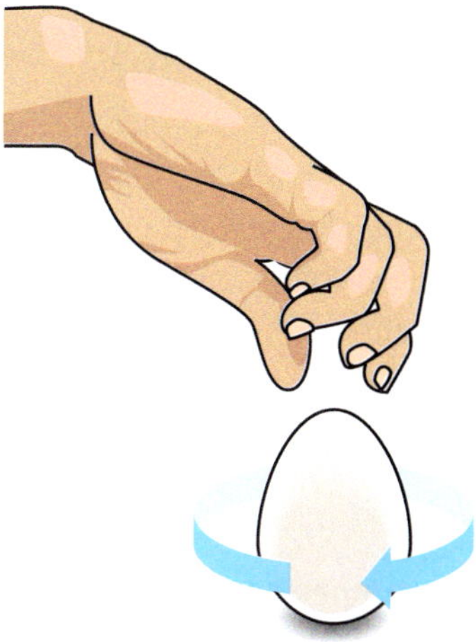

Einen Schritt weiter

Stelle dich aufrecht mit etwas ausgestreckten Armen hin und beginne dich langsam mit geschlossenen Augen im Kreis zu drehen. Nach einigen Umdrehungen halte an und versuche mit offenen Augen auf einer Linie geradeaus zu gehen. Was fühlst Du?

Wissenswertes

Beim rohen Ei ist die Schale fest, aber sein Inneres enthält eine Flüssigkeit (Eiweiß und Dotter). Während Du die Schale drehst, ist die Flüssigkeit etwas träge im „Gehorchen" Deines Befehls (die Flüssigkeit hat Rotationsträgheit). Also, ein Teil des Eis versucht sich zu

drehen, während ein anderer Teil versucht, im Zustand der Ruhe zu verharren. Dieser Konflikt produziert ein „betrunkenes“ Ei. Um das Ei zu heilen, genügt es, es hart zu kochen. Jetzt kannst Du das Ei drehen und es wird Deiner Anweisung Folge leisten, weil es jetzt durchgehend fest ist.
In unseren Ohren gibt es auch eine Flüssigkeit, die sich dreht, wenn wir uns drehen, um dem Gehirn Auskunft über unsere Bewegung zu geben. Wenn wir anhalten, dreht die Flüssigkeit sich weiter, genau wie unser rohes Ei oder Wasser in einer Teetasse. Versuche einen Löffel Zucker kreisend ins Wasser zu rühren und ziehe dann den Löffel aus dem Wasser – was passiert mit dem Wasser? Für Dein Gehirn drehst Du Dich immer noch weiter, obwohl Du schon still stehst. Verbinde dies mit sonderbaren Empfindungen (Schwindel und was noch?!), die Du hast, obwohl Dein Körper schon in Ruhe ist. Was ist, wenn Du Dich, direkt nachdem Du gestoppt hast, andersherum drehst? Hilft das, um Dich selbst von den Empfindungen nach dem Drehen zu heilen?

M 1.39

Material

- *PVC-Rohr oder Holzstange von etwa 50 cm Länge*
- *durchsichtiger Schlauch von etwa 1 m Länge*
- *Kreppband*
- *2 kleine Schüsseln*
- *Wasser*
- *Wasserfarbe, falls vorhanden*

Hinweis

Um nachzuvollziehen, was mit dem Wasser passiert, wenn Du die Pumpe benutzt, stecke eine kleine Kugel oder ein anderes Objekt in den Schlauch, so dass es frei beweglich ist. Wenn Du das PVC-Rohr drehst, kannst Du beobachten, was mit dem Ball passiert. Bereite Dich darauf vor, den Ball am oberen Ende des Schlauches wieder aufzufangen.

1.39 Handbetriebene Wasserpumpe (Archimedische Schraube)

Wie kann Wasser herablaufend „hinauffließen”? Hört sich das nicht widersinnig an? Wir stellen unsere eigene Wasserpumpe her und überprüfen dieses Phänomen.

Schritt für Schritt

Wickle den Schlauch um das Rohr und befestige es mit Kreppband. Fülle eine Schüssel mit Wasser und stelle das Rohr hinein. Stelle das andere Gefäß auf eine Erhöhung (z. B. einen Stapel Bücher) und lehne das andere Ende des Rohres dort an. Dann drehe das Rohr. Es ist leichter zu sehen, was passiert, wenn Du das Wasser ein wenig mit Wasserfarbe einfärbst.

Wissenswertes

Der Schlauch um das PVC-Rohr kann als Ansammlung von Rampen angesehen werden, die um eine zentrale Achse gewickelt sind. Wenn Du die Achse (das PVC-

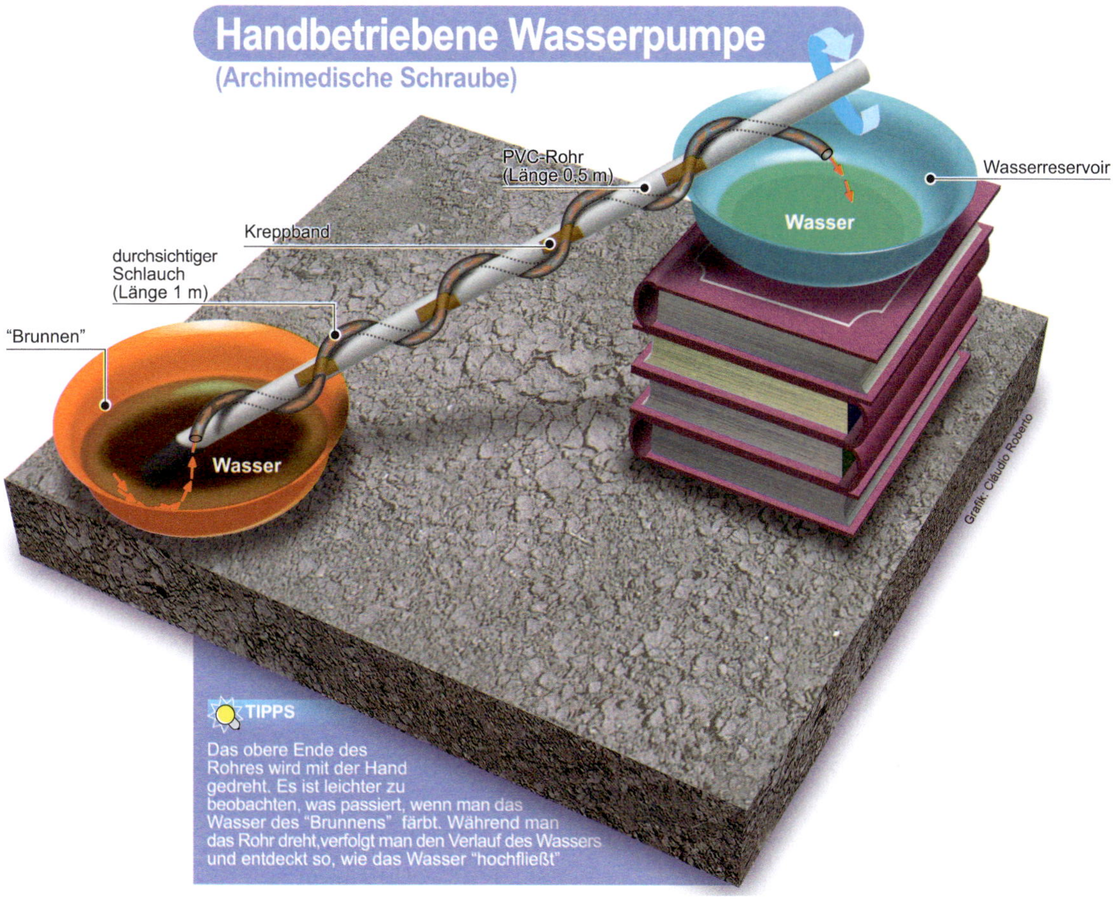

Rohr) drehst, transportierst Du Wasser in aufeinander folgenden Hüben. Wenn sich das Wasser nach oben bewegt, befindet es sich immer auf einer Rampe und es „fällt" nach unten, um seine potenzielle Energie zu minimieren. Wenn Du das Rad drehst, bewegt sich das Wasser immer hin zu einer neuen Rampe, bis es oben im Reservoir ankommt. Der Aufwand, den Du betreiben musst, um Wasser mit der Archimedischen Schraube nach oben zu pumpen, ist wesentlich geringer als der Aufwand, den man hätte, wenn man das Wasser senkrecht nach oben pumpen würde. Es ist, als ob man auf einer Straße oder einem Pfad um einen Berg herum wandert, um nach oben zu kommen. Es erfordert wesentlich weniger Anstrengung, verglichen mit dem direkten Hochklettern. Dafür ist der Weg länger, den Du laufen musst. Versuche nun, das Wasser zu heben, indem Du die Achse andersherum drehst. Geht das auch? Warum?

M 1.39

Material

- *zwei 1,5-Liter-Plastikflaschen*
- *eine Murmel*
- *zwei Stücke durchsichtigen Plastikschlauch (50 cm und 4 cm), dessen Innendurchmesser kleiner ist als der Außendurchmesser der Murmel und dessen Außendurchmesser knapp größer ist als der Außendurchmesser der Murmel.*
- *5 cm durchsichtigen Plastikschlauch mit einem Innendurchmesser, so dass der Schlauch mit dem kleineren Außendurchmesser knapp hineingesteckt werden kann. (Wenn er zu groß ist, dann kann man mit Klebeband umwickeln).*
- *Wasserfarbe zum Anfärben*

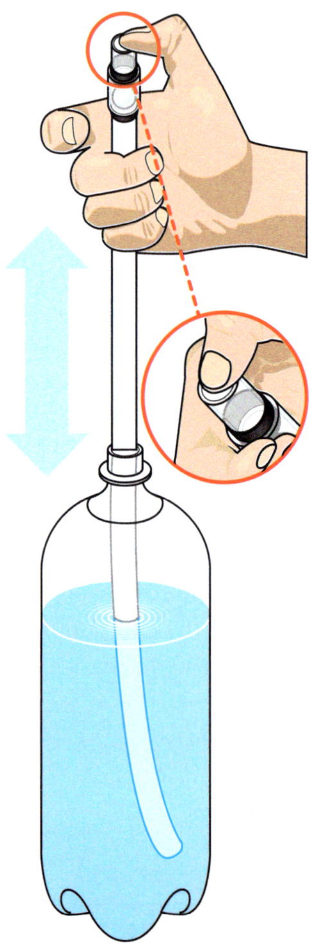

Alternative: Senkrechtes Pumpen

Schritt für Schritt

Stecke den 50-cm-Schlauch in den 5-cm-Schlauch (falls notwendig, benutze Klebeband, um den Schlauch dicht einzupassen). Platziere den Ball im weiteren Schlauch oberhalb des 50-cm-Stücks. Der Ball wird als Ventil fungieren. Als Nächstes füge das 4 cm lange Schlauchstück so in das weitere 5-cm-Stück ein, dass ein wenig Platz für die Murmel bleibt, um sich auf und ab zu bewegen (falls notwendig, benutze wieder Klebeband wie oben).

Verwendung der Pumpe

Tauche das längere Schlauchstück in eine mit Wasser gefüllte Flasche und bewege es schnell auf und ab, ohne dass das untere Schlauchende sich aus dem Wasser herausbewegt. Halte gleichzeitig das obere Ende des Schlauches teilweise mit Deinem Daumen zu. Probiere, ob Du erreichen kannst, dass sich Wasser aus dem oberen Ende ergießt. Du kannst den Platz für die Murmel einstellen, indem Du das 4-cm-Schlauchstück in das längere Stück hineindrückst oder herausziehst. Betrachte die Wassersäule im durchsichtigen Schlauch. Um besser beobachten zu können, kannst Du das Wasser einfärben.

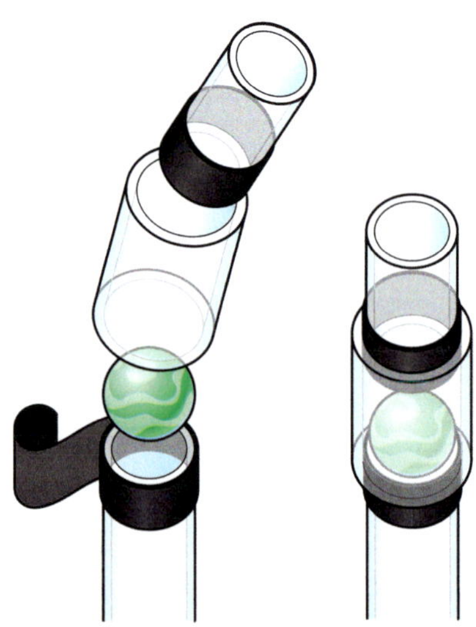

Wissenswertes

Wenn Du die Pumpe nach oben bewegst, hält die Murmel das obere Ende des längeren Schlauchstücks verschlossen, während die Luft im Schlauch mehr Platz hat. Du produzierst ein partielles Vakuum. Sobald der Luftdruck im Schlauch abnimmt, bewegt sich das Wasser nach oben. Dasselbe passiert, wenn Du ein Getränk durch einen Trinkhalm trinkst. Wenn Du den Schlauch nach unten bewegst, ist der Ball zu träge, um dem Schlauch zu folgen. Er lässt die Luft heraus, während immer mehr Wasser in den Schlauch kommt. Durch das Wiederholen dieses Vorgangs füllt immer Wasser den Schlauch, bis es oben hinausläuft. Warum musst Du das obere Schlauchende teilweise zuhalten?

Einen Schritt weiter

Kannst Du einen Feuerlöscher mit einer Reichweite von 10 m bauen, indem Du nur eine Plastikflasche mit Deckel, ein Stück Plastikschlauch und eine Fahrradpumpe verwendest?

1.40 Wasserquelle

Wir stellen eine einfache, sich drehende Wasserquelle her und entdecken, warum sie sich dreht.

Material	M 1.40
• *Plastikbecher* • *zwei Trinkhalme, auf einer Seite zum Umbiegen* • *Sekundenkleber* • *Schnur* • *Wasser*	

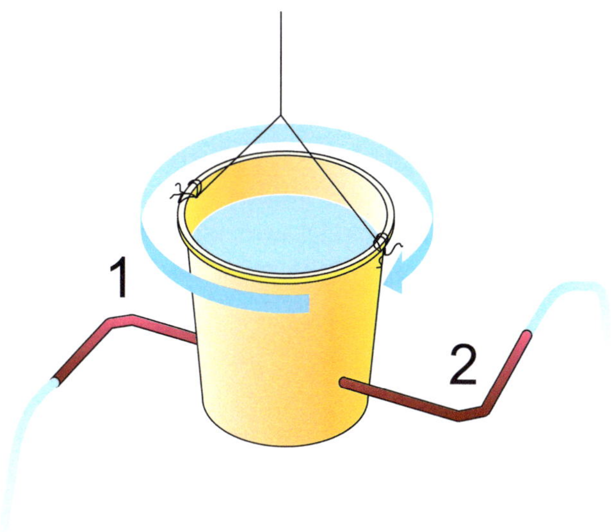

Schritt für Schritt

Führe dieses Experiment am besten über einem Waschbecken oder einer großen Schüssel aus, um den Boden nicht nasszumachen.

Mache in die Becherwand in der Nähe des Bodens ein Loch (s. Abb.), zum Beispiel mit Hilfe eines Streichholzes: Zünde es an, blase es sofort aus und drücke den heißen Zündkopf an den Becher, der durch die Hitze schmilzt. Stecke den Trinkhalm in den Becher, klebe ihn mit Sekundenkleber fest und dichte die Verbindung ab. Bohre in den oberen Rand zwei kleine, sich gegenüberliegende Löcher und befestige eine Schlaufe aus Schnur daran. Befestige in der Mitte der Schlaufe eine weitere Schnur. An ihr wird der Becher in der Luft gehalten. Fülle den Becher mit Wasser und beobachte, was passiert. Dreht sich die Quelle? Leere den Becher und brenne ein zweites Loch für einen weiteren Trinkhalm hinein, genau gegenüber dem ersten Trinkhalm (s. Abb.). Fülle den Becher erneut. Dreht sich jetzt die Quelle? Was ist die Funktion der gebogenen Trinkhalme?

Wissenswertes

Übereinstimmend mit dem Aktion = Reaktion-Prinzip gibt es einen Rückstoß wie bei einem sich drehenden Rasensprenger, wenn Wasser aus dem gebogenen Trinkhalm kommt. Ein Wasserstrahl könnte nicht ausreichen, um die Massenträgheit des Plastikbechers und den Widerstand der Schnur, sich zu verdrehen, zu überwinden. Wenn Du einen weiteren Strahl ergänzt, arbeiten beide Strahlen zusammen und erzeugen die Bewegung, die Du beobachtest.

M 1.41

Material

- *Kartoffel, Zwiebel, Weinkorken, Ei, Ping-Pong-Ball, Ball aus Holz oder Metall (oder andere Objekte)*
- *dursichtiges Gefäß mit Reis, Erbsen, Bohnen oder Nüssen verschiedener Größen (große und kleine vermischt)*
- *zwei kleine Plastikflaschen mit Schraubverschluss*
- *ein Fotofilmdose oder ein 4 cm langes Stück PVC-Rohr mit 3 cm Innendurchmesser*
- *Eimer mit Sand*
- *dicker Stock*

1.41 Wie man oben bleibt

Hat schon jemand beobachtet, was auf dem Boden eines Gefäßes mit Nüssen übrigbleibt, wenn man diese nach und nach aufisst?

Schritt für Schritt

Das ausgewählte Objekt wird auf den Boden des Glases gelegt und mit Reis, trockenen Erbsen oder anderen Körnern bedeckt. Schüttle die Dose auf und ab, wie im Bild gezeigt wird. Was passiert? Versuche, die Dose seitlich zu schütteln. Du kannst das auch mit den Nüssen probieren, bevor Du sie aufisst.

Einen Schritt weiter

1) Lege ein leichtes Objekt (z.B. ein Ping-Pong-Ball) auf den Boden des Gefäßes und bedecke es z.B. mit Reis oder Bohnen. Dann lege ein dichteres Objekt, z.B. einen Ball aus Holz oder Metall, oben so auf den Reis, dass er nicht direkt über dem leichten Ball liegt. Nun schüttle das Gefäß auf und ab. Was passiert mit beiden Bäl-

len? Beeindrucke Deine Freunde mit einer Vorführung dieses Tricks!

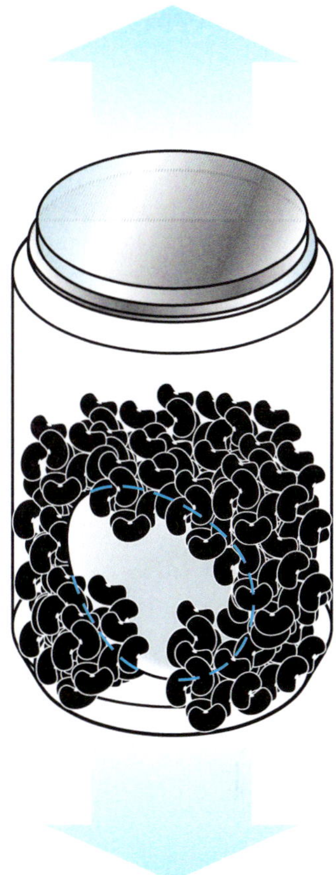

2) Fülle eine Flasche mit einer Handvoll Reis. Bohre in die Mitte der Flaschenverschlüsse ein Loch von ca. 1 cm Durchmesser. Nun schraube die Verschlüsse fest auf beide Flaschen. Säge den Boden des Filmdöschens so auf, dass Du einen Zylinder mit ungefähr 4 cm Höhe bekommst, und setze ihn auf den Verschluss der mit Reis gefüllten Flasche. Nun schraube die Verschlüsse fest auf jede Flasche. Stecke jetzt die leere Flasche in den anderen Teil der Filmdose und verbinde so die beiden Flaschen miteinander. Drehe die Flaschen um und danach schüttle sie auf und ab (s. Abb). Fließt der Reis in die untere Flasche? Mit der Klinge einer Schere vergrößere allmählich den Durchmesser der Löcher in beiden Verschlüssen und wiederhole das Experiment. Ab welcher Größe der Löcher beginnt der Reis nach unten zu fließen? Die zwei verbundenen Flaschen stellen ein Getreidelager dar, wo Körner gespeichert und danach heraustransportiert werden.

3) Drücke den dicken Stock in einen Eimer mit Sand, bis er nicht tiefer hineingeht. Nun drücke ständig den Stock in den Eimer, der gleichzeitig auf und ab geschüttelt wird. Geht der Stock einfacher in den Sand? Erhältst Du das gleiche Ergebnis, wenn Du den Eimer seitlich schüttelst? Um tiefer in den Sand zu kommen, musst Du für den Stock Platz schaffen. Welcher Weg ist der effektivste?

Wissenswertes

Granulate bestehen aus vielen kleinen festen Partikeln und sind überall zu finden (Sand, Salz, Zucker, Reis, Steine, Getreide, Zementpulver). Diese Materialien zeigen ein faszinierendes und komplexes Verhalten. Die auffälligste Eigenschaft granularer Materie ist, dass sie sich manchmal wie Feststoff verhält – beispielsweise können Steine auf Sand liegen, ohne einzusinken – und manchmal wie eine Flüssigkeit – so passt sich Sand der Form eines Gefäßes an und „fließt" beim

Kippen aus ihm heraus. Wenn Du das Gefäß auf und ab schüttelst, kann das größere Objekt („Eindringling“) entweder hochgehen oder absinken, abhängig von seiner Dichte. Die kleineren Objekten finden schnell den Weg zu dem Platz, der freigegeben wird, wenn sich der „Eindringling“ nach oben bewegt. Andere Faktoren wie Trägheit, Reibung und Kontaktkräfte beeinflussen das Verhalten der Granulate, was man mit unserem Experiment beobachtet kann. Noch komplexere Phänomene, wie die Entstehung von Mustern, Lawinen, Felsabstürze, Aglomerate, Sandhaufen und Korngrößentrennung beim Schüttvorgang, zeigen die Vielfältigkeit des Verhaltens von Granulaten. Diese Materialien werden in unterschiedlichen Industriebranchen verwendet, z.B. Bauwesen, Pharma- oder Lebensmittelindustrie, Bergbau sowie in der Landwirtschaft (Bodenbehandlung, Speichern, Behandlung und Transport von Getreiden).

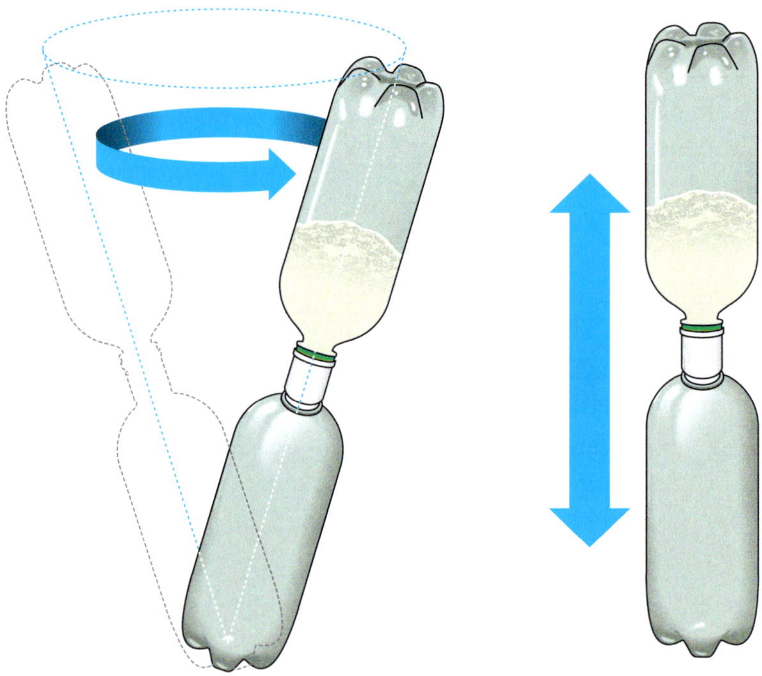

M 2.1

Material
- *durchsichtiges Trinkglas*
- *200-300 ml Glyzerin (in Apotheken erhältlich)*
- *kleine durchsichtige Glasflasche (z. B. von Sojasoße oder einem anderen Gewürz, die in das Trinkglas passt)*
- *Stück PVC-Rohr*
- *Brett*
- *Sekundenkleber*

2 | Spielereien mit Licht

2.1 Unsichtbares Glas

Wie kann man eine Flasche unsichtbar machen?

Schritt für Schritt

Fülle die kleine Flasche mit Glyzerin und schraube den Verschluss gut zu. Fülle das Trinkglas zu einem Viertel mit Glycerin. Jetzt die Flasche vorsichtig so in das Glas tauchen, dass ein Teil in der Flüssigkeit untertaucht. Was passiert mit diesem Teil? Warum?

Möglichkeit

Du kannst das PVC-Rohr mit Sekundenkleber auf dem Brett befestigen und als Halterung für das Glas benutzen, um zu verhindern, dass Glycerin verschüttet wird.

Wissenswertes

Jedermann weiß, dass ein Messer gekrümmt aussieht, wenn man es in ein Glas Wasser taucht. Natürlich ist das Messer außerhalb des Wassers nicht verbogen. Probier es selber aus! Das Licht,das von jedem Teil des Messers kommt, erreicht Dich auf dem kürzesten Wege. Licht ist sehr effizient!
In Wasser ist die Lichtgeschwindigkeit kleiner als in der Luft oder im Weltall. Du kannst das auch mit dem Brechungsindex ausdrücken, der das Verhältnis der Lichtgeschwindigkeit im Weltall zur Lichtgeschwindigkeit in transparenten Medien (wie Wasser oder Glas) angibt. Das Licht ist also besser dran, wenn es einen kürzeren Weg im Wasser nimmt, wo es langsamer ist, und einen längeren Weg in der Luft (Brechungsindex von ungefähr 1), wo es schneller ist. Wenn sich das Licht nicht an der Oberfläche brechen würde, wenn es aus dem Wasser kommt, wäre sein Weg im Wasser länger und der in der Luft kürzer. So würde das Licht länger brauchen, um Dich zu erreichen. Das Licht „zieht es also vor“, sich zu brechen. Dies zeigt, dass das Licht Wasser und Luft als unterschied-

liche Medien ansieht. Was kannst Du nun über Glycerin und Glas aussagen? Sehen sie für das Licht unterschiedlich aus? Sind ihre Brechungsindizes unterschiedlich oder gleich?

M 2.2	**Material**
	• *2 CDs* • *Pappe* • *Pappkarton* • *schwarzes mattes Tonpapier* • *Tesafilm* • *schwarzes Klebeband (Isolierband)* • *eine einfache Konvexlinse (Lupe)* • *ein glänzender Stift*

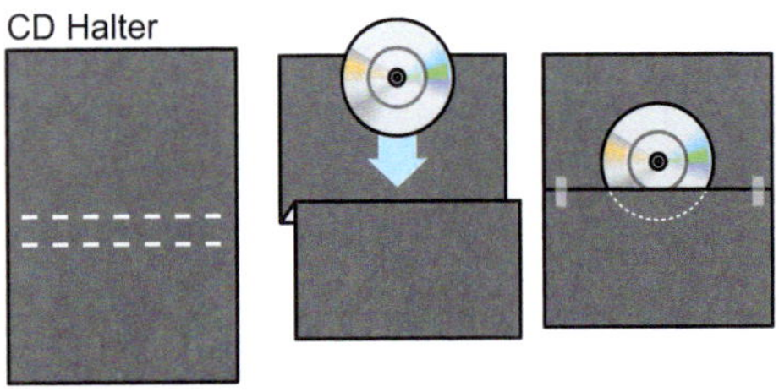

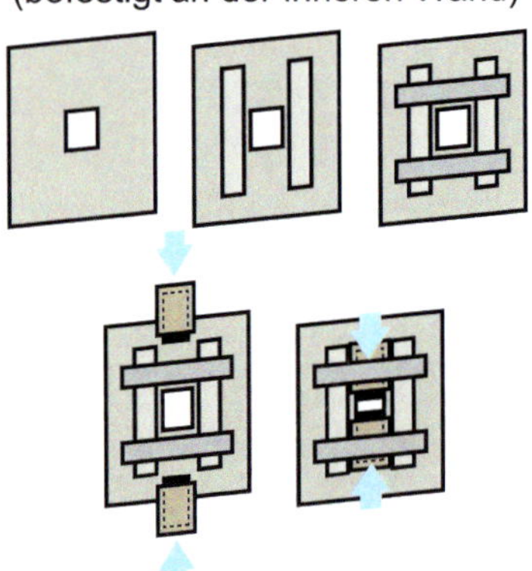

2.2 Zerlegen des Lichts in Regenbogenfarben

Oder eine Version des 21. Jahrhunderts von Newtons klassischen Experimenten. Verwende zwei CDs, um spezielle Regenbögen zu machen.

Schritt für Schritt

Falte ein Stück des Tonpapiers, um einen Halter für eine der CDs herzustellen, wie in der Abbildung gezeigt. Verwende Tesafilm, um die Faltung zu fixieren. Befestige den Halter an einem gekippten Brett (s. Abb.). Falls notwendig, verwende einen schweren Gegenstand, um das Brett am Wegrutschen zu hindern. Schneide ein Loch (2,5 x 2,5 cm) in die Mitte des Bodens des Pappkartons. Bastle eine Öffnung mit regulierbarem Verschluss, indem Du zwei senkrechte Pappstreifen rechts und links neben das Loch klebst und darauf zwei waagerechte Pappstreifen klebst (s. Abb.). Schneide aus dem schwarzen Tonpapier zwei passende Stücke, die hinter die waagerechten Pappstreifen geschoben werden und die Fensteröffnung regulieren. Kleide das Innere des Kartons mit Tonpapier aus. Positioniere das Brett mit dem CD-Halter und den Karton so, dass eine bestimmte Farbe den Verschluss trifft. Verkleinere oder vergrößere die Öffnung des Verschlusses, um zu wählen, wie viel Licht durchgelassen wird. Versuche mit einer zweiten CD die ausgewählte Farbe im Karton (s. Abb.) weiter zu zerlegen; benutze dazu ein weißes Blatt Papier als Schirm. Kannst Du das Licht weiter zerlegen? Hatte Newton Recht?

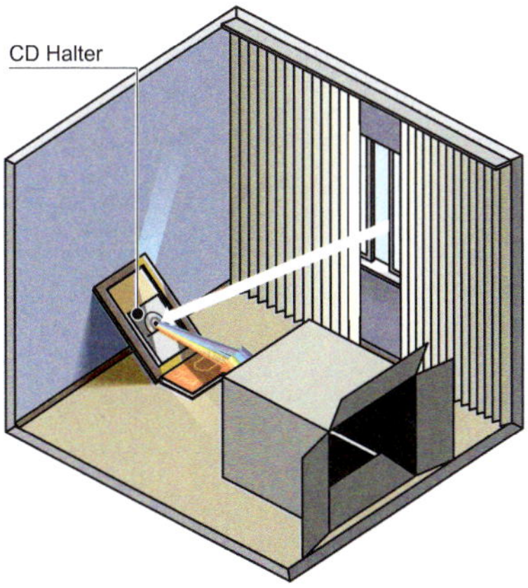

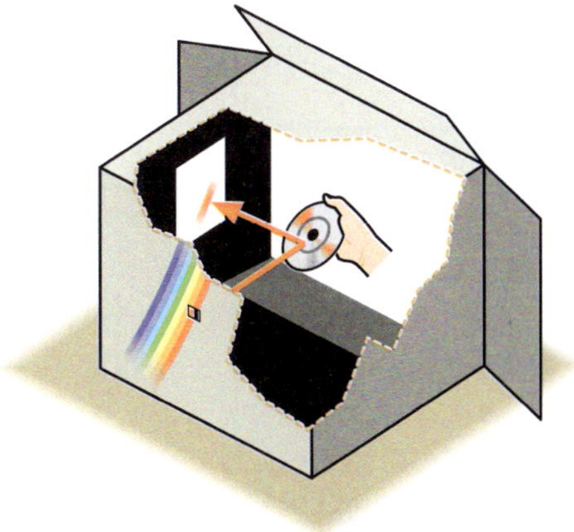

Einen Schritt weiter

Baue ein weißes Blatt Papier (Deinen weißen Schirm) dort auf den Karton, wo sich der Regenbogen bildet. Versuche, alle Farben mit der Linse einzufangen. Um die Größe des Regenbogens zu verkleinern, bewege den Karton in Richtung CD-Halter. Ändere den Abstand zwischen der Linse und dem weißen Papier, bis Du einen hellen Punkt auf dem Papier bekommst. Den Abstand nennt man Brennweite. Du musst eventuell auch die Neigung der Linse bezüglich des Schirms ändern. Kannst Du mit der Linse alle Farben wieder zusammenführen? Vergleiche Deine Ergebnisse mit dem Lichtpunkt, den Du erhältst, wenn Du das Sonnenlicht direkt auf einem weißen Blatt Papier fokussierst. Benutze die Linse um zu untersuchen, ob alle Farben des Regenbogens, die auf den Schirm projiziert werden, die gleiche Brennweite haben. Male mit dem leuchtenden Stift ein Bild auf Deine Hand. Wähle eine Farbe, die durch den Verschluss kommen soll. Welche Farbe lässt das Bild auf Deiner Hand am besten leuchten?

Achtung
Das Fokussieren von Sonnenstrahlen auf einem weißen Blatt Papier kann Feuer hervorrufen. Probiere das Experiment vorsichtig und nur für kurze Zeiten.

Noch einen Schritt weiter:
Ein CD-(Reflektions-) Spektrometer
Schritt für Schritt

Baue eine Kiste mit schwarzen Innenwänden, die aus drei Teilen (A, B und C) mit den Längen von ca. 10,5 cm, 5,5 cm und 8,5 cm besteht, indem Du der Abbildung (S. 108) folgst. Die gestrichelten Linien in der Illustration zeigen, wo der Karton gefaltet werden sollte, um die dreiteilige Kiste herzustellen; die durchgezogenen Linien zeigen, wo der Karton geschnitten werden sollte. Klebe das Stück der CD oder

Material | **M 2.2**

- *ein Stück einer CD oder DVD (aussortiert), ungefähr 2 x 2,5 cm groß*
- *ein schwarzes, mattes Stück Pappe oder festes Tonpapier (ungefähr 17,5 x 26 cm)*
- *Kleber*

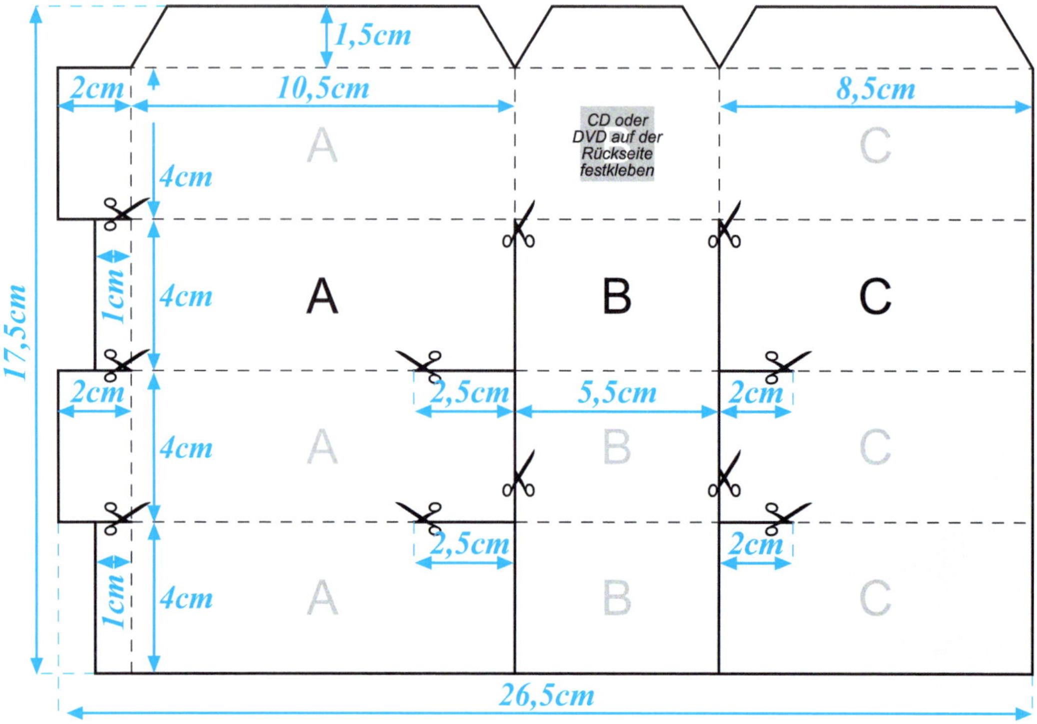

DVD auf den Boden des Teils B (innere Wand der Kiste) genau in die Mitte, mit dem verspiegelten Teil nach oben. Der Schlitz am Ende von A sollte ungefähr 1-2 mm breit und 2,5 cm lang sein. Falls notwendig, klebe ein Stück schwarze, matte Pappe auf den Boden von A, um die Breite des Schlitzes zu justieren. Passe wie abgebildet B so in C ein, dass der Winkel zwischen diesen beiden Stücken ungefähr 135° beträgt, und klebe beide mit Kleber zusammen, um ein festes Teil (B+C) zu erhalten. Passe nun das Teil B+C in das Teil A ein, wie abgebildet (nicht festkleben). Du kannst die Faltung zwischen Teil A und Teil B mit Tesafilm verstärken, weil sie leicht kaputtgehen kann. Um Dein Spektrometer zu testen, musst Du Teil A mit einer Hand festhalten und den Schlitz auf eine Lichtquelle (beispielsweise auf eine Straßenlampe, eine Blitzlampe oder ein fluoreszierendes Licht) ausrichten und mit der anderen Hand das Teil B+C festhalten. Durch das Verändern des Winkels zwischen B+C und A holst Du alles aus Deinem Spektrometer heraus. Untersuche unterschiedliche Lichtquellen und entdecke ihre Unterschiede.

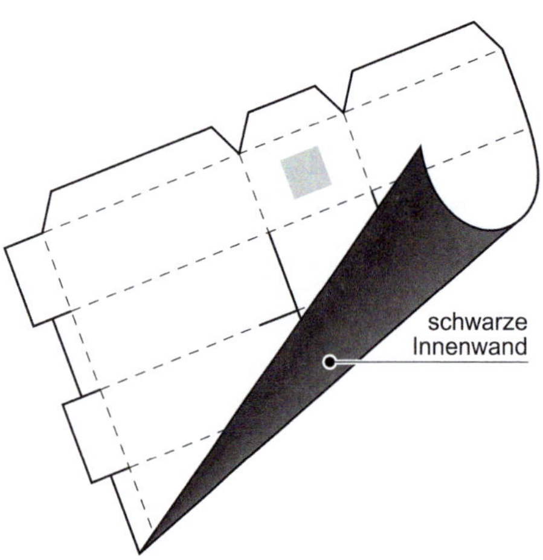

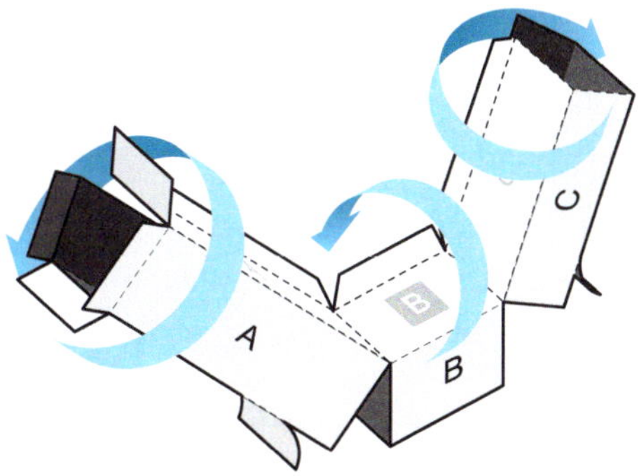

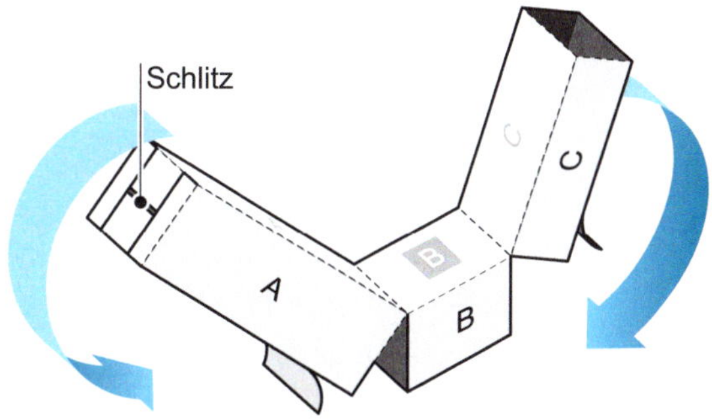

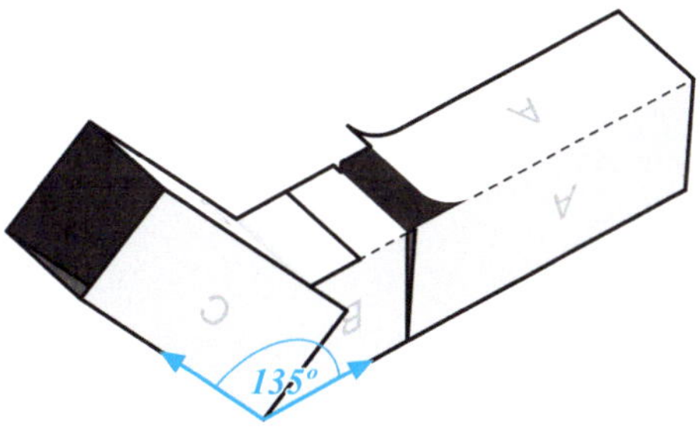

Achtung
Richte Dein Spektrometer niemals direkt in die Sonne oder in Laserlicht. Intensive Lichtquellen können dauerhaften Schaden an Deiner Netzhaut im Auge anrichten. Für jüngere Kinder ist die Aufsicht von Erwachsenen angeraten.

Wissenswertes

Eine CD ist nur ein Stück Plastik, das ungefähr 1,2 mm dick ist. Sie hat eine einzige spiralförmige Datenspur, die sich kreisförmig von innen nach außen zieht. Der Abstand zwischen den einzelnen Windungen dieser Datenspur beträgt nur 1,6 Mikrometer, ist also etwa 50 mal kleiner als der Durchmesser des menschlichen Haars. Die gesamte Spur hat mikroskopisch kleine Beulen, die 0,5 Mikrometer breit, mindestens 0,83 Mikrometer lang und 125 Nanometer hoch sind. Ein Nanometer ist ein Milliardstel eines Meters. Der winzige Abstand zwischen den Spurwindungen einer CD ist ausschlaggebend für das Experiment. Wenn Licht eine Kante oder einen Spalt passiert, wird es gebogen. Dies wird Beugung genannt und ist abhängig von der Wellennatur des Lichts (siehe das Experiment „Neue Entdeckungen mit Polarisationsfiltern“ , S. 135). Wenn die Dimensionen eines Hindernisses vergleichbar mit der Wellenlänge des einfallenden Lichts sind, wie es bei einer CD der Fall ist, wird die von Spiegeln bekannte Reflektion durch die Streuung des Lichts am Hindernis ersetzt. Verantwortlich dafür ist die Beugung (siehe auch das Experiment „Auto- oder Fernseherbedienung?“, S. 279). Du kannst das testen, indem Du die CD durch einen normalen Spiegel ersetzt. Wenn das Sonnenlicht die CD trifft, wird es durch die sehr feinen Spiralen in verschiedene Richtungen gestreut; dadurch wird der Regenbogen auf der Kartonseite gebildet. Man kann eine CD als Superprisma ansehen. Auf dem Markt wird es demnächst neue CDs mit mehr Spiralwindungen für eine größere Datenmenge geben. Ändern diese neuen CDs irgendetwas an den vorangegangenen Experimenten?

Linsen und der Brechungsindex (Dispersion)
Eine normale Konvexlinse ist gedacht, um das auftreffende Licht auf einem Schirm zu fokussieren, indem man die Linse in einem bestimmten Abstand von dem Schirm hält (z.B. ein weißes Blatt Papier). Wenn der Brechungsindex der Linse derselbe für alle Farben des Sonnenlichts wäre, würden sie alle auf dieselbe Stelle des Schirms fokussiert werden. Dies würde bedeuten, dass die Gesamtzeit für jeden einfallenden Strahl, in der er die Linse passiert und die Strecke durch die Luft zum Schirm zurücklegt, für alle Farben dieselbe wäre. Dies würde auch bedeuten, dass der Brechungsindex für alle Farben derselbe wäre. Ist das wahr oder falsch? Probiere es selber aus! Beachte die Reflektion in einem normalen flachen Spiegel. Werden alle Farben auf dieselbe Weise reflektiert, oder gibt es irgendwelche Dispersion?

Hinweis
Newton entwickelte ein neues Teleskop, indem er eine Linse durch einen gekrümmten Spiegel ersetzte. Gibt es dabei irgendeinen Vorteil? Du kannst Dir einen gekrümmten Spiegel als eine Ansammlung von winzigen flachen Spiegeln vorstellen.

Das Licht, das Newton nie gesehen hat.
Die Farbe eines Leuchtstifts produziert einen netten Effekt, der Fluoreszenz genannt wird. Wenn Du das Bild auf Deiner Hand in einem dunklen Raum mit ultraviolettem (UV) Licht beleuchtest, welches nicht sichtbar ist, sendet die Tinte sichtbares Licht auf bemerkenswerte Weise aus. Die UV-Komponenten kommen nach Violett, der höchsten Frequenz des sichtbaren Lichts. Sei darauf vorbereitet, etwas Einzigartiges auszuprobieren.

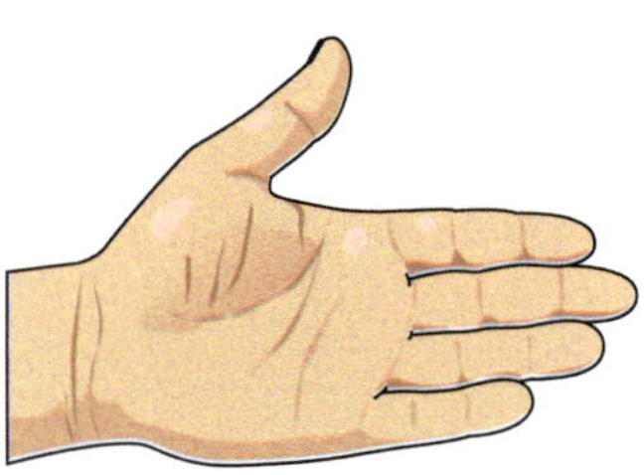

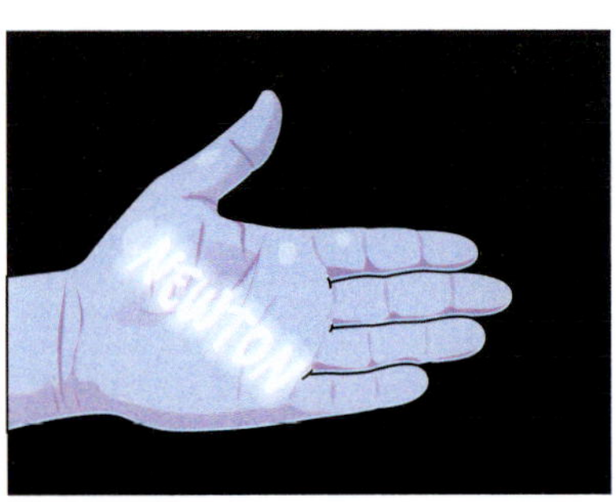

Material	M 2.3
• *Plastikmaske (z. B. Karnevalsmaske)* • *Lichtquelle (z. B. Taschenlampe)*	

2.3 Das Wahrnehmungsvermögen fördern

Unsere optische Wahrnehmung der Welt um uns herum vertraut auf die Reaktion unserer Augen auf Licht und darauf, wie unser Gehirn die Strukturen, die wir sehen, interpretiert. Lass uns unsere Augen testen.

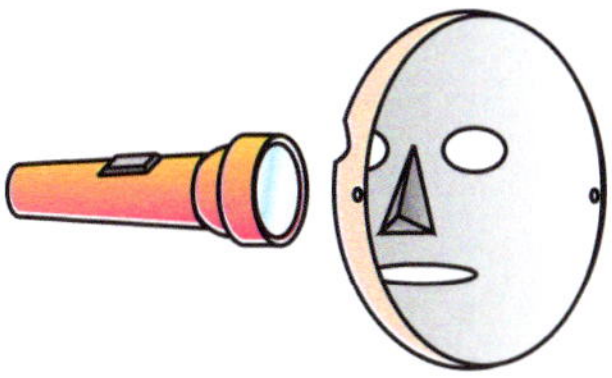

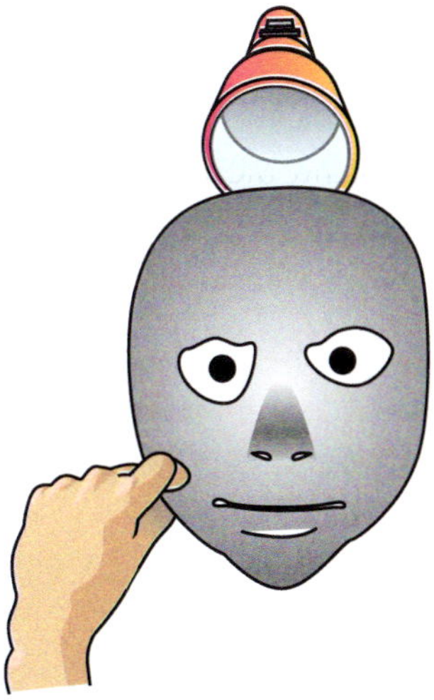

A. Lebende Masken

Schritt für Schritt

Zeichne auf zwei kleine Papierstücke jeweils einen schwarzen Kreis für jedes Auge (die Pupille). Klebe die Augen auf die Vorderseite der Maske so, wie die Abbildung zeigt. Beleuchte die Maske mit einer Lichtquelle (Taschenlampe oder Sonnenlicht) so, dass die Rückseite der Maske zu Dir gerichtet ist (s. Abb.). Tritt von der Maske zurück und betrachte ihre Augen. Beobachte auch, was passiert, wenn Du vor der Maske langsam nach rechts und links gehst.

B. Frankenstein

Wie wäre es mit einer rotierenden Maske?

Schritt für Schritt

Material	M 2.3
• *Plastikmaske* • *Gummibänder* • *Büroklammern*	

Mache oben und unten in die Maske zwei Löcher. Ziehe jeweils ein Ende eines Gummibandes durch die Löcher und verbinde es mit der Büroklammer. Halte die freien Enden der Gummibänder in Deinen Händen. Bitte jemanden, die Maske so zu drehen, dass die zwei Gummibänder sehr stark aufgedreht werden. Dann lasse die Maske los und schau, was passiert. Jetzt könntest Du mit einem Marker witzige Ergänzungen in den hohlen Teil der Maske malen, um sie nicht mehr gesichtsähnlich aussehen zu lassen. Kannst Du neue Frankensteins kreieren?

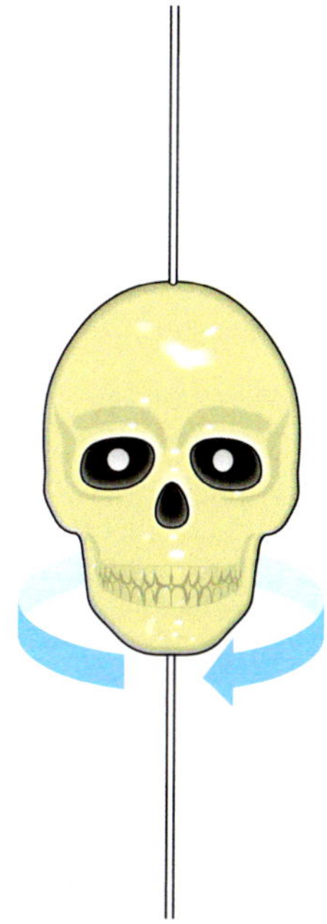

Wissenswertes

Unsere zwei Augen ermöglichen uns, Gegenstände in drei Dimensionen zu sehen. Unsere Tiefenwahrnehmung ist, bedingt durch unsere Erfahrung mit den Eigenschaften eines Gesichts, herausstehend, nicht ausgehöhlt. Das Bild springt heraus, wenn Du die Rückseite der Maske anschaust, auch weil es Bereiche in der Maske gibt, die mehr oder weniger beleuchtet sind. Wenn Du Dich seitlich bewegst, ändern sich die Muster von Licht und Schatten, die Du siehst. Dies erzeugt den Eindruck, dass die Maske Dir folgt.

M 2.3	**Material**
	• *farbiges Tonpapier* • *Buntstifte oder Filzstifte* • *2 Lineale*

C. Biegen paralleler Linien

Parallele Linien schneiden sich nie. Teste die Wahrheit dieser famosen Aussage.

Schritt für Schritt

Auf die farbige Pappe werden verschiedene parallele Linien mit gleichem Abstand gemalt. Die geraden Linien werden als Referenz genommen und bunte Quadrate wie auf der Abbildung gemalt. Nun beobachte, was mit den Linien passiert, wen Du Dich vom Bild entfernst.

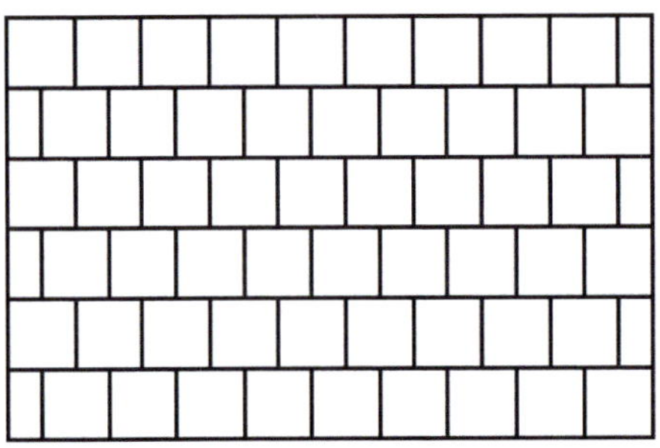

Wissenwertes

Zeilen aus hellen und dunklen Bestandteilen scheinen keilförmig, abhängig von der Helligkeit des „Mörtels“ zwischen den Teilen. Die Größe der Teile spielt auch eine Rolle – wenn sie zu groß sind, dann musst Du einen Schritt zurück machen und aus einer bestimmten Entfernung gucken, um den Trick zu erkennen. Teste es selbst! Die optische Täuschung gibt uns Hinweise darauf, wie wir Kanten sehen.

D. Schwarz auf Weiß (Scheibe von Behnam)

Schrumpfende Dinge, Newtons Scheibe und das verrückte Rouletterad. Du kannst Chemie mit Farben machen.

Schritt für Schritt

Es wird der Versuchsaufbau von der „Abflachung der Erde an den Polen" (S. 31) verwendet, ohne die „Erde" und ihre „Achse" (Draht). Die „Achse" wird durch eine

Material M 2.3
- *Kopien der Modelle im Anhang*
- *Pappe*
- *grobe Kordel*
- *Schrauben*
- *Sekundenkleber*
- *Büroklammern oder Tesafilm*
- *Bleistift oder Tischtennisball*

Schraube ersetzt. Klebe mit Kreppband eine Kopie des ausgewählten Modells auf die kleine Scheibe. Im Falle, dass die Scheibe von Behnam (Modell A) verwendet wird und in dem Experiment „Schrumpfende Dinge" (Modell B) sollte die Drehgeschwindigkeit der Scheibe vermindert werden. In letzterem Experiment solltest Du einige Sekunden auf die Scheibe und dann sofort auf die eigenen Handflächen schauen. Scheinen sie zu schrumpfen?

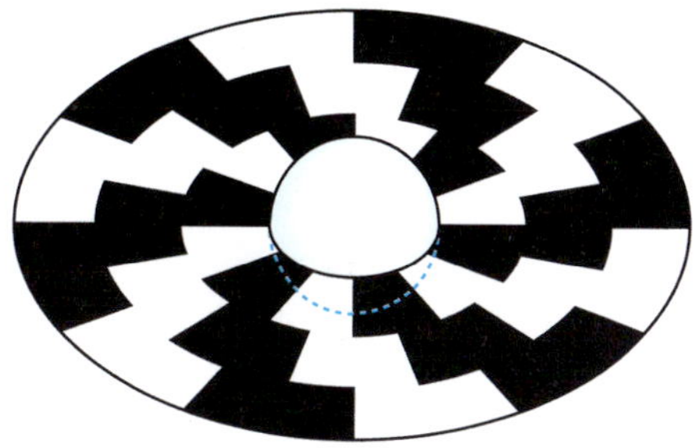

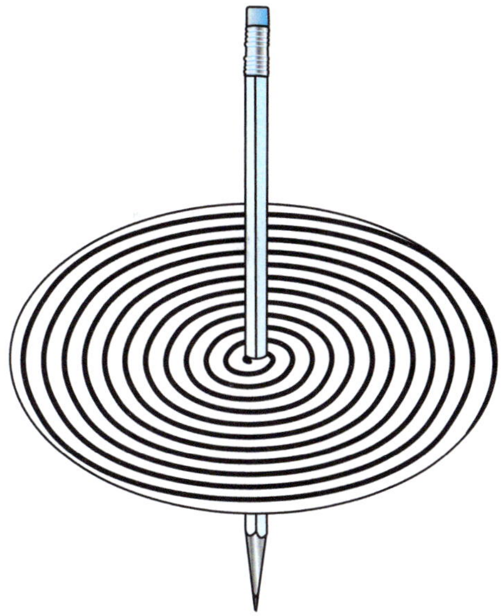

Alternative

Schneide eine Pappscheibe in Größe der verschiedenen Modelle aus. Befestige jeweils eins der Modelle mit Kreppband oder Clipsen darauf. Bohre in die Mitte der Scheibe ein Loch und stecke eine grobe Kordel hindurch. Mache ans Ende der Kordel einen Knoten, der größer als das Loch ist. Halte das Ende der Kordel fest und drehe die Scheibe mit der Hand, bis sich die Schnur stark verdreht hat. Jetzt lässt Du die Scheibe los und schaust auf das sich drehende Bild. Ab hier folge den Schritten des vorhergegangen Experiments. Du kannst zusätzlich einen Stift oder einen Tischtennisball im Zentrum der Scheibe befestigen und das Ganze wie einen Kreisel drehen (s. Abb.).

Schwarze und weiße Farben (Modell A)

Dieses sich drehende schwarze und weiße Modell stimuliert die Farbrezeptorzellen in Deinem Auge auf eine sehr eigenartige Art, so dass Du Farben siehst, wenn Du eine Weile auf das Modell geschaut hast. Diese optische Täuschung könnte von den verschiedenen Reaktionen der Rezeptoren in Deinen Augen abhängen. Die Farben variieren über die Scheibe, weil die schwarzen Bögen an den verschiedenen radialen Positionen der Scheibe unterschiedlich lang sind, so dass die Wiederholungsrate, die sie auf der Retina produzieren, auch unterschiedlich ist. Kehre die Drehrichtung um und vergleiche die Farbanordnung, die Du siehst. Versuche auch, die Rotationsgeschwindigkeit zu variieren und vergleiche die Ergebnisse mit Deinen

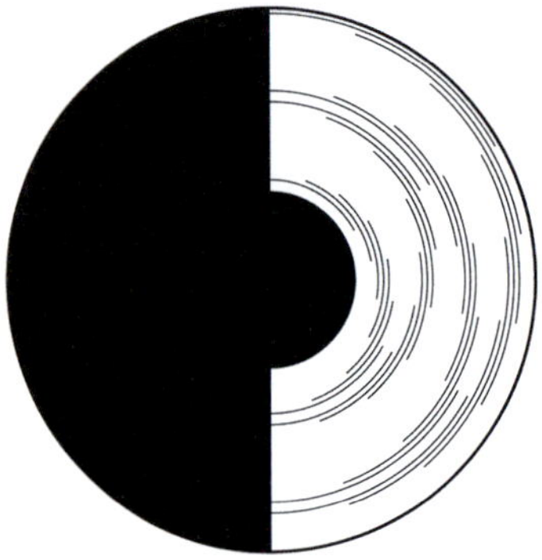

Modell A

Modell B

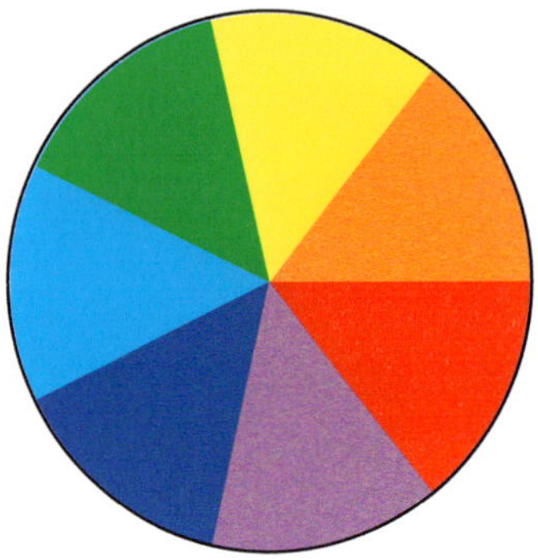

Modell C

Modell D

anfänglichen Beobachtungen. Was passiert, wenn Du die Dicke der Bögen änderst? Besteht die Täuschung dann weiterhin?

Drehende Spirale (Modell B)

Wenn Du auf ein sich bewegendes Modell starrst, gewöhnen sich Deine Augen und Dein Gehirn daran, Bewegung zu sehen. Wenn Du auf Deine still stehende Hand guckst, sehen Deine Augen eine Bewegung in der entgegengesetzten Richtung. Kehre die Rotationsrichtung der Scheibe um. Nachdem Du eine Weile auf die Scheibe gestarrt hast, schaue wieder auf Deine Hand. Was siehst Du jetzt? Was würde passieren, wenn Du auf zwei Scheiben starren würdest, die sich in entgegengesetzten Richtungen drehen?

Scheibe, die Weiß aus einem Regenbogen macht (Newtonscheibe, Modell C)

Unser Auge kann einzelne Bilder nur dann voneinander unterscheiden, wenn die Zeitintervalle zwischen zwei aufeinander folgenden Bildern größer ist als ein bestimmter Wert. Wenn eine Folge von Bildern sehr schnell gezeigt wird, wie in einem Film, können wir nicht jedes einzelne Bild identifizieren. Wenn sich also die Scheibe mit den Farbsektoren dreht, vermischen sich die Farben im Auge und produzieren die Farbe Weiß. Die unterschiedlichen Reaktionen der unterschiedlichen Rezeptoren in unseren Augen könnten der Grund für die Farbwahl und die Größe der Sektoren in der Newtonscheibe sein. Ändere die Reihenfolge oder die Größe der Sektoren und untersuche, ob die Newtonscheibe immer noch Weiß produziert, wenn Du sie sich drehen lässt.

Das verrückte Roulette-Rad
(Modell D)
Es handelt sich hier nur um eine verbogene Version der parallelen Linien aus hellen und dunklen Flächen, die keilförmig erscheinen (siehe weiter oben „Biegen paralleler Linien"). Wie ist es mit dem Erfinden weiterer Modelle, die auch optische Täuschungen erzeugen? Du kannst beginnen, indem Du einige der Eigenschaften der obigen Modelle veränderst und siehst, ob etwas Neues entsteht.

Wissenwertes
Jedes Auge hat kleine Lichtrezeptoren, Stäbchen und Zäpfchen genannt. Jeder Rezeptor ist sehr spezialisiert. Stäbchen können nur Unterschiede in Helligkeit und Dunkelheit unterscheiden und sind wesentlich lichtempfindlicher als Zäpfchen, die für die Farberkennung zuständig sind. Wenn Du ein Objekt direkt ansiehst, fällt das Licht, das in Dein Auge gelangt, auf einen Bereich, der überwiegend aus weniger empfindlichen Zäpfchen gebildet wird. Einige dieser Zäpfchentypen sprechen schneller an; andere brauchen mehr Zeit, um anzusprechen. Wenn Du neben etwas schwach Leuchtendes schaust, dann kannst Du es besser sehen, weil das Licht dieses Objektes auf einen Bereich der Retina (auf der Rückseite des Auges) fällt, der mehr Stäbchen besitzt. Jedes sich drehende Modell produziert eine spezielle optische Täuschung.

2.4 Moiré-Muster

Wie man neue Bilder mittels Spiegel, grob gewebtem Stoff oder Kamm entdecken kann.

Material	**M 2.4**
• *Planspiegel* • *Seide oder feines Gitter aus Plastik oder Stoff oder ein Sieb oder ein Kamm*	

Schritt für Schritt
Bringe das Gitter ganz nah an den Spiegel und beobachte, was passiert. Variiere zuerst den Abstand zwischen Gitter und Spiegel und anschließend den Abstand

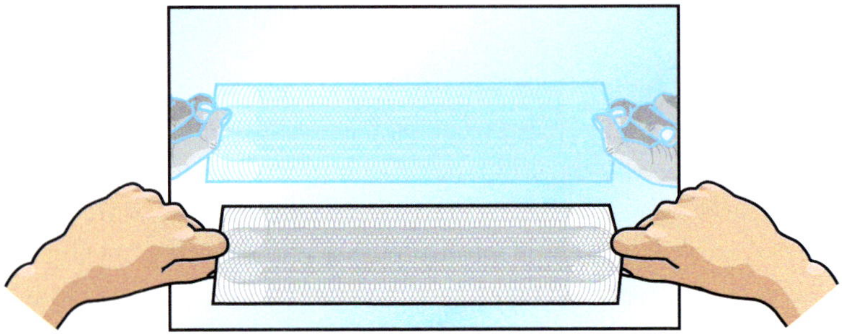

zwischen Beobachter und Spiegel. Falls ein Kamm vorhanden ist, wiederhole das Experiment damit.

Alternative

Falte ein Stück Seide. Bewege dann den obenliegenden Stoffteil über dem darunterliegenden mit den Fingern hin und her. Was für ein Bild sieht man?

Zwei Schritte weiter

A. Gedehnte Seide

Dehne ein Stück Seide (ein Kleidungsstück oder Ähnliches genügt) und halte es gegen Deinen Computermonitor oder gegen den Fernsehbildschirm. Beobachte, was passiert. Kannst Du das erklären?

B. Verwickelte Linien

Zeichne mit einem Zeichenprogramm ineinander verwickelte Linien auf Deinen PC-Bildschirm. Nun lass Deine Zeichnung mit Hilfe der Zoom-Out-Funktion schrumpfen, so dass sie allmählich kleiner wird. Was passiert und warum passiert es?

Wissenswertes

Wenn Du zwei regelmäßige Muster versetzt zueinander überlagerst, verstärken sich die beiden Muster gegenseitig in Deinen Augen und es entsteht dadurch ein Kontrast. Nimm nun eine Lupe und untersuche den Bildschirm Deines Computers. Ein weißer Bildschirm ist ideal. Du kannst eine durchsichtige, mit Wasser gefüllte Plastikflasche als Lupe benutzen. Was siehst Du? Gibt es ein zartes Gitter, das in der weißen Oberfläche verborgen ist? Wenn du ein Stück Seide über den Bildschirm spannst, kannst Du leicht demonstrieren, dass das Überlagern zweier sich wiederholender Muster sehr gut ihre Unterschiede vergrößert. Gilt das Gleiche für Dein geschrumpftes Muster, das Du auf Deinem Monitor gemalt hast? Moiré-Muster sind überall zu finden. Sie warten förmlich darauf, von Dir entdeckt zu werden.

2.5 Linsen aus Luft und Wasser

Du kannst Deine eigenen Linsen herstellen und die Welt mit anderen Augen betrachten.

Material	M 2.5
• *durchsichtige Plastikflasche mit Schraubverschluss* • *Trinkglas* • *Wasser*	

A. Zylindrische Linse

Schritt für Schritt

Fülle die Plastikflasche mit Wasser und schraube den Verschluss gut zu. Das ist die Linse. Schreibe auf ein Blatt Papier die Worte EICHE und WARUM. Beobachte jetzt, was passiert, wenn die Linse vor die Worte gehalten und immer mehr vom Papier entfernt wird. Du kannst die Linse vor einen Fernsehschirm oder Computer halten. Was beobachtest Du? Projiziere in einem dunklen Raum das Licht einer Taschenlampe an die Wand. Halte jetzt die Taschenlampe an die Linse und beobachte, was passiert. Halte einen Finger nach oben zeigend hinter ein gefülltes Wasserglas (zylindrische Linse) und beobachte, was mit ihm passiert.
Du kannst den Ball oder Korken des Beschleunigungsmessers (S. 96) mit einem anderen gleichen Korken oder Ball außerhalb des Wasserbehälters vergleichen.

Bemerkung

Wenn Du den mit Wasser gefüllten Ballon über Nacht im Trichter lässt, wird der Teil des Ballons, der nicht in Kontakt mit dem Trichter steht, undurchsichtig. Warum?! Wie kannst Du Deine Lupe wieder transparent machen?

B. Lupe aus einem Luftballon

Material	M 2.5
• *ein durchsichtiger Ballon (kleine Größe)* • *eine 500-750 ml Plastikflasche* • *ein Stück eines runden Holzdübels (hölzerner Besenstiel), ungefähr 2,5 cm Durchmesser und 10-12 cm lang* • *ein kleiner Schraubhaken* • *Tesafilm* • *Wasser*	

Schritt für Schritt

Zerschneide die Plastikflasche, um aus ihr einen Trichter zu machen. Befestige den Haken an einem Ende des hölzernen Dübels genau in der Mitte. Schiebe die Öffnung des Ballons über einen Wasserhahn und fülle ihn mit Wasser. Pass auf, dass die Ballonwände dabei nicht zu sehr gedehnt werden. Drehe den Hals des Ballons und verknote ihn, so dass das Wasser nicht entweichen kann. Stecke den verknoteten Hals des Ballons in den Trichter. Greife mit einer langen Zange den verknoteten Hals des Ballons. Ziehe den Hals durch den Trichter und befestige ihn am Schraubhaken (s. Abb.). Stecke den Dübel in den Flaschenhals, um einen Griff zu bekommen. Falls notwendig, reduziere den Durchmesser des Dübels mit einer flachen Feile, bis er in den Flaschenhals passt. Achte darauf, dass die Verbindung fest ist. Klebe den

Ballon mit Tesafilm am Trichter fest. Dein einzigartiges Vergrößerungsglas ist fertig. Bewege es dicht vor einem Computerbildschirm, vor Deiner Haut und anderen unterschiedlichen Objekten, um eine neue Welt zu entdecken.

Bemerkung

Wenn Du den mit Wasser gefüllten Ballon über Nacht im Trichter lässt, wird der Teil des Ballons, der nicht in Kontakt mit dem Trichter steht, undurchsichtig. (Warum?!) Wie kannst Du Deine Lupe wieder transparent machen?

Zwei Schritte weiter

A) Fülle in durchsichtige Ballons unterschiedlicher Größe unterschiedliche Wasservolumina, um unterschiedliche Linsen zu bekommen. Kannst Du es schaffen, das Sonnenlicht mit diesen Linsen zu fokussieren? Kannst Du Feuer mit Wasser erzeugen?

B) Du kannst einen mit Wasser gefüllten Ballon verwenden, um zu illustrieren, wie das menschliche Auge funktioniert. Kurzsichtigkeit und Astigmatismus, die mit der Verformung des Auges zu tun haben, können damit simuliert werden.

C . Sphärische Linse aus einer Glühlampe (Sammellinse)

Schritt für Schritt

Entferne vorsichtig die Glashalterung aus dem Inneren einer Glühlampe, indem Du den genauen Bildanweisungen folgst. Fasse die Glühlampe mit einem dicken Tuch oder Handschuhen an, um Verletzungen zu vermeiden, falls das Glas bricht. Erhitze mit Hilfe einer Flamme (Gasherd, Kerzenflamme) das eine Ende des PVC-

Rohres vorsichtig, um es aufzuweichen, wie auf S. 120 abgebildet. Damit sich das Rohr gleichmäßig erhitzt, wird es gedreht. Schiebe vorsichtig die Metallhalterung der Glühlampe in das Rohr, bis sie fest sitzt. Tauche die Glaslampe mitsamt PVC Rohr in ein Gefäß mit Wasser, bis alles mit Wasser gefüllt ist. Das PVC-Rohr wird nun mit einem Weinkorken verschlossen. Falls der Korken nicht dick genug ist, wird er mit Kreppband umwickelt und so die Abdichtung verbessert. Jetzt ist die sphärische Linse fertig. Um sie zu testen, kannst Du das Sonnenlicht auf einem Papier fokussieren. Du kannst nun Dinge und Personen mit der Linse beobachten und schauen, was passiert, wenn Du die Linse dem Auge näherst oder von ihm entfernst.

Alternative 1

Schneide die Plastikflasche so auf, dass ein Trichter entsteht. Erhitze das freie Ende des PVC-Rohres mit dem Glühlampenaufsatz an einer Flamme und befestige es am Flaschenhals. Mit einem scharfen Stilett oder Messer wird der Trichter in der Nähe des Flaschenhalses abgeschnitten. Fülle die Lampe und das Rohr mit Wasser und schraube dann den Flaschenverschluss zu. Falls nötig, verwende Sekundenkleber, um eventuelle Lecks abzudichten.

Alternative 2

Fülle ein Weinglas mit Wasser und beobachte dann den Finger oder ein anderes Objekt dahinter. Versuche das Licht einer Taschenlampe durch das Weinglas zu fokussieren, das sich dicht vor einer Wand befindet. Wie wäre es, dies mit dem Sonnenlicht auszuprobieren?

Material | **M 2.5**

- *durchsichtige Plastikflasche mit Schraubverschluss*
- *alte Glühlampe*
- *starres PVC-Rohr von 10 cm Länge und 3/4 Zoll Durchmesser*
- *Weinkorken*
- *Wasser*
- *Sekundenkleber*
- *Taschenlampe*

Achtung

Dieses Experiment benötigt die Hilfe eines Erwachsenen!

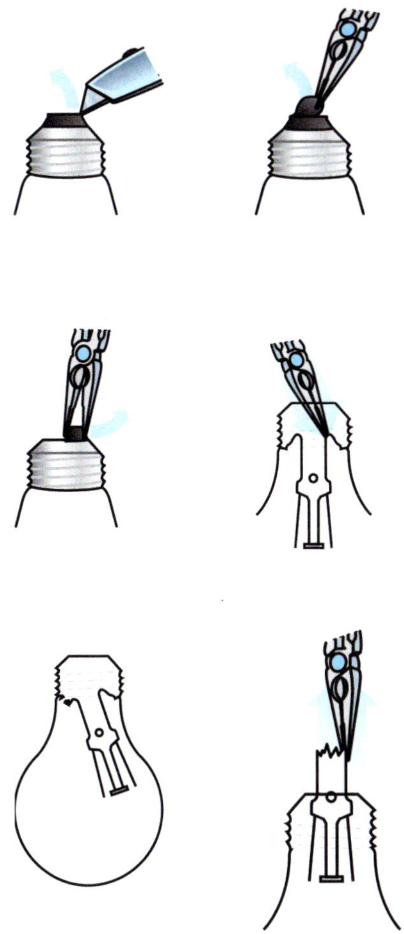

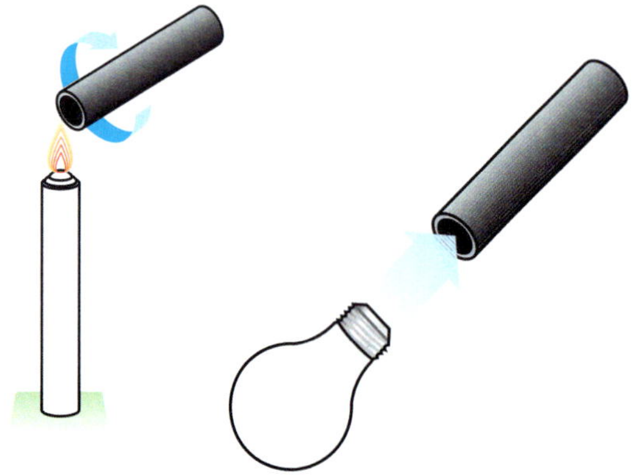

Alternative 3
Fülle einen durchsichtigen Plastikbeutel mit Wasser und verknote ihn oben gut zu oder binde ihn zu. Fertig ist die Linse. Wiederhole die oben vorgeschlagenen Experimente damit.

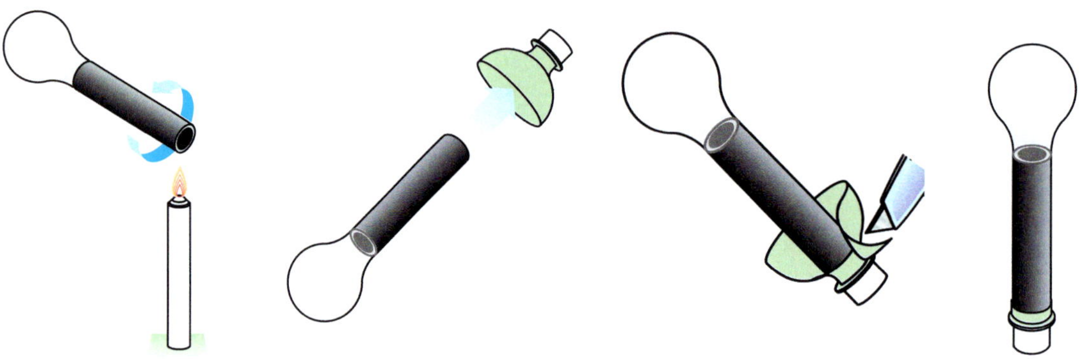

Alternative 4 (Zerstreuungslinse)
Fülle einen Plastikbeutel mit Luft und binde ihn so zu, dass die Luft nicht entweichen kann. Diese Linse kannst Du beim Tauchen unter Wasser ausprobieren. Was siehst Du nun durch die Linse? Wenn Du kurzsichtig bist, geht es umso besser. Taucherbrillen zeigen den gleichen Effekt.

Wissenswertes
Linsen basieren auf dem Effekt, dass Licht „gebogen“ wird, wenn es die Grenze zwischen zwei durchsichtigen Bereichen passiert, in denen unterschiedliche Lichtgeschwindigkeiten erreicht werden (wie beispielsweise Luft und Glas oder Luft und Wasser (siehe das Experiment „unsichtbares Glas“). Um parallele Lichtstrahlen, die von einer entfernten Lichtquelle kommen (z.B. von der Sonne oder einem anderen Stern), in einem Punkt zu fokussieren (dem Brennpunkt der Linse), muss die Oberfläche der Linse rund sein. Eine flache Oberfläche würde auf alle Lichtstrahlen auf dieselbe Weise wirken, so dass die Strahlen weiterhin parallel wären und sich nicht treffen würden. Eine zylindrische Linse (eine Seite gebogen,

eine Seite flach) ist ein Spezialfall, weil sie die Rundheit und die Flachheit entlang der Achse der Linse miteinander kombiniert. Wie beeinflusst diese Kombination das Bild? Neben der Krümmung definieren die Brechungsindizes der Linse und der Umgebung die Eigenschaften der Linse. Vergleiche eine transparente mit Wasser gefüllte Plastikflasche in der Luft mit einer mit Luft gefüllten (also leeren) Plastikflasche, die in Wasser getaucht ist. Vergleiche ebenso die Linse, die Du aus einer Glühlampe gebaut hast mit Wasser gefüllt in Luft und leer in Wasser (siehe auch das Experiment „Erforschung des Laserstrahls" Abschnitt G).

2.6 Licht am Ende des Tunnels

Es gibt Licht am Ende des Tunnels.
Du musst nur wissen, wie Du es sehen kannst.

Material	M 2.6
• *flacher Spiegel* • *schwarzes mattes Tonpapier* • *Tesafilm* • *Taschenlampe*	
Hinweis *Decke den Spiegel mit einem Blatt Papier zu. Dabei kannst Du die Funktion der Wandfarbe bei der Beleuchtung von Räumen entdecken (diffuse Reflexion).*	

Schritt für Schritt

Bastle zwei miteinander verbundene Rohre wie abgebildet, so dass man den Winkel zwischen ihnen variieren kann. Wenn nötig, verstärke die Verbindung mit Tesafilm. Stelle die Rohre an den senkrecht liegenden Spiegel in einem V auf. Stecke die eingeschaltete Taschenlampe in das festgehaltene Rohr. Jetzt schaue in das andere Rohr und beobachte, was passiert, wenn Du den Winkel der beiden Rohre zueinander variierst. Wie wäre es, wenn Du anstelle des Lichts der Taschenlampe jemanden bittest, durch das Rohr zu schauen?

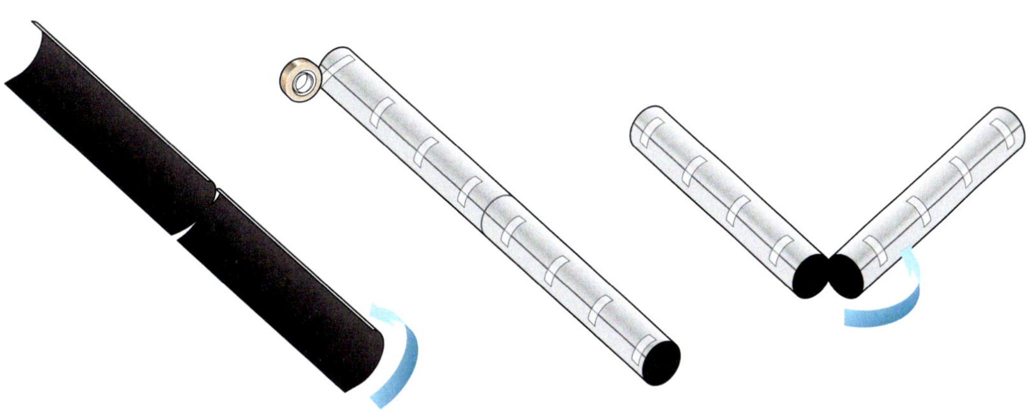

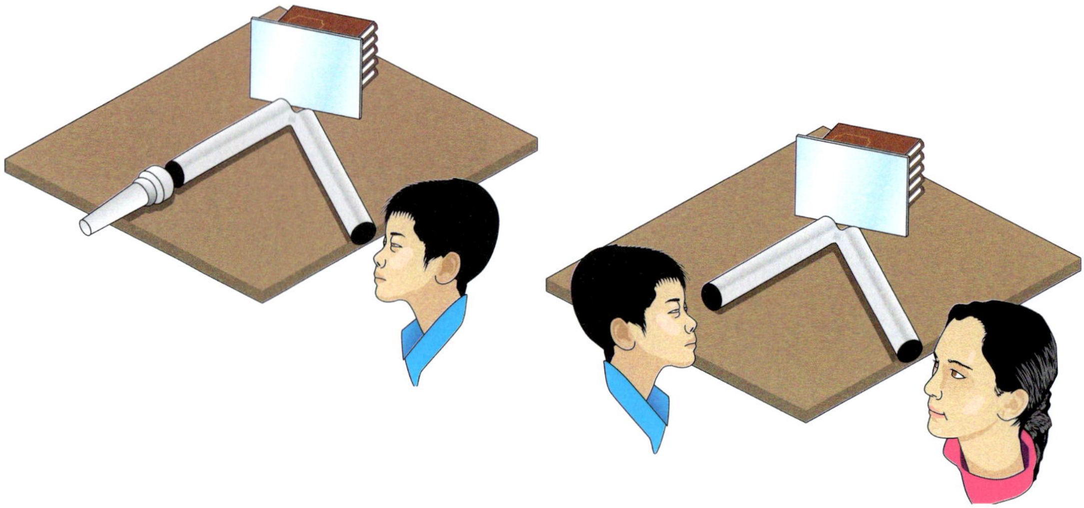

Einen Schritt weiter

Lege die zwei Rohre in einem V auf dem Boden ganz nah an einer Wand oder Tür („Spiegel"). Stecke ein Kügelchen in ein Rohr und schnipse es so an, dass das Kügelchen schnell rollt. Schaffst Du es, dass es in das andere Rohr rollt? Vergleiche den Lichtweg mit dem des Kügelchen. Gibt es einen Unterschied?

Wissenwertes

Jeder Lichtstrahl, den wir als Reflektion durch den Spiegel sehen, nimmt den kürzesten Weg, um von der Lichtquelle (seinem Ausgangspunkt) zu unserem Auge (seinem Zielort) zu gelangen. Hier arbeitet das „Effizienzprinzip" (siehe das Experiment „Unsichtbares Glas", S. 105). Es ist einfach, den Punkt zu finden, an dem jeder Strahl den Spiegel trifft. Weil sich das Licht in Luft geradlinig ausbreitet (allerdings nicht immer, siehe das Experiment „Biegen von Laserstrahlen", S. 155), ergibt sich die Gesamtstrecke des Lichtstrahls aus der Summe zweier Wegstrecken, nämlich der Strecken von den Punkten Q (der Quelle) zu S (dort trifft der Strahl den Spiegel) und von S zu A (dem Auge). Zeichne zunächst den Punkt Q' hinter den Spiegel in der gleichen Entfernung vom Spiegel wie Punkt Q, so dass die Strecken QS und Q'S gleich sind. Die Gesamtstrecke, die der Lichtstrahl zurücklegt, kann jetzt als Summe Q'S + AS ausgedrückt werden. Weil der kürzeste Weg zwischen den Punkten Q' und A in einer geraden Linie verläuft, ist der Punkt S die Unterbrechung der Linie Q'A durch den Spiegel. Kannst Du jetzt im voraus den Winkel zwi-

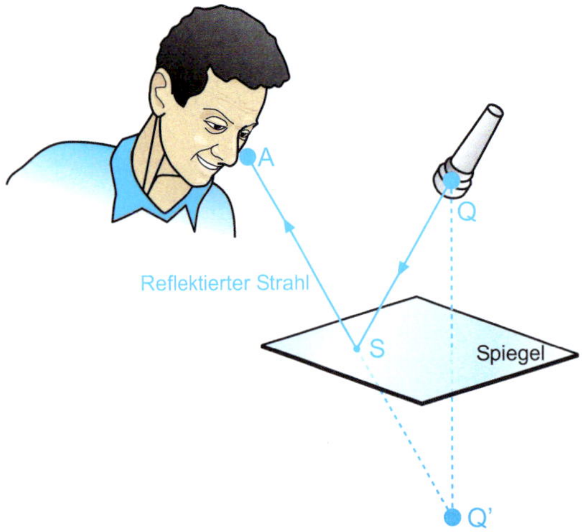

schen dem linken und dem rechten Rohr herausfinden, bei dem Du das „Licht am Ende des Tunnels“ sehen kannst?

2.7 Gespenst hinter dem Spiegel

Entdecke die Gespenster, die hinter dem Spiegel wohnen.

Material — M 2.7

- *zwei Wäscheklammern*
- *Planspiegel (etwa 15 cm x 15 cm)*
- *zwei Stifte oder Kugelschreiber; es sollten zwei gleiche Objekte verwendet werden*

Hinweis

Ändere die Position des Objekts hinter dem Spiegel und beobachte, was passiert. Vergleiche das Objekt mit seinem Spiegelbild. Hast Du schon mal bemerkt, dass Objekte, die durch einen Rückspiegel betrachtet werden, weiter entfernt erscheinen als sie tatsächlich sind? Sind beide Rückspiegel wirklich flache Spiegel?

Schritt für Schritt

Stelle den Spiegel mit Hilfe der Wäscheklammern senkrecht auf (s. Abb.). Stelle jetzt ein Objekt vor dem Spiegel auf, das andere im gleichen Abstand dahinter. Halte den Gegenstand hinter dem Spiegel in die Luft und vergleiche mit dem Spiegelbild. Was kannst Du daraus schließen?

Alternative

Halte den Spiegel fest und beobachte das abgebildete Bild. Stelle irgendein Objekt hinter den Spiegel (z. B. ein Lineal, einen Stift oder ein Buch), genau wie im vorhergegangenen Experiment. Hier siehst Du, wie einfach es ist, etwas „in seinen Kopf zu bekommen“. Du kannst das Experiment mit Deinen Freunden wiederholen und sie amüsieren.

Wissenswertes

Ein beleuchtetes Objekt kann als Ansammlung unendlich vieler Punkte angesehen werden, von denen aus Licht in alle Richtungen gesendet wird. Weil wir nicht jeden einzelnen Weg der ausgesendeten Lichtstrahlen nachverfolgen können, bevorzugen wir zu denken, dass das gesamte Licht direkt in unsere Augen kommt. Wenn alle diese Strahlen, die zu uns kommen, hinter dem Spiegel projiziert werden würden, wür-

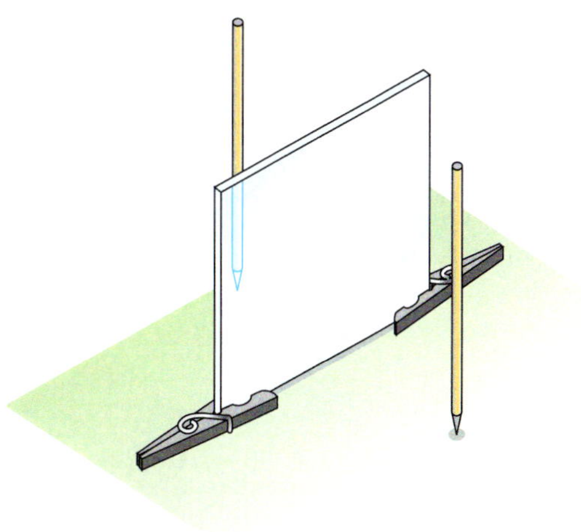

den sie sich alle an einem Punkt treffen (welchem?). Nun fasse alle projizierten Punkte von allen Lichtquellen zusammen und der Geist wird sichtbar.

M 2.8	**Material** • *möglichst großer Planspiegel*
	Achtung *Achte darauf, dass die Kanten des Spiegels abgeschliffen sind, damit Du Dich nicht schneidest.*

2.8 Schweben und Kubismus am Planspiegel

Wie Du schweben und den Kubismus mit Hilfe eines Spiegels neu erfinden kannst.

Schritt für Schritt

Stelle den Spiegel senkrecht auf. Die Versuchsperson stellt sich so mit ihrer Nasenspitze an den Spiegel, als ob der Spiegel sie in der Mitte teilen würde (s. Abb.). Nun stützt sie sich hinter dem Spiegel auf nur einem Bein ab (Schweben) oder dreht den Kopf etwas in die Richtung des Beobachters, um ein kubistisches Bild zu erhalten.
Damit die Spielerei noch lustiger wird, braucht man sich nur den Finger wie ein Horn an den Kopf halten.

Wissenswertes

Menschen haben einen fast symmetrischen Körper. Um dies auszuprobieren, bitte jemanden, sich so an die Kante eines Spiegels zu stellen, dass diese seinen oder ihren Körper „halbiert". Das Bild, das Du siehst, ersetzt den verborgenen Teil des Körpers hinter dem Spiegel, so dass Du ein symmetrisches Ganzes siehst. Um die Anzahl an Nasen zu duplizieren, bitte die Person, ihren Kopf wie gezeigt von der Kante wegzubewegen. Um zu fliegen, musst Du den Spiegel zwischen Deine gespreizten Beine nehmen und ein Bein heben. Das Publikum sieht nur das eine echte Bein – Du schwebst. Das Bild, das der Spiegel produziert, erledigt den Rest des Tricks (siehe das vorhergehende Experiment) und das Schweben wird vollendet, vorausgesetzt, Du kannst auf nur einem Bein stehen. Einige Leute sagen, dass hinter jeder Magie nur Rauch und Spiegel stecken. In diesem Fall ist es nur Physik und Spaß.

2.9 Zaubertheater

Es wird ein Zaubertheater gebaut, mit dem Du Kinder und Erwachsene begeistern kannst.

M 2.9

Material
- *Pappkarton oder Holzkiste (z. B. 3 cm x 30 cm x 40 cm) ohne Deckel*
- *Glasscheibe 28 cm x 38 cm*
- *zwei Taschenlampen*
- *matte schwarze Pappe und farbige Pappe*
- *zwei kleine Puppen oder andere lustige Objekte*
- *Klebeband (z. B. Kreppband)*
- *Klebstoff*

Schritt für Schritt

Schneide in eine Seitenwand der Kiste für die Bühne eine Öffnung von 20 cm x 20 cm (s. Abb.). Kleide das Innere der Kiste mit schwarzer Pappe aus. Mache nun einen Kistendeckel aus starker Pappe oder Holz und schneide zwei Öffnungen zum Feststecken der Taschenlampe aus. Stelle die Glasscheibe senkrecht diagonal in die Kiste und befestige sie mit dem Klebeband. Lege die zwei Puppen oder anderen Objekte wie auf der Abbildung in die Kiste. Verschließe die Kiste mit dem Deckel und stecke die Taschenlampen in die Löcher. Um das Theater schöner und attraktiver zu machen, kannst Du die Außenseiten mit bunter Pappe und Figuren bekleben. Das Theater wird bestimmt großen Erfolg haben!

Was ist im Zaubertheater los? Du kannst nachts Dein Schlafzimmerfenster beobachten. Sieht man einen Reflex, wenn das Licht eingeschaltet ist? Jetzt wird das Licht ausgeschaltet und durch das Fenster geschaut. Das ist genau das, was im Zaubertheater passiert.

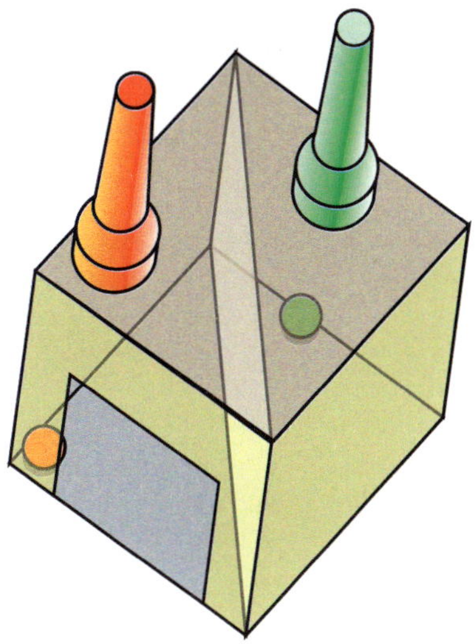

Wissenswertes

Jede durchsichtige Oberfläche kann Licht sowohl hindurchlassen (transmittieren) als auch reflektieren. Du hast vielleicht schon bemerkt, dass ein transparentes Glasfenster, durch das Du hindurchsehen kannst, sich nachts ändert, wenn es draußen dunkler ist als drinnen. Welcher Effekt tritt eher tagsüber und welcher eher nachts auf? Wenn Du die Positionen der Objekte in der Kiste betrachtest, entdecke, wo in den Augen des Publikums das Objekt zu stehen scheint, welches vom Glas reflektiert wird, (siehe auch das Experiment „Licht am Ende des Tunnels“, S. 121). Bist Du nun bereit, Deinem Publikum zu erklären, wie das magische Theater funktioniert?

Zaubertheater

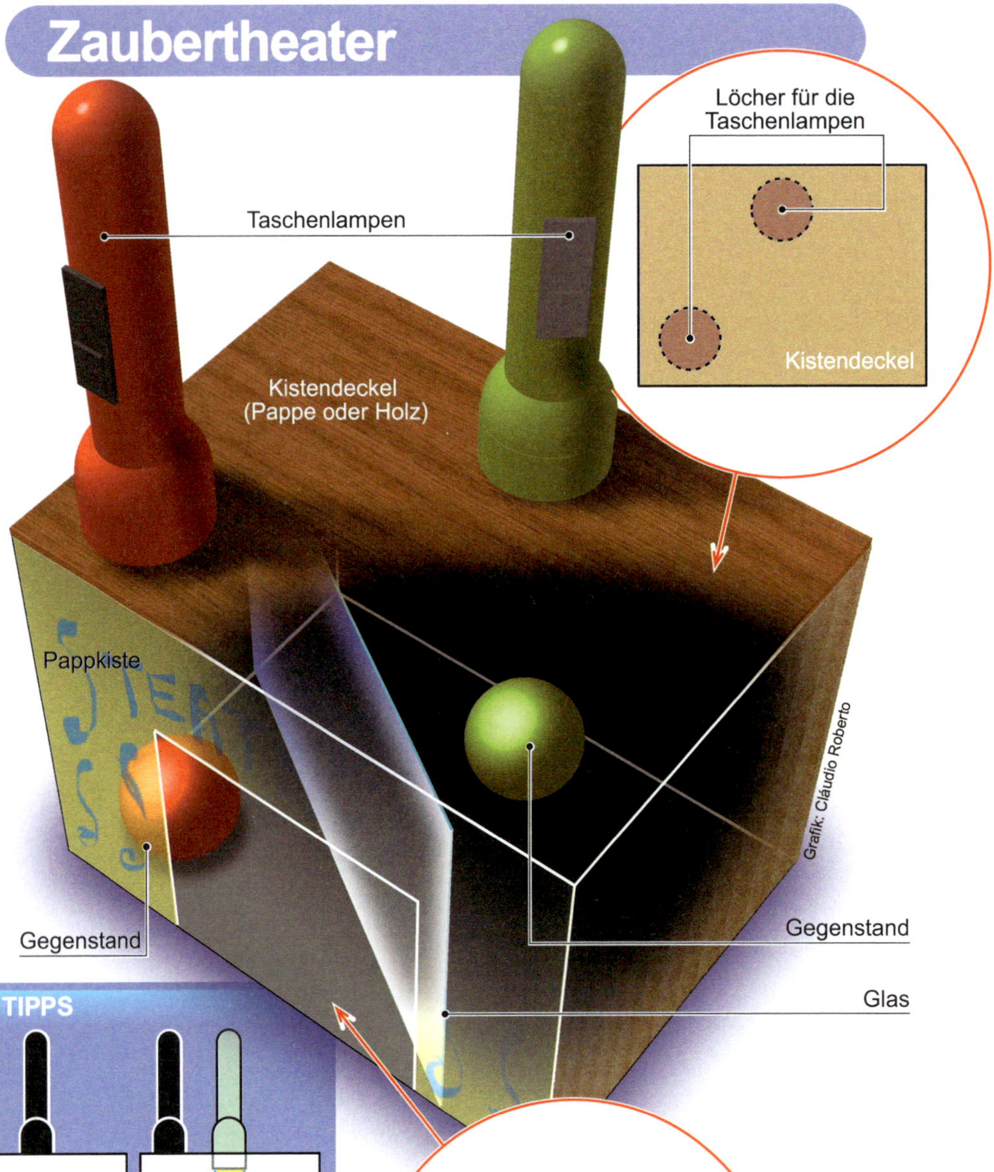

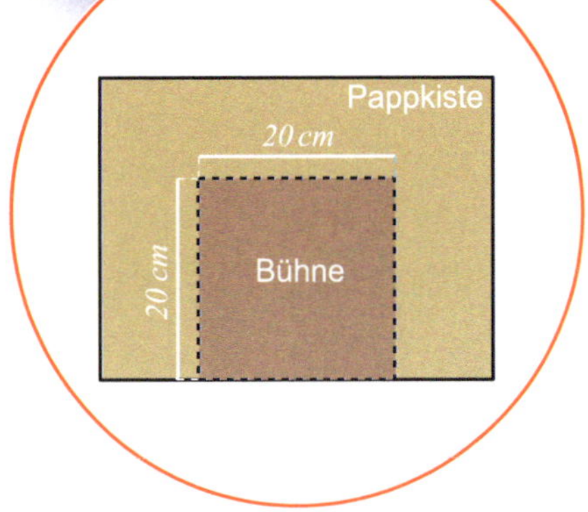

TIPPS

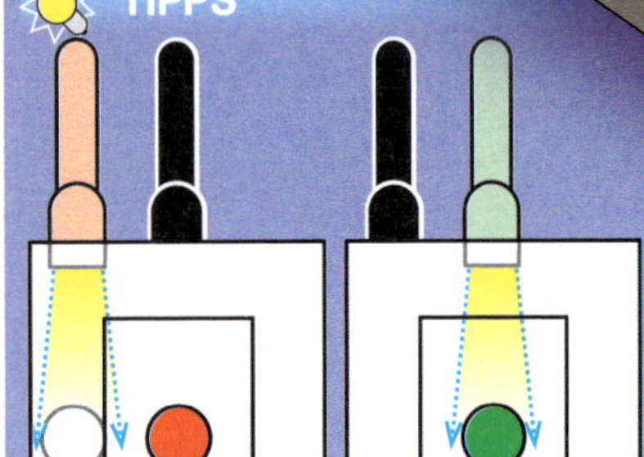

Die Theatervorstellung wird in einem dunklen Raum durchgeführt. Jedesmal wird nur eineTaschenlampe angeschaltet und die Bühne beobachtet. Falls nötig, wird die Position des Glases, der Objekte oder des Deckels verändert, und zwar so, dass das Licht die "Schauspieler" gut beleuchtet

M 2.10

Material

- *vier Wäscheklammern*
- *zwei gleich große Planspiegel (z. B. etwa 15 cm x 15 cm)*
- *Stilett oder scharfes Küchenmesser*
- *Stahlwolle*
- *kleiner Plastikfisch (oder anderer kleiner Gegenstand, den man zur Hand hat)*

Achtung

Vergewissere Dich, dass die Kanten des Spiegels glatt sind, so dass sich niemand verletzen kann.

2.10 Das Wunder der Fische

Jeder von uns kann echte Wunder vollbringen.

Schritt für Schritt

Lege einen Spiegel auf ein Tuch. Kratze in die Mitte der Rückseite des Spiegels mit einem Stilett eine kleine Öffnung von 5-8 mm Durchmesser und schleife sie danach mit der Stahlwolle ab. Stelle jetzt die Spiegel mit Hilfe der Wäscheklammern (s. Abb.) parallel zueinander auf.
Halte einen kleinen Plastikfisch zwischen die Spiegel. Durch die Öffnung im Spiegel kannst Du die Spiegelbilder zählen.
Ersetze den Spiegel mit der Öffnung durch das Glas. Beleuchte in einem dunklen Raum das Glas mit einer Taschenlampe und beobachte, was passiert.

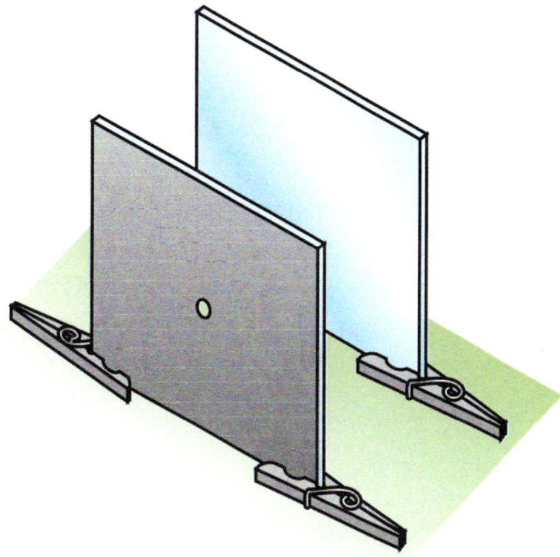

Einen Schritt weiter

Was passiert mit dem Bild, wenn Du einen Spiegel zum anderen hin kippst?

Wissenswertes

Das Objekt zwischen den Spiegeln wird von beiden Spiegeln reflektiert. Die Bilder werden ihrerseits reflektiert. So landest Du bei einer unendlichen Anzahl von Bildern (das Bild vom Bild vom Bild ...). Warum sehen die reflektierten Bilder matter aus, wenn ihr Abstand vom Spiegel sich vergrößert? Denke daran, sie alle sind „Geister“! Absorbieren die Spiegel Teile des Lichts? Du kannst konventionelle Spiegel (mit versilberter Glasrückseite) mit Oberflächenspiegeln (mit der Silberschicht auf der Oberseite) vergleichen.

M 2.11

Material
- *drei längliche Spiegelstreifen (z. B. 4 cm x 15 cm) oder 2,5 cm x 7 cm Streifen aus zerschnittenen CD's*
- *Klebeband (Kreppband, Tesafilm)*
- *weißes Papier*
- *bunte Papierschnipsel oder kleine Gegenstände (z. B. kleingeschnittene Trinkhalme)*

Hinweis
Du kannst normale flache Spiegel mit verspiegelter Rückseite verwenden. Diese Spiegel produzieren eventuell mattere, unschärfere Reflexionen (siehe das Experiment „Das Wunder der Fische"). Das hier vorgeschlagene CD-Modell ist eher geeignet für Kinder, um die Verletzungsgefahr herabzusetzen. (Du kannst zu diesem Zweck auch Plexiglasspiegel verwenden.) Die am besten geeigneten Spiegel sind Oberflächenspiegel (mit Versilberung auf der Vorderseite), die scharfe und klare Reflexionen ergeben.

2.11 Das Fest der Kaleidoskope

Nimm an diesem einzigartigen Fest teil. Verändere eine gewöhnliche Erfahrung in eine außergewöhnliche. Entdecke die faszinierende Welt der Kaleidoskope und finde heraus, wie sie funktionieren.

Schritt für Schritt

A. Das Dreieckkaleidoskop

Klebe die Ränder der Spiegelstreifen mit Kreppband so zusammen, dass ein dreieckiges Rohr mit den Spiegelseiten nach innen entsteht. Klebe eine der Öffnungen mit einem Papierdreieck zu. Stecke Papierschnipsel oder andere kleine Gegenstände in das Rohr. Verschließe das Rohr mit einem zweiten Papierdreieck mit einer kleinen Öffnung. Jetzt musst Du nur noch durch die Öffnung schauen und das Kaleidoskop drehen.
Was passiert, wenn Du einen Spiegel mit einem Streifen matten schwarzen Papiers beklebst?

B. Das unsymmetrische Kaleidoskop

Um ein unsymmetrisches Kaleidoskop zu bekommen, verwendest du Spiegelstücke mit unterschiedlichen Breiten, zum Beispiel 3 cm, 4 cm und 5 cm, aber alle mit derselben Länge (ca. 15 cm). So erkennst du, was passiert, wenn die Symmetriebedingungen nicht zufriedenstellend sind. Du kannst Kaleidoskope mit dreieckigem Querschnitt mit beliebigen Winkeln bauen, solange die Summe der Winkel 180° beträgt. Vergleiche die Bilder eines „normalen" Kaleidoskop mit denen eines unsymmetrischen Kaleidoskops.

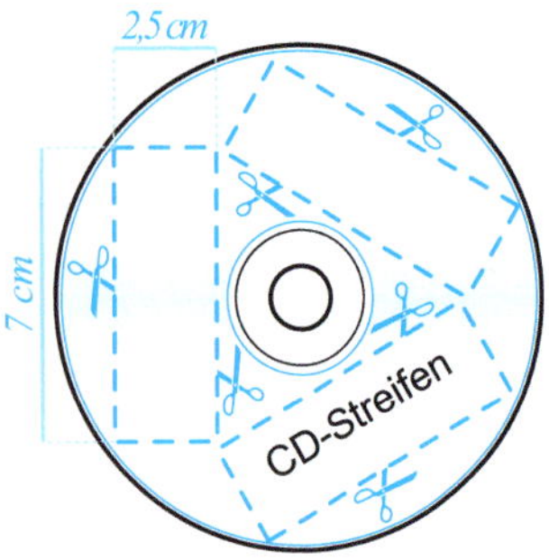

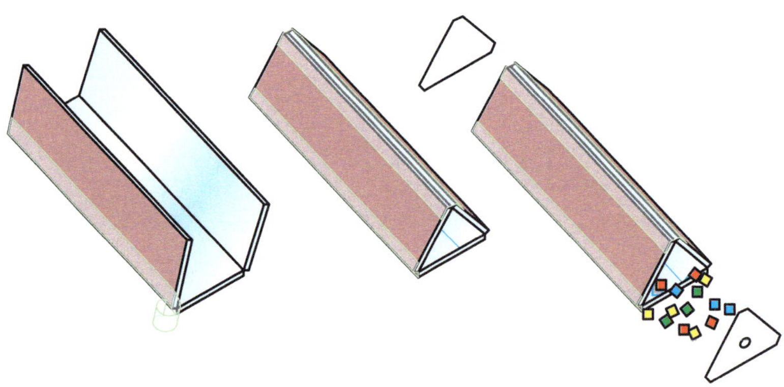

M 2.11

Material
- *flache Spiegel mit den unten abgebildeten Formaten (I, II, III) und geschliffenen Kanten oder CD in vier gleiche Teile aufgeteilt (s. Anmerkung oben)*
- *Pappe*
- *Klebeband (z. B. Kreppband)*
- *Klebstoff*
- *Stift oder Kugelschreiber*

Hinweis
Im Falle, dass Du CDs benutzt, ritze die CD auf der Rückseite mit Hilfe eines Lineals und eines scharfen Messers mehrmals ein und brich sie anschließend durch. Um ein für die Augen gerechtes Kaleidoskop zu erhalten, verbinde 2 gleich große Kaleidoskope mit Klebeband (s. Abb.).

C. Fedorovs Kaleidoskop

Schritt für Schritt

Aus Pappe wird eine Abstützung für die Spiegel gebaut (s. Abb.). Mit Kreppband wird der Spiegel Nr. II als Boden auf der Pappe befestigt. Die Spiegel I und III werden mit Klebeband so verbunden, dass der Winkel zwischen ihnen von 0° bis 180° variiert werden kann (s. Abb.). Die unteren Kanten der zwei Spiegel polstert man mit Kreppband ab, um zu verhindern, dass sie den Spiegelboden zerkratzen. Der Spiegel Nr. III wird an der seitlichen Pappstütze festgeklebt. Ein Finger oder Stift wird auf den beiden senkrechten Spiegeln abgestützt. Dann variiert man den Winkel zwischen den Spiegeln und beobachtet das Spiegelbild auf Spiegel Nr. II. Ebenso wird die Stellung des Fingers oder Stiftes variiert (zuerst wird er parallel zum zweiten Spiegel gehalten, dann nach oben oder unten geneigt) und von der Ecke entfernt, um die Bilder zu vergrößern. Gibt es eine Verbindung zwischen diesem und dem ersten Kaleidoskop?

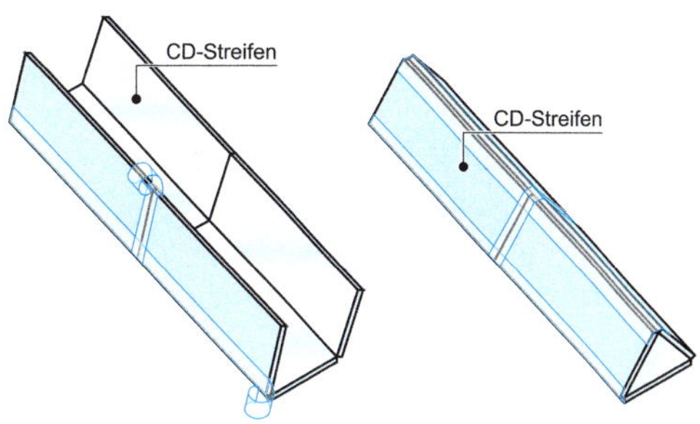

Einen Schritt weiter

Finde heraus, wie Eckreflektoren und Katzenaugen funktionieren, die auf Straßenoberflächen und an Leitpfosten an der Straße genutzt werden, um durch die Reflexionen der Frontscheinwerfer Autofahrern die Orientierung zu erleichtern. Mit den Spiegeln I und III wird ein Winkel von 90° gebildet. Beleuchte dann einen der Spiegel mit einer Taschenlampe und beobachte, wie das Licht in Richtung des Autos und des Fahrers reflektiert wird, ohne Licht durch eine diffuse Reflexion in alle Richtungen zu verschwenden.

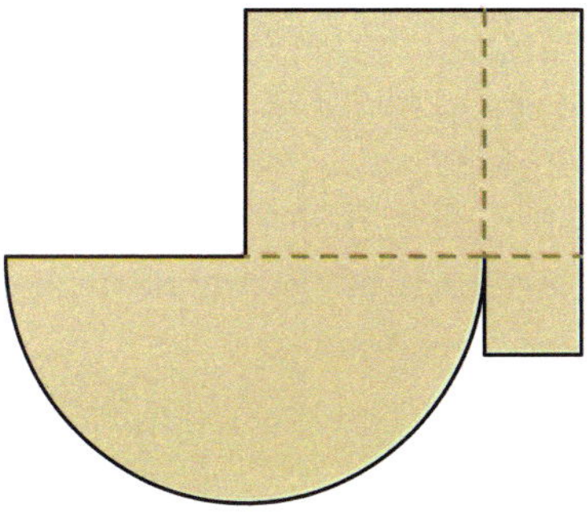

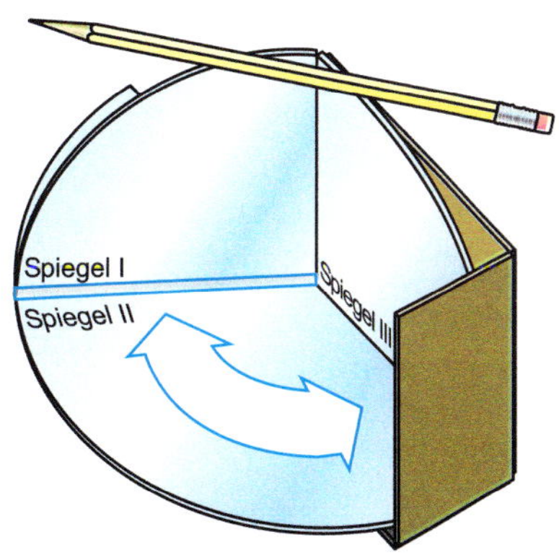

Licht und Symmetrien

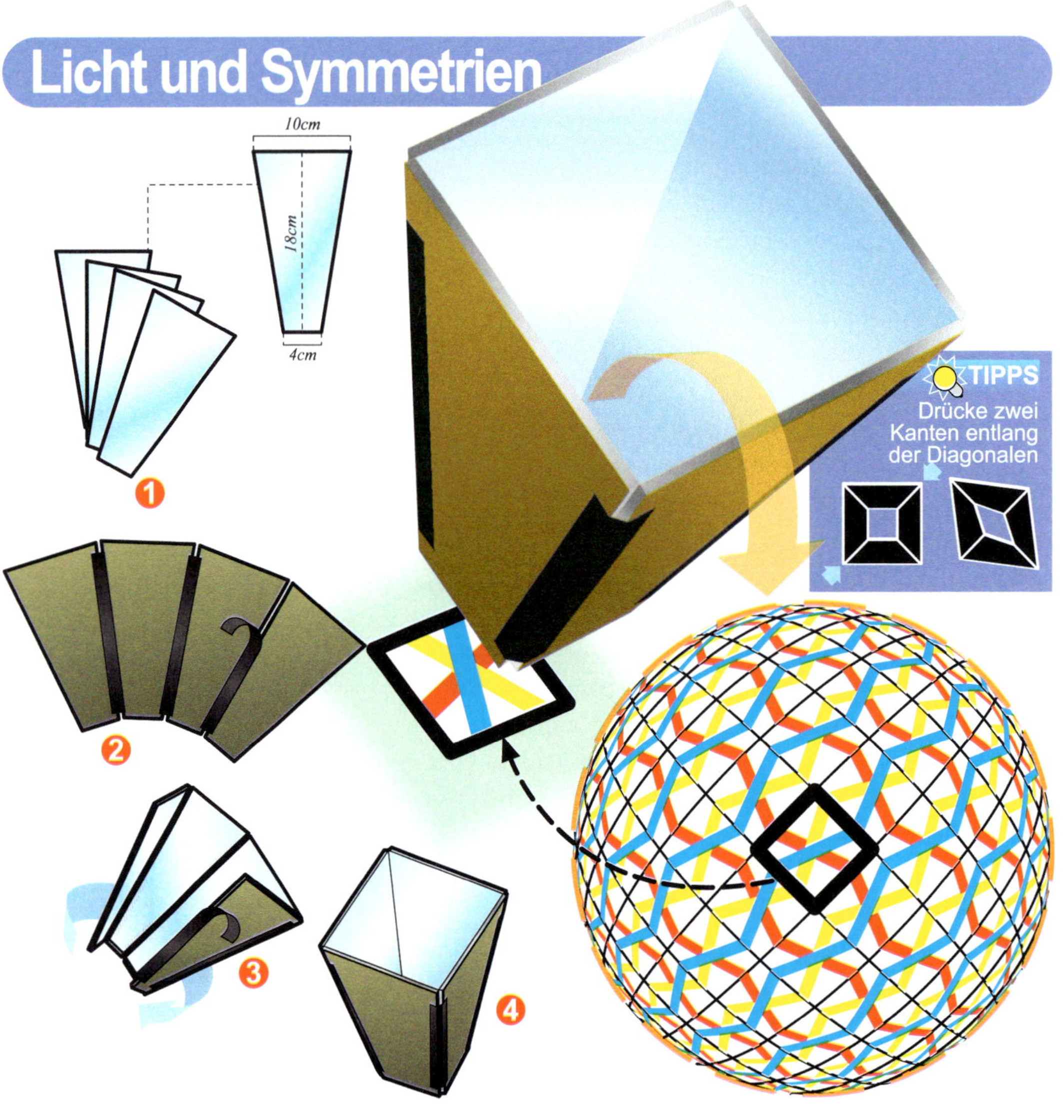

M 2.11

Material

- *4 identische flache Spiegel mit den Maßen, wie sie in der Abbildung gezeigt werden. Alle sollten glatt geschmirgelte Kanten haben.*
- *Klebeband (Isolierband)*

D. Vierseitiges Kaleidoskop

Schritt für Schritt

Klebe die vier Spiegel mit den Rückseiten nach außen mit Klebeband an den Kanten zusammen. Lass einen schmalen Spalt zwischen den Kanten, so dass Du Dein Kaleidoskop mit rechteckigem Querschnitt in eines mit diamantförmigem Querschnitt verschieben kannst.

Material M 2.11

- *2 Paare von flachen Spiegeln mit den Maßen, wie sie in der Abbildung gezeigt werden. Alle sollten glatt geschmirgelte Kanten haben.*
- *Klebeband (Isolierband)*

Eine neue Variante: Untersuche zwei Paare von Spiegeln in unterschiedlichen Formen

Schritt für Schritt

Lege die vier Spiegel, abwechselnd kleine und große, mit der Rückseite nach oben nebeneinander und klebe sie mit Klebeband an den Kanten wie in Modell C (Fedorovs Kaleidoskop) zusammen. Lass einen kleinen Spalt zwischen den Kanten, so dass Du aus Deinem Kaleidoskop mit rechteckigem Querschnitt eines mit einem diamantförmigen Querschnitt herstellen kannst.

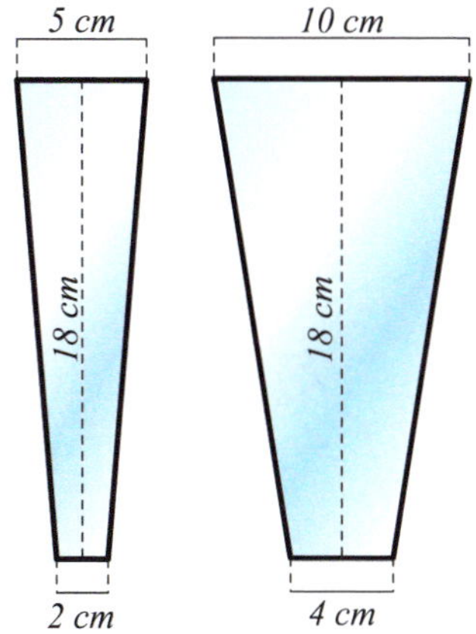

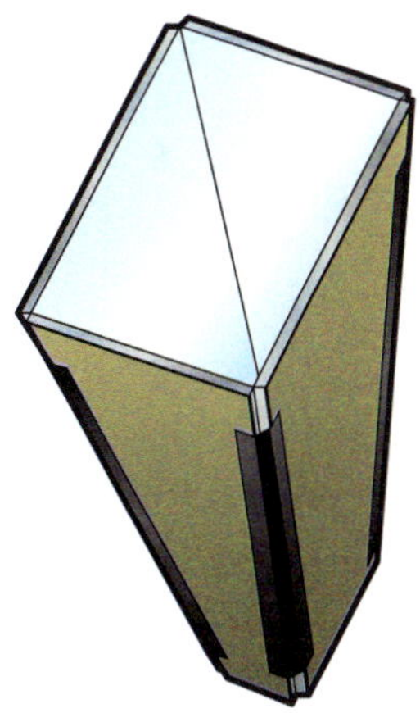

Wie man Modell D verwendet

Platziere eine flache Figur (möglichst eine bunte) auf einem Tisch oder wähle ein Poster oder Bild, das an einer Wand hängt. Halte die kleinere Öffnung (Basis) gegen die Figur oder in ihre Nähe und schau das Bild durch die größere Öffnung an. Untersuche die unendlichen Möglichkeiten Deines neuen Kaleidoskops, indem Du unterschiedliche Teile der Figur betrachtest. Falte das Kaleidoskop in jeder Position der Basis, indem Du vorsichtig gegen zwei gegenüberliegende Ecken drückst. Mit diesem faszinierenden optischen Spielzeug wirst Du sicher Welten innerhalb von Welten entdecken. Betrachte einen Kartenausschnitt Deiner Wohngegend durch Dein Kaleidoskop und betrachte die Karte vergrößert auf Weltkartengröße.

E. Ein Kaleidoskop aus sich bewegenden Spiegeln

Schritt für Schritt

Material M 2.11

- *ein Paar aus rechteckigen flachen Spiegeln und ein Paar aus Spiegeln mit den Maßen, wie sie in der Abbildung gezeigt werden. Alle sollten glatt geschmirgelte Kanten haben.*
- *Klebeband (Isolierband)*
- *Pappe*

Baue zwei Rahmen für die größeren Spiegel, wie in der Abbildung gezeigt. Beachte dabei, dass der Platz zwischen den beiden parallelen Spiegeln etwas größer ist als die Breite der rechteckigen Spiegelstreifen. Klebe mit Klebeband jeweils die

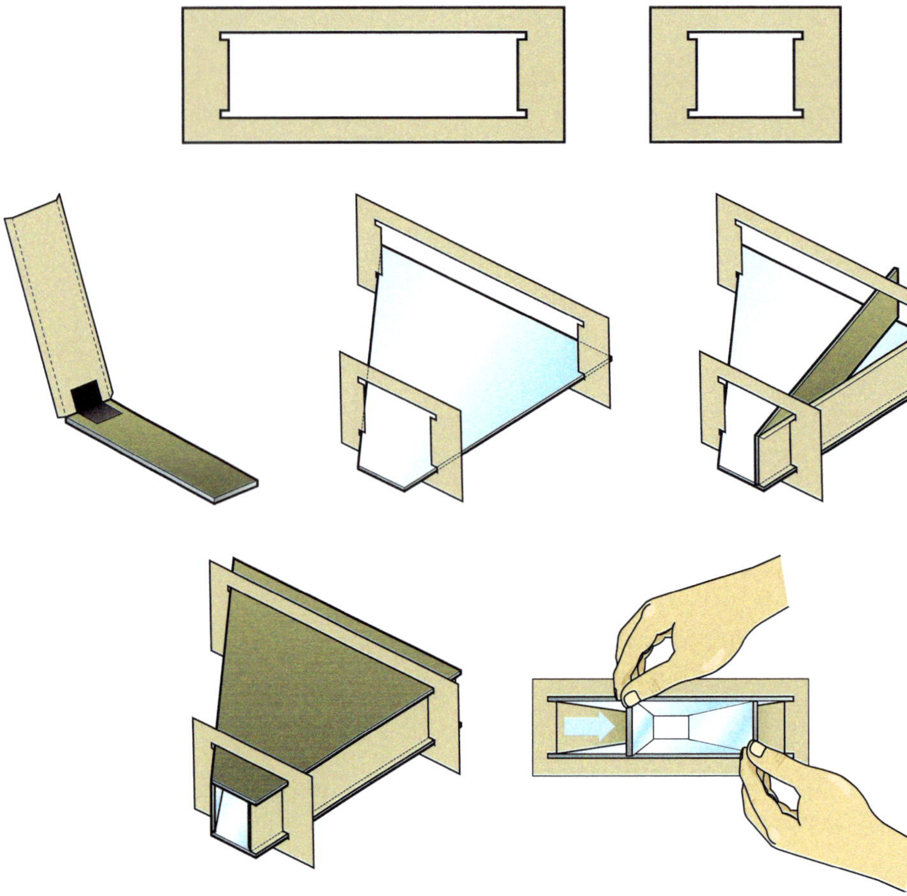

Kante eines Papprechtecks (seitliche Wände) an die Rückseite der Spiegelstreifen (siehe Abbildung). Verbinde die Rechtecke mit den Spiegeln innerhalb der zwei Rahmen (verwende Isolierband, um die Teile miteinander zu verbinden).

Wie man Modell E verwendet

Lege in einem beleuchteten Raum eine flache Figur in die Nähe der kleineren Öffnung Deines Kaleidoskops und betrachte das Bild durch die größere Öffnung. Bewege die Spiegelstreifen hin und her und genieße die eigenartigen Bilder, die Du zu sehen bekommst.

Wissenswertes

Wenn Du die mit den Kaleidoskopen erzeugten Bilder näher betrachtest, wirst Du bemerken, dass sie ein Resultat von vielfachen Reflexionen und speziellen Spiegelanordnungen sind. Das Funktionieren eines Kaleidoskops hängt im Wesentlichen vom Winkel zwischen den flachen Spiegeln und der Anzahl der Spiegel im Kaleidoskop ab.

Lege zwei Spiegel dicht nebeneinander und platziere ein Objekt zwischen ihnen. Wenn Du den Winkel zwischen den Spiegeln variierst, wird sich das Objekt vervielfachen. Du kannst Modell C benutzen, um dies zu tun. Wenn Du zusätzliche Spiegel hinzufügst, um ein Kaleidoskop zu bekommen, werden die Bilder weiter reflektiert und bilden dabei sehr schöne Symmetrien. Du kannst die Bildentstehung in einem Kaleidoskop zurückverfolgen, indem Du einen einfachen Lichtpunkt (S) als Lichtquelle verwendest. Das Bild von S, das der Beobachter sieht, kann man sich vorstellen, indem man sich eine Punktlichtquelle S' hinter jedem Spiegel denkt, in der gleichen Entfernung wie S (siehe das Experiment „Licht am Ende des Tunnels“, S. 121). Nun musst Du nur noch die Bilder der Lichtquelle Q', die durch die Spiegel des Kaleidoskops erzeugt werden, entdecken. Auf diese Weise kannst Du herausfinden, weshalb beim unsymmetrischen Kaleidoskop bei beliebigen Winkeln die vielfältigen Bilder keinen geschlossenen Kreis von Lichtquellen bilden. Durch das Verwenden dieses Tricks ist es einfach herauszufinden, wie man dreidimensionale Bilder aus Paaren von aneinander geklebten flachen Spiegeln in den Modellen D und E bekommt. Durch das Kippen eines Spiegels zum anderen hin im Experiment „Das Wunder der Fische“ kannst Du verstehen, was in Modell D passiert. Du kannst mit Modell E die Bilder untersuchen, die von zwei parallelen Spiegeln gebildet werden, indem Du die Spiegel durch Stücke aus mattem schwarzen Papier ersetzt. Was passiert dann? Die einfache Geometrie erlaubt es Dir zu demonstrieren, dass die Strahlen, die an rechteckig zueinander stehenden, flachen Spiegeln reflektiert werden, parallel zu den einfallenden Strahlen sind. Teste dies mit Modell C. Benutze eine Taschenlampe. Verwende auf keinen Fall einen Laserstahl, weil er Deine Netzhaut verletzen könnte. Kannst Du gebogene Spiegel zum Bauen eines Kaleidoskops verwenden? Mit so vielen Möglichkeiten bist Du sicher in der Lage, Dein eigenes Modell zu erfinden.

2.12 Lochkamera (Camera obscura)

Wie Du mit einer Lochkamera Bilder der Welt erzeugen kannst.

Material	M 2.12
• *schwarze Pappe* • *Pergamentpapier* • *Klebstoff*	

Schritt für Schritt

Stelle mit Hilfe der abgebildeten Modelle zwei Kisten her. Eine der Kisten muss mit etwa 2 mm Abstand in die andere gesteckt werden können. Die gepunkteten Linien entsprechen den Faltstellen des Kartons; an den durchgezogenen Linien schneidest du den Karton aus. Schneide in den Boden der beiden Schachteln jeweils einen Schlitz von etwa 5 cm Länge und 1 mm Breite. Für das Pergamentpapier bastle einen Rahmen (s. Abb.). In die kleinere Schachtel machst du vier Schlit-

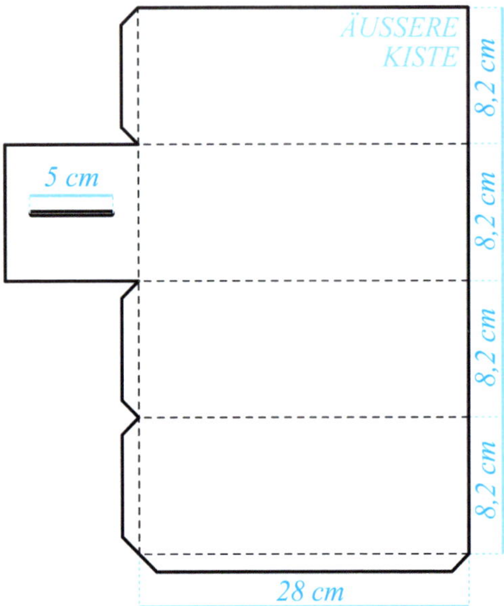

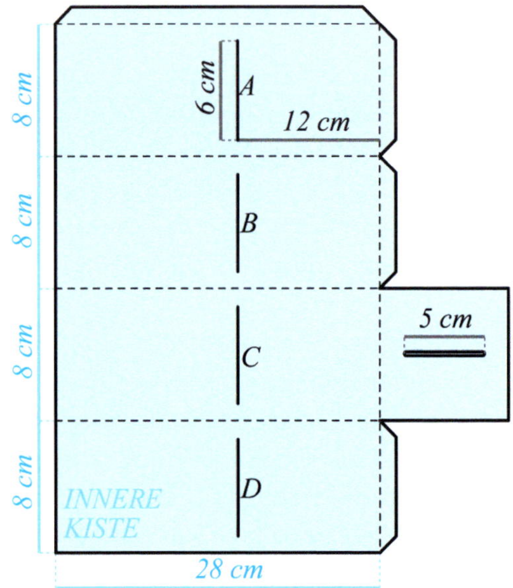

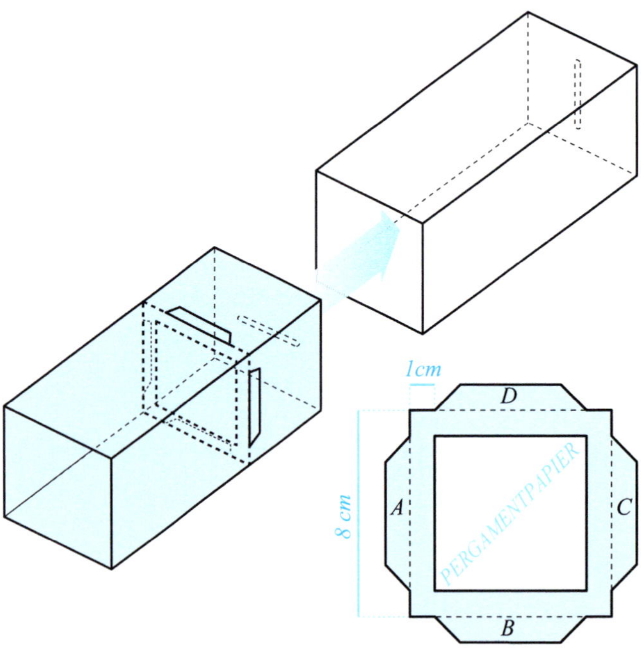

ze (A, B,C, D), um den Pergamentpapierrahmen hineinzustecken. Um eine „Lochkamera" zu erhalten, schiebe die kleinere Schachtel vollständig so in die größere hinein, dass die Schlitze rechtwinklig zueinander stehen. Nun halte die Lochkamera gegen einen gut beleuchteten Gegenstand. Beobachte die entstehenden Bilder auf dem Pergamentpapierbildschirm, während Du die Entfernung der beiden Schlitze zueinander vergrößerst oder verkleinerst, indem Du die kleinere Schachtel hinein- oder hinausschiebst. Du kannst die Dunkelkammer auch draußen testen, wenn Du gut beleuchtete Objekte betrachtest. Warte dabei eine Weile, bis sich Dein Auge an die schwache Beleuchtung gewöhnt hat. Siehst Du auch Farben?

Einen Schritt weiter

Nimm die kleinere Schachtel und den Schirm aus der größeren Schachtel heraus.

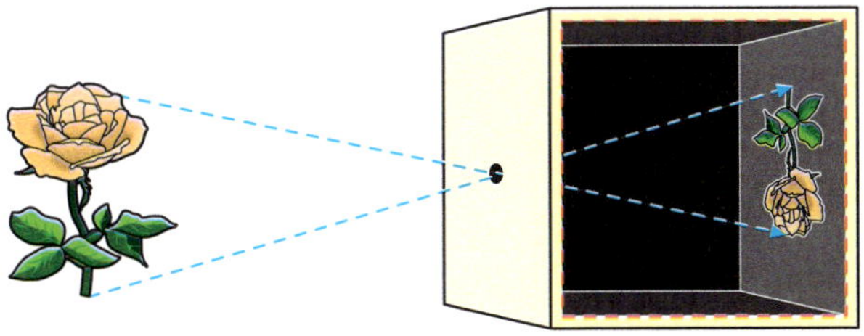

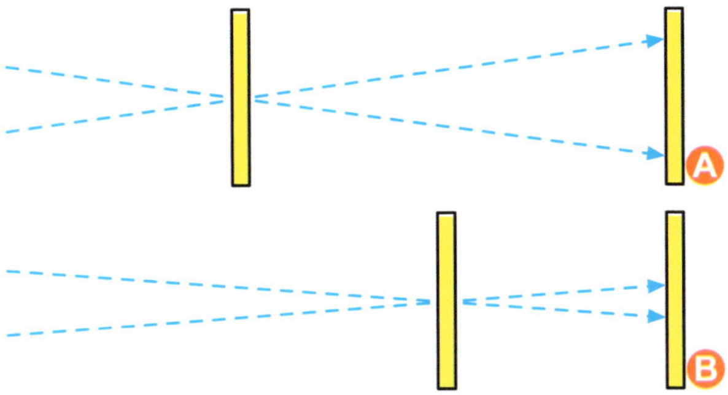

Bringe langsam eine klare leuchtende Glühlampe in die Nähe des Schlitzes in der kleineren Schachtel. Benutze Deine Finger, um ein „Nadelloch“ an unterschiedlichen Stellen im Schlitz zu erzeugen. Was siehst Du nun? Was schließt Du daraus über das Bild, das durch den Schlitz als Ganzes abgebildet wird?

Wissenswertes

Das Prinzip einer einfachen Lochkamera, bei der sich die Enden der Schachteln berühren, ist in der Abbildung dargestellt. Lichtstrahlen, die von einem Objekt ausgehen, kreuzen sich im Nadelloch und formen ein umgekehrtes Bild auf der Mattscheibe. Je größer der Abstand zwischen dem Schirm und dem Nadelloch ist, desto größer wird das Bild. In diesem Fall projiziert das Nadelloch sowohl horizontale als auch vertikale Linien mit derselben Vergrößerung in beiden Richtungen. Wenn die Schlitze getrennt werden, sind ihre Abstände vom Schirm unterschiedlich und die Vergrößerungen, die sie produzieren, sind auch unterschiedlich (siehe die Abbildungen A und B). Jeder Schlitz projiziert nur Linien, die senkrecht zum Schlitz stehen. Das bedeutet, dass die Vergrößerungen für die horizontalen und vertikalen Richtungen voneinander verschieden sind, was die Verzerrung erzeugt, die im Bild zu beobachten ist. Nun, was passiert, wenn die Schlitze gebogen sind?

2.13 Neue Entdeckungen mit Polarisationsfiltern

Entdecke, was polarisiertes Licht und Doppelbrechungen sind.

Material — **M 2.13**

- *2 Polarisationsfilter (Polaroidfilter), im Fotofachgeschäft erhältlich; (einige dunkle Sonnenbrillen sind Polarisationsfilter)*
- *Stück festes durchsichtiges Plastik (z. B. CD- oder Kassettenhülle)*
- *Laserpointer (beachte die Vorsichtsmaßnahmen des Experiments „Erforschung des Laserstrahls“, S. 143)*
- *durchsichtige Glasscheibe*
- *2 durchsichtige Tesafilmstreifen*

Schritt für Schritt (polarisiertes Licht)

Versuche das Licht, das von der Oberfläche einer CD-Hülle reflektiert wird, durch ein Polarisationsfilter zu betrachten. Beachte speziell die Ecken. Drehe die CD-Hülle, kippe sie oder betrachte sie aus einem anderen Blickwinkel. Was passiert? Drehe den Filter vor Deinem Auge, wenn Du den blauen Himmel und einen Regenbogen betrachtest (siehe auch das Experiment „Warum ist der Himmel blau?“, S. 141). Betrachte aus verschiedenen Richtungen die Reflektionen auf einer Wand oder einem Fenster und finde heraus, warum Polarisationsfilter für Kameras verwendet werden. Entdecke, warum einige Angler Brillen mit Polarisationsfiltern verwenden, um die Fische im Wasser besser auszumachen. Halte den Filter in einem dunklen Raum in einen Laserstrahl und beobachte, was mit dem Laserlicht passiert, das die Wand trifft, wenn Du den Filter drehst. Es gibt hier viele faszinierende Geheimnisse!

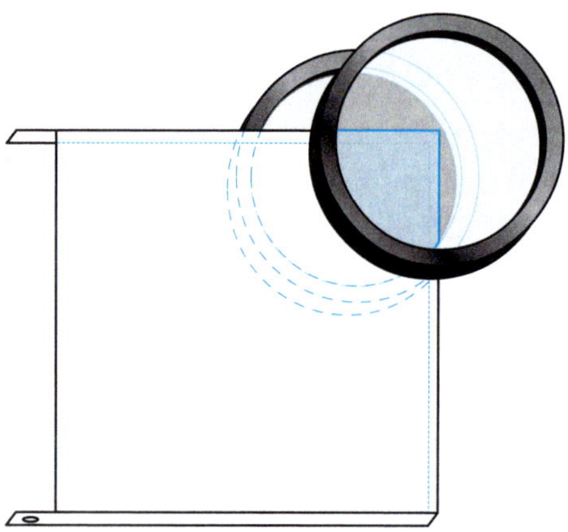

Einen Schritt weiter (Doppelbrechung)
Schaue durch zwei Polarisationsfilter, die auf einer Lichtquelle aufliegen. Drehe einen Filter, bis das Licht verschwindet (gekreuzte Polarisationsfilter). Lege eine Plastikfolie zwischen die beiden Polarisationsfilter, wie auf der Abbildung dargestellt, und beobachte, wie sich die Plastikfolie verändert. Dehne einen der zwei Tesafilmstreifen aus und klebe beide Streifen nebeneinander auf die Glasscheibe. Dann stelle die Glasscheibe zwischen die gekreuzten Polarisationsfilter und vergleiche die zwei Streifen.

Noch einen Schritt weiter
Du kannst ein LC-Display (liquid crystal display), beispielsweise einen Computermonitor oder den Bildschirm von einem Mobiltelefon (Handy), als Quelle polarisierten Lichts verwenden. Drehe den Polarisationsfilter vor dem weißen Schirm und beobachte, was passiert. Es gibt eine Menge schöner Dinge, die Du mit einem LC-Display und einem Polarisationsfilter entdecken kannst.

Biegen von Plastiklinealen
Drehe den Polarisationsfilter vor dem LC-Display, bis es dunkel ist. Platziere nun das Lineal zwischen den LC-Schirm und den Filter. Biege das Lineal und beobachte die farbigen Muster, die sich verändern, wenn Du das Lineal durch den Filter betrachtest.

Farbige Bisse
Nimm ein Stück durchsichtige Folie, beispielsweise solche, wie sie in Tintenstrahldruckern benutzt wird, und beiße so stark wie Du kannst hinein. Lege die Folie vor

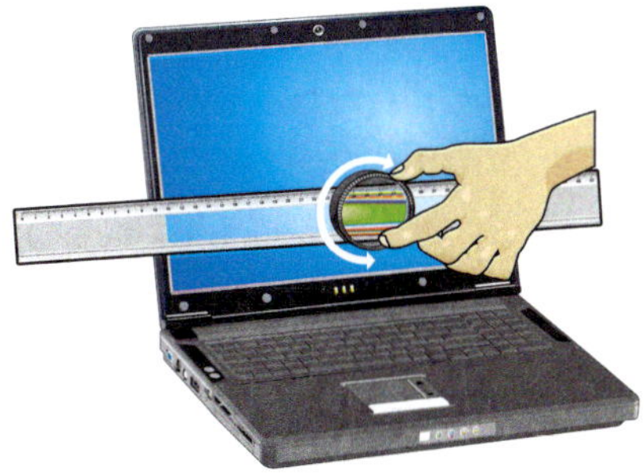

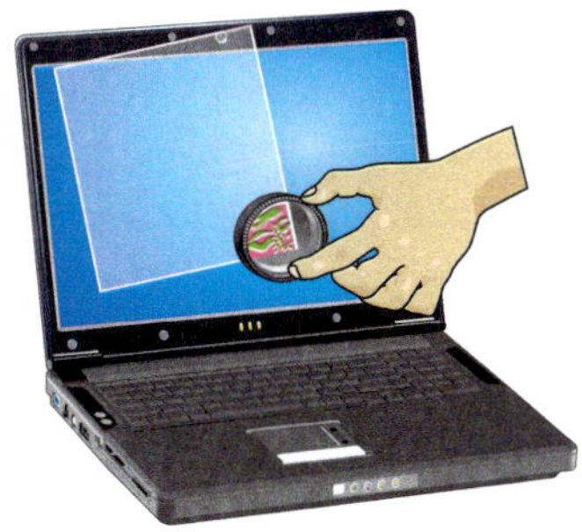

ein LC-Display und entdecke schöne farbige Muster, indem Du den Polarisationsfilter verwendest. Hast Du jemals gedacht, dass Dein Biss so farbig sein könnte? Probier es auch mit anderen Plastikfolien.

Farben einer CD-Hülle aus Plastik

Beleuchte eine CD-Hülle mit schwarzem Cover mit Hilfe eines LC-Displays wie beschrieben und betrachte die lebendigen Farben, die nur auf Dich warten!

Wissenswertes: Polarisierte Wellen

Licht kann in Form von transversalen Wellen beschrieben werden. Du kannst transversale Wellen beispielsweise mit einem gespannten Seil erzeugen, indem Du ein Ende irgendwo befestigst und das andere Ende auf und ab oder seitlich hin und her bewegst (linear polarisierte Wellen). Du kannst es aber auch in einem Kreis mit oder gegen den Uhrzeigersinn drehen (zirkular polarisiertes Licht), wie in der Abbildung gezeigt wird. Die Oszillationen, die Du produzierst, sind senkrecht zur Ausbreitungsrichtung, daher auch der Name transversale Welle. Wellen werden grundsätzlich charakterisiert durch eine Länge (die Wellenlänge), die angibt, wie oft sich ein Wellenmuster in einem bestimmten Bereich wiederholt, wenn Du ein Standbild der ganzen Welle ansiehst sowie durch eine Frequenz, die angibt, wie oft die Welle sich innerhalb eines Zeitraumes wiederholt, wenn Du einen festen Punkt im Raum entlang der Wellenbahn betrachtest.

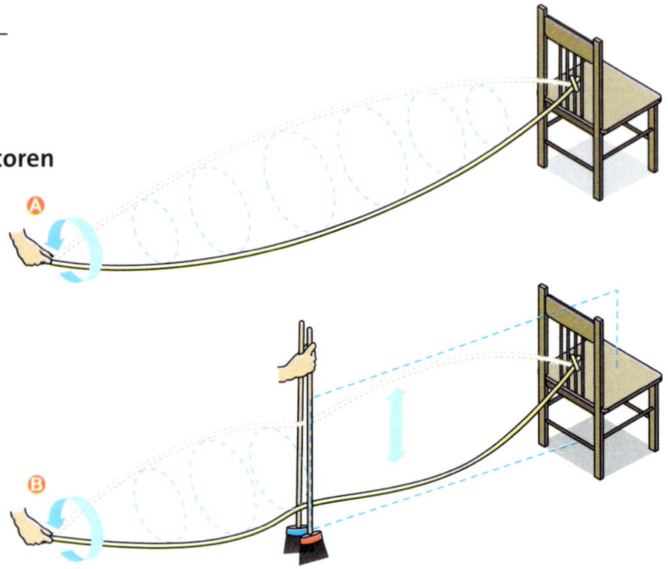

Wissenswertes: Polarisatoren

Ein Polarisator arbeitet als ein Filter für Oszillationen. Du kannst einen Polarisator mit zwei parallelen, nahe beieinander stehenden Besenstielen simulieren. Als Erstes erzeugst Du eine Welle in dem straffen Seil (siehe Abbildung). Diese Welle erreicht das befestigte Seilende, wo sie reflektiert wird. Die Wellen, die sich in beide Richtungen fortpflanzen, überlagern sich. Die Oszillationen der resultierenden Welle entsprechen Bäuchen, wo sie am größten sind, und Punkten, wo das Seil bewegungslos ist (ein Knoten der Welle). Du solltest die beiden Besenstiele an dem Punkt platzieren, an dem die transversale Oszillation am größten ist (ein „Bauch" der Welle). Wenn Du die Besen an einem Punkt aufbaust, an dem das Seil bewegungslos ist (ein Knoten der Welle), dann funktioniert der Trick nicht. Der „Polarisator" lässt nur Schwingungen in einer bestimmten Richtung hindurch, die seiner „Achse" entspricht, und eliminiert die übrigen Oszillationen. Eine zirkular polarisierte Welle beispielsweise wird in eine linear polarisierte Welle umgewandelt, wenn sie den Polarisator passiert (s. Abb.).

Wissenswertes: Lichtwellen

Lichtwellen bestehen aus senkrecht zur Ausbreitungsrichtung der Welle schwingenden elektrischen und magnetischen Feldern. Ein elektrisches Feld beschleunigt einen geladenen Partikel und ein magnetisches Feld übt eine Kraft auf einen sich bewegenden geladenen Körper aus, wenn seine Geschwindigkeit eine senkrechte Komponente zum Magnetfeld hat. Das Licht der Sonne und das Licht, das von normalen Glühlampen ausgesendet wird, ist eine Mixtur aus Wellen mit verschiedenen Wellenlängen, die in allen möglichen Richtungen senkrecht zu ihrer Ausbreitungsrichtung schwingen (unpolarisiertes Licht). Ein echter Polarisator lässt die Komponenten der Schwingung parallel zu seiner Achse durch und eliminiert alle anderen Komponenten. Der Polarisator produziert also linear polarisiertes Licht.

Wissenswertes: Polarisierte Wellen bei Reflexion und Brechung

Wenn Licht auf eine Oberfläche fällt, produziert die Reflexion des Lichts durch die Oberfläche auch polarisiertes Licht, speziell bei kleinen Einfallswinkeln. Die elektri-

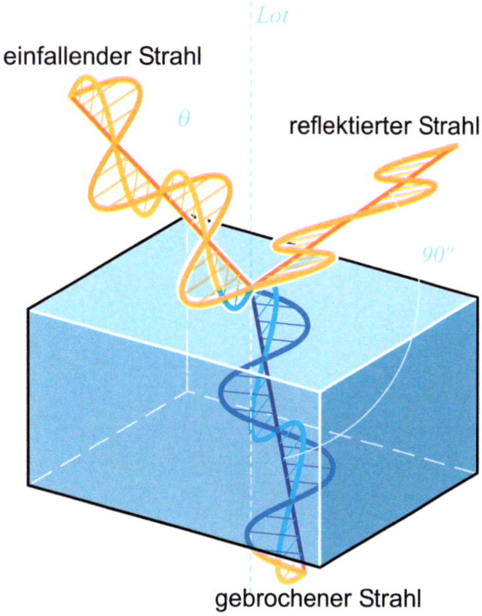

schen Ladungen auf der Oberfläche wirken wie kleine Antennen. Sie reagieren unterschiedlich auf das oszillierende elektrische Feld der einfallenden Lichtwelle, abhängig von ihrer Schwingungsrichtung. Wenn die Oszillation parallel zur Oberfläche erfolgt, werden die Ladungen leicht entlang der Oberfläche hin- und hergeschubst. In diesem Fall sind die kleinen Antennen sehr effizient und emittieren linear polarisiertes Licht entlang der horizontalen Richtung. Ein elektrisches Feld, das vertikal oszilliert, schubst die Ladungen entlang der vertikalen Richtung auf und ab. Weil die Ladungen die Oberfläche nicht verlassen können, ergibt sich bei kleinen Einfallswinkeln nur eine kleine Reaktion. Bei transparenten Oberflächen wird die vertikale Emission vollständig unterbunden, wenn der Einfallswinkel gleich oder größer einem bestimmten Winkel ist (dem so genannten Brewsterwinkel). Es gibt noch einen anderen Weg um zu sehen, wie Licht durch eine Reflexion polarisiert wird. Beim Brewsterwinkel oszilliert das elektrische Feld des übertragenen (gebrochenen) Lichts senkrecht zur Ausbreitungsrichtung der reflektierten Welle. Die kleinen Antennen können keinen reflektierten Strahl mit vertikaler Polarisation erzeugen, weil die dazugehörigen Schwingungen des elektrischen Feldes entlang der Ausbreitungsrichtung der Welle wären. Weil das einfallende Licht beide Polarisationen beinhaltet, wird das reflektierte Licht horizontal polarisiert. Derselbe Mechanismus erzeugt polarisiertes Licht in Regenbogen, siehe dazu auch die Abbildung, die ein mit Wasser gefülltes Glas zeigt, das einen Regenbogen simuliert. Ein Laserstrahl kann verwendet werden, um den Polarisationseffekt des Regenbogens zu testen. Sei vorsichtig mit den sonstigen Strahlen, die das Glas verlassen. Das Experiment „Warum ist der Himmel blau?“ zeigt auch, wie in einem blauen Himmel teilweise polarisiertes Licht produziert wird. Sonnenbrillengläser und der Polarisator von Fotokameras können Blendungen erheblich reduzieren, indem sie das meiste Licht absorbieren, das von einer Oberfläche reflektiert wird. Wie sollte die Achse des Polarisators ausgerichtet sein, um dieses zu bewerkstelligen? Licht, das von einer Straßenoberfläche unter dem Brewsterwinkel reflektiert wird, ist häufig ärgerlich für die Fahrer; es kann einfach demonstriert werden, indem man den entfernten Teil der Straße, die Reflexionen des Sonnenlichts auf der Windschutzscheibe oder auf einer Wasseroberfläche eines Swimmingpools an einem heißen sonnigen Tag betrachtet. Moderne Laser nutzen häufig den Brewsterwinkel, um li-

Achtung
Um Unfälle zu vermeiden, platziere undurchsichtige Gegenstände an den Punkten, an denen die reflektierten Strahlen sowie der erste gebrochene Strahl aus dem Glas kommen.

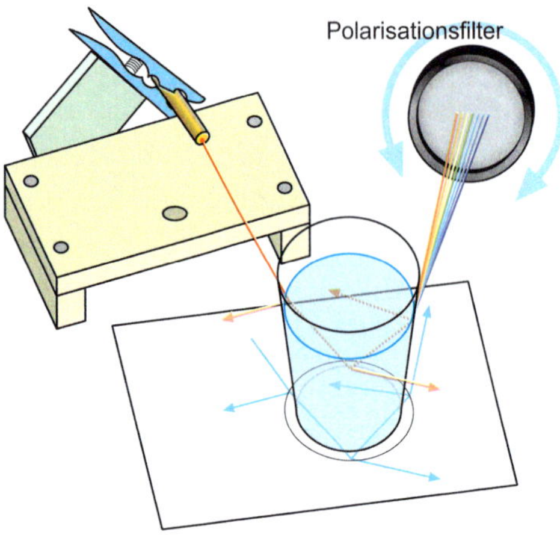

near polarisiertes Licht durch die Reflexionen an den verspiegelten Oberflächen zu erzeugen, die in der Nähe der Enden des Laserresonators angebracht sind. Wenn Du bedenkst, dass der Brewsterwinkel mit der Frequenz des Lichts variiert, kannst Du verstehen, was passiert, wenn Du eine CD-Hülle durch einen Polarisator betrachtest. Erzeugt ein Spiegel polarisiertes Licht? Beleuchte einen Spiegel mit einer Taschenlampe aus verschiedenen Einfallswinkeln und teste das reflektierte Licht mit einem Polarisator.

Simulation des Polarisationseffektes in einem Regenbogen

Drehe den Polarisationsfilter in einem verdunkelten Raum, um zu testen, ob der „Regenbogenstrahl“ (Laserstrahl, der aus dem Wasserglas kommt) polarisiert ist. Dazu sollte der Strahl auf einen „Schirm“ geworfen werden, z.B. eine weiße Wand oder ein weißes Blatt Papier,. Die Punkte repräsentieren die vertikale Polarisation (senkrecht zur Papierebene) und die Doppelpfeile stehen für die horizontale Polarisation des elektrischen Feldes des Lichts. Was passiert mit dem „Regenbogen“, wenn Du den Laserpointer allmählich um seine Achse drehst? Besteht der Laserstrahl aus polarisiertem Licht?

Wissenswertes: Doppelbrechung

Doppelbrechung tritt auf, wenn ein Material zwei verschiedene Brechungsindizes für die horizontale und die vertikale Polarisation des Lichts besitzt. Ein Lichtanteil mit einer Polarisation, die das Material am stärksten beeinflusst, hat einen höheren Brechungsindex und bewegt sich damit langsamer als das Licht mit der anderen Polarisation, die mit einem niedrigeren Brechungsindex verbunden ist. Wenn Plastik einer Belastung ausgesetzt ist, wenn Du ein Lineal biegst oder in transparente Folie beißt, dann wird es

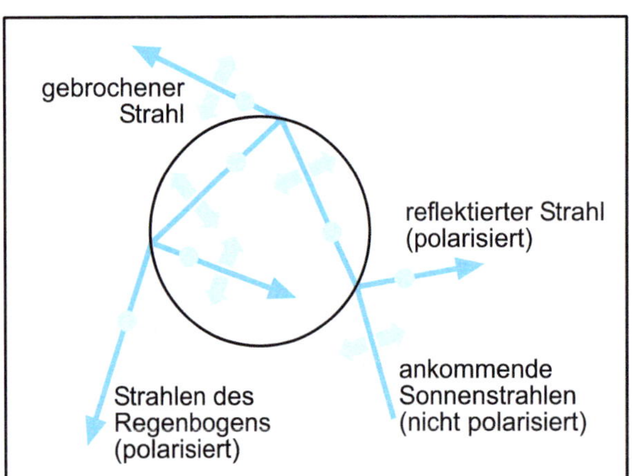

doppelbrechend. Dies kann mit Hilfe zweier gekreuzter Polarisatoren (Polarisationsfolien) oder durch den weißen Schirm eines LC-Displays und einen einzigen Polarisator gezeigt werden. Wenn unpolarisiertes Licht den ersten Polarisationsfilter passiert, wird es entlang der Achse des Polarisators linear polarisiert. Dies entspricht dem Licht des weißen Schirmes. Weil die Achsen beider Polarisatoren senkrecht zueinander stehen, kommt kein Licht aus dem zweiten Polarisator heraus. Du kannst ebenfalls einen Polarisator vor dem weißen Schirm eines LC-Displays drehen, bis er dunkel wird. Wenn Du ein Stück gespanntes Plastik zwischen den gekreuzten Polarisatoren oder zwischen dem weißen Schirm und einen dunkleren Polarisator platzierst, wird das polarisierte Licht in zwei Komponenten zerlegt, eine in Richtung des „schnellen Wegs" und die andere entlang des „langsameren Wegs". Wenn diese zwei Wellenkomponenten das Plastik verlassen, gibt es verschiedene Möglichkeiten: Die aus dem doppelbrechenden Plastik herauskommenden Wellen können linear polarisiert sein, zirkular polarisiert sein usw. Du kannst das Ergebnis zweier orthogonal zueinander stehender Schwingungen zeigen, indem Du einen Laserpointer verwendest, wie im Experiment „Klangbilder", S. 225, vorgeschlagen wird. Die verschiedenen Lichtkomponenten werden vom zweiten Polarisator auf unterschiedliche Weise „gefiltert", abhängig davon, wie das Plastik durch mechanische Spannung doppelbrechend geworden ist und wie dick es ist. Weil die Doppelbrechung farbabhängig ist, erscheinen unterschiedlich gespannte Bereiche des Plastiks in unterschiedlichen Farben. Wenn Du ein durchsichtiges Plastiklineal biegst, wirkt es doppelbrechend an den Stellen, an denen es gebogen wird? Was passiert, wenn das Lineal zu seiner normalen Form zurückkehrt? Ingenieure nutzen diesen Trick, um die Spannungsverteilung in Plastikmodellen von Strukturen wie Brücken zu untersuchen. Was ist mit der CD-Hülle? Wenn Du Stücke von starrem Plastik zusammenklebst oder sie erhitzt, werden sie doppelbrechend?

2.14 Warum ist der Himmel blau?

Die Sonne und der Himmel werden neu erfunden; es wird entdeckt, warum der Himmel blau ist.

Material	**M 2.14**
• *durchsichtiges Plastikgefäß oder rechteckige Glasauflaufform* • *Taschenlampe* • *einige Tropfen möglichst fettarmer Milch* • *Polarisationsfilter (falls vorhanden)*	

Schritt für Schritt

Fülle das Plastikgefäß (bzw. die Glasform) mit Wasser und stelle es in einem dunklen Raum in die Nähe einer weißen Wand. Beleuchte das Gefäß wie abgebildet mit einer Ta-

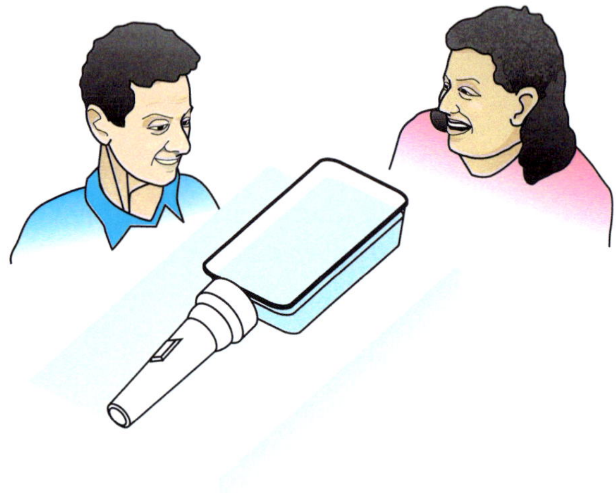

schenlampe. Prüfe, ob seitlich aus dem Gefäß Licht herauskommt. Mische einige wenige Tropfen Milch ins Wasser, bis eine homogene Lösung entsteht. Beleuchte das Gefäß erneut und beobachte, ob jetzt Licht seitlich entweicht und welche Farbe dieses Licht hat. Falls ein Polarisationsfilter vorhanden ist, benutze ihn, um die Eigenschaften des Taschenlampenlichtes und des seitlich entweichenden Lichtes zu entdecken. Drehe den Polarisationsfilter an verschiedenen Stellen des Glasgefäßes, wie im vorherigen Experiment. Vergleiche das von der Wand reflektierte Licht mit dem Orginallicht der Taschenlampe. Löse weitere Milchtropfen im Wasser auf und beobachte, was passiert. Wie erreicht das Licht der Sonne an den verschiedenen Tageszeiten die Erde: frühmorgens, mittags und bei Sonnenuntergang? Jetzt kannst Du Dir vorstellen, dass die Taschenlampe die Sonne darstellt und das Wasser mit Milch den Himmel ohne Wolken. Gibt es einen Zusammenhang zwischen diesem Experiment und dem Ursprung des Himmelsblaus sowie der Tatsache, dass die Sonne beim Sonnenaufgang und -untergang rot aussieht?

Wissenswertes

Wenn Sonnenlicht auf die Erdatmosphäre trifft, wird es an den Atomen, Molekülen, Ionen und Elektronen, die Du Dir als kleine Kugeln vorstellen kannst, in alle Richtungen gestreut. Dieses Phänomen wird Rayleigh-Streuung genannt. Stelle Dir einen Hochdruckstrahl aus Wasser vor, der an Steinen gestreut wird, die in den Strahl geworfen werden. Die Streuung des Lichts im Himmel ist für jede Farbe verschieden. Rot wird wesentlich weniger gestreut als Blau. Die Farbe, die am stärksten gestreut wird, ist Violett. Im Sonnenlicht ist der Anteil an blauem Licht größer als der violette Anteil. Außerdem sind Deine Augen gegenüber blauem Licht empfindlicher als gegenüber violettem Licht. Das ist der Grund, weshalb wir den Himmel hauptsächlich als blau wahrnehmen. Wenn der größte Teil des blauen Lichts gestreut wird, wird rot dominant. Die Milchmoleküle im Experiment arbeiten wie kleine Antennen. Das gestreute Licht, das Du von der Seite siehst, wird von den kleinen Antennen als Reaktion auf das elektrische Feld der unpolarisierten Lichtwelle der Taschenlampe (der „Sonne“) emittiert. Die Komponente des elektrischen Feldes der ankommenden Welle, die parallel zu Deiner Blickrichtung steht, taucht deshalb im gestreuten Licht nicht auf, wenn Du direkt auf die Seite des Gefäßes schaust. Die Antennen können kein Licht in Deine Blickrichtung aussenden, wenn sie in dieser Richtung oszillieren, weshalb das gestreute Licht, das Du siehst, polarisiert ist. Kannst Du dieses gestreute Licht verwenden, um die mechanische Deformation eines klaren Plastikkastens zu untersuchen? Wenn Du unter verschiedenen Blickwinkeln schaust, ändert sich die gestreute Ansicht ein wenig, weil jetzt Deine Blickrichtung nicht mehr länger mit einer Oszillationsrichtung der kleinen Antennen übereinstimmt. Kannst Du verstehen, weshalb das blaue Licht des Himmels teilweise polarisiert ist? Kannst Du auch herausfinden, in welcher Blickrichtung das Licht am stärksten polarisiert ist?

2.15 Erforschung des Laserstrahls

Ein Laserpointer wird zu einem wichtigen Entdeckungsinstrument umgewandelt.

Schritt für Schritt

A. Durch die Wände

Richte den Laserpointer auf eine der Gefäßwände. Kannst Du Licht sehen, das seitlich aus dem Gefäß oder an der Wasseroberfläche entweicht (vgl. „Warum ist der Himmel blau?", S. 141)?
Falls ein Polarisationsfilter vorhanden ist, kannst Du mit ihm das Licht untersuchen, das seitlich entweicht.

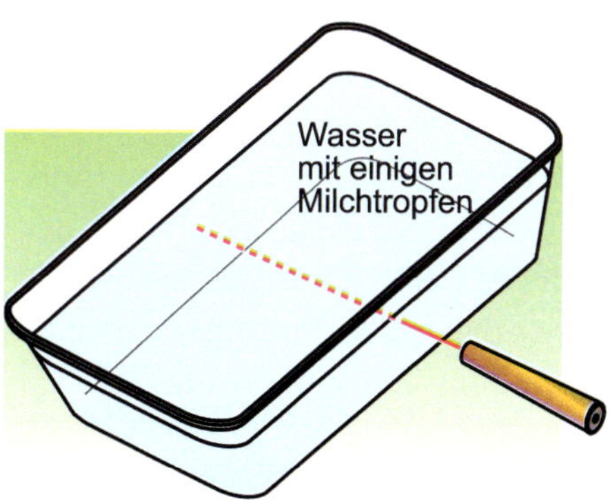

M 2.15

Material

- *Laserpointer mit Halter*
- *durchsichtiges Plastik- oder Glasgefäß ohne Deckel*
- *Wasser*
- *einige Tropfen möglichst fettarmer Milch*
- *dreieckiges Kaleidoskop (S. 128)*
- *weißes Papier*
- *Aluminiumfolie*
- *Stück Seide, z. B. Kleidungsstück*
- *durchsichtiger Luftballon (kleine Größe) oder Glühlampe mit durchsichtigem Glas*
- *durchsichtige Plastikhülse eines Kugelschreibers ohne Mine*

Achtung

Du darfst einen Laserpointer nie in Deine eigenen Augen oder in die Augen von jemand anderem richten. Er kann Dauerschäden an der Netzhaut verursachen. Der Laserpointer darf auch nicht auf einen Spiegel gerichtet werden, von wo er durch Reflexion jemandes Augen verletzen kann. Bei Beachtung dieser Vorsichtsmaßnahmen kannst Du viel Spaß mit einem Laser haben und neue Möglichkeiten entdecken. Die Experimente werden in einer dunklen Umgebung durchgeführt. Bis auf die Experimente F, „Linsen aus einem Wassertropfen", und H, „Seidiger Laserstrahl", verwenden alle denselben Behälter, gefüllt mit einer Mischung aus Wasser und einigen wenigen Tropfen (einigen sehr wenigen Tropfen!!) Milch.

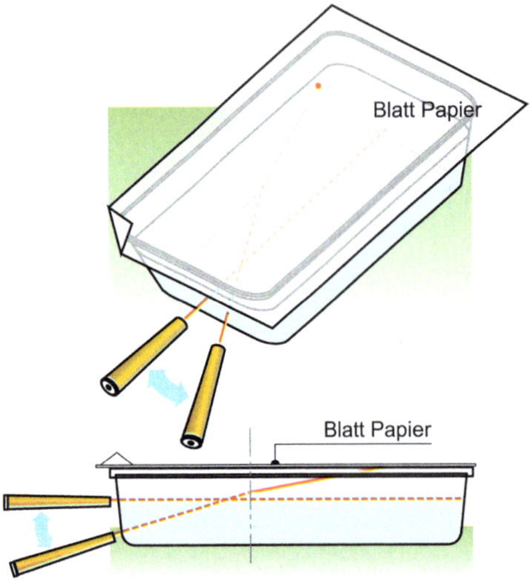

B. Zugedeckte Behälter

Decke das Gefäß mit einem weißen Blatt zu. Neige den Laserpointer so, dass der Strahl die Oberfläche erreicht. Variiere den Neigungswinkel so, dass der Strahl die Oberfläche fast parallel streift. Was siehst Du? Gibt es einen Zusammenhang zwischen diesem Experiment und dem der Lichtschläuche (S. 147)? Du kannst ausprobieren, ob etwas Licht das Blatt Papier erreicht, indem man den Laserpointer Richtung Wasseroberfläche neigt. Nimm das Blatt weg, tauche es ins Wasser und stelle es am Rand auf. Richte den Laserpointer auf das Papier und variiere den Einfallswinkel des Laserstrahls auf das Papier. Beobachte nun von oben das Licht, das auf das Papier trifft.

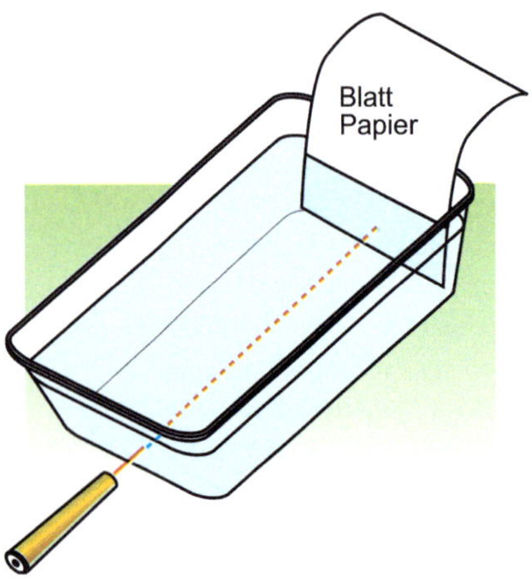

C. Hinter dem Spiegel

Stelle einen Spiegel innen an eine der Gefäßwände. Richte den Laserpointer von der gegenüberliegenden Wand aus so auf den Spiegel, dass der Laserstrahl senkrecht auftrifft. Verfolge den Strahl von oben und schaue auf den Spiegel. Was passiert mit dem Weg des Lichts? Erscheint „das Gespenst hinter dem Spiegel" nochmals? Man variiert den Neigungswinkel zwischen Laserpointer und Spiegel, hält den Laserpointer parallel zur Wasseroberfläche und beobachtet den Lichtstrahl von oben. Kannst Du „Licht am Ende des Tunnels" sehen (S. 121)?

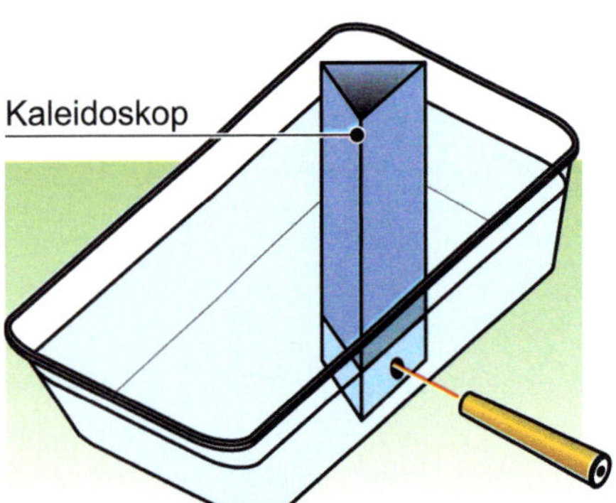

D. Kaleidoskopbilder

Entferne die Papierdreiecke von dem Kaleidoskop (S. 128). Ritze eine kleine Öffnung in die Rückseite eines Spiegels wie im Experiment „Das Wunder der Fische" (S. 127). Die Öffnung muss groß genug für den Laserstrahl sein. Tauche das Kaleidoskop in das Gefäß und lehne es so an die Wand, dass sich die untere Öffnung etwas unter der Wasseroberfläche befindet. Halte den Laserpointer auf die Öffnung im Kaleidoskop und beobachte von oben. Was passiert, wenn man den Laserpointer auf eine der Ecken des Kaleidoskopes am Boden richtet?

E. Reflexionen an Metallfolie

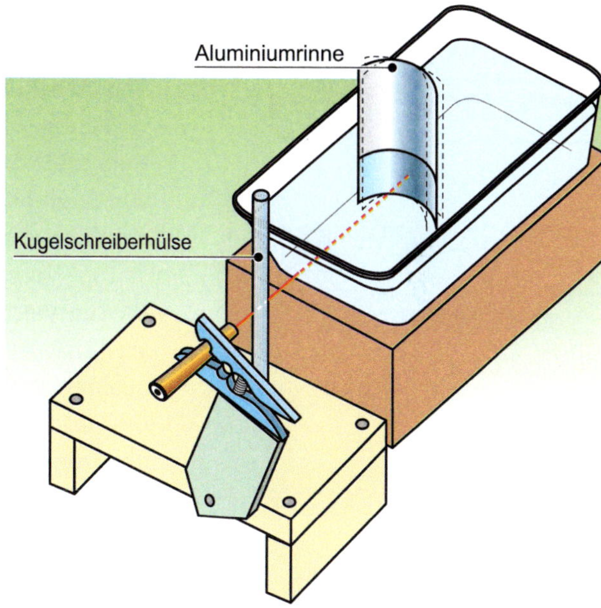

Bohre ein Loch in die Holzbasis der Laserpointer-Stütze, um die Plastikhülse festzustecken; sie wirkt wie eine „zylindrische Linse" (S. 117). Schneide ein Stück Aluminiumfolie ab und lege die glänzende Seite so über die Aluminiumrolle, dass sich eine Halbschale formt (zylindrischer Hohlspiegel). Tauche diese Aluminiumhalbschale senkrecht in das Gefäß. Richte den Laserpointer auf die Plastikhülse und beobachte, was mit den von der Aluminiumfolie reflektierten Strahlen passiert. Verändere die Lage der Schale (entsprechend den gestrichelten Linien auf der Abbildung) und beobachte den Gang der reflektierten Laserstrahlen. Bilde einen neuen Spiegel, indem Du die weniger glänzende Seite der Aluminiumfolie auf die Rolle legst. Nun wird das Experiment wiederholt, indem Du das Lichtbündel des Laserpointers auf die glänzendere Seite hältst (zylindrischer Wölbspiegel).

F. Linsen aus einem Wassertropfen Schritt für Schritt

Zusätzliches Material	M 2.15
• *eine 0,5-l-Plastikflasche mit Schraubverschluss* • *Wasser, vermischt mit ein paar Milchtropfen*	

Schneide ein kleines Loch in die seitliche Wand der Flasche auf die Höhe, in welcher der Laserpointer fixiert ist. Jetzt füllst du die Flasche mit dem Wasser-Milch-Gemisch. Um ein Auslaufen zu verhindern, halte den Finger über das Loch und verschließe die Flasche fest. Nimm Deinen Finger vom Loch. Stelle in einem verdunkelten Raum den Laserpointer mit seinem Halter auf einen Tisch in die Nähe einer weißen Wand, die als Schirm für den Laserstrahl dient. Platziere die Flasche auf dem Tisch; das Loch soll sich

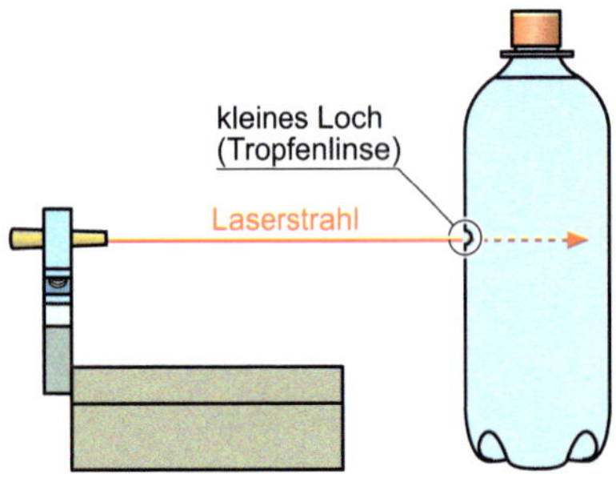

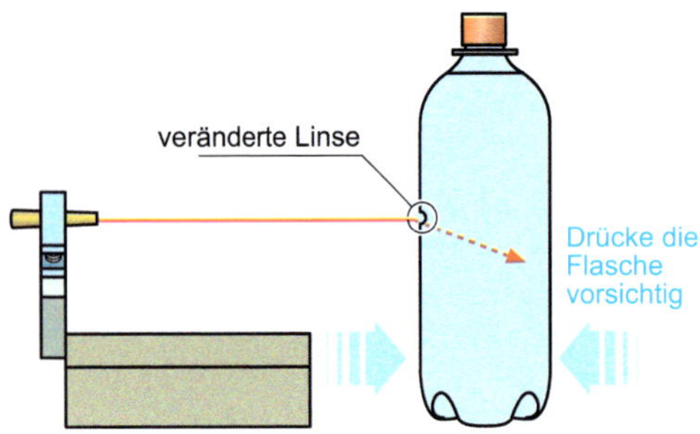

vor dem Laserpointer befinden. Schraube jetzt die Flasche oben ein wenig auf, so dass sich ein kleiner Tropfen im Loch bildet, und schraube sie dann wieder zu. Schalte den Laserpointer an und verfolge den Weg des Lichts, das aus dem Tropfen kommt. Betrachte auch das Bild, das auf der weißen Wand entsteht. Drücke die Flaschenseiten vorsichtig wie gezeigt und beobachte, was passiert. Statt die Flasche zu öffnen, kannst Du auch von Beginn an die Flasche drücken. Kannst Du den Brennpunkt Deiner neuen Linse einstellen?

Wissenswertes

Weil sich der Druck im Wasser in alle Richtungen ausbreitet, wird der Tropfen beeinflusst, wenn Du die Flasche zusammendrückst. Die Krümmung des Tropfens und die Art der Lichtfokussierung kann also geändert werden. Dies ist ein einfaches Beispiel für die so genannte adaptive Optik.

G. Untergetauchte Linse

Tauche die „Linse“ (durchsichtiger Ballon, mit Luft gefüllt, oder Glühlampe) in das Gefäß. Richte den Laserpointer auf die senkrechte Plastikhülse und beobachte das Licht, welches auf der anderen Seite der Linse austritt. Du kannst diese „Linse“ mit der Lupe aus Luftballon (S. 117) oder aus einer wassergefüllten Glühlampe (S. 118) vergleichen. Worin besteht der Unterschied zwischen beiden?

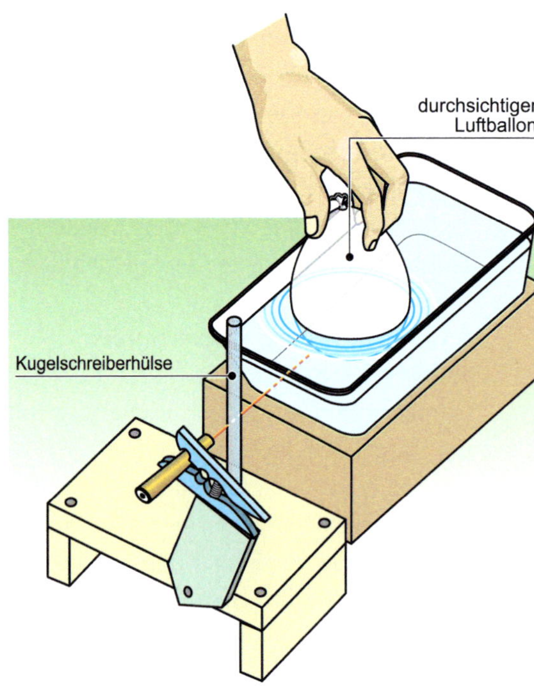

H. Seidiger Laserstrahl

Richte den Laserpointer auf eine Wand. Was passiert mit dem leuchtenden Punkt, wenn Du Dich von der Wand entfernst? Verhänge den Lichtaustritt des Laserpointers mit einem Stück Seide und beobachte das an die Wand projizierte Bild.

Alternative
Falte das Stück Seide. Verhänge den Lichtaustritt des Laserpointers mit dem gefalteten Stück Seide und beobachte das an die Wand projizierte Bild. Was passiert mit dem Bild, wenn Du langsam den obenliegenden Stoffteil über dem darunterliegenden mit den Fingern hin und her bewegst?

Wissenswertes
Das Ende eines Laserpointers ist wie der Ausgang eines Fußballstadions am Ende eines Meisterschaftsspiels. Wenn das Licht herauskommt, öffnet sich der Strahl seitlich, genau wie die Fans am Spielende zum Ausgang herauskommen. Ein Loch beugt das Licht ebenso wie ein Hindernis es tun würde. Für das Licht ist der Ausgang äquivalent zum Tor des Stadions. Die Fans würden das Tor meiden, wenn es ein Hindernis bilden würde. Die vielen Seidenfäden agieren auch als kleine „Türen", die das Laserlicht hindurchlassen. Platziere eine Strähne menschlichen Haars vor dem Ende des Laserpointers und leuchte in einem verdunkelten Raum gegen eine Wand. Du kannst auch ausprobieren, was passiert, wenn Du die Haare durch einen schmalen Spalt ersetzt. Wenn Du verschiedene Haarsträhnen miteinander verwebst, dann hast Du ein Stück „Seide". Es ist einfach zu sehen, warum ein Spalt (ein Ausgang) und das Haar (ein Tor) Licht in der gleichen Art und Weise streuen. Wenn Du einen schmalen Spalt mit einem Haar bedeckst, wird er für Licht undurchlässig. Das bedeutet, dass das elektrische Feld des Lichts hinter dem bedeckten Spalt null ist. Du kannst Dir dies als Summe der einzelnen Beiträge des Spalts und des Haars vorstellen. Für einen bedeckten Spalt sollte gelten, dass das elektrische Feld des Lichts hinter dem Spalt alleine genau das Gegenteil des elektrischen Feldes hinter dem Haar alleine an derselben Stelle darstellt. Weil das, was wir sehen, mit dem Transport von Energie durch das Licht zu tun hat, spielt es keine Rolle, in welche Richtung das elektrische Feld gerichtet ist.

2.16 Lichtschläuche

Entdecke das Prinzip der Glasfaser.

Material	M 2.16
• *Taschenlampe* • *rechteckige Milch- oder Saftschachtel* • *Stück Trinkhalm (2 cm)* • *Sekundenkleber*	

Schritt für Schritt
Bohre etwa 2 cm vom Boden entfernt ein Loch in die Milch- oder Saftpackung, mit einem Durch-

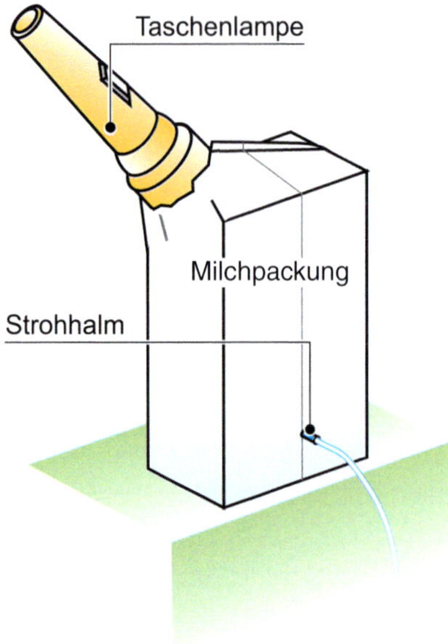

messer, der etwas kleiner ist als der Trinkhalm. Stecke den Trinkhalm 0,5 cm ins Loch und dichte ihn mit Sekundenkleber ab.
Mache in den oberen Teil der Schachtel eine Öffnung, die groß genug ist, um die Taschenlampe hineinzustecken. Verschließe den Trinkhalm mit dem Finger und fülle die Schachtel mit Wasser auf. Stecke in einem dunklen Raum die eingeschaltete Taschenlampe in die obere Öffnung und lasse den Trinkhalm los. Jetzt kannst Du den Wasserstrahl in der Handfläche auffangen. Hier zeigt sich das Prinzip der Glasfaser („Lichtschlauch"), die heute immer mehr benutzt wird und z. B. im Telefonsystem die Kupferdrähte ersetzt. Wiederhole das Experiment, indem Du einige Tropfen Milch ins Wasser mischst und beobachtest, wie sich die Lichtintensität verändert; diese Beobachtungen kann man mit dem Experiment „Warum ist der Himmel blau?" von S. 141 vergleichen.
Wie wäre es, das Experiment zu wiederholen, indem Du ein zweites Loch etwas oberhalb des ersten machst und ebenfalls einen Trinkhalm hineinsteckst? „Schweiße" die beiden Wasserstrahlen zusammen (siehe „Ein Knoten im Wasser", S. 178) und verfolge den Verlauf des Lichtes.

Wissenswertes
Wenn das sich in einem transparenten Medium mit höherem Brechungsindex (wie Wasser) ausbreitende Licht die Grenzfläche zu einem Medium mit niedrigerem Brechungsindex (wie Luft) erreicht, wird es teilweise reflektiert und teilweise hindurchgelassen. Wenn der Einfallswinkel zu spitz wird, findet keine Transmission, sondern nur noch eine Totalreflexion statt, siehe auch Punkt B beim Experiment „Erforschung des Laserstrahls", S. 143. Das ist die Methode, mit der Lichtleiter arbeiten. Tatsächlich werden Lichtleiter aus Quarz oder Kunststoff für die optische Kommunikation verwendet, wobei sie Licht transportieren, das Informationen trägt. Mit Lichtsignalen können Töne, Bilder oder andere Daten übertragen werden.

Material	M 2.16
• *fünf oder mehr zylindrische Gläser* • *Laserpointer mit Halter* • *Wasser* • *Milch*	
Hinweis *Die visuellen Effekte, die durch den Laserstrahl hervorgerufen werden, sind eindrucksvoller, wenn Du das Experiment in einem verdunkelten Raum durchführst. Beachte, dass der Laserstrahl die Gläser knapp unterhalb der Wasseroberfläche passiert. Was geschieht, wenn er die Gläser in der Nähe des Bodens trifft?*	

Einen Schritt weiter

Von Glas zu Glas – Können Laserstrahlen Zickzackpfaden folgen?

Schritt für Schritt

Fülle die Gläser mit Wasser und ein paar Tropfen Milch und rühre um, so dass das Wasser ein wenig bläulich wird. Stelle die Gläser dicht beieinander so auf, dass sie wie abgebildet einen Kreisbogen bilden, und platziere den Laserpointer an der Wand eines Glases am Ende (oder am Anfang) der Glasreihe. Korrigiere, während Du von oben schaust, die Position der Gläser und den Einfallswinkel des Laserstrahles auf das erste Glas, um zu erreichen, dass der Laserstrahl wie abgebildet seine Richtung ändert. Ist die Intensität des Laserstrahles in allen Gläsern gleich? Was passiert, wenn Du eines der Gläser leicht zur Seite schiebst?

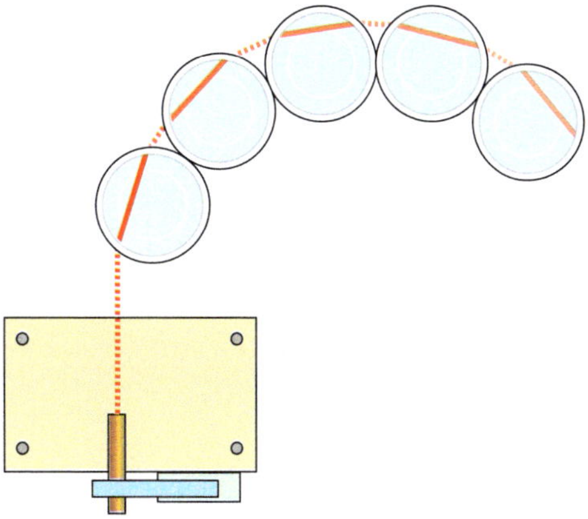

Wissenswertes

Der Laserstrahl wird abgelenkt, wenn er die Wände jedes Glases trifft und das Glas verlässt. In beiden Fällen ändert er seine Richtung, weil Wasser und Luft unterschiedliche Brechungsindizes besitzen. Du kannst also erreichen, dass der Laserstrahl einem gebogenen Pfad folgt. Kannst Du die Gläser so anordnen, dass der Laserstrahl kompliziertere Wege durchläuft? Wie wäre es damit, die Abstände der Gläser zu erhöhen?

2.17 Zeitlupentempo

Es werden die Lichtblitze von Diskotheken am Fernseh- oder Computerbildschirm nachgeahmt.

Material	M 2.17
• *Computer- oder Fernsehbildschirm* • *Ventilator mit verstellbarer Geschwindigkeit*	

Schritt für Schritt

Führe mit dem Finger in schneller Form eine verneinende Bewegung aus. Kannst Du die Bewegung des Fingers mit den Augen verfolgen? Schalte nun den Computer oder Fernseher ein und wiederhole das gleiche Experiment vor dem Bild-

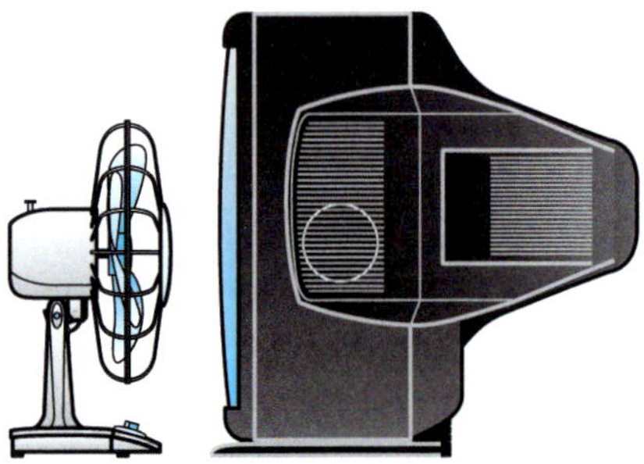

schirm. Was beobachtest Du? Versuche auch, Plastiklineale mit unterschiedlichen Längen vor dem Schirm vibrieren zu lassen. Stelle einen Ventilator zwischen dem Bildschirm und der Versuchsperson auf. Beobachte, was mit der Bewegung der Ventilatorschrauben passiert, wenn Du die Geschwindigkeit des Ventilators variierst. Hast Du schon etwas Ähnliches in einer Disco mit stroboskopischem Licht beobachtet? Was für einen Schluss ziehst Du aus dem Experiment mit dem Licht des Bildschirmes?

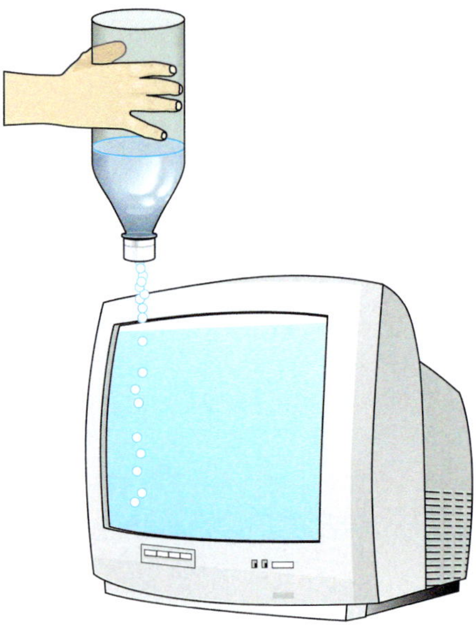

Einen Schritt weiter: Lass Wassertropfen zu Licht kommen!

Bohre ein kleines Loch in den Boden oder den Deckel einer Plastikflasche, um einen dünnen, kontinuierlichen Wasserstrahl zu erzeugen. Du kannst auch einen „Trichter“ aus einer Plastikflasche machen und ihn mit Wasser füllen. Platziere die Flasche/den Trichter über einer Schüssel vor Deinem Bildschirm. Versuche die Flasche bzw. den Trichter in unterschiedlichen Höhen zu halten und beobachte, was passiert, wenn der Wasserstrahl den weißen Bildschirm kreuzt. Ist der Strom wirklich kontinuierlich? Der Effekt lässt sich in einem verdunkelten Raum noch besser beobachten.

Wissenswertes

Das Bild, das auf dem Bildschirm der meisten modernen (analogen) Computermonitore und Fernsehgeräte erzeugt wird, entsteht durch Elektronenstrahlen. Elektronen sind kleine geladene Teilchen, die ständig von links nach rechts und von oben nach unten über den Bildschirm fegen. Jedes Elektron trifft den mit einer phosphoreszierenden Schicht bedeckten Schirm und erzeugt einen kleinen „Lichtfunken“. Alle diese Lichtfunken zusammengenommen interpretieren wir als vollständiges Bild. Weil jeder Punkt des Bildschirms nur dann Licht aussendet, wenn er von einem Elektron getroffen wird, blitzt er mit einer bestimmten Frequenz. Das Gleiche gilt für den ganzen Schirm. Stelle Dir nun eine rotierende

Scheibe mit einer Markierung am Rand vor (die Flügel eines elektrischen Ventilators), die durch ein Blitzlicht beleuchtet wird. Wenn die Blitzfrequenz mit der Rotationsfrequenz übereinstimmt, wird die Markierung immer an derselben Stelle beleuchtet und erscheint bewegungslos. Wenn hingegen die Blitzfrequenz niedriger als die Rotationsfrequenz ist, leuchtet das Licht wieder, nachdem die Markierung eine volle Umrundung geschafft hat. In diesem Fall scheint sich die Markierung in Drehrichtung vorwärts zu bewegen. Ist die Blitzfrequenz höher als die Drehfrequenz, blitzt das Licht, bevor eine volle Drehung der Markierung vollendet ist. Wiederholt sich dies, scheint sich die Markierung rückwärts zu bewegen. Dies geschieht in alten Westernfilmen mit den Rädern der Postkutschen. In beiden Fällen scheint sich die Markierung eine kürzere Strecke zwischen zwei aufeinanderfolgenden Blitzen zu bewegen als sie es tatsächlich tut. Sie scheint dadurch langsamer zu sein. Dieser optische Effekt wird Stroboskopeffekt genannt. Stroboskop ist griechisch und bedeutet „wirbelnder Zuschauer".
Was ist mit den Wassertropfen? Man kann sich die Wasseroberfläche als eine gespannte Haut vorstellen, die sich jeder Verformung entgegensetzt. Die Natur wählt einen Zustand von niedrigerer Oberflächenspannung bzw. Energie aus. Wasser zieht es vor, Tropfen zu formen, weil die Gesamtoberfläche aller Tropfen kleiner ist als die Oberfläche des Wasserstrahls. Da die Oberflächenenergie proportional zur Fläche ist, wird der Wasserstrahl instabil und dadurch in Tropfen umgewandelt. Das Gleiche passiert in Wasserfällen. Und in Deiner Dusche?

2.18 Weihnachten mit „Fraktalen"?

Wie Du noch mehr über die Bedeutung von Weihnachten erfahren kannst.

Material	M 2.18
• *Weihnachtskugeln, verschiedene Größen* • *Taschenlampe* • *Kreppband*	

Schritt für Schritt

Türme die Weihnachtskugeln übereinander (s. Abb.) und fixiere sie mit Kreppband. Beleuchte sie dann mit der Taschenlampe. Wie wäre es, diese neuen Bildeindrücke mit jemandem zu teilen?

Einen Schritt weiter

Ersetze die obere Kugel durch eine Kugel von anderer Größe . Du kannst auch Kugeln unterschiedlicher Farben benutzen und beobachten, was passiert.

Wissenswertes

Du hast vielleicht in Garagen, an Straßenkreuzungen und in Geschäften Spiegel gesehen, die dieselben Bilder produzieren wie die verspiegelten Glaskugeln. Weil sie die Objekte schrumpfen lassen, hast Du einen Blick aus der Vogelperspektive auf die Objekte vor den Kugeln. Wenn Du verschiedene dieser Spiegel dicht nebeneinander hast, ist das Bild der einen Kugel eine kleinere Kugel, die wiederum ein noch kleineres Bild erzeugt usw. So bekommst Du etwas, das sich Fraktal nennt.

3 | Die Welt der Atome und unsere Welt

3.1 Zappelige Atome

Hier bekommst Du einen Eindruck, wie sich die Atome eines Gases verhalten (z. B. die Luft, die wir atmen).

M 3.1

Material
- *etwa 50 Styroporbälle von ca. 2,5 cm Durchmesser*
- *Plastikmülleimer oder Plastikbehälter mit Löchern, etwas kleiner als die Styroporbälle, in der seitlichen Wand*
- *Pappe*
- *Fön*
- *Band*

Hinweis
Erhöhe die Geschwindigkeit der Luft aus dem Fön (die „Temperatur" wird erhöht), während Du den Deckel festhältst. Wie reagieren die Styroporbälle auf diese Veränderung? Jetzt drücke den Deckel in den Korb, so dass weniger Platz für die Bälle bleibt. Was passiert?

Schritt für Schritt
Schneide eine Pappscheibe aus, die etwas (ca. 2 cm) kleiner ist als der Durchmesser des Mülleimers. Befestige eine Schleife aus Schnur auf der Scheibe. Diese Pappscheibe dient als Stempel. Stecke dann die Styroporbälle in den Korb und verschließe ihn mit dem Pappdeckel. Halte den Korb hoch, richte den kalten Luftstrom des Föns auf ihn und beobachte, was mit den Bällen passiert (s. Abb.). Halte, falls nötig, den Fön näher an den Korb. Verringere nun den zur Verfügung stehenden Raum für die Bälle, indem Du den Pappstempel nach innen drückst, und beobachte, was passiert.

Wissenswertes
Ein Gas kann als eine große Anzahl von winzigen Bällen angesehen werden, die andauernd im Zickzackkurs gegeneinander und gegen die Wände eines umgebenden Gefäßes stoßen. Druck ist dann das Nettoergebnis von Milliarden von Milliarden von energiereichen winzigen Bällen, die gegen die Wände ihres Gefäßes stoßen.

M 3.2

Material
- *Plastikflasche mit Schraubdeckel oder Getränkedose*
- *kochendes und kaltes Wasser*

Achtung
Dieses Experiment benötigt die Hilfe eines Erwachsenen.
Halte den Abstand zwischen der Dose und Deinem Körper möglichst groß, um Unfälle zu vermeiden.

Hinweis
Was passiert mit dem Dampf im Inneren der Plastikflasche oder Dose, wenn er schnell abgekühlt wird?

3.2 Zerquetschen von Dosen und Plastikflaschen

Es ist möglich, eine Dose mit einem Eimer kalten Wassers zu zerquetschen.

Schritt für Schritt
Plastikflasche: Schütte kochendes Wasser in die Plastikflasche und schließe das Gefäß nach 1-2 Minuten gut. Schütte dann kaltes Wasser auf die Flasche und beobachte, was passiert.
Dose: Schütte etwas Wasser in die Dose, bis der Boden gut bedeckt ist. Erhitze die Dose direkt über einer niedrigen Flamme oder im Wasserbad, indem Du die Dose mit einer Zange oder zwei Holzästen (oder zwei Holzkochlöffeln) festhältst. Sobald das Wasser in der Dose kocht und sich Dampf entwickelt, drehe die Dose schnell um und halte die Öffnung unter kaltes Wasser. Was passiert mit der Dose? Warum?

Wissenswertes
Die Temperatur des kochenden Wassers im Inneren der Flasche oder Dose kann die Luft im Inneren beeinflussen, indem sie energiereicher wird als die Luft außerhalb. Als Ergebnis steigt der Druck im Inneren der Flasche oder Dose und die Luft strömt aus, bis der Druck ausgeglichen ist. Die Anzahl der zurückbleibenden winzigen zappelnden Bälle nimmt dabei ab. Wenn Du die Flasche mit dem Deckel verschließt und sie mit kaltem Wasser begießt bzw. die Dose in kaltes Wasser tauchst, fällt die Temperatur sofort und der innere Druck nimmt ab. Dabei entsteht ein teilweises Vakuum. Nun erledigen die kleinen Bälle in der Luft außerhalb ihre Arbeit. Weil der Außendruck jetzt größer ist als der Innendruck, werden sowohl die Flasche als auch die Dose eingedrückt.

M 3.3

Material
- *Laserpointer mit Halter*
- *kleiner Spiegel, der nur notwendig ist, wenn Du wenig Platz hast (s. Schritt für Schritt bei Experiment A weiter unten)*
- *Kerze*
- *1 klares zylindrisches Glas*
- *Leitungswasser und kochendes Wasser*
- *Kaffeepulver, Kakaopulver oder schlammiges Wasser*

3.3 Biegen von Laserstrahlen

Du kannst einen Laserstrahl biegen, indem Du Teile seines Weges erwärmst.

Die folgenden Experimente benötigen die Aufsicht eines Erwachsenen!

Achtung
Du darfst nie einen Laserpointer in Deine eigenen Augen oder in die Augen von jemand anderem richten. Er kann Dauerschäden an der Netzhaut verursachen. Ebenfalls solltest Du vermeiden, den Laserpointer auf einen Spiegel zu richten, von wo er durch Reflexion jemandes Augen verletzen kann. Bei Beachtung dieser Vorsichtsmaßnahmen kannst Du viel Spaß mit einem Laser haben und neue Möglichkeiten entdecken.

A) Die Flamme anblasen

Schritt für Schritt

Fixiere Deinen Laserpointer so in dem Halter, dass das Laserlicht eine Wand („weißer Schirm“) trifft, wenn Du den Pointer anschaltest. Platziere die Kerze nahe der Strahlöffnung des Laserpointers, so dass der Laserstrahl die Flamme wie abgebildet kreuzt. Verwende ein Blatt Papier hinter der Flamme, um die Laserposition zu justieren. Du kannst die Flamme durch seitliches Anblasen oszillieren lassen. Betrachte die Wand oder die Decke, an die der Laserstrahl projiziert wird. Wie reagiert der Strahl auf die tanzende Flamme?
Reagiert der Laserstrahl unterschiedlich, wenn er verschiedenfarbige Bereiche der Flamme durchläuft? Was passiert, wenn der Strahl direkt über der Flamme verläuft? Wenn der Abstand zwischen Laser und Wand größer oder gleich 6-7 m ist, genügt der direkte Einfall des Laserstrahls, um unterschiedliche visuelle Effekte zu erzeugen. Falls der Abstand kleiner ist, befestige den kleinen Spiegel an der Wand, so dass der Laserstrahl reflektiert wird und die gegenüberliegende Wand oder die Decke trifft.

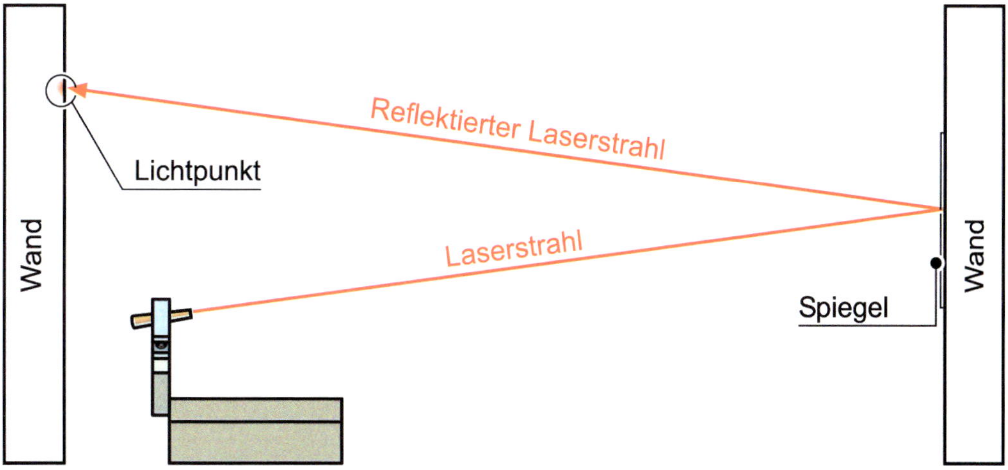

Hinweis

Deutlich ausgeprägtere visuelle Effekte können mit dem Laserstrahl in einem dunklen Raum erreicht werden.
Je länger der Weg des reflektierten Laserstrahls ist, desto größer ist der visuelle Effekt, der durch die tanzende Flamme erzeugt wird. Um den Punkt zu ändern, an dem der Laserstrahl projiziert wird, kippe einfach den Spiegel (Änderungen im Winkel werden also vergrößert – siehe S. 122).

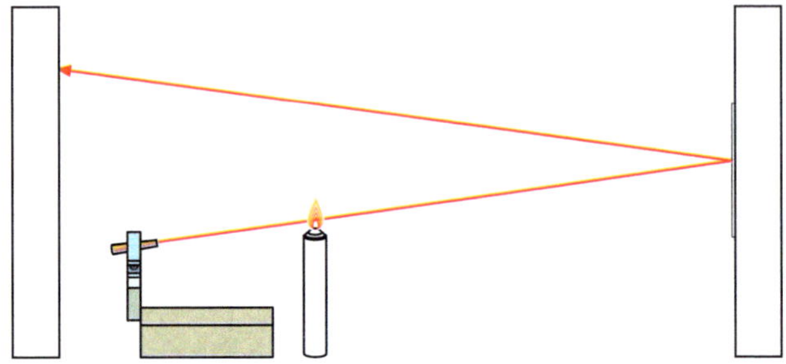

Wissenswertes

Heiße Luft hat einen anderen Brechungsindex als „normale" Luft. Dies liegt daran, dass heiße Luft weniger dicht ist als kalte Luft, was auch bei Wasser der Fall ist (siehe das Experiment „Ein der Sonnenbestrahlung ausgesetztes Auto", S. 173). Wenn Du die Tür eines heißen Ofens oder eines von der Sonne beschienenen Autos öffnest, spürst Du einen heißen Luftstrom. Die höchste Temperatur einer Kerzenflamme ist über 1400 °C. Wenn Du die Flamme anbläst, wird an dieser Stelle die heiße Luft durch kühlere Luft mit einem anderen Brechungsindex ersetzt. Dadurch ändert der Laserstrahl seinen Weg, was die Position des Lichtpunktes auf der weißen Wand beeinflusst. Du hast bestimmt schon bemerkt, dass die Sterne nachts zu blinken scheinen. Die Temperatur in der atmosphärischen Luft variiert örtlich und zeitlich, je nach ihren Umgebungsbedingungen, genauso, wie wenn Du die Kerzenflamme anbläst. Deswegen haben Lichtstrahlen von Punktlichtquellen wie Sternen zufällige Abweichungen (Brechungen), wenn sie die Atmosphäre passieren. Auf dem Mond würdest Du nie die Sterne blinken sehen, weil es dort keine Atmosphäre gibt. Das Licht, das von weit entfernten Gebäuden und öffentlicher Beleuchtung kommt, zeigt ähnliche Effekte. Neben der Variation der Lufttemperatur kann auch Verschmutzung (beispielsweise Rauchpartikel, die in der Luft schweben) Lichtstrahlen umlenken, die von weit entfernten Lichtquellen kommen.
Hast Du an einem heißen Sommertag schon einmal die zitternden Bilder oberhalb des Daches eines geparkten Autos bemerkt? Luftspiegelungen in der Wüste oder über heißem Asphalt entstehen wegen des sich ändernden Brechungsindexes aufgrund von Unterschieden in der Lufttemperatur. Bei sehr niedrigem Blickwinkel scheinen die Lichtstrahlen von einem Ort neben der Straße zu kommen, als ob sie in einer Pfütze reflektiert würden.

B) Kaltes Wasser gegen kochendes Wasser

Ersetze die Kerze durch ein durchsichtiges Glas mit kaltem Leitungswasser und beobachte das Bild, das auf die Wand projiziert wird, wenn der Laserstrahl das Wasser durchkreuzt. Als Nächstes ersetze das Glas durch ein anderes mit kochendem Wasser. Der Laserstrahl sollte das Wasser in beiden Fällen knapp unter der Wasseroberfläche kreuzen. Vergleiche die Abbildungen, die auf die Wand projiziert werden, und entdecke, wie die Wassertemperatur die Muster beeinflusst, die Du siehst. Platziere den Laserstrahl in der Nähe des Glasbodens und danach in Zwischenhöhen. Was passiert mit den Mustern, wenn das Wasser abkühlt?

Wissenswertes

Die Schicht heißen Wassers in der Nähe der Wasseroberfläche kühlt ab, weil sie thermische Energie an die Luft darüber abgibt und auch, weil das Wasser verdampft. Die energiereichsten Wassermoleküle sind die ersten, die die Oberfläche verlassen und dabei also die mittlere Energie der zurückgelassenen Moleküle verringern. Außerdem strahlt heißes Wasser Infrarotlicht aus, was dazu beiträgt, seine Temperatur zu senken. Wenn sich das Wasser abkühlt, steigt seine Dichte; folglich sinkt die oberste Schicht nach unten und wird durch eine heißere (weniger dichte) Wasserschicht ersetzt. Diesen Wasserstrom nennt man Konvektionsstrom. Er ist verantwortlich für die lebendigen Muster, die Du durch die Veränderung des Brechungsindexes sehen kannst. Wenn Du das Experiment mit Leitungswasser durchführst, gibt es keine Konvektionsströme, weil das Wasser dieselbe Temperatur wie die Luft hat.

C) Im Wasser schwebende Teilchen

Platziere ein durchsichtiges Glas mit Leitungswasser vor der Laserstrahlöffnung. Beobachte die Muster, die auf die Wand („die weiße Leinwand") projiziert werden, wenn der Laserstrahl das Wasser durchkreuzt. Füge dem Wasser ein wenig Kaffee- oder Kakaopulver hinzu und rühre es um, damit es so homogen wie möglich wird. Du kannst auch schlammiges Wasser verwenden, das Du mit Leitungswasser verdünnst, bis es bei leichter Braunfärbung durchsichtig wird. Warte ein wenig, bis das Wasser zur Ruhe gekommen ist. Vergleiche die Muster, die in beiden Fällen auf die Wand geworfen werden, wenn Du den Laser einschaltest.

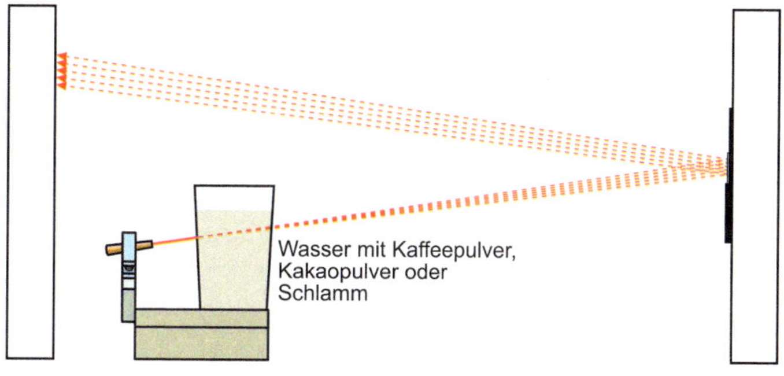

Wissenswertes

Wenn der Laserstrahl das Wasser kreuzt, sieht man Muster, die durch Reflexionen des Strahls an den Wänden des Glases entstehen. Wenn Du Pulver in das Wasser mischst, kommt etwas hinzu. Die Wassermoleküle bewegen sich wegen ihrer thermischen Energie im Glas hin und her. Die relativ wenigen im Wasser schwebenden Teilchen (Kaffee, Kakao oder Schlamm) werden ständig von den wesentlich kleineren Wassermolekülen angestoßen und zufällig verschoben. Dies wird Brown'sche Bewegung genannt. Von Zeit zu Zeit geraten die Teilchen in den Weg des Laserstrahles. Sie streuen das Licht und produzieren kleine Wellen. Diese Wellen überlappen und interferieren und erzeugen die dynamischen Muster auf dem Schirm. Der Laserstrahl ermöglicht es Dir also, den feinen Tanz der winzigen, im Wasser schwebenden Teilchen zu verfolgen, deren Bewegung durch die umgebenden Wassermoleküle angetrieben wird. Willkommen in der aufrüttelnden Nanowelt!

3.4 Selbstgebastelte Dampfmaschine

Oder wie man die zappeligen Atome zum Arbeiten bringt.

M 3.4

Material

- *volle Getränkedose (mit Kohlensäure)*
- *Draht*
- *leere Milch- oder Saftpackung, innen mit Aluminium ausgekleidet*
- *Klammerhefter*
- *Klebstoff oder Sekundenkleber*
- *Pappe oder Holzbrett*
- *Metallbehälter (z. B. Sardinenbüchse)*
- *Kreide*
- *Brennspiritus*
- *Wasser und Spritze (falls vorhanden)*

Schritt für Schritt

Bohre ein Loch an der markierten Stelle in die volle Dose (Dampfkessel, s. Abb. S. 160), z. B. mit einer Nadel oder einem dünnen Nagel. Drehe dann die Dose um und schüttele sie. Das Sprudelgetränk spritzt im Strahl aus dem Loch.
Drehe die Dose erneut um, wenn sie nur noch ca. 1/3 des Inhaltes enthält.
Schneide zwei Quadrate von ca. 9 cm x 9 cm aus der Milchpackung aus und klebe sie zusammen. Du erhältst ein Quadrat, das außen mit Aluminium verkleidet ist; daraus baut man ein Windrad.
Falls nötig, kannst Du es mit einem Klammerhefter verstärken (s. Modell auf S. 160). Biege aus dem Draht eine Halterung für den Dampfkessel und die Achse des Windrades, und befestige es am Rand der Dose. Lege die Kreide in die Metalldose (Feuerung) und schüttele so viel Brennspiritus darüber, bis die Kreide keinen Spiritus mehr aufnimmt. Stelle den Dampfkessel auf die Halterung und die Feuerung darunter. Zünde vorsichtig das Feuer an. Nach einigen Minuten kocht die Flüssigkeit im Dampfkessel und der Dampfstrahl, der aus dem Loch austritt, sorgt dafür, dass sich das Windrad dreht.

Achtung
Dieses Experiment erfordert die Hilfe eines Erwachsenen! Kreide ist ein poröses Material; der Brennspiritus wird von ihren Poren aufgesogen und bei der folgenden Verbrennung allmählich freigegeben. Lagerfeuer oder Holzkohlengrills kann man auf die gleiche Art anzünden; Holzkohle ist ebenfalls porös. Die Spiritusflasche muss weit genug weg vom Feuer gehalten werden und immer außerhalb der Reichweite von Kindern bleiben. Es ist ratsam, von Zeit zu Zeit einen neuen Dampfkessel zu bauen, da er durch den Gebrauch kaputt geht. Sobald das Wasser fast aufgebraucht ist, musst Du den Kessel mit einer Zange entfernen. Der Dampfkessel wird beschädigt, wenn Du ihn mit kaltem Wasser in Berührung bringst (s. „Zerquetschen von Dosen und Plastikflaschen", S. 154). Um das Feuer zu löschen, decke die Sardinenbüchse mit einem Brett zu. Der Dampfkessel sollte sich abkühlen, bevor Du ihn wieder benutzt. Neues Wasser füllst Du mit einer Spritze in die Dose ein. Von Zeit zu Zeit musst Du die Dose durch eine neue ersetzen. Niemals solltest Du die mit Wasser oder einem Getränk gefüllte Dose direkt in einer Flamme oder sehr heißen Wärmequelle erhitzen. Der Druck in der Dose kann sich extrem erhöhen und eine Explosion verursachen. Stelle vor dem Experiment sicher, dass das Loch der Dose nicht verstopft ist.

Wissenswertes

Im Wasser sind die Moleküle lose miteinander verbunden, so dass sie immer beweglich sind (Wasser fließt). Wenn Du das Wasser erhitzt, dann bekommen die Moleküle genug Energie, um die Bindungen zu lösen und sich fortzubewegen. Das Wasser wird zu Dampf. Der Druck, der durch den Dampf im Inneren der Dose erzeugt wird, ist höher als der Luftdruck, der von außen auf die Dose wirkt, weil die Moleküle der äußeren Luft weniger energiereich sind. Wenn der Innendruck groß genug wird, kommt ein heißer Dampfstrahl aus dem kleinen Loch und trifft die Windmühle, die sich zu drehen beginnt. Wenn der größte Teil des Wassers in der Dose verdampft ist, verringert sich der Druck in der Dose und es ist Zeit, die Dose neu zu füllen. Bei diesem Prozess wird nur ein Teil der Wärme, die der zufälligen Bewegung der Wassermoleküle in der Dose entspricht, in kinetische Energie umgewandelt. Es ist also möglich, „geordnete" Energie vollständig in ungeordnete Energie (Wärme) umzuwandeln. Dies tritt beispielsweise in elektrischen Bügeleisen oder Toastern auf, wenn Elektrizität in Wärme umgewandelt wird. Zusammengefasst: Die Natur scheint das Chaos der Ordnung vorzuziehen.

Wie kannst Du Deine Dampfmaschine effizienter machen? Wie wäre es, mit ihr Elektrizität zu erzeugen? Verwende einen Elektromotor als Dynamo, den Du an die Windmühle koppelst, siehe Experiment „Elektromotor", S. 247.

Dampfmaschine *

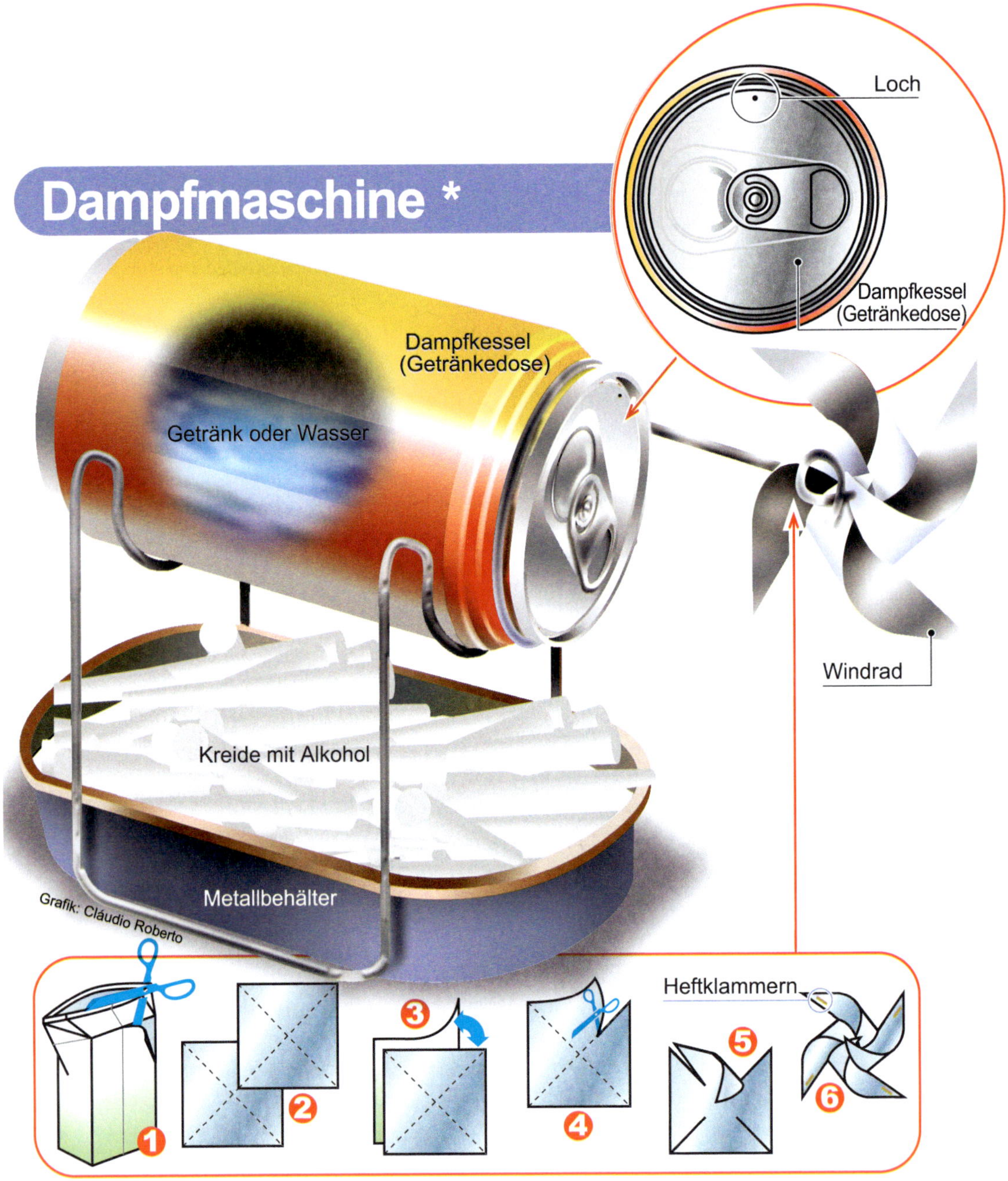

3.5 Dampfboot

Es werden verschiedene Modelle gebaut und ihre Leistung getestet.

Material M 3.5

- *gut biegsames Kupferrohr, 20 cm-25 cm lang (erhältlich in Geschäften für Kühlschrankzubehör)*
- *Schlauch für Aquarium, an das Kupferrohr anschließbar*
- *Styroporplatte*
- *feine Platte (ca. 2 mm Dicke) aus leichtem, starren Material (z. B. Holz) für das Boot*
- *Styroporklebstoff oder Sekundenkleber*
- *Rohr, Batterie oder Besenstiel*
- *Kerze von ca. 4 cm Höhe*
- *Wasserbecken*

Schritt für Schritt

A. Winkliger Schiffsrumpf

Säge das Brett entsprechend der Abbildung und baue das Boot. Nach dem gleichen Modell schneidest Du die Styroporplatte zu. Klebe die beiden Platten zusammen. Bohre zwei Löcher in den Rumpf des Bootes und stecke die Kupferrohre hinein. Rolle vorher das Kupferrohr mit 4-5 Umdrehungen auf, indem Du es um ein Rohr, eine Batterie oder einen Besenstiel wickelst. An jedem Ende sollen 8-10 cm überstehen. Stecke die Kupferrohrenden so durch die Löcher im Boot, dass noch genügend Höhe da ist, um die Kerze unter der Spirale aufzustellen. Knicke die zwei Rohre unter dem Boot so um, dass sie parallel zueinander mit dem Öffnung nach hinten zeigen (vgl. Abb.). Befestige den Plastikschlauch an einem der beiden Rohrausgänge und lasse das Boot in einem Wasserbecken schwimmen. Sauge die Luft aus dem Schlauch, bis das Wasser den Schlauch erreicht, dann ziehe den Schlauch vom Rohr ab. Zünde die Kerze an und befestige sie mit etwas flüssigem Kerzenwachs unter der Spirale. Du musst einen Moment warten, bevor das Boot die Anker lichtet und losfährt.

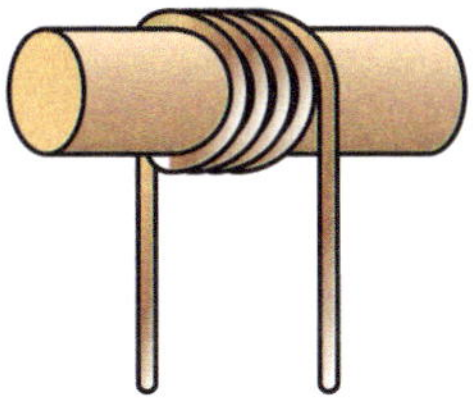

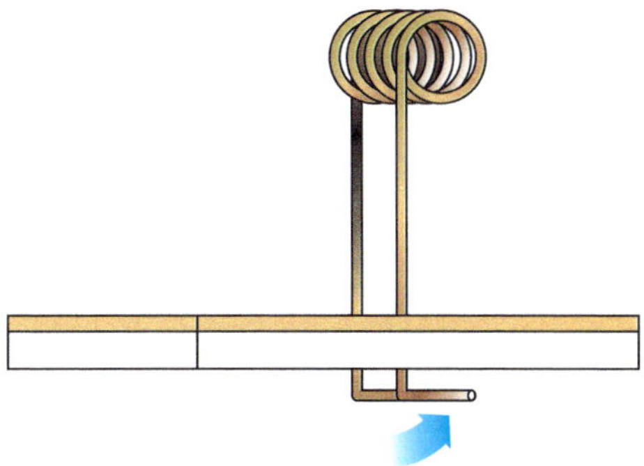

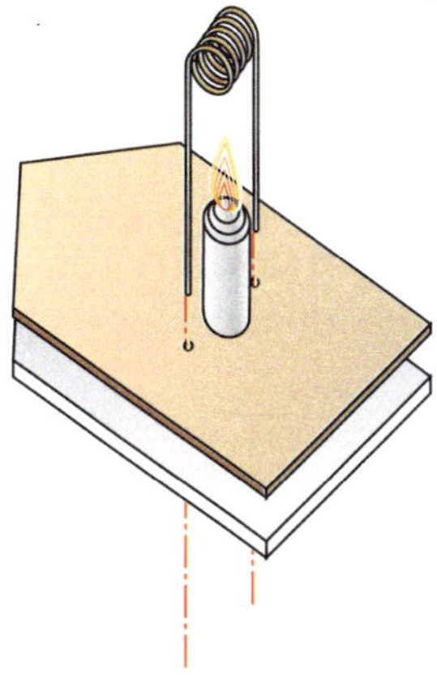

B. Runder Schiffsrumpf

Baue ein rundes Boot mit einem Rumpf von ca. 5 cm Radius und wiederhole obiges Vorgehen, mit Ausnahme der Rohre unter dem Boot, deren Öffnungen dieses Mal in entgegengesetzte Richtungen zeigen (s. Abb. S. 162). Zünde jetzt die Kerze an und beobachte, was passiert. Was für eine Beziehung besteht zwischen diesem Experiment und der „Wasserquelle" auf S. 101?

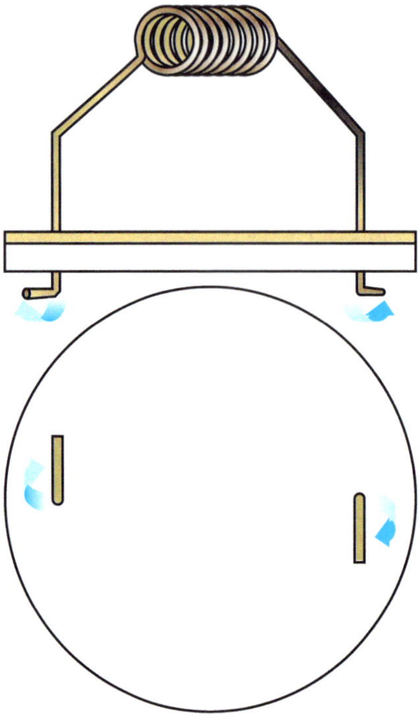

Einen Schritt weiter

Wie wäre es, Modell A und B auf demselben Boot zu installieren, indem Du zwei Spiralen und zwei Kerzen benutzt? Wie wird sich dieses Boot bewegen? Du kannst auch ein anderes Modell vom Typ A mit zwei oder mehr Spiralen fabrizieren. Bewirken sie eine höhere Geschwindigkeit?

Wissenswertes

Von Beginn an befindet sich Luft im Rohr, die durch die Flamme der Kerze erwärmt wird. Kupfer ist wie die meisten Metalle ein guter Wärmeleiter. Das ist der Grund, weshalb die Griffe der großen Metalllöffel, die in der Küche verwendet werden, um in heißen Flüssigkeiten zu rühren, meist aus Holz oder Plastik hergestellt sind. Holz und Plastik sind schlechte Wärmeleiter.

Der Luftdruck wird eventuell groß genug, um Dampf und Wasser aus dem Rohr herauszudrücken. Als Reaktion bewegt sich das Dampfboot in die entgegengesetzte Richtung. Weil im Rohr ein teilweises Vakuum entsteht, wird Wasser hineingesaugt. Die Flamme erhitzt das Wasser in ihrer Nähe und verdampft es. Erneut wird der Dampfdruck groß genug, um Wasser und Dampf aus dem Rohr zu drücken und der ganze Prozess beginnt von vorne. Das Dampfboot ist also eine Dampfmaschine, die Wärme in „geordnete" Bewegung umwandelt.

M 3.5 **Zusätzliches Material**

- *eine Backform (Auflaufform) aus durchsichtigem Glas, fast gefüllt mit Wasser*
- *einen Laserpointer mit Halter*
- *Geschirrspülmittel*
- *ein Stück Holz, das länger ist als die Breite der Auflaufform*

Noch einen Schritt weiter: Laserüberwachung des Dampfaustritts

Gieße ein wenig Spülmittel ins Wasser und rühre um. Mit dem Spülmittel wird das Wasser weicher und das ermöglicht es, Dampfblasen zu erzeugen. Außerdem streuen die Spülmittelmoleküle das Licht, genauso wie es Milchmoleküle machen, wenn man sie in Wasser mischt. Setze Modell A oder B auf die Wasseroberfläche und verwende das Holzstück, um das Boot an einer Stelle zu fixieren. Richte den Laserstrahl parallel zum Schiffsrumpf auf einen Dampfaustritt des Kupferrohrs. Zünde die Kerze an und schaue von der Seite, wie der Dampf austritt. Was passiert mit dem Dampfaustritt, wenn Du eine weitere Kerze anzündest? Wie wird das Wasser eingesaugt? Beeinflusst dies die Leistung des Boots?

Wissenswertes

Wenn Dampf austritt, ändert sich der Brechungsindex entlang des Laserstrahls und produziert einen Kontrast. Der Laserstrahl wird stärker seitlich gestreut, so dass Du ein Bild des austretenden Dampfes bekommst. Laserstrahlen werden verwendet, um die Geschwindigkeiten von Flüssigkeiten zu messen (z.B. Luft, Wasser und Blut), um Verschmutzung in der Luft zu beobachten und um verschiedene industrielle Prozesse zu kontrollieren, die unter gefährlichen Bedingungen wie sehr heißen Temperaturen ablaufen. Diese Vielseitigkeit macht einen Laser zu einem sehr bedeutenden Werkzeug, um neue Dinge zu entdecken und um eine große Anzahl an praktischen Problemen zu lösen.

3.6 Die Neuerfindung des Solarkochers

Wie wäre es, einen älteren Regenschirm in einen neuen Solarkocher umzuwandeln?

Material — M 3.6

- *1 alter Regenschirm*
- *stabiler Schlauch, ungefähr 4 m lang (für Rippen von 70 cm Länge) und zwei weitere Schlauchstücke (ca. 6 cm und 1,5 cm lang)*
- *1 Stück Holz, dass knapp in den Schlauch passt*
- *dicke feste Pappe oder Tonpapier*
- *beschichtete Verpackung (z.B. von Chips oder Cornflakes)*
- *doppelseitiges Klebeband*
- *Klebeband*
- *durchsichtige Plastikfolie (Frischhaltefolie)*
- *1 Aluminiumgetränkedose oder ein anderes Metallgefäß*
- *schwarze Farbe und ein Pinsel*
- *Schnur*
- *Thermometer*

Schritt für Schritt

Entferne den Stift oberhalb des Schiebers im Schirm, der verhindert, dass der Schirm nach oben umklappt. Entferne vorsichtig die Stoffbeschirmung. Verwende eine Schutzbrille, um Deine Augen vor den Spitzen der Rippen zu schützen. Benutze das Holzstück, um die zwei Enden des 4-m-Schlauches miteinander so zu verbinden, dass Du einen kreisförmigen Schlauch bekommst (Reifen). Mache genug Löcher im gleichen Abstand in den Reifen, um die Spitzen der Rippen einzuführen. Bewege den Schieber nach oben, so dass die Dehner und die Rippen nah beieinander liegen, während sich die Rippen nach oben biegen. Verwende die zwei kurzen Schlauchstücke längs aufgeschnitten dazu, den Dehner festzuhalten (s. Abb.). Wickle Klebeband um die Schlauchstücke, um sie am Rohr des Schirmes zu befestigen. Stecke die Spitzen der Rippen in die Löcher des Schlauches, um eine parabolische Struktur zu formen, die die reflektierenden

Achtung
Halte Deine Hand nicht in den Brennpunkt des Kochers, wenn er in der Sonne steht. Verwende stattdessen ein Stück Papier, um den Brennpunkt zu ermitteln. Du könntest Dir sonst Deine Hand verbrennen.

Stücke Deines Solarkochers halten wird. Es könnte leichter gehen, wenn Du die zwei Enden des Schlauches auseinandernimmst, bevor Du die Spitzen hineinsteckst, und sie hinterher wieder zusammenfügst. Im Falle von verbundenen Rippen klebe Klebeband um die zwei Stücke jeder Rippe, um sie zusammenzuhalten. Gehe genauso vor, um die Rippen an den Dehnern zu befestigen (s. Abb.).

Presse die Pappe gegen zwei nebeneinander liegende gebogene Rippen und zeichne für einen Abschnitt den dazugehörigen Bereich, in dem die Rippen die Pappe berühren. Lasse ein wenig Pappe überstehen, damit die Abschnitte überlappen. Du kannst dieses Pappstück als Muster für die anderen Stücke verwenden, die Du benötigst. Klebe wie abgebildet Streifen von doppelseitigem Klebeband an jedes Teil. Dehne Stücke von beschichteter Verpackung mit der verspiegelten Seite nach oben und befestige ihre Rückseiten auf der Pappe, indem Du sie an die Klebebandstreifen drückst. Alternativ kannst Du auch Kleber verwenden, den Du gleichmäßig auf den Pappstücken verteilst, um die beschichtete Verpackung zu befestigen. Dies wird eine rauere reflektierende Oberfläche erzeugen. Drücke die beklebten Stücke der Pappe gegen die gebogenen Rippen und verwende Klebeband, um ihre Böden an den gebogenen Rippen wie abgebildet zu befestigen.

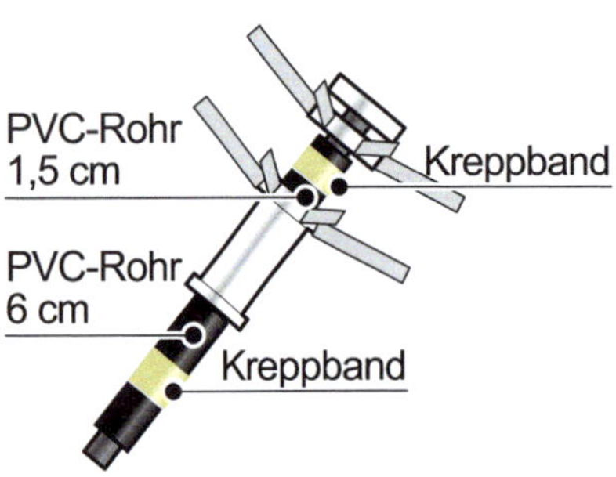

Wenn notwendig, befestige die Böden von überlappenden Stücken mit Klebeband. Baue eine Halterung, um den Schirmgriff zu halten. Verwende Schnurstücke, die am Reifen und am Griff befestigt werden, um die ganze Struktur stabiler zu machen.

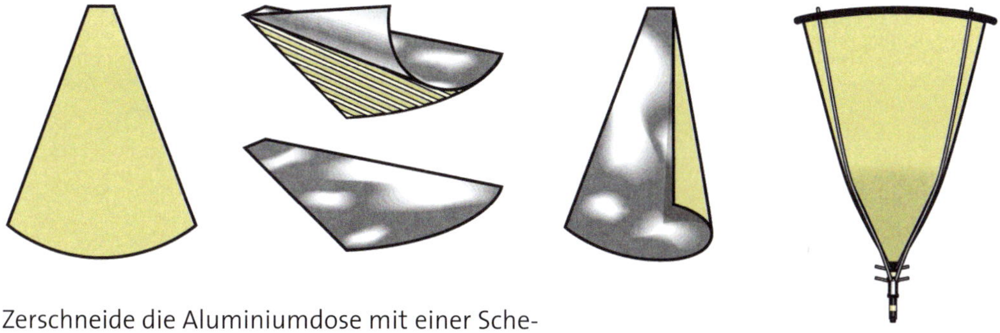

Zerschneide die Aluminiumdose mit einer Schere, um eine Tasse zu bekommen, und male ihre Außenseite schwarz an; oder verwende ein anderes Metallgefäß, dessen Außenseiten und Boden Du schwarz anmalst. Bohre drei kleine Löcher am oberen Rand der Tasse, durch die Du einen Griff aus Schnur stecken kannst. Platziere Deinen Kocher in der Sonne und teste mit einem Stück Papier, wo sich der Brennpunkt befindet. Du wirst einen sehr hellen Punkt auf dem Papierstück bemerken, wenn es im Brennpunkt liegt. Hänge die Dose, teilweise mit Wasser gefüllt, mit Hilfe einer Halterung oder einer Schnur mit ihrem Boden in den Brennpunkt des Ofens. Bedecke die Tasse mit der Frischhaltefolie und verwende ein Thermometer, um die Wassertemperatur zu messen. Warte eine kleine Weile, um Deinen Solarofen im Einsatz zu sehen.

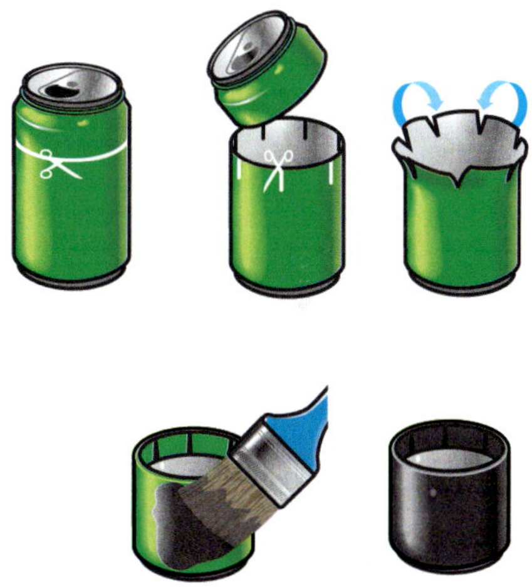

Wissenswertes

Jeder Punkt der spiegelnden Oberfläche des Kochers reflektiert das Sonnenlicht genau wie ein flacher Spiegel (siehe „Licht am Ende des Tunnels“ auf Seite 121). Weil die Oberfläche gebogen ist, konzentriert sich das reflektierte Licht in einem Punkt oberhalb des Kochers (dem Brennpunkt). Ein idealer parabolischer Spiegel hat einen genau definierten Brennpunkt. Die verspiegelte Oberfläche Deines Kochers ist nicht perfekt glatt und sie ist nur annähernd parabolisch. Der Brenn-

punkt ist also etwas unscharf. Weil die schwarze Oberfläche der Dose das Sonnenlicht absorbieren kann (siehe „Dosenwettkampf: Welche Dose erhitzt sich schneller und welche kühlt schneller ab“, Seite 176), steigt die Wassertemperatur. Weil sich der Einfallswinkel des Sonnenlichtes wegen der Drehung der Erde um ihre Achse ändert, ändert sich die Position des Brennpunktes auch. Das bedeutet, dass Du die Dose oder den Kocher ständig neu positionieren musst, um das Sonnenlicht am Boden der Wasserdose zu fokussieren. Versuche Deinen Solarkocher zu verwenden, um eine Dampfmaschine (s. Seite 158) zu erwärmen. Kann uns Sonnenenergie dabei helfen, die weitere Erderwärmung zu verhindern?

M 3.7	**Zusätzliches Material** • *Luftballon* • *Kerze* • *Streichhölzer*

3.7 Anbrennen eines Luftballons, ohne dass er zerplatzt

Luftgefüllte Ballons platzen, wenn man sie der Flamme einer Kerze nähert. Was passiert, wenn sie mit Wasser gefüllt sind?

Schritt für Schritt

Fülle den Luftballon vorsichtig mit Wasser und achte darauf, dass er nicht zu voll wird. Halte ihn am Mundstück fest und nähere ihn der Flamme. Zerplatzt er durch die Wärme der Flamme? Luftgefüllt würde er mit Sicherheit zerplatzen.

Warum wird Wasser in Kühlsystemen von Motoren und Maschinen verwendet, die sich erhitzen?

Statt des Luftballons kannst Du auch eine Plastiktüte oder einen Plastikbecher verwenden.

Warum schwitzt man bei Wärme oder Anstrengungen?

Einen Schritt weiter

Fülle ein Wasserglas bis zur Hälfte mit Wasser und bedecke das Glas mit einem Stück Papier. Drücke das Papier mit der Handfläche gegen den Rand des Glases und drehe das Glas schnell um, während Du es mit der anderen Hand festhältst. Nimm die Hand weg, die das Papier hält. Welche Gemeinsamkeiten siehst Du zwischen diesem Experiment und dem Experiment „Voller aber offener Ballon“? Platziere das Papier in der Nähe der Kerzenflamme und beobachte, was passiert.

Wissenswertes

In der Abwesenheit von Wasser geht die Wärme der Flamme hauptsächlich zum Ballon, weil Luft ein schlechter Wärmeleiter ist. Wenn der Ballon aufgeheizt ist, werden die Bindungen zwischen den riesigen Molekülen („Makromolekülen“), aus denen er besteht, zerstört. Weil der Luftdruck im Ballon größer ist als der Außendruck, reißt der Ballon schnell weiter auf, wenn die Luft durch das erste kleine Loch entweicht. Wenn Du den Ballon mit Wasser füllst, ändern sich die Dinge. Wasser hat eine sehr spezielle Eigenschaft. Wenn es Wärme ausgesetzt ist, steigt seine Temperatur verglichen mit anderen Materialien sehr wenig an. Wasser ist also eine sehr gute Kühlflüssigkeit. Wenn Du den Ballon mit Wasser füllst, geht die Wärme hauptsächlich in das Wasser. Weil warmes Wasser weniger dicht ist als kaltes Wasser, bewegt es sich nach oben, wenn es erwärmt wird, und wird durch kaltes Wasser ersetzt, das wiederum den Ballon an der Stelle kühlt, an der er erwärmt wird. Kannst Du jetzt erkennen, warum wir schwitzen, wenn unser Körper erwärmt wird?

3.8 Gasthermometer

Es wird ein Gasthermometer gebaut und beobachtet, wie es funktioniert.

Material — M 3.8

- *500-ml-Glasflasche mit Schraubverschluss*
- *35 cm langer durchsichtiger Schlauch (z. B. für Aquarien)*
- *Lineal von 20 cm Länge*
- *Wasser*
- *Farbe, z. B. Wasserfarbe, als Kontrast*
- *Sekundenkleber*

Schritt für Schritt

Stecke den Schlauch (etwa 10 cm) durch ein gebohrtes Loch im Flaschendeckel. Fülle anschließend die Flasche zu etwa 2/3 mit gefärbtem Wasser so auf, dass der Schlauch etwas im Wasser untertaucht. Schraube den Flaschenverschluss gut zu. Dichte den Schlauch mit Sekundenkleber ab und befestige ihn am Lineal (s. Abb. S. 168). Nun bläst Du etwas Luft in den Schlauch, bis sich eine Wassersäule von 3 cm bildet. Halte jetzt den oberen Teil der Flasche gut mit den Händen fest

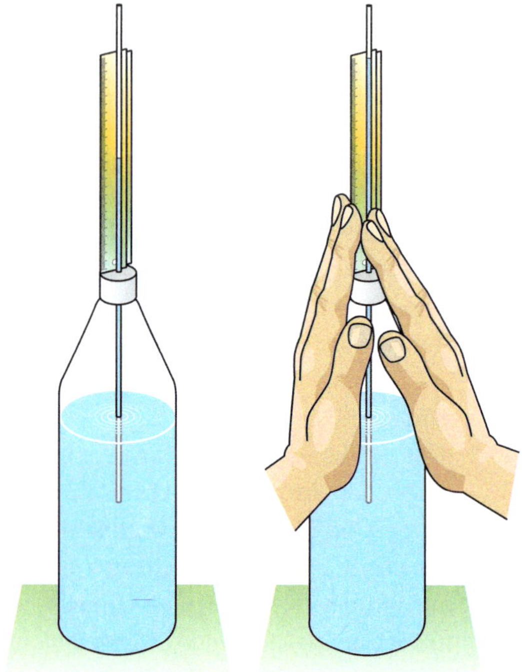

und beobachte die Wassersäule. Was steckt dahinter?
Du kannst den Versuch wiederholen und die Flasche ganz mit Wasser füllen. Dann erhältst Du ein Wasserthermometer. Welches ist empfindlicher?

Einen Schritt weiter
Wiederhole das Experiment mit dem Luftthermometer, indem Du den oberen Teil der Flasche mit der einen Hand festhältst und mit einem Finger der anderen Hand den Trinkhalm verschließt. Was passiert mit der Wassersäule im Trinkhalm? Entferne nach einigen Sekunden den Finger vom Trinkhalm und beobachte, was passiert. Welche Verbindung kannst Du zwischen diesem Experiment und den Experimenten „Unerwünschtes Kügelchen" aus dem Kapitel Lustige Mechanik und „Wasserstrudel" in diesem Kapitel erkennen?

Wissenswertes
Unsere Hände sind wärmer als die Flasche und die Luft in ihr. Die mittlere Temperatur des menschlichen Körpers beträgt ungefähr 36 °C bis 37 °C. Wenn der obere Teil der Flasche mit den Händen gedrückt wird, wird die Luft im Inneren aufgeheizt und energiereicher. Als Ergebnis nimmt der Luftdruck in der Flasche zu und zwingt das Wasser, sich in den Halm und im Halm nach oben zu bewegen. Schließlich gleichen sich der Druck durch die Wassersäule im Trinkhalm und der Luftdruck in der Flasche gegenseitig aus. Alles, was Du jetzt tun musst, ist die Kalibrierung Deines Luftthermometers. Wasser nimmt an Volumen zu, wenn es über 4 °C erwärmt wird (bei 4 °C hat es seine höchste Dichte), aber nicht sehr stark. Wenn man dies bedenkt und beachtet, dass sich die Temperatur durch das Erwärmen mit den Händen nicht stark ändert (siehe das vorhergehende Experiment), dann ist es nicht verwunderlich, dass nichts Bemerkenswertes passiert, wenn die Flasche vollständig mit Wasser gefüllt ist.

Material	M 3.9
• *Luftballon* • *durchsichtige Plastikflasche*	
Hinweis *Sauge bei leerem Luftballon die Luft durch das kleine Loch, das Du gebohrt hast, aus der Flasche. Dann verschließe das Loch mit dem Finger. Warum bleibt der Ballon mit geöffnetem Mundstück gefüllt?*	

3.9 Voller, aber offener Luftballon

Hier kannst Du einen luftgefüllten, aber offenen Luftballon erleben.

Schritt für Schritt

Bohre ein Loch in den Boden oder in die untere Seite der Flasche. Dehne die Öffnung des Luftballons kräftig und befestige sie am Flaschenhals. Stopfe den Rest des Ballons in die Flasche. Blase anschließend den Ballon auf. Während des Aufblasens entweicht Luft aus dem Loch im Boden der Flasche, was Du mit der Hand überprüfen kannst. Sobald Du mit dem Aufblasen fertig bist, wird das Loch im Boden der Flasche mit dem Finger verschlossen.

Bleibt der Ballon mit geöffnetem Mundstück gefüllt? Kannst Du diesen Trick durchführen, ohne ein Loch in die Flasche zu bohren?

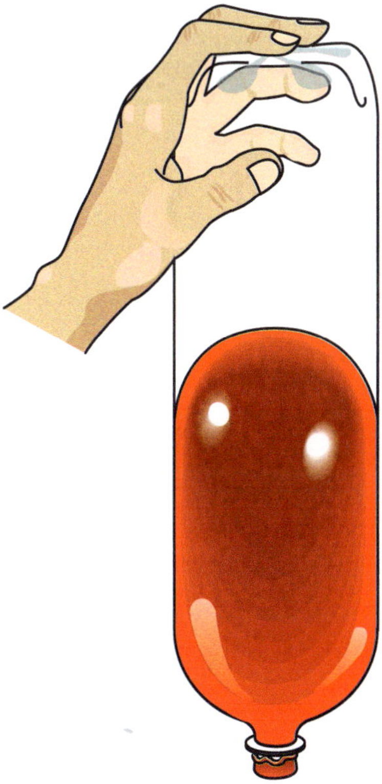

Wissenswertes

Wenn Du die Luft aus einem Behälter pumpst, entsteht im Inneren ein teilweises Vakuum. Dies passiert, weil weniger herumzappelnde Atome gegeneinander und gegen die Wände ihres Behälters stoßen und dadurch weniger Druck produziert wird. Wenn Du in den Ballon bläst, wird er wegen seiner Elastizität ausgedehnt. Dabei wird die Luft aus der Flasche durch das kleine Loch verdrängt. Wenn Du aufhörst zu blasen, wird der Druck innerhalb der Flasche kleiner als der Außendruck. Dieses Druckungleichgewicht erzeugt die Kraft, die den Ballon gedehnt hält, wenn Du das Loch in der Flasche mit einem Finger verschließt und Deinen Mund von der Ballonöffnung nimmst. Wenn Du die Luft aus der Flasche saugst, erzeugst Du ein teilweises Vakuum innerhalb der Flasche und damit ergibt sich der gleiche Effekt, wie wenn Du in den Ballon pustest. Dies ist das grundsätzliche Prinzip von Vakuumpumpen. Nun verschließt Du die Öffnung der Flasche und öffnest das gebohrte Loch. Der

M 3.10

Material
- *Gummihandschuh*
- *Trinkhalm*
- *großes durchsichtiges Glasgefäß*
- *Wasser*

Hinweis
Man kann seine Hand in den Handschuh stecken und versuchen ihn herauszuziehen. Was passiert? Man kann dieses Experiment mit dem der „zappeligen Atome" vergleichen (S. 153), bei dem man den Stempel herauszieht, um das Volumen zu vergrößern.

Luftdruck in der Flasche nimmt zu. Was passiert demnächst mit dem Ballon? Warum?

3.10 Unsichtbare Hand

Zeige, dass es sogar für unsichtbare Hände Handschuhe gibt.

Schritt für Schritt

Stecke den Handschuh in das Glas und dehne seinen Rand so, dass er über das Glasgefäß gestülpt werden kann. Es sollte etwas Platz für den Trinkhalm bleiben. Während Du den Handschuh mit Wasser füllst, halte den Finger an die Öffnung des Trinkhalmes und fühle, was passiert. Wenn der Handschuh voll ist, entferne den Trinkhalm und stülpe den Handschuh vollends über den Rand. Entleere das Wasser und schau, was passiert. Gibt es einen Zusammenhang zwischen diesem Experiment und dem vorherigen?

Wissenswertes

Dies ist eine Variante des vorangegangenen Experiments. In diesem Fall kannst Du den Effekt des teilweisen Vakuums direkt fühlen, wenn Du versuchst, den Handschuh aus dem Gefäß zu ziehen. Dies ähnelt der Konstruktion der Raumanzüge für Astronauten. Die ersten Handschuhe, die beispielsweise für Astronauten hergestellt wurden, wurden genauso gedehnt wie Deine „unsichtbare Hand". Dies machte es anstrengender für die Astronauten, Arbeit zu tun, die manuelle Fähigkeiten erforderte; insgesamt war es sehr ermüdend, diese Anzüge bei den notwendigen Aktivitäten zu tragen. Du kannst Dir vorstellen warum, wenn Du das Experiment vorsichtig durchgeführt hast. Mittlerweile wurden große Fortschritte gemacht, aber die Suche nach komfortableren Raumanzügen dauert an.

Material M 3.11
- *Luftballon*
- *Glasmurmel oder Styroporkugel*
- *Schüssel mit Wasser*

3.11 Reifenschlauch

Es wird das Prinzip der Ventile der Reifenschläuche entdeckt.

Schritt für Schritt

Stecke die Glas- oder Styroporkugel in den Ballon, indem Du das Mundstück des Ballons gut dehnst, damit die Kugel hindurchpasst. Blase dann den Ballon auf, halte das Mundstück mit den Fingern fest und drehe den Ballon so um, dass die Kugel nahe beim Luftaustritt liegt. Lass jetzt das Mundstück los. Was passiert? Wozu dient die Kugel? Drehe dann den Ballon um und beobachte, was passiert.

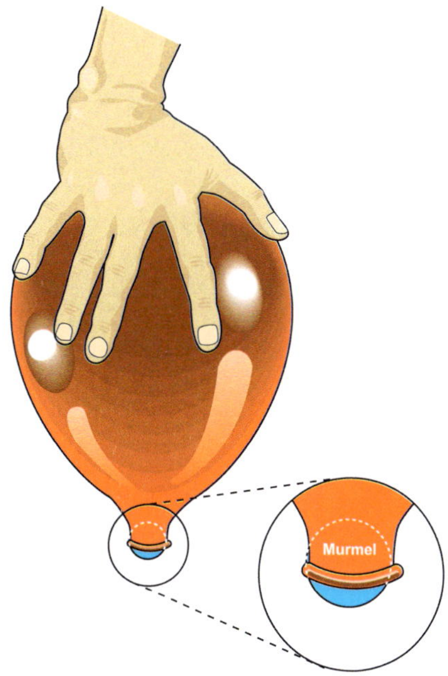

Alternative

Du kannst versuchen, die Styroporkugeln in eine Kanne zu legen und den Luftstrom des Föns (Kaltluftstufe) auf die Wand der Kanne zu halten. Dann verändere die Richtung des Luftstroms.

Zwei Schritte weiter

A) Luftströmungen in runden Labyrinthen

Blase einen Ballon auf, der eine Styroporkugel enthält. Was passiert mit der Kugel, während der Ballon aufgeblasen wird? Wie unterscheiden sich dabei runde und zylindrische Ballons? Baue jetzt ein rundes Labyrinth aus einem Pappstreifen (ca. 20 cm x 60 cm) und stelle einen Fön am Ausgang auf (s. Abb.). Lege die Styroporkugel in die Mitte des Labyrinthes und beobachte, was durch den Luftstrahl des Föns (Kaltluftstufe) passiert. Lege dann noch mehr Kugeln ins Labyrinth. Gelingt es ihnen zu entkommen? Ist die Bewegung der Styroporkugel in Deinem runden Labyrinth ähnlich zu der Bewegung der Kugel einer Trillerpfeife? Funktioniert die Kugel der Trillerpfeife als ein bewegliches Ventil?

B) U-Boot aus Luftballon und Glasmurmel

Stecke nun den gefüllten Ballon mit einer Glasmurmel in der Öffnung in eine Schüssel mit Wasser. Geht er unter? Entleere anschließend den Ballon, die Kugel (Glasmurmel) bleibt drinnen, und lege ihn in die Wasserschüssel. Was passiert? Kannst Du dieses Experiment mit dem des „U-Bootes" von S. 59 vergleichen?

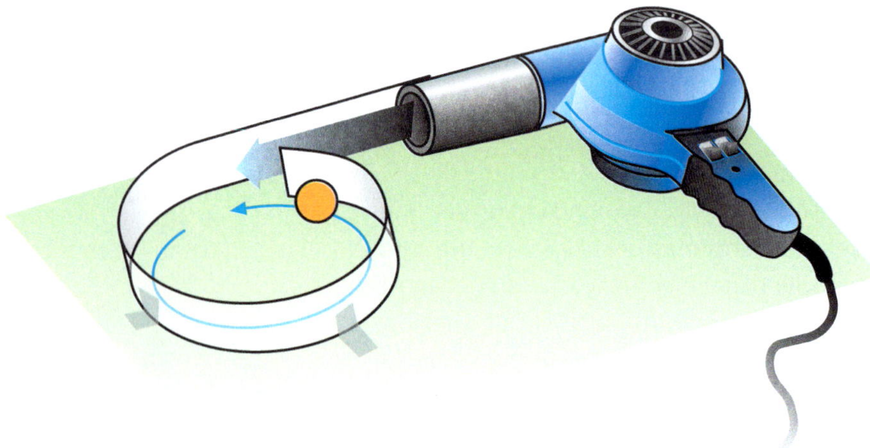

Wissenswertes: Reifenventile

Weil der Luftdruck im Ballon größer ist als außerhalb, treibt die Luft im Inneren die Styroporkugel oder die Murmel nach außen. Der Hals des Ballons ist weniger elastisch (s. das Experiment „Löcher im Luftballon, ohne dass er zerplatzt“, S. 25), die Kugel bleibt stecken und verhindert das weitere Ausströmen der Luft aus dem Ballon. In einem normalen Reifenschlauch gibt es eine kleine Metallhülse mit einer Metallkugel darin. Wenn der Außendruck größer ist als der Innendruck, wird die Kugel zur Seite gedrückt und lässt Luft hinein. Wenn der Maximaldruck des Reifens erreicht ist, ist der Druck im Reifeninneren größer als außen, die Kugel fällt in ihre Ausgangsposition zurück und verhindert das Ausströmen der Luft aus dem Reifen. Der Ballon stellt den Reifen dar, die Luftballonöffnung die Metallhülse und die Murmel oder die Styroporkugel die Metallkugel.

Wissenswertes: Luft in einen Ballon pusten

Die kleine Styroporkugel wird gegen die inneren Wände des Ballons gedrückt, wenn Du Luft in den Ballon bläst. Der zunehmende Druck im Inneren sorgt für die ungleichmäßige Ausdehnung des Ballons. Die Luftströmung stößt an die Innenwand wie bei dem Experiment „runde Labyrinthe“; somit bewegt sich die Kugel wie beobachtet.

3.12 Ein sonnenbestrahltes Auto, Treibhauseffekt, Sonnenkollektor

Hier besteht die Chance, einen Sonnenkollektor zu konstruieren und seine Funktionsweise zu verstehen.

Material M 3.12

- *Pappkiste mit einer Höhe von 4-7 cm ohne Deckel*
- *Glasscheibe zum Zudecken der Kiste*
- *schwarze Farbe oder schwarzer matter Karton*
- *weiße Glühlampe von 100-150 Watt*
- *Thermometer*

Schritt für Schritt

Male die Innenwände der Kiste mit schwarzer Farbe an oder kleide sie mit matter schwarzer Pappe aus. Stecke das Thermometer in die Schachtel und verschließe es mit dem Glasdeckel. Stelle die angeschaltete Lampe nahe dem Glasdeckel auf. Jetzt kannst Du anhand des Thermometers beobachten, wie sich die Temperatur durch die „Sonne" (angeschaltete Lampe) verändert.

Wissenswertes

Das Licht, das durch das Glas tritt, wird von den dunklen Wänden der Kiste aufgenommen. Die Wände emittieren dann Infrarotstrahlung, die Art von Strahlung, die Du nicht sehen kannst, die aber Deine Haut spürt. Infrarotstrahlung wird vom Glas reflektiert. Das Innere der Kiste verhält sich wie das Innere eines Autos, das mit ge-

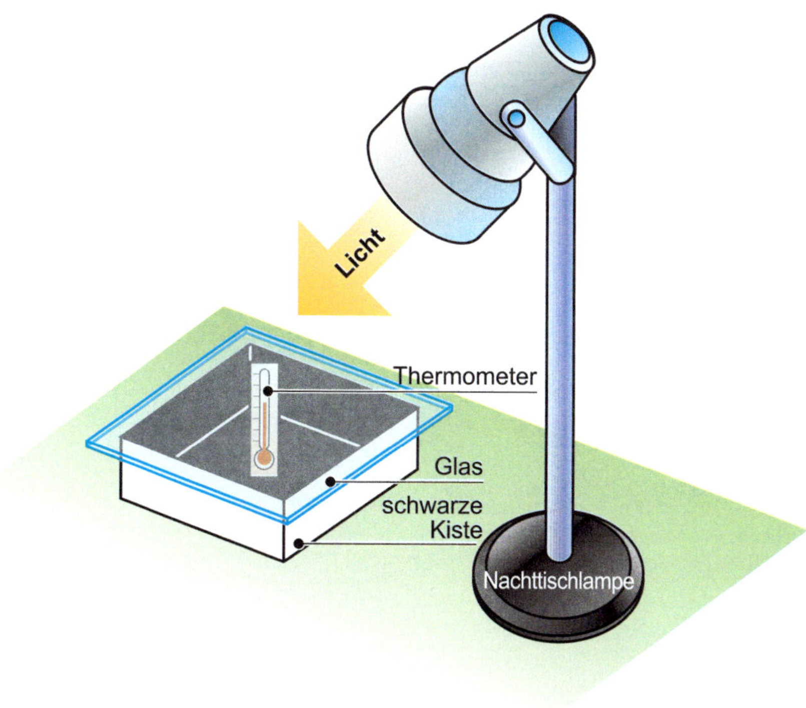

M 3.12

Material

- *1,5-Liter-Plastikflasche mit Schraubverschluss*
- *3 Meter durchsichtiger Plastikschlauch (ca. 1/4 Zoll äußerer Durchmesser und 1 mm Dicke) für die Spirale*
- *2 Schlauchstücke mit etwas geringerem inneren Durchmesser als der äußere Durchmesser der Spirale*
- *schwarze matte Farbe*
- *100-Watt-Glühlampe mit Fassung und Kabel mit Stecker*
- *Pappe*
- *Aluminiumfolie*
- *Sekundenkleber oder Heißkleber*
- *Dose (z. B. Milchpulverdose), groß genug für die Lampe*

Achtung

Die Glühlampe darf nicht die Schläuche berühren, die sonst schmelzen können und Wasser herausspritzen lassen. Das Glühlampenglas könnte durch das Wasser zerplatzen und Glassplitter verstreuen.

schlossenen Fenstern in der Sonne steht. Der „Treibhauseffekt" (das langsame Erwärmen der Erde) wird sehr stark der Emission von Kohlenstoffdioxid (CO_2) durch Fahrzeuge, Fabriken und Feuer zugeschrieben. Das CO_2 reflektiert wie das Glas die Infrarotstrahlung und die Oberfläche der Erde verhält sich wie die inneren Wände der Kiste. Sie absorbiert das Sonnenlicht und emittiert Infrarotstrahlung.

Sonnenkollektor
Schritt für Schritt

1) Bastle einen Kegel aus Pappkarton um die in der Fassung verschraubte Glühlampe und verkleide die Pappe mit Aluminiumfolie; dabei soll die glänzende Seite nach außen zeigen (s. Abb.). Dann wickle den durchsichtigen Plastikschlauch um die Dose, (es werden ca. 7 Umdrehungen) und befestige die Schlauchspirale mit Kreppband. Fülle den Schlauch mit Wasser und dichte die Enden ab. Male den inneren Teil der Spirale mit schwarzer Farbe an (s. Abb.). Stecke den Kegel so in diese Spirale, dass sich die Glühlampe im Zentrum der Schlauchspirale befindet, ohne die inneren Wände zu berüh-

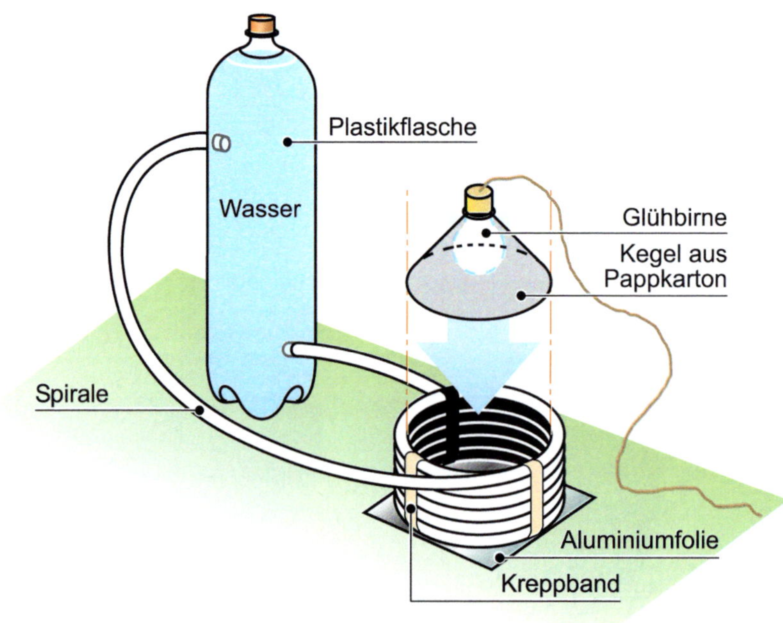

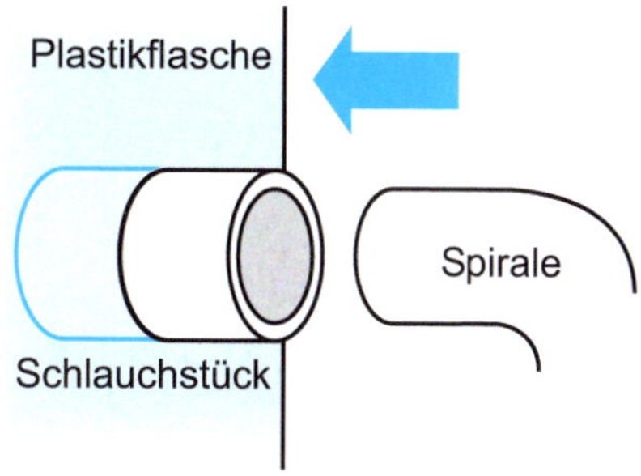

ren. Schalte die Lampe an, um die Farbe zu trocknen. In Autofabriken wird ein ähnliches Prinzip zur Trocknung der Farbe verwendet. Das Wasser im Schlauch verhindert, dass der Schlauch schmilzt (s. „Anbrennen eines Luftballons, ohne dass er zerplatzt", S. 166).

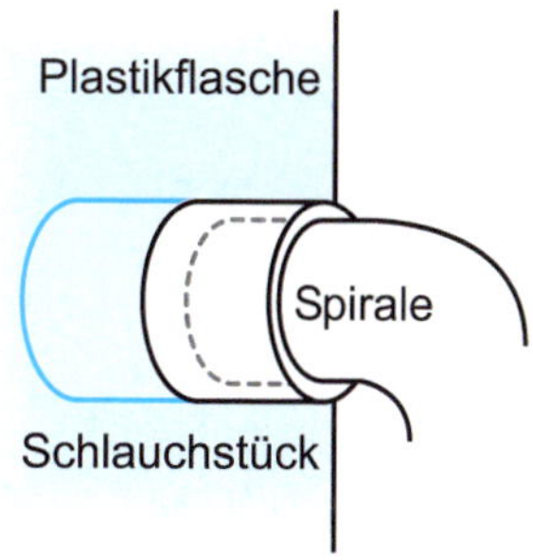

2) Bohre zwei Löcher in die Plastikflasche, eins oben und das andere unten (s. Abb.). Befestige die zwei Schlauchstücke mit Sekundenkleber in den Löchern der Flasche. Fülle die Flasche mit Wasser bis über das untere Loch und stecke ein Ende der Schlauchspirale auf das untere Schlauchstück, nachdem die Abdichtung entfernt wurde. Fülle dann die Flasche weiter bis über das obere Loch mit Wasser und stecke das andere Ende der Schlauchspirale ohne Abdichtung auf das obere Schlauchstück. Verschraube jetzt die Flasche gut mit dem Deckel.

3) Stelle die Schlauchspirale auf eine Halterung, die mit Aluminiumfolie ausgekleidet ist. Die glänzendere Seite der Folie sollte oben sein. Benutze den Lampenkegel dazu, die obere Öffnung abzudecken. Nun schalte die Lampe ein und befühle nach 10 min.-15 min. den unteren und oberen Teil der Flasche.

Was kann man daraus über die Dichte des warmen und kalten Wassers schließen? Warum benutzt man matte schwarze Farbe? Vgl. auch „Welche Dose erhitzt sich schneller und welche kühlt sich schneller ab?", S. 176. Im Endeffekt: Wie funktioniert ein Sonnenkollektor?

Wissenswertes

Die schwarzen Teile der Spirale absorbieren das Licht sehr effizient und transformieren Lichtenergie in Wärme (die Energie, die mit ungeordneten Vibrationen von Atomen im Rohr zu tun hat). Die Temperatur der Spirale wird dabei höher als die Temperatur des Wassers in ihr. Das Wasser „saugt" also die erzeugte Wärme an, um seine Temperatur an die Temperatur der Spirale anzupassen. Wenn sich das Wasser erwärmt, dehnt es sich aus und seine Dichte sinkt. Das erwärmte Wasser bewegt sich daraufhin zum oberen Teil der Flasche und wird durch das dichtere kältere Wasser ersetzt. Du kannst dies überprüfen, indem Du Deine Hände erst gegen den oberen Teil und dann gegen den unteren Teil der Flasche drückst. Es kann sein, dass es eine Weile dauert, bis Du einen Unterschied in der Temperatur fühlst. Dieser Prozess wird so lange wiederholt, bis das ganze Wasser erwärmt ist. Kannst Du diesen Sonnenkollektor noch verbessern? Bist Du bereit, einen preiswerten Sonnenkollektor zu bauen, der effizient genug für den häuslichen Gebrauch ist?

M 3.13

Material
- *zwei Getränkedosen*
- *schwarze Farbe*
- *Pinsel*
- *eiskaltes und heißes Wasser*

Achtung
Verwende keine Fieberthermometer, beispielsweise Quecksilberthermometer. Sie können bei hohen Temperaturen leicht zerbrechen und dabei giftiges Quecksilber freisetzen. Das zerbrochene Glas ist außerdem gefährlich.

3.13 Welche Dose erhitzt sich schneller und welche kühlt sich schneller ab?

Wie man Getränkedosen in Olympiakämpfer umwandelt.

Schritt für Schritt

Streiche die Außenseite einer Dose schwarz an und warte, bis sie trocken ist. Fülle dann beide Dosen vorsichtig mit heißem, am besten kochendem Wasser. Nach 10 Minuten Wartezeit befühle die Dosen. Welche ist weniger heiß? Du kannst die Veränderung des Wassers mit Hilfe zweier einfacher Thermometer beobachten. Fülle nun die Dosen mit eiskaltem Wasser. Nach 10 Minuten Wartezeit befühle die Dosen. Welche ist weniger kalt? Wer ist am Ende der Gewinner des Wettkampfs in jeder Disziplin? Was passiert, wenn Du die Dosen rot, gelb, grün und blau anmalst und dann testest?

Alternative

Mit einer Sammellinse kannst Du das Sonnenlicht auf einem weißen Blatt Papier fokussieren und beobachten, was passiert. Bemale einen Teil des Blattes mit einem schwarzen Filzstift und fokussiere das Licht auf dem bemalten Teil. Welcher Unterschied besteht zwischen der weißen und der schwarzen Fläche?

Wissenswertes

Wenn wir ein grünes Objekt sehen, z.B. ein Pflanzenblatt, bedeutet dies, dass alle anderen Farben außer Grün von dem Objekt absorbiert werden. Grün wird reflektiert. Im Falle eines schwarzen Objekts („schwarzer Körper") absorbiert dieses in effektiver Weise den Großteil des Lichts, das es trifft. Die ganze Energie, die das Licht trägt, tritt in das Objekt über und erhöht dort die Vibrationen seiner Atome. Im Falle von Metallen wird diese absorbierte Energie dafür genutzt, „freie" Elektronen im Metall wandern zu lassen. Diese Elektronen sind verantwortlich für die elektrische Leitung beispielsweise in einem Draht, den Du mit einer Batterie verbindest. In einer Glühlampe emittiert der Wolframdraht, der schwarz ist, Licht, wenn er von einer elektrischen Quelle erhitzt wird. Dies gilt für alle schwarzen Körper, wenn sie erhitzt werden, wie Du mit den Dosen zeigen kannst. Meistens ist das Licht, das von einem schwarzen Körper emittiert wird, unsichtbares Infrarotlicht. Dies gilt auch für die Glühlampe. Deshalb ist diese Lampe beim Beleuchten nicht sehr effektiv. Wenn ein Körper beim Nehmen effizient ist, sollte er beim Geben ebenso effizient sein. Das ist nur fair. Kannst Du jetzt verstehen, was passiert, wenn Du das Experiment mit kaltem Wasser durchführst?

3.14 Spiegel, die nicht beschlagen

Wenn Du heiß duschst, beschlägt immer Dein Spiegel. Lass uns dieses Problem lösen.

Material — M 3.14

- *eine normale 100-Watt-Glühlampe mit Fassung, Kabel und Stecker*
- *ein Plastikbehälter ohne Deckel, groß genug für die Glühlampe*
- *Aluminiumfolie*
- *ein flacher Spiegel mit geglätteten Kanten, groß genug, um als Deckel für den Behälter zu fungieren*
- *ein Farbpinsel*

Achtung

Vergewissere Dich, dass die elektrischen Anschlüsse der Lampe nicht mit der Folie in Berührung kommen. Andernfalls gibt es Kurzschlüsse.

Schritt für Schritt

Schneide ein Loch in eine Ecke des Plastikbehälters, das groß genug ist, um die Lampenfassung einzusetzen. Bedecke das Innere des Behälters mit Aluminiumfolie. Male die Rückseite des Spiegels mit matter schwarzer Farbe an und warte, bis die Farbe trocken ist. Lass Deinen Spiegel sich beschlagen und schalte dann die Lampe ein. In kürzester Zeit wird der Spiegel wieder klar sein. Um Überhitzung zu vermeiden, lasse die Lampe höchstens ein paar Minuten angeschaltet.

Wissenswertes

Das Licht, das von der Lampe ausgesendet wird, wird von der Aluminiumfolie re-

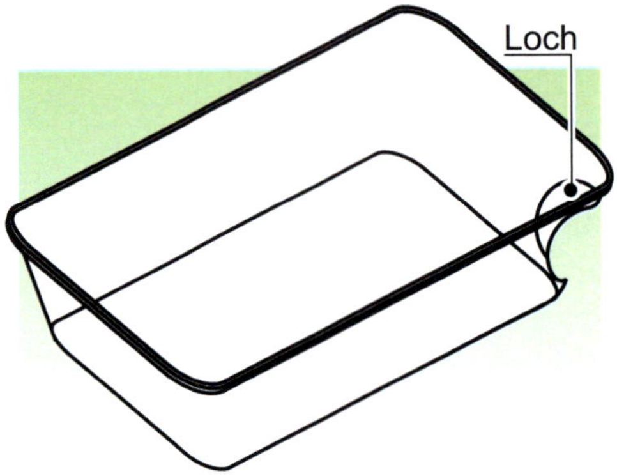

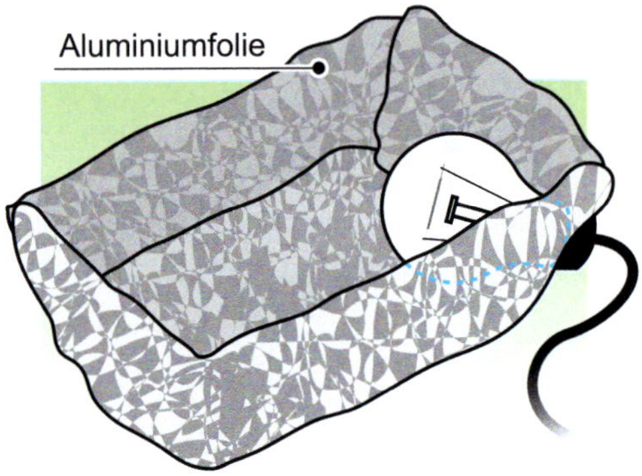

flektiert und von der schwarzen Rückseite des Spiegels absorbiert (siehe „Welche Dose erhitzt sich schneller und welche kühlt sich schneller ab"). Der Spiegel wird dabei warm genug, um den Dampf, der auf ihm klebt, loszuwerden. Wenn die Temperatur des Spiegels steigt, bekommen die Wassermoleküle, die auf dem Spiegel liegen, genug Energie, um ihre Bindung aufzubrechen und sich wegzubewegen.

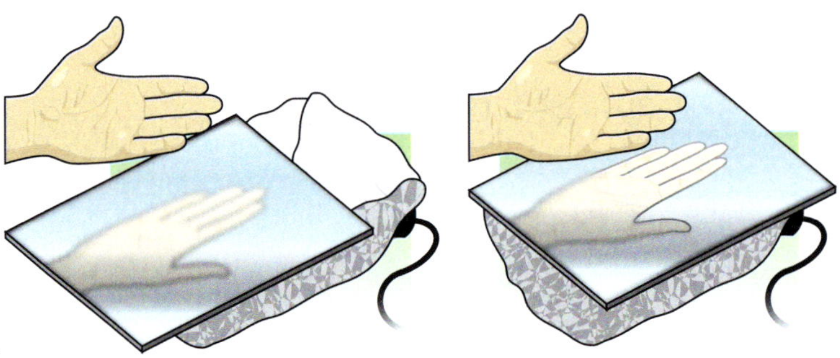

M 3.15	**Material**
	• *Plastikflasche oder leere viereckige Milch- oder Saftverpackung* • *Wasser*

3.15 Ein Knoten im Wasser

Kannst Du Dir vorstellen, zwei Wasserstrahlen zusammenzulöten? Es ist ganz einfach.

Schritt für Schritt

Bohre im Abstand von 1-2 cm zwei Löcher in das Gefäß (s. Abb.). Fülle nun die Flasche mit Wasser. Verschließe die Löcher mit den Fingern, damit das Wasser nicht entweicht. Gib die Löcher frei und nähere die Finger dem Wasserstrahl (s. Abb.). Was passiert? Warum „klebt" Wasser an Wasser?

Wissenswertes

An der Wasseroberfläche sind die Moleküle locker mit ihren Nachbarn in allen Richtungen verbunden, abgesehen von der Außenfläche, denn dort gibt es nur Luft. Die Moleküle erfahren also nur eine Kraft, die sie nach unten zieht. Weil der Raum unter den Molekülen schon besetzt ist, entsteht eine innere Spannung. Diese wird Oberflächenspannung genannt. Je größer die Oberfläche ist, desto größer ist die Energie, die in Form der Spannung gespeichert wird. Eine kleinere Oberfläche bedeutet eine kleinere Spannung. Wenn Du zwei Strahlen zusammenbringst, die Du Dir als zwei Zylinder vorstellen kannst, produzierst Du einen einzelnen Strahl, der eine kleinere Oberfläche hat als die Oberflächensumme beider Strahlen. Das Wasser zieht es vor, wie andere Flüssigkeiten auch, so entspannt zu sein wie möglich. Wenn Deine Haare nass sind, sind die Strähnen sehr nah beieinander, um den Bereich dazwischen so klein wie möglich zu machen. Sei cool, das Wasser in Deinen Haaren ist superentspannt!

3.16 Sattel aus Seife? Du machst Witze!

Sättel aus Seife sind vielleicht nutzlos zum Reiten eines Pferdes, aber sie werden Dich sicher faszinieren.

Material — M 3.16

- *2 Stücke stabiler Draht, ungefähr 77 cm lang*
- *2 Stücke Kunststoffschlauch (Aquarienbedarf), ca. 13 cm lang*
- *Seifenlösung, ungefähr 250 ml Spülmittel, 2 Liter Wasser, 100 ml Glycerin (aus der Apotheke) – probiere auch andere Mischungsverhältnisse*
- *ein flacher Behälter, groß genug, um die Seifenlösung zu fassen*

Schritt für Schritt

Als Erstes stellst Du die Seifenlösung her. Einige Spülmittel enthalten Glycerin, es kann also sein, dass Du kein Glycerin zu Deiner Lösung hinzufügen musst. Lies Dir die Bestandteile des Spülmittels auf der Flasche durch. Es gibt kein universelles Rezept für Seifenlösungen, weil es immer vom örtlichen Wasser und vom Spülmittel abhängt. Du musst also für dieses Experiment Dein eigenes Rezept erfinden. Mische die Lösung im flachen Behälter zusammen. Jede Komponente der

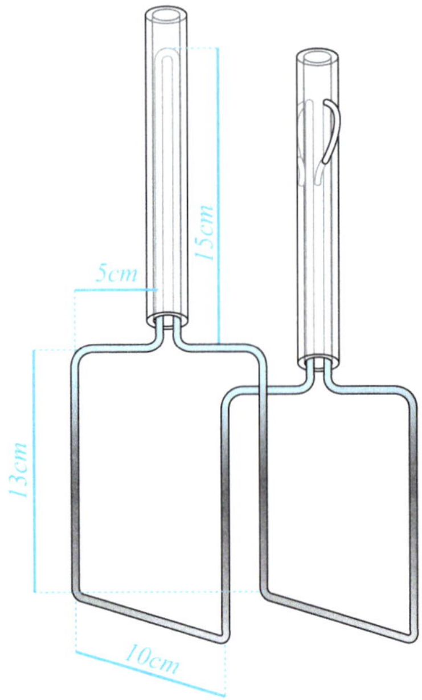

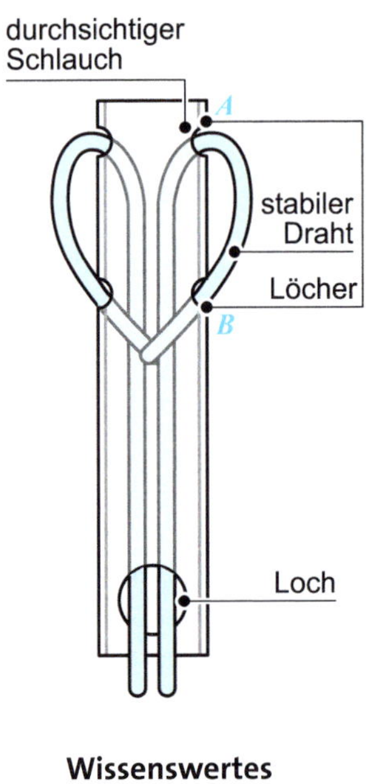

Lösung hat ihre Aufgabe. Das Spülmittel macht das Wasser „elastischer“, mit Glycerin wird das Wasser zähflüssiger.

Biege jeden Drahtteil, wie in der Abbildung gezeigt. Lass dabei ca. 15 cm für den Griff überstehen. Du bekommst ein Paar zweibeiniger Stühle, deren Lehne die Griffe sind. Schneide ein Loch in jedes Schlauchstück, dass gerade groß genug ist, um zwei Enden des stabilen Drahtes hindurch zu lassen (Durchmesser ca. 1 cm). Bohre in 1 cm Abstand vom anderen Schlauchende jeweils zwei kleinere Löcher (groß genug, um ein Drahtstück hindurchzustecken), indem Du jedes Schlauchstück ganz von der einen zur anderen Seite durchbohrst. Nun bohre noch zwei Löcher wie oben, mit Abstand von den ersten beiden, in die Schlauchstücke (s. Abb.). Schiebe jeweils jedes Paar „Stuhllehnen“ durch das große Loch in ein Schlauchstück. Führe je ein Drahtende durch eines der kleinen Löcher aus dem Schlauch heraus und dann durch das andere kleine Loch wieder hinein. Auf diese Weise erhältst Du sichere Griffe. Alle Drahtenden enden innerhalb der Schlauchstücke, die damit auch die zwei Sattelhälften zusammenhalten. Halte jeden Griff mit einer Hand und tauche den Draht in die Seifenlösung. Ein farbenfroher Sattel, fast magisch, wird sich bilden, sobald Du die Drahthalterung aus der Seifenlösung nimmst. Nun kannst Du den Sattel nach Belieben formen, indem Du die Griffe zueinander hin oder voneinander weg bewegst. Viel Spaß!

Wissenswertes

Die Oberflächen der Seifensättel, die im Drahtgestell verankert sind, haben die kleinstmöglichen Flächen für jede Position der Griffe. Die Seife versucht sich so wenig zu dehnen wie möglich. Andere Oberflächen würden eine stärkere Spannung für die Seife bedeuten, die im Grunde nichts anderes als eine elastische Haut ist. Wie wäre es, wenn Du Griffe an die horizontalen Drahtteile am Boden

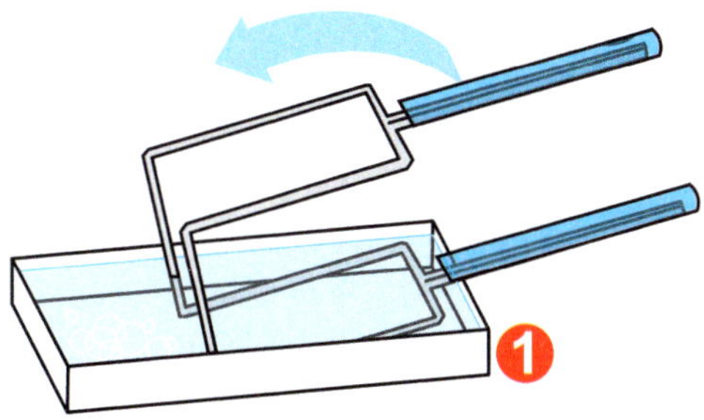

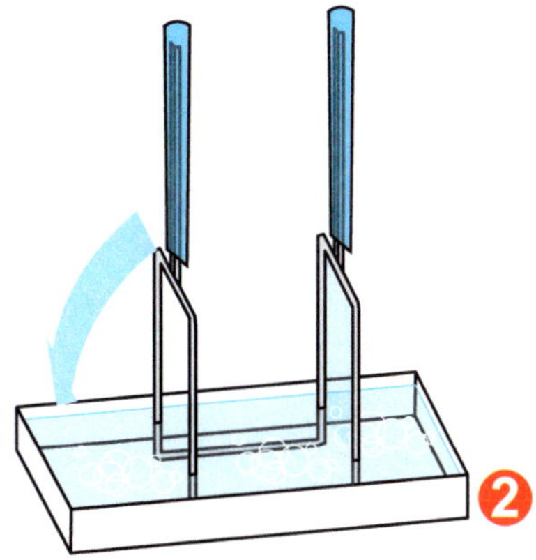

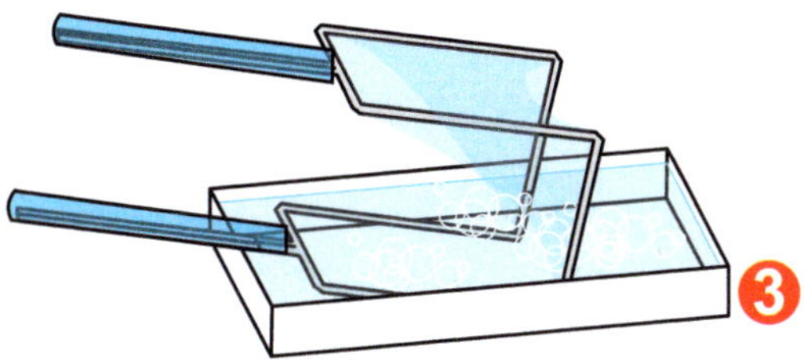

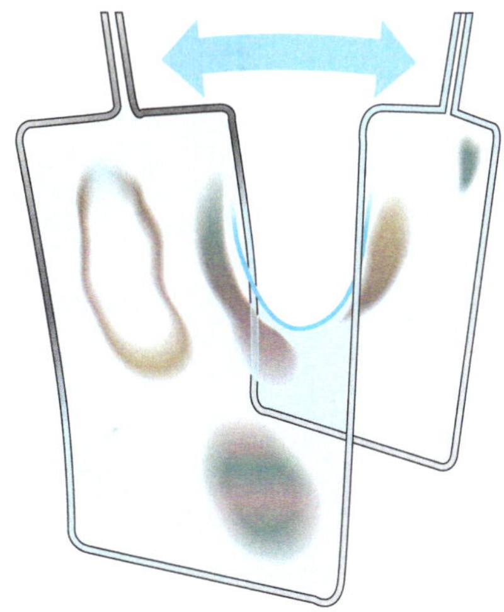

des Drahtmodells montierst? Sie würden Dir eine zusätzliche Kontrolle über die Form des Seifensattels geben. In diesem Fall benötigst Du ein ausreichend tiefes Gefäß für die Seifenlösung, angepasst an die neuen Griffe. Kannst Du andere neue Drahtmodelle erfinden, an denen Du Seifenfilme verankern kannst?

3.17 Ballspiele mit Seifenblasen

Hier bereitest Du Dich auf ein andersartiges Tennisspielen vor.

Material	**M 3.17**
• *Drahtring von ca. 12 cm Durchmesser mit Griff* • *Kugelschreiberhülse* • *Seifenlösung (2 Liter Wasser, 250 ml Spülmittel, 100 ml Glycerin, in Apotheken erhältlich). Man kann auch Pustefix® verwenden.*	

Schritt für Schritt

Um die Seifenlösung zu erhalten, mische in einer großen Schüssel oder sonstigem Gefäß das Wasser in den angegebenen Mengen mit dem Spülmittel und dem Glycerin. Du kannst geeignete Lösungen unter dem Namen Pustefix® auch im Spielzeuggeschäft finden. Tauche den Ring in die Seifenlösung. Beim Herausziehen musst Du darauf achten, dass der Seifenfilm den ganzen Ring ausfüllt. Dies ist der Schläger. Nun halte den Griff fest und tauche die Spitze der Stifthülse für einige Sekun-

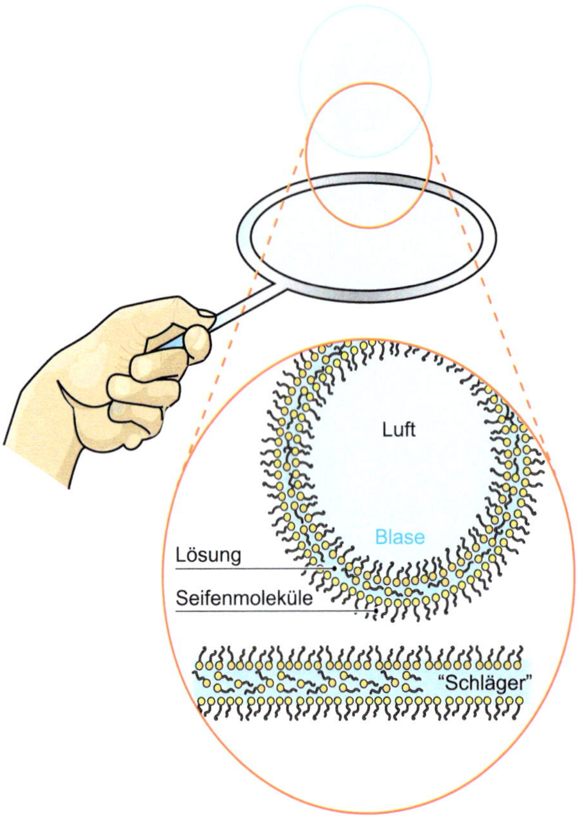

den in die Seifenlösung. Dann blase durch die Hülse und Du erhältst am anderen Ende eine Seifenblase. Der Ball ist fertig. Jetzt kannst Du mit dem Tennisspielen beginnen!

Wissenswertes

Dank der Eigenschaften bestimmter Moleküle, genannt Tenside, die man in Spülmitteln findet, kannst Du auf diese Weise Tennis spielen. Diese Moleküle können wie kleine Kaulquappen gezeichnet werden, jedes mit einem „Kopf" und einem „Schwanz". Während der Kopf der Moleküle das Wasser liebt (deshalb heißt er hydrophil), hasst der Schwanz das Wasser (genannt hydrophob). Anhand der Abbildungen kannst Du sehen, dass im Seifenball genau wie beim Schläger die Schwänze dieser Seifenmoleküle an der äußeren Seite des Seifenfilms liegen. Der Begriff Tensid (englisch: Oberflächler) ergibt sich daraus, dass, wenn Spülmittelmoleküle ins Wasser gegeben werden, sich so viele wie möglich an der Oberfläche drängeln, so dass ihre Köpfe im Wasser und ihre Schwänze in der Luft sind. Tenside beeinflussen also die Oberfläche von Wasser. Es sind diese Moleküle, die Seifenblasen stabil machen. Ohne sie würden die Blasen spontan in winzige Wassertropfen zerbrechen. Der Ball und der Schläger kleben nicht aneinander, weil die „Schwänze" des einen vermeiden wollen, das Wasser zu berühren, das sich auf dem Film des anderen befindet. In der Realität sind die Tensidmoleküle viel kleiner als hier illustriert, nämlich ungefähr 1000-mal kleiner als die Dicke der Seifenblasenwand. Blasenwände sind typischerweise einige Mikrometer (1 µm=10-6m) dick, während die Moleküle nur einige Nanometer (1 nm=10-9m) lang sind. Wie Du in der Abbildung sehen kannst, gibt es auch Tensidmoleküle im Wasser der Blasenwand. Einige von ihnen sind alleine und andere treten in Form kleiner Bälle, genannt Mizellen, auf. In den Mizellen bilden eine Menge Moleküle einen Ball, wobei ihre Schwänze im Inneren des Balls gebündelt sind und ihre Köpfe auf der Balloberfläche liegen. Die Schwänze vermeiden also den Wasserkontakt, während die Köpfe das Wasser berühren. Dies

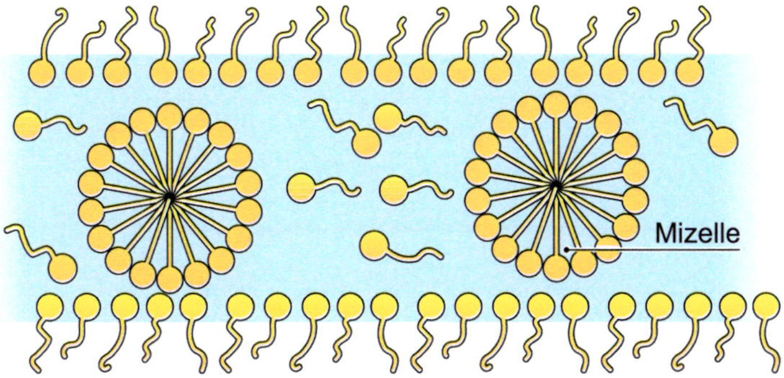

ist eine praktische Möglichkeit, Seife innerhalb der Blasenwand zu speichern. Wenn die Blase gedehnt wird, bewegen sich die Moleküle auf der Oberfläche auseinander, sowie die Oberfläche vergrößert wird. Die zusätzlichen Moleküle, die in den Mizellen gespeichert sind, füllen die Oberfläche auf, so dass sie schön und stabil bleibt. Wenn Du Spülmittel mit Wasser verwendest, um beispielsweise Schmutz aus der Kleidung und von Geschirr zu entfernen, kleben die Schwänze der Seifenmoleküle am Schmutz, was schmierig oder fettig erscheint, während ihre Köpfe das Wasser bevorzugen. Wenn Du also das Geschirr, das Du abwäschst, hinterher abspülst, nimmt das Wasser den Schmutz und das Fett mit sich und das Geschirr wird sauber.

3.18 Flexible Farben

Wie wäre es, dynamische Bilder im Seifenfilm zu kreieren?

Material	M 3.18
• *Seifenlösung des Experiments Nr. 3.16, S. 179* • *Gummiband* • *Taschenlampe*	

Schritt für Schritt

Spanne das Gummi zwischen den beiden Händen und tauche es in die Seifenlösung. Dann bitte eine Hilfsperson, den Seifenfilm zwischen dem Gummi zu beleuchten. Jetzt dehne das Gummi allmählich und beobachte das reflektierte Licht. Gibt es einen Zusammenhang zwischen der Dicke des Filmes und dem, was man beobachtet? Wiederhole das Experiment um es deutlicher zu sehen, in einem dunklen Raum.

Wie weit kann man den Seifenfilm ausdehnen? Benutze nun den Film als Spiegel, so dass das reflektierte Licht eine Wand oder den Boden („weißer Schirm“) trifft, wenn Du den Film mit der Taschenlampe beleuchtest. Versuche das Gleiche mit dem Schläger (s. S. 180). Vergleiche das reflektierte mit dem hindurchgelassenen Licht.

Wissenswertes

Wenn das Licht die obere Oberfläche eines Seifenfilms trifft, wird es zum Teil reflektiert und zum Teil durch den Seifenfilm hindurch gelassen, siehe das Experiment „Zaubertheater“, S. 125. Das hindurch gelassene Licht wiederum wird nun teilweise an der unteren Oberfläche in Richtung oberer Oberfläche reflektiert und teilweise hindurch gelassen. Diese zwei Wellen (die erste Reflexion und die zweite, die aus dem Film herauskommt) überlagern sich. Weil zu jeder Farbe ein anderer Brechungsindex gehört (unterschiedliche Ausbreitungsgeschwindigkeiten im Film), benötigt es für jede Lichtkomponente unterschiedliche Zeit, um den Film zu durchqueren und zurückzukehren. Wenn für eine bestimmte Lichtkomponente beide Wellen gleich aussehen (sie sind „in Phase“ wie in Figur A), addieren sie sich und produzieren eine helle Farbe. Im Gegensatz dazu verschwindet die Farbe, wenn die elektrischen Felder der dazugehörigen zwei Wellen einander auslöschen (die Wellen sind „nicht in Phase“, wie in Figur B). Weil die Filmdicke über den Film variiert, verbleibt in einigen Bereichen eine bestimmte Farbe, weil sie verstärkt wird. Deshalb kannst Du Bereiche mit unterschiedlichen Farben sehen. Wenn Du das Gummiband dehnst, wird der Film gedehnt und dadurch dünner. Dies ändert das Farbmuster, das durch die Überlagerung der zwei aus der oberen Oberfläche kommenden Wellen entsteht, die zu den einzelnen Farben gehören. Du kannst so verschiedene bunte Bilder produzieren und Dich daran erfreuen.

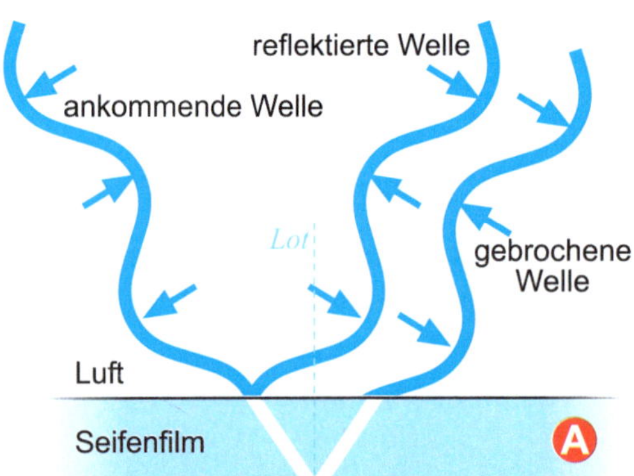

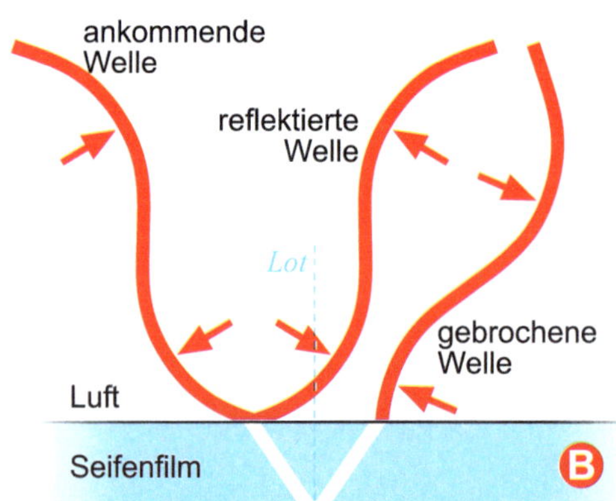

Material M 3.19
- *Seifenschläger und Seifenlösung von Experiment Nr. 3.17, S. 181*
- *Trinkhalm*
- *Taschenlampe*

3.19 Strudel in zwei Dimensionen

Wie wäre es, Strudel in einem Seifenfilm zu produzieren?

Schritt für Schritt

Halte den Trinkhalm in die Nähe des beleuchteten Schlägers. Blase dann durch den Trinkhalm, wie auf der Abbildung dargestellt, und beobachte die bunten Strudel, die auf dem Seifenfilm gebildet werden.

Einen Schritt weiter

Wiederhole das Experiment, indem Du gleichzeitig zwei oder mehr Strohhalme verwendest. Kannst Du zwei Strudel sich gegenseitig beeinflussen lassen? Bitte jemanden, einen Strudel zu produzieren, der sich in entgegengesetzter Richtung zu Deinem bewegt, und teste, ob die Strudel sich gegenseitig auslöschen.

Wissenswertes

Wenn Du den Seifenfilm anbläst, wird der Seifenfilm verformt und somit entsteht ein Strudel. Da der Film sehr dünn ist, kannst Du sagen, dass der Strudel auf eine Oberfläche beschränkt ist. Du kannst die Farben verwirbeln, weil die Bereiche mit unterschiedlicher Dicke mit dem Luftstrom mitgezogen werden (siehe das Experiment „Flexible Farben", S. 183). Dies ermöglicht Dir, einzigartige, dynamische Bilder zu erzeugen.

M 3.20

Material
- *Seifenschläger und Seifenlösung Experiment Nr. 3.17, S. 181*
- *Styroporkugel, Glasmurmel, Tischtennisball oder Billardkugel*
- *Seifenlösung des Experiments „Sattel aus Seife? Du machst Witze!“*
- *Styroporkugel, Glasmurmel, Tischtennisball, Billardkugel (versuche auch andere Objekte)*
- *ein Stück dünner Draht oder eine Büroklammer*

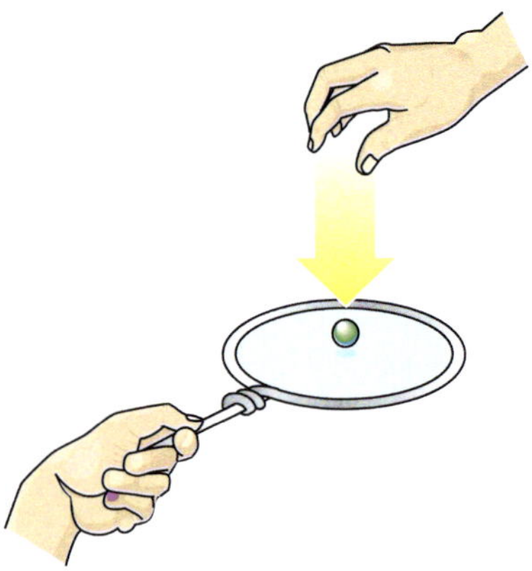

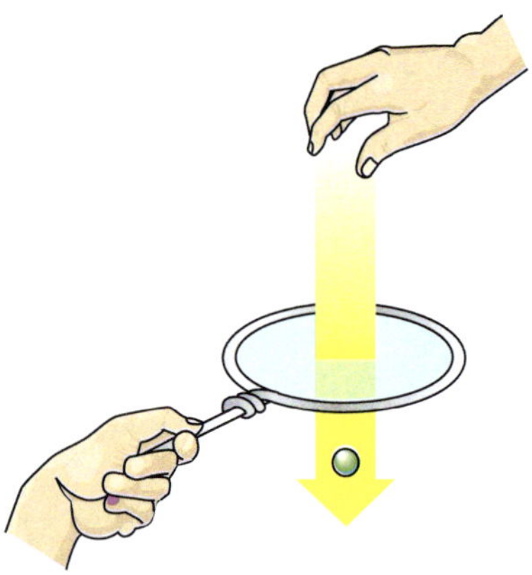

3.20 Wie man einen Seifenfilm durchdringt, ohne ihn zu zerstören

Schranken überwinden.

Schritt für Schritt

Benetze den Finger mit Seifenlösung und versuche den Seifenfilm damit zu durchstechen. Was passiert? Tauche anschließend die Kugel in die Seifenlösung und wirf sie auf die Seifenblase. Zerplatzt die Blase? Du kannst ausprobieren, die Wurfgeschwindigkeit der Kugel zu variieren, indem Du sie aus unterschiedlicher Höhe herunterfallen lässt. Kann ein Wasserstrahl den Seifenfilm durchdringen, ohne ihn zu zerstören? Versuche nun, den Film in der Nähe des Randes und in der Mitte mit dem Draht oder der Büroklammer zu pieksen.

Wissenswertes

Wenn Du den Drahtrahmen in die Seifenlösung tauchst, wird ein Seifenfilm geformt, der im Rahmen verankert ist. Für die Seifenmoleküle ist es energetisch günstiger, an beiden Oberflächen des Films zu liegen als in der Lösung zu bleiben, siehe Wissenswertes von „Ballspiele mit Seifenblasen“. Der Film ermöglicht es, zwei gegensätzliche Qualitäten der Seifenmoleküle miteinander zu vereinbaren: Ihre wasserliebende Seite taucht in das Wasser und ihre wasserabweisende Seite liegt außerhalb des Seifenfilms. Wenn Du den Film in der Mitte des Schlägers mit einem trockenen Draht oder mit dem Ende der trockenen Büroklammer piekst, ist nicht genug Seifenlösung vorhanden, um den Draht bzw. die Büroklammer zu benetzen und somit die Oberflächenenergie zu verringern. Deswegen zerreißt der Film, sobald Du ihn mit etwas Trockenem in der Mitte berührst. Versuche nun, den Film in der Nähe des Randes zu pieksen, wo sich mehr Seifenlösung befindet. Beim nassen Finger lohnt es sich energetisch nicht, ihn weiter zu benetzen. Das Gleiche passiert mit der nassen Kugel. Der Wasserstrahl ist schon nass und so bleibt der Film unbeschädigt, wenn der Strahl ihn durchdringt.

In der Nanowelt kann ein Elektron eine „Barriere" durchkreuzen, ohne seine Eigenschaften zu ändern, ebenso wie eine nasse Kugel den Seifenfilm durchkreuzt. Dieses Phänomen wird „tunneln" genannt. Es ist, als ob das Elektron beim Passieren der Barriere einen Tunnel gräbt, der sich hinter ihm wieder schließt. Wenn die Kugel den Seifenfilm mit einer etwas größeren Geschwindigkeit erreicht, wird der Film wegen der Viskosität der Lösung zerrissen. Die Kugel nimmt dann ein Stück des Seifenfilmes mit. Das Gleiche passiert z.B., wenn Du einen Löffel aus Honig herausziehst.

3.21 Schere, die nicht schneidet

Versuche einen Seifenfilm mit einer Schere zu zerschneiden.

Material	**M 3.21**
• *Seifenschläger und Seifenlösung des Experiments Nr. 3.17, S. 181* • *Schere*	

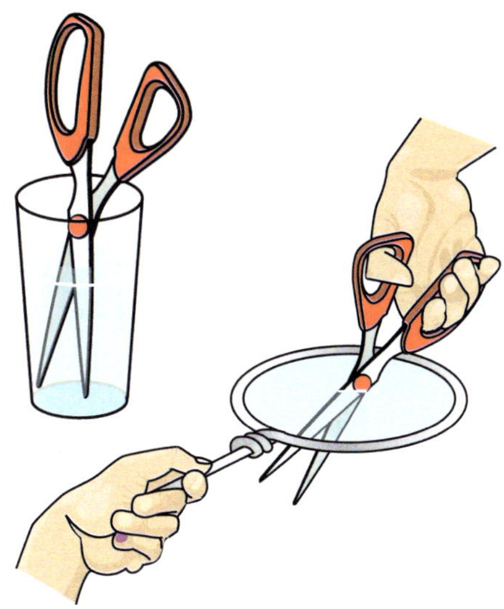

Schritt für Schritt

Tauche die Schere in die Seifenlösung. Versuche nun mit der Schere den Seifenfilm zu zerschneiden.

Wissenswertes

Dieses Experiment ist im Grunde genommen eine Variante des vorangegangenen Experiments. Die Schere, die mit Seifenlösung benetzt ist, verhält sich genauso wie der benetzte Ball, der den Film durchdringt, ohne ihn zu zerreißen. Wenn Du versuchst, den Film zu „schneiden", wird ihm offenbar kein Schaden zugefügt, da die Klingen der Schere schon benetzt sind. Weil der Seifenfilm eine elastische Haut ist, wird er stärker gedehnt, wenn die Scherenschneiden auseinander gehen und er entspannt sich, wenn sie sich schließen. Kannst Du mit einer nassen Schere „flexible Farben" erzeugen? (Siehe das Experiment „Flexible Farben", S. 183).

M 3.22

Material
- *Holzlatte von ca. 1-1,5 cm Dicke, Maß 10 cm x 70 cm*
- *zwei Holzlatten von ca. 1-1,5 cm Dicke, Maß 10 cm x 75 cm*
- *Holzlatte von ca. 1-1,5 cm Dicke, Maß 25 cm x 70 cm*
- *63 cm PVC-Rohr von 100 mm Durchmesser*
- *58 cm PVC-Rohr mit 1/2 Zoll Durchmesser und zwei extra Stücke von 1,5 cm Länge, längs durchgesägt*
- *2,3 m Nylonfaden von ca. 0,5 mm Dicke*
- *Haken*
- *Weinkorken oder Knetmasse*
- *Sekundenkleber*
- *starre Plastikscheibe, z. B. alte CD*
- *Wasser*
- *Seifenlösung oder Pustefix® aus Experiment Nr. 3.17, S. 181*
- *Taschenlampe*

3.22 Riesenseifenblasen und Seifenfilme

Erkunde die wunderbare Welt der Riesenseifenblasen.

Schritt für Schritt

1 Halterahmen

Baue anhand der Abbildung (S. 189) einen Halterahmen aus den Holzlatten und schraube den Haken am oberen Balken zentral fest.

2 Wanne

Schneide mit einer Säge das größere PVC-Rohr von 100 mm Durchmesser längs durch. Wenn Du ein Stück starres Plastik an den Seiten festklebst, entsteht eine halbrunde Wanne. Falls Du dafür eine CD benützt, wird diese in der Mitte mit einer Schere oder einem Stilett durchgeschnitten. Damit die Wanne feststeht und beim Einfüllen der Seifenlösung nicht umkippt, klebe jeweils zwei Hälften der kleinen PVC-Rohre seitlich an der Wanne fest (vgl. Abb.).

3 Bewegliches PVC-Rohr

Bohre an den Enden des PVC-Rohres von 1/2 Zoll je ein Loch, um den Nylonfaden durchzustecken. Dieser Faden dient als Führung des beweglichen Rohres und des Seifenfilmes. Neben diese Löcher bohre je ein einfaches Loch nur auf einer Seite des Rohres. An diesen zwei Löchern knote eine Fadenschlaufe fest, die als Aufhängung dient. Die Schlaufe sollte etwas länger als das Rohr sein.
Verschließe die Enden des PVC-Rohres mit einem Weinkorken, der mittels eines Stiletts auf die passende Grösse zugeschnitten wird, oder mit Knetmasse. Als bewegliches Rohr kannst Du auch ein Holzbesenstiel verwenden.

4 Führungen für das bewegliche Rohr

Schneide zwei Stücke Nylonfaden von 110 cm Länge als Führungsfäden zu. Schraube die Enden mit kleinen Schrauben an der Schale fest (vgl. Detail der Abb. S. 189). Der Abstand zwischen den Fixierungsschrauben und den Löchern für den Führungsfaden am beweglichen Rohr sollte gleich sein. Stecke die freien Enden des Führungsfadens durch das bewegliche Rohr und danach durch die gebohr-

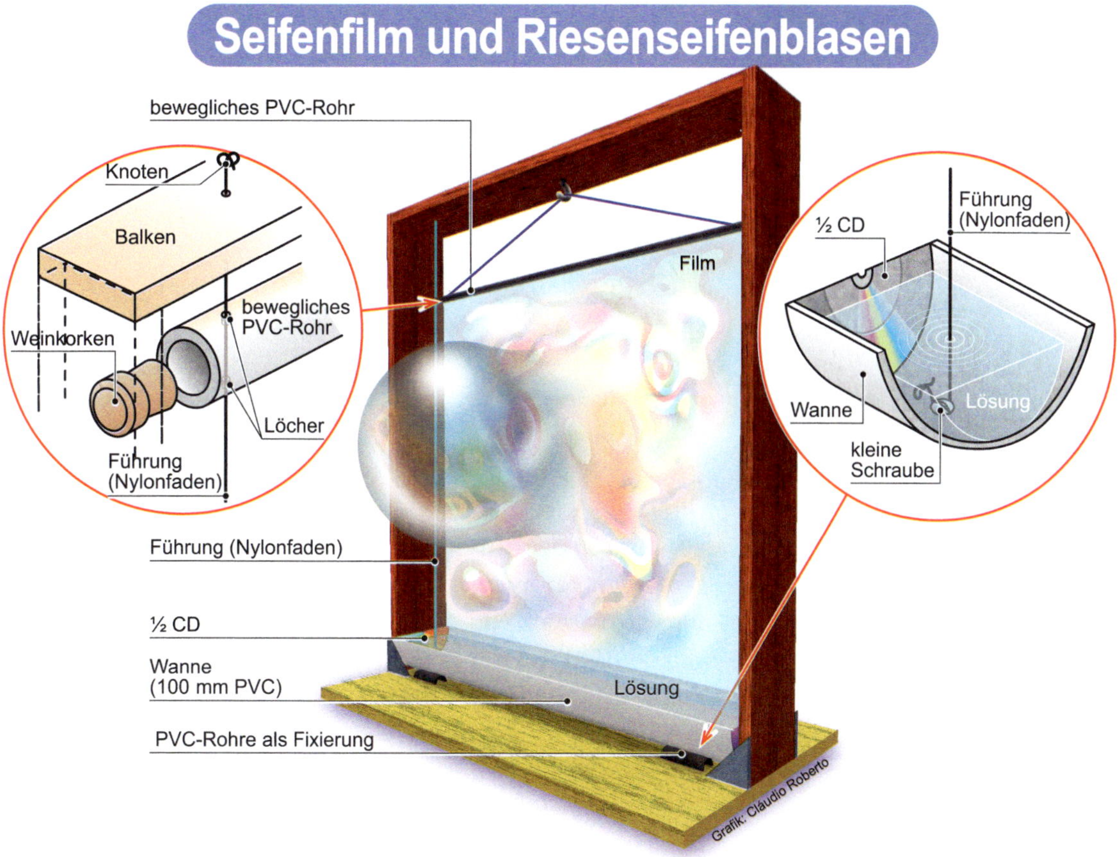

ten Löcher im Dach der Halterung (s. Abb.). Dehne den Führungsfaden gut. Verknote ihn am Ende, um ihn an der Halterung zu befestigen.

5 Schließlich und endlich: die Riesenseifenblasen

Fülle die Wanne mit so viel Seifenlösung, dass das bewegliche Rohr ganz in die Lösung eintaucht. Jetzt musst Du nur noch das bewegliche Rohr vorsichtig an der Schlaufe nach oben ziehen und am Haken einhängen. Nun kannst Du in den Seifenfilm blasen und Dich damit vergnügen.

Beleuchte den Film in einem dunklen Raum mit einer Taschenlampe und verändere den Einfallswinkel des Lichtstrahles auf den Seifenfilm. Du kannst auch das bewegliche Rohr hin- und herbewegen, damit Wellen auf dem Film erzeugen und sie mit der Taschenlampe beleuchten. Es gibt noch viele Möglichkeiten, die Welt der Seifenblasen zu erforschen.

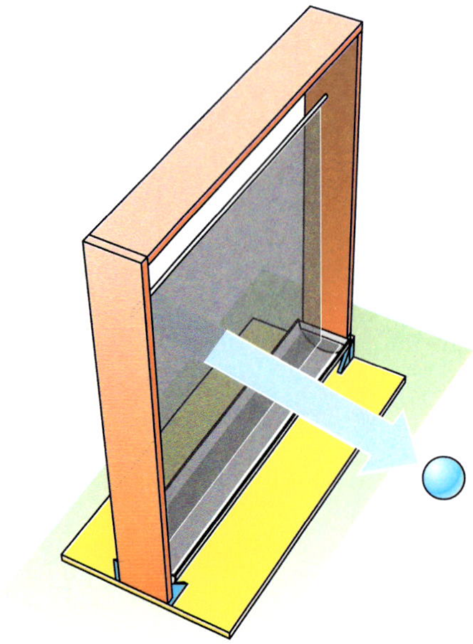

Zwei Schritte weiter

A. Tunneln

Du kannst versuchen, eine kleine, in Seifenlösung getauchte Styroporkugel gegen den riesigen Seifenfilm zu werfen, wie im Experiment „Wie man einen Seifenfilm durchdringt, ohne ihn zu zerstören", S. 186. Variiere die Wurfgeschwindigkeit und wiederhole das Experiment mit anderen Objekten. Geht es auch mit einem Wasserstrahl?

B. Fenster

Biege den Griff des Seifenschlägers so (siehe das Experiment „Ballspiele mit Seifenblasen"), dass er senkrecht zum kreisförmigen Drahtrahmen ist. Benetze den kreisförmigen Rahmen mit Seifenlösung. Berühre den riesigen Seifenfilm vorsichtig so mit dem benetzten Rahmen, dass sich der Film am Rahmen verankert. Nun piekse mit einem trockenen Finger ein Loch in den Seifenschläger. Dies ist Dein Fenster. Bitte jemanden, durch das Schütteln des PVC-Seifen-Dehners Wellen auf dem Film zu erzeugen. Du kannst das Fenster leicht seitlich bewegen. Wie wird das Wellenmuster durch die unterschiedlichen Positionen des Fensters beeinflusst? Du kannst auch andere Fenster mit unterschiedlichen Formen und Größen ausprobieren. Wenn Du die Position des Fensters veränderst, änderst Du die „Randbedingungen", wie Mathematiker und Physiker das nennen. Der Vorteil hierbei ist, dass Du keinerlei Mathematik betreiben musst. Bewege einfach das Fenster (die Fenster) herum, wie es Dir gefällt, und produziere unterschiedliche schöne Wellenmuster.

Wissenswertes

Der Seifenfilm ist eine elastische Membrane. Er ist wegen der Seifenmoleküle wesentlich elastischer als Wasser. Wenn Du Wellen auf Wasseroberflächen und auf elastischen Trommelhäuten erzeugen kannst, warum solltest Du nicht das Gleiche mit Seifenfilmen tun können? Weil der Film an den seitlichen Führungsfäden verankert ist, werden die Wellen, die Du durch das Schütteln des Seifendehners produzierst, an den befestigten Rändern des Films reflektiert. Die ankommende Welle und die reflektierte Welle ergänzen sich, um die schönen Muster zu erzeugen, die Du siehst. Andere Muster sind nicht möglich, weil sie abhängig von der destruktiven Überlagerung der Wellen sind. Weil die Filmdicke nicht einheitlich ist und sich ändert, wenn man den Film weiter dehnt, ändern sich die Farben auf dem Film (siehe das Experiment 3.18, „Flexible Farben“, S. 183). Die Randbedingungen definieren das Wellenmuster, weil die Reflexion der Welle an den Rändern auftritt. Du kannst auch Wellen produzieren, indem Du den Seifenfilm oben mit einem benetzten PVC-Rohr (ca. 10 cm kürzer als der Seifendehner) senkrecht zum Film schüttelst. Beobachte, wie das Fenster die Ausbreitung der Wellen beeinflusst, die aus Wellenfronten mit regelmäßigem Abstand bestehen.

3.23 Wassertropfen schneller machen

Ebne den Weg für einen Wassertropfen und mache einen Champion aus ihm.

Material | **M 3.23**

- *eine Glasplatte mit abgerundeten Kanten; Du kannst auch den äußeren Boden einer Servierplatte aus Glas verwenden.*
- *1 Trinkhalm oder eine Pipette*
- *wasserabweisende Flüssigkeit (wird für Beschichtungen für Autoscheiben verwendet)*
- *1 Papiertuch*
- *Wasser*

Hinweis

Wie wäre es, das beschichtete Glas durch den Seifenschläger von Experiment Nr. 3.17 (S. 181) zu ersetzen? Versuche einen Tropfen Wasser ganz nah am Rand des geneigten Seifenschlägers zu tropfen.

Schritt für Schritt

Stecke den Trinkhalm ins Wasser und verschließe das obere Ende mit Deinem Finger. Nimm den Trinkhalm aus dem Wasser heraus und öffne ihn vorsichtig oberhalb des Glases, das geneigt gehalten wird. Ein Tropfen Wasser wird aus dem Trinkhalm kommen und das Glas treffen. Rutscht er das Glas schnell genug herunter? Du kannst ihn beschleunigen, indem Du das Glas stärker neigst. Jetzt trockne das Glas ab oder verwende die andere Seite. Gieße ein wenig der wasserabweisenden Flüssigkeit auf das Papiertuch und verteile sie auf der Glasoberfläche. Warte eine Weile (gemäß der Gebrauchsanleitung der wasserabweisenden Flüssigkeit) und entferne dann den Überschuss der Flüssigkeit vom Glas mit einem Papiertuch. Tropfe einen neuen Tropfen auf die beschichtete Glasoberfläche, während Du das Glas geneigt hältst, und beobachte, ob die Geschwindigkeit des Tropfens zugenommen hat. Ist der Tropfen jetzt bereit, ein Weltmeister bei Wettrennen zu werden?

Einen Schritt weiter

Lasse einen Streifen des Glases unbeschichtet (bedecke es mit einem schmalen Streifen Papier, bevor Du die Beschichtung aufträgst) und organisiere ein Hinderniswettrennen für kleinere und größere Tropfen. Du kannst auch einen Kamm verwenden, um eine Beschleunigungsstrecke für Wassertropfen zu erzeugen. Experimentiere und finde alle Möglichkeiten heraus!

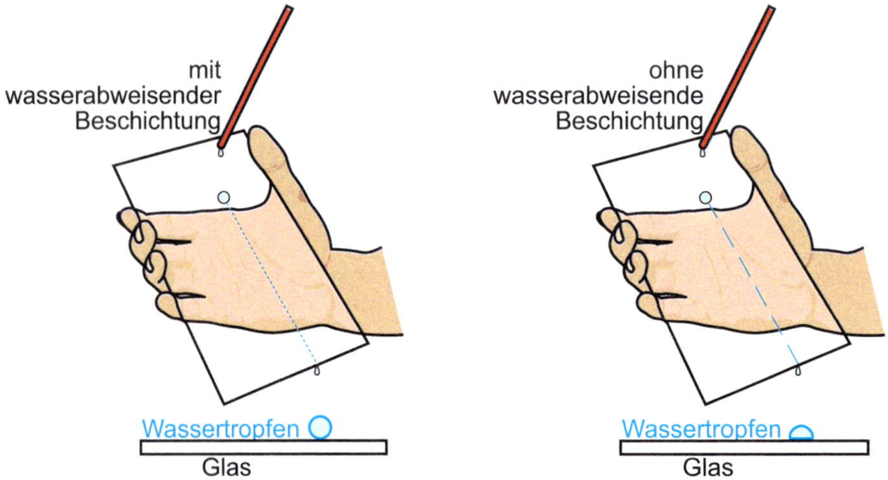

Zwei Schritte weiter

A. Lass einen Streifen des Glases unbeschichtet, indem Du es mit einem schmalen Streifen Papier bedeckst, bevor Du die Beschichtung aufträgst. Wie wäre es, ein Hinderniswettrennen für kleinere und größere Tropfen zu organisieren? Du kannst auch einen Kamm verwenden, um eine Beschleunigungsstrecke für Wassertropfen zu erzeugen. Probiere alle Möglichkeiten aus!

B. Halte die beschichtete Glasoberfläche waagerecht und tropfe einen Tropfen Wasser darauf. Wirkt der Tropfen wie eine Linse? Wiederhole das Experiment, indem Du die Glasoberfläche durch einen beschichteten Planspiegel ersetzt. Vergleiche die Bilder des Planspiegels mit denen, die der Tropfen auf dem Spiegel reflektiert.

Wissenswertes

Die wasserabweisende Beschichtung, die für Windschutzscheiben genutzt wird, füllt die mikroskopischen Poren des Glases mit hydrophoben Molekülen auf. Diese durchsichtige Beschichtung verhindert, dass Regenwasser an der Glasoberfläche haften bleibt. Wegen der Schwerkraft rutscht das Wasser herunter und ermöglicht dadurch bei jedem Wetter eine gute Sicht. Wenn Du einen Wassertropfen auf einer ebenen und beschichteten Scheibe beobachtest, wirst Du bemerken, dass der Tropfen fast einem Ball ähnelt. Dies ist die Form mit der kleinsten Oberfläche für ein gegebenes Volumen. Da der Kontakt der Tropfen mit dem wasserabweisenden Film sehr klein ist, versucht der Tropfen, die Oberflächenspannung bzw. seine Oberflächenenergie so klein wie möglich zu halten, proportional zur Tropfenfläche. Der Tropfen auf dem unbeschichteten Glas dagegen bleibt an der Glasoberfläche „kleben", wegen der Wechselwirkung mit dem Glas. In diesem Fall benetzt der Tropfen das Glas. Der Tropfen auf beschichtetem Glas bleibt nicht

„kleben" und hat deswegen einen großen Vorteil im Vergleich zu den anderen Teilnehmern im Rennwettbewerb, die in direkten Kontakt mit dem Glas sind. Die Tropfen wirken wie Linsen, weil sie eine Krümmung haben und ihr Brechungsindex unterschiedlich zu dem von Luft ist. Überprüfe, wie Tropfen unterschiedlicher Größe direkt auf Glas und dann auf beschichtetem Glas als Linse wirken.

3.24 Flüssige Kletterer

Hilf Wasser dabei, Wände hochzuklettern.

Material M 3.24
- *1 flacher Teller*
- *1 klares zylindrisches Glas*
- *1 klares zylindrisches Glasgefäß*
- *ein Stück schwarzes Papier*
- *Papiertücher*
- *Wasser*
- *wasserabweisende Flüssigkeit (wird für Beschichtungen für Autoscheiben verwendet)*

Schritt für Schritt

Fülle den flachen Teller mit etwas Wasser. Stecke das schwarze Papier in das Gefäß und platziere das Gefäß und das Glas im Teller. Drücke das Glas gegen die äußere Wand des Gefäßes, wie in der Abbildung gezeigt. Sei vorsichtig und drücke nicht zu stark, damit die Gefäße nicht zerbrechen! Je stärker Du (vorsichtig!) drückst, desto höher steigt das Wasser. Das schwarze Papier dient dem Kontrast, um besser zu sehen, wie das Wasser steigt. Nun trockne die Seite des Gefäßes ab oder verwende die andere Seite. Gieße ein wenig von der wasserabweisenden Flüssigkeit auf das Papiertuch und verteile sie überall an der Stelle des Gefäßes, an der das Glas das Gefäß berührt. Wenn notwendig, wiederhole diese Prozedur. Warte eine Weile (gemäß der Gebrauchsanleitung der wasserabweisenden Flüssigkeit) und entferne dann den Überschuss der Flüssigkeit vom Gefäß mit einem neuen Papiertuch. Wiederhole den Vorgang mit dem Glas. Presse zuerst die beschichtete Seite des Gefäßes an die unbeschichtete Seite des Glases. Ist das Wasser immer noch in der Lage hochzuklettern? Presse als Nächstes die zwei beschichteten Seiten aneinander. Was passiert mit dem Wasser? Kann das Wasser an beschichteten Oberflächen angreifen?

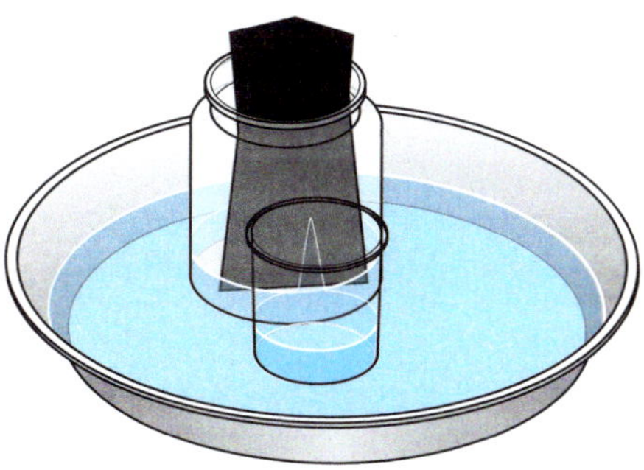

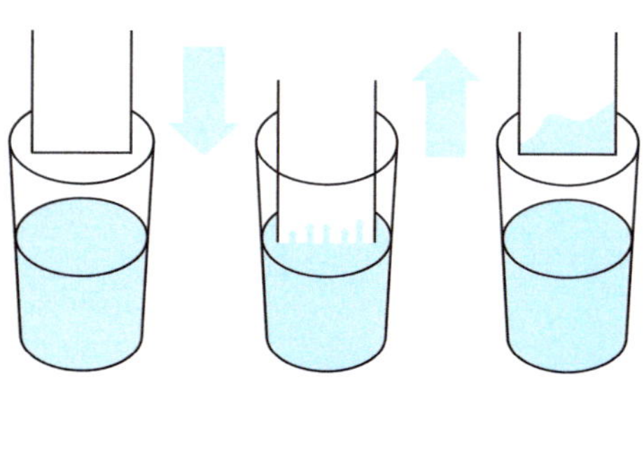

Wissenswertes: Warum werden Oberflächen nass?

Wenn Du ein Glas Wasser austrinkst, bleiben die Innenwände und der Boden des Glases nass. Auch nach einer Dusche bleibt Dein Körper nass! Das Wasser benetzt das Glas oder Deine Haut, um die Oberflächenenergie zu verringern. Die anziehenden Kräfte, die das Wasser an beiden Oberflächen „verankern", nennt man Kapillarkräfte. Bei ganz feinen Röhren, ähnlich den Haaren, ermöglichen diese elektrischen Kräfte das „Hochklettern" von Wasser und anderen Flüssigkeiten.

Wissenswertes: „Wasserklettern"

Das Wasser zwischen den beiden Gefäßwänden wird deshalb nach oben gezogen, weil es energetisch günstiger für die Oberflächen ist, benetzt zu werden als trocken zu bleiben. Während das Wasser an den Wänden wegen der Kapillarkräfte verankert wird und hochklettert, wirkt sich die Schwerkraft in der entgegengesetzten Richtung aus und begrenzt somit die maximale Höhe, die das Wasser erreichen kann. Dadurch wird ein „Wasserberg" geformt, dessen Spitze sich in der Kontaktlinie zwischen den beiden Gläsern befindet, denn dort ist der Abstand am geringsten. In dieser zentralen Wassersäule haben die meisten Moleküle Kontakt mit beiden Oberflächen. Die Kapillarkräfte, die das Wasser nach oben ziehen, verhalten sich proportional zur Kontaktfläche und ebenso verhält sich die Schwerkraft proportional zum Volumen der Wassersäule. Da die Kapillarkräfte dort am stärksten wirken, wo die Gefäßwände sich am nächsten sind, findet man dort die Spitze des Wasserberges. Wenn Du wasserabweisende Flüssigkeit auf eine der Wände aufträgst, kann das Wasser nur die andere Glaswand benetzen, denn die Kapillarkräfte entstehen nur aus dem Kontakt des Wassers mit der unbeschichteten Wand. Die Spitze des Wasserberges liegt dann niedriger, wie Du beobachten kannst. Wenn beide Wände beschichtet werden, gelingt es dem Wasser nicht mehr, die Wände zu benetzen. Dies verhindert das Hochklettern des Wassers und man sieht deshalb keinen Wasserberg mehr. Probiere es aus! Wasser und Wasserabweiser sind aber nicht so inkompatibel, wie es zunächst scheint. Gib einen Tropfen wasserabweisende Flüssigkeit in einen Behälter mit Wasser. Der Wasserabweiser löst sich auf und bildet einen dünnen Film auf der Wasseroberfläche. Dies passiert, weil es energetisch günstiger ist, einen Film zu bilden als in Tropfenform zu verbleiben.

Wissenswertes: Wasser hochpumpen und benetzen

Kapillarität ist wichtig für das Hochfließen von Wasser in sehr engen Kanälen im Boden und in Pflanzen. Auch in diesem Fall verankert die Oberfläche der Kanäle die Wassermoleküle und zieht sie hoch, weil es energetisch günstiger für die Oberflächen ist, benetzt zu werden als trocken zu bleiben. Deshalb wird Papier oder Kleidung durchnässt, auch wenn sie nur unten in Kontakt mit Wasser geraten. Im Papier sind die Zellstofffasern in einer Richtung orientiert und eng miteinander verbunden. Kleidungsfasern sind ebenso eng miteinander verwoben. In beiden Fällen halten die Fasern die Wassermoleküle ähnlich fest, wie es die Glasoberflächen tun. Die Haftung hängt von den Oberflächen und dem Kontakt der Flüssigkeit mit ihnen ab. Du kannst das Experiment wiederholen, indem Du Plastikflaschen aneinander presst, Glas an ein Stück Holz drückst usw. Oder gib Spülmittel ins Wasser und beobachte, wie es das Klettern des Wassers beeinflusst. Um zu sehen, wie schön Wasser im Papier hochklettert, bastle eine Rolle mit einem Durchmesser von ca. 4 cm und einer Höhe von ungefähr 20 cm aus einem Blatt weißen Papiers. Beleuchte in einem dunklen Raum die innere Wand der Rolle mit einem Laserpointer. Du erhältst eine diffuse Reflexion, wie im Experiment „Licht am Ende des Tunnels", S. 121. Halte nun die Rolle senkrecht so in ein Wassergefäß, dass das untere Ende in Kontakt mit dem Wasser kommt. Beobachte die äußere Oberfläche der Rolle, die der vom Laser beleuchteten Fläche gegenüberliegt, und entdecke, wie das Wasser das Papier durchnässt. Der gleiche Effekt wird in Flüssigkeitschromatographen verwendet, die in der analytischen Chemie wichtig sind. Viel Spaß bei Deinen neuen Entdeckungen!

3.25 Wasserstrudel

Sicherlich hast Du schon einmal einen Wasserstrudel im Waschbecken beobachtet. Du kannst noch mehr darüber entdecken.

Material	M 3.25
• *zwei 1,5-Liter-Plastikflaschen mit Schraubverschluss* • *ein Fotofilmdöschen* • *verschiedenfarbige Trinkhalme*	

Schritt für Schritt

Bohre in die Mitte der Flaschenverschlüsse ein Loch von ca. 1,5-1,8 cm Durchmesser. Schneide 2-3 Trinkhalme in kleine Stückchen und gib sie in eine der Flaschen. Fülle diese Flasche zu etwa 2/3 mit Wasser auf. Nun schraube die Verschlüsse fest auf beide Flaschen. Säge den Boden des Filmdöschens auf und setze ihn auf den Verschluss der mit Wasser gefüllten Flasche. Stecke jetzt die leere Flasche in den anderen Teil der Filmdose und verbinde so die beiden Flaschen miteinander. Drehe die Flaschen um. Was passiert? Warum? Du kannst die Flasche drehen und einen Strudel entstehen lassen. Was geschieht jetzt mit dem Abfluss?

Einen Schritt weiter

Fülle das Waschbecken in Deinem Badezimmer mit Wasser. Bewege Deinen Fin-

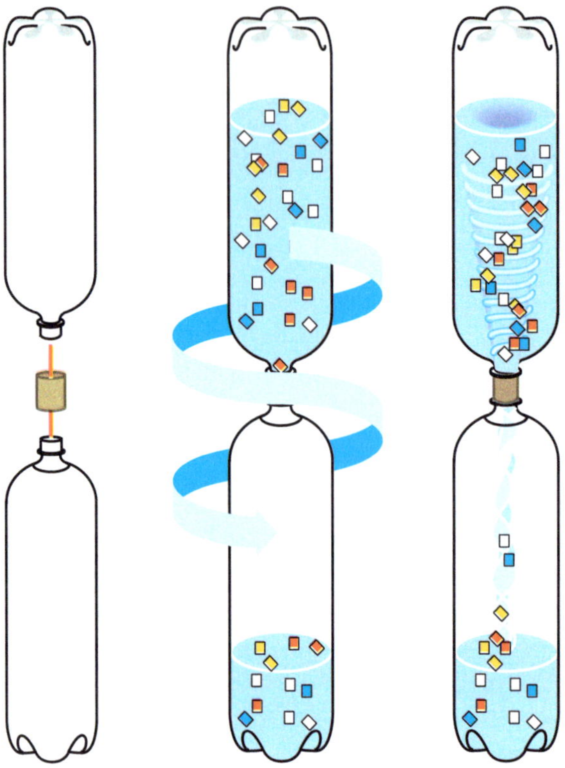

ger entweder im Uhrzeigersinn oder entgegen dem Uhrzeigersinn in der Wasseroberfläche und lass dann das Wasser vorsichtig abfließen. Beobachte, ob die Bewegung des entstehenden Strudels zur Bewegung Deines Fingers passt.

Wissenswertes
Wenn Du die mit Wasser gefüllte Flasche umdrehst, zwingt die Gravitation das Wasser, durch das Loch nach unten zu fließen, das die beiden Flaschen verbindet. Die Luft aus der unteren Flasche bildet Blasen und steigt an die Wasseroberfläche der oberen Flasche, um Platz für das Wasser zu schaffen, das in die untere Flasche fließt. Eventuell stoppt der Fluss des Wassers nach unten, weil der Luftdruck in der unteren Flasche im Vergleich zum Druck in der oberen Flasche steigt und der Druck der Wassersäule in der oberen Flasche abnimmt. Dieses Druckungleichgewicht in Verbindung mit der Oberflächenspannung des Wassers im Abflussloch, die das Wasser nach oben zieht, stoppt den Wasserfluss.
Wenn Du dem Wasser ein wenig Spülmittel hinzufügst, fließt mehr Wasser von der oberen in die untere Flasche, weil das Spülmittel die Oberflächenspannung herabsetzt. Wie das Spülmittel das Wasser weicher macht, vereinfacht es auch das Bilden von Blasen. Wenn Du die gefüllte Flasche umdrehst und eine Weile herumdrehst, lässt Du das Wasser gleichzeitig zirkulieren und sich nach unten bewegen. Ein Strudel mit einem tunnelähnlichen Querschnitt bildet sich. Seine freie Oberfläche ist ein Ergebnis der Massenträgheit des sich drehenden Wassers, das an die Wände der Flasche gedrückt wird, wenn es sich dreht und seiner Oberflächenspannung, die versucht, die freie Oberfläche zu minimieren. Wenn sich das Wasser nach unten bewegt, steigt die Drehgeschwindigkeit. Oben zirkuliert das Wasser in einem Kreis mit einem größeren Radius, weiter unten kommt die freie Oberfläche der Drehachse immer näher. Das bedeutet, dass die Rotationsmassenträgheit sinkt, wenn was Wasser das Abflussloch erreicht. Um dies zu kompen-

sieren, weil der Drehimpuls erhalten bleiben muss, rotiert das Wasser schneller und schneller, wenn es nach unten fließt, genau wie im Experiment „Der Trick der Balletttänzerin“, S. 91. Im Falle des Strudels, der in Deinem Waschbecken entstanden ist, wenn Du Deinen Finger im Kreis im abfließenden Wasser bewegt hast, bekommt das Wasser Drehmoment. Die Drehgeschwindigkeit steigt im Abflussloch aus dem gleichen Grund, wie sie es bei den gekoppelten Flaschen tut. Beobachte die Strudel, die sich in Deiner Badewanne bilden und entdecke, wie das Wasser abfließt. Kleine Objekte am Boden der Badewanne machen es einfacher, den Wasserfluss zu erkennen. Strudel sind faszinierende und komplexe Phänomene. Es gibt noch viele Dinge, die mit Deiner Grundausstattung für dieses Experiment untersucht werden können. Wie wäre es, Abflusslöcher mit unterschiedlichen Durchmessern zu testen? Du kannst auch die Wassersäulen variieren und untersuchen, wie Spülmittel Deine Tornados beeinflusst. Kannst Du Dir andere Wege ausdenken, um besser beobachten zu können, was passiert? Sei frei beim Entdecken der Welt der Strudel!

3.26 Ausflüsse, die mit Wasser gehemmt werden

Manchmal wird Wasser zum Hindernis für sich selbst.

Material — M 3.26

- *1 feines Plastiksieb (oder Kunststoffnetz, teste unterschiedliche Maschenweiten)*
- *2 Glasgefäße mit Plastikschraubdeckel; Du kannst auch ein Plastikgefäß verwenden)*
- *1 großer Krug, 1 extragroße Tasse oder irgendein anderer geeigneter durchsichtiger Behälter mit Wasser*
- *Sekundenkleber*

Schritt für Schritt

Entferne wie abgebildet den oberen Teil (die Scheibe) des Plastikdeckels, um einen Rahmen für ein Sieb herzustellen. Befestige das Sieb mit Sekundenkleber am Rahmen und schraube ihn auf das Gefäß. Drehe das Gefäß auf den Kopf und tauche es in den Behälter mit Wasser. Nimm das Gefäß wieder heraus und – welche Überraschung! – es ist mit Wasser gefüllt. Warum fällt das Wasser nicht wieder durch das Sieb heraus? Wie grob können die Maschen des Siebs sein (wie groß können die Löcher sein), damit sie das Wasser noch halten?

M 3.26

Material
- *1 zusätzliches Gefäß, identisch zum dem oben, aber mit intaktem Deckel*
- *2 Stücke Styropor, flach und dünn, groß genug, um beide Gefäße zu bedecken*

Einen Schritt weiter
Beeindrucke Deine Freunde mit einer unvergesslichen Vorführung!

Schritt für Schritt
Entferne wie abgebildet den oberen Teil (die Scheibe) des Plastikdeckels, um einen Rahmen herzustellen, und schraube den Rahmen auf das Gefäß. Während Deiner Vorführung solltest Du zwei Gefäße (eines mit und eines ohne Sieb) nebeneinander stellen, so dass Dein Publikum den Unterschied nicht sieht. Nun tauche das Gefäß ohne Sieb umgekehrt in den Behälter mit Wasser und bedecke die Öffnung mit einem Styroporstück, während es untergetaucht ist. Halte diese Abdeckung fest, wenn Du das Gefäß aus dem Behälter nimmst. Die Abdeckung wird an dem Gefäß kleben und das Wasser wird nicht heraus fließen. (Warum?)
Halte das Gefäß oberhalb Deines Wasserbehälters und bitte einen Assistenten darum, die Abdeckung zu entfernen, so dass das Wasser aus dem Gefäß direkt in den Behälter fällt. Nun mache dasselbe mit dem Gefäß mit Sieb. Wenn Dein Assistent die Styroporabdeckung entfernt, wird dieses Mal kein Wasser herausfließen. Du kannst einige magische Worte murmeln und das Gefäß ein wenig kippen. Auf Dein Kommando hin wird ein bisschen Wasser herausfließen. Drehe dann das Gefäß wieder in die vertikale Position und es wird kein Wasser mehr herausfließen. Fordere Deine Freunde auf zu erklären, wie dies funktioniert.

Wissenswertes
Wenn Du das Gefäß ohne Sieb untertauchst, wird es teilweise oder vollständig mit Wasser gefüllt, während die Luft herauskommt, um Platz zu schaffen. Wenn Du das Gefäß mit dem Styropor bedeckst und das Gefäß aus dem Wasser nimmst, wird der atmosphärische Druck größer sein als der Druck, der von der verbliebenen Luft und der Wassersäule im Gefäß ausgeübt wird. Das Styropor wird gegen das Gefäß gedrückt und verhindert, dass das Wasser herausfließt. Wenn Du nun die Abdeckung entfernst, zieht die Schwerkraft das Wasser nach unten. Wenn Du dasselbe mit dem Gefäß mit Sieb machst, werden die Wassermoleküle, die in

Kontakt mit den Maschen des Siebs sind, am Sieb verankert. Probiere gröbere Maschen aus, die größer sind als ein großer Wassertropfen, und teste, ob der Trick immer noch funktioniert. Die Kraft, die die Moleküle nach oben zieht (Oberflächenspannung) und dazu der äußere Luftdruck helfen dem Wasser, in der Position zu bleiben. Wenn Du das Gefäß leicht kippst, gleitet das Wasser zur Seite und erlaubt, dass Luft ins Gefäß kommt und damit Wasser zwingt herauszufließen. Wenn Du das Gefäß zurück in die vertikale Position bringst, werden die vorherigen Bedingungen wieder hergestellt und es fließt kein Wasser mehr heraus. Kannst Du jetzt erklären, weshalb Wasserhähne normalerweise Siebe haben?

3.27 Ein Ei aus der Schale zwingen

Beobachte, wie ein Ei aus einem Trinkhalm sickert, der in der Schale steckt.

Material — M 3.27

- *mindestens 4 frische rohe Eier*
- *Eierkarton*
- *verschiedene Eiernester (gebastelt aus einem Eierkarton, jedes, um ein Ei zu halten)*
- *Trinkhalm*
- *3 durchsichtige Behälter (z. B. die unteren Teile von drei Halbliter-Plastikflaschen oder drei Gläser)*
- *frisches Wasser*
- *Sekundenkleber oder geschmolzenes Kerzenwachs*
- *ein Stück stabilen Draht mit einem angespitzten Ende oder eine Nadel*
- *1 Flasche Sirup*
- *Zahnstocher*

Schritt für Schritt

A. Wässrige Eier

Entferne mit Hilfe einer spitzen Nadel oder eines Drahtes ein fingernagelgroßes Stück aus dem stumpfen Ende zweier Eier. Auf dieser Seite des Eis gibt es einen kleinen Hohlraum, abgegrenzt von einer inneren Haut, die erhalten bleiben sollte. Wenn Du die Haut verletzt, dann beginne von vorne. Versuche, keine scharfen Kanten um das Loch herum zu lassen. Platziere die Eier in ihren Nestern, so in Plastik oder ein Stück Stoff eingepackt, dass das offene Ende den Boden des Nests nicht berührt. Piekse mit dem Draht oder einer Nadel ein kleines Loch in das spitze Ende bei-

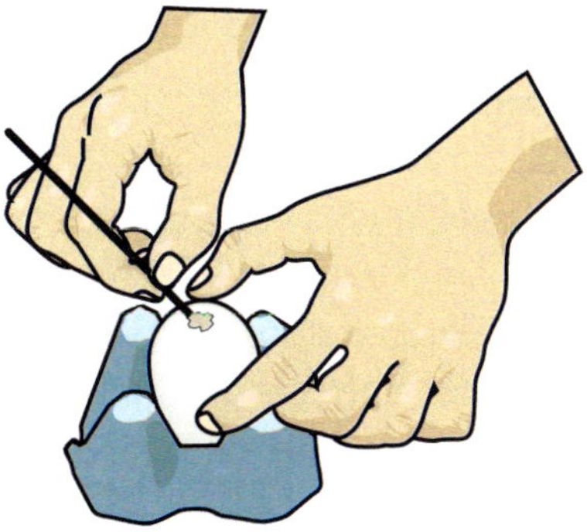

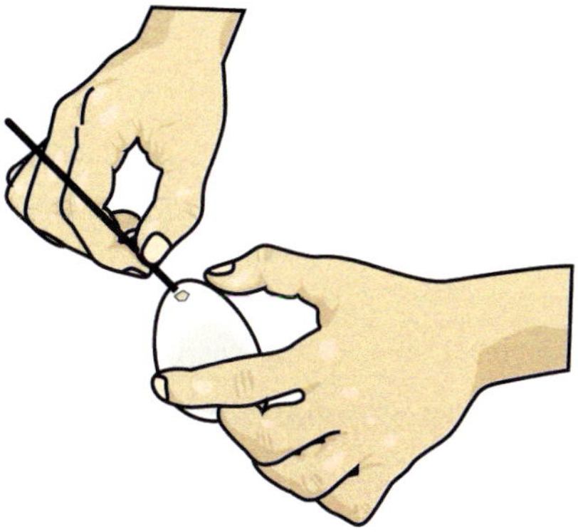

der Eier (klopfe den Draht gegebenenfalls vorsichtig mit einem Löffel hinein). Das Loch sollte gerade groß genug sein, um den Trinkhalm zu fassen. Schneide zwei Stücke vom Trinkhalm ab (ca. 7-8 cm lang) und drücke ein Trinkhalmstück ungefähr 2,5 cm in jedes Ei. Tropfe Sekundenkleber oder geschmolzenes Wachs um den Trinkhalm herum, um das Loch abzudichten.
Trenne das Eiweiß eines der übrigen Eier vom Eigelb. Piekse je ein Loch in die Enden und das Eiweiß wird herauskommen. Fülle einen der Behälter teilweise mit frischem Wasser und den anderen mit Eiweiß. Platziere die Eier in den Behältern und lasse sie in Ruhe. Nach ein oder zwei Stunden kannst Du nachsehen, was passiert ist.

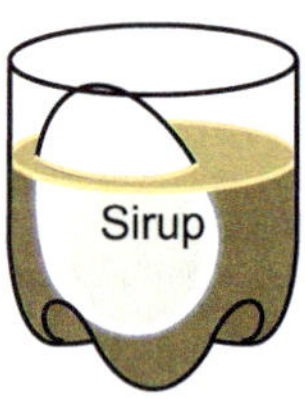

B. Eier im Sirup

Entferne vorsichtig ein kleines Stück Schale vom stumpfen Ende eines Eis, wie oben beschrieben, so dass die Eihaut intakt bleibt. Platziere das Ei vorsichtig im verbliebenen Behälter. Lass genug Sirup in den Behälter laufen, um das Loch im stumpfen Ende des Eis vollständig zu bedecken, so dass die Eihaut vollständig Kontakt mit dem Sirup hat. Warte eine Stunde und beobachte, was passiert. Versuche das Glas mit Sirup zwischen zwei gekreuzte Polarisationsfilter zu stellen. Drehe einen der Filter und untersuche, was passiert. Du kannst auch den weißen Schirm eines LC-Displays und einen einzigen Polarisator dabei benutzen (siehe „Wissenswertes: Doppelbrechung“, S. 140). Gibt es etwas Besonderes beim Sirup?

M 3.27	**Zusätzliches Material** • *Luftballon* • *Plastiktüte oder Schuhkarton* • *Extrakt (Vanille, Kaugummi, Zitrone oder Zimt) oder Parfum*

Einen Schritt weiter

Schritt für Schritt

Tropfe einen oder zwei Tropfen von stark aromatischem Extrakt in einen entleerten Luftballon. Puste den Ballon auf, knote ihn zu und stecke ihn in eine Plastiktüte oder einen Schuhkarton. Um sicherzustellen, dass der Deckel auf dem Karton bleibt, verwende Klebeband, um ihn zu fixieren. Halte die Tütenöffnung mit einer Hand zu. Hebe ein Ende des Kartondeckels oder öffne die Tüte und rieche den Inhalt.

Wissenswertes

Die Eihaut besteht aus dünnen Schichten (genau genommen sind es zwei Membranen, aber sie halten fest zusammen) mit winzigen Poren, die kleine Moleküle wie Wasser hindurch lassen, aber große Moleküle wie die Zuckermoleküle im Sirup nicht. Membranen, die wie Eiermembranen selektiv durchlässig sind, werden semipermeabel genannt. Luftballons besitzen mikroskopische Poren, die den Düften des Extraktes das Passieren erlauben, andererseits für die aneinandergebundenen Moleküle der Flüssigkeit (der gelösten Substanz) nicht durchlässig sind. Auf die gleiche Weise, wie ein Gas oder eine Flüssigkeit sich von einem Bereich mit höherem Druck zu einem mit niedrigerem Druck bewegt (teilweises Vakuum), bewegen sich kleinere Moleküle von jeder Seite der Membran so lange durch die Membran, bis ihr Anteil (Teildruck) auf beiden Seiten der Membran gleich ist. Das selektive Passieren von Molekülen durch eine semipermeable Membran wird Osmose genannt; der Druckunterschied, der durch die kleineren Moleküle entsteht, die die Membran passieren, nennt sich osmotischer Druck.
Eiweiß besteht ungefähr zu 90% aus Wasser. Wenn sich außerhalb der Membran 100% Wasser befinden (wie in A), dann passiert das Wasser aus dem Behälter die Membran, um den Wasseranteil auf beiden Seiten der Membran auszugleichen. Die Wassermoleküle, die in die Eierschale eindringen, benötigen Platz. Das Ei wird also durch den Trinkhalm aus der Schale gezwungen, um Platz für das zusätzliche Wasser zu schaffen. Wenn der Wasseranteil auf beiden Seiten der Membran derselbe ist (wie in B), passiert nichts Bemerkenswertes. Wenn allerdings die Membran des Eis sich im Sirup befindet, der zu 25% aus Wasser besteht, ändern sich die Dinge. In diesem Fall bewegen sich die Wassermoleküle von der Seite der Membran, auf der sie reichlich vorhanden sind, zu der Seite, auf der sie fehlen. So bewegt sich Wasser aus dem Ei nach draußen. Weil Wasser und Sirup unterschiedliche Brechungsindizes haben, entsteht Totalreflexion, wenn der Wasseranteil im Sirup steigt, siehe das Experiment „Lichtschläuche“ im Kapitel Spielereien mit Licht.
Wenn Pflanzenzellen über Osmose Wasser aufnehmen, beginnen sie anzuschwellen, aber ihre starken Wände verhindern, dass sie platzen. Der Druck im Inneren der Zelle steigt. Unter Umständen ist der innere Druck der Zelle so groß, dass kein weiteres Wasser in die Zelle eindringen kann. Dieser Flüssigkeitsdruck oder hydrostatische Druck arbeitet gegen die Osmose; er ist es, der die grünen Teile der Pflanzen im Sonnenlicht „aufstehen“ lässt. Wenn Du vergisst, die Topfpflan-

zen zu gießen, wirst Du sehen, dass ihre Blätter welken. Osmose ist auch der Mechanismus, den unsere Nieren nutzen, um Wasser und Salz aus unserem Blut zu entfernen, um ihre Konzentration auf angemessenem Niveau zu halten.
Es ist möglich, Wasser durch eine semipermeable Membran in entgegengesetzter Richtung zur Osmose hindurchzuzwängen. Dies wird umgekehrte Osmose genannt. Um dies auszuführen, musst Du nur einen äußeren Druck erzeugen. Diese Art der Osmose wird beispielsweise zur Reinigung und Entsalzung von Wasser genutzt. Kannst Du einen einfachen Weg finden, um dies zu demonstrieren? Auch Flüssigkeiten mit hoher Zähigkeit können bei Strömung durch innere Reibung doppelbrechend wirken. Gilt das auch für Sirup?

4 | Spielereien mit Tönen

4.1 Schnurtelefon

Wie man dem alten Dosentelefon ein neues Gehör gibt.

Material M 4.1
- *2 leere Dosen (beispielsweise Suppendosen) oder 2 Plastiktassen*
- *10 – 15 m Schnur*
- *ein kleines Stück Watte oder eine Kerze*

Hinweis
Berühre während des Sprechens leicht die Schnur und den Boden der Tasse. Halte die Schnur gespannt und beobachte, was passiert. Finde heraus, weshalb die Schnur gespannt sein muss. Lockere die Spannung und teste, ob Du Geräusche hören kannst.

Schritt für Schritt

Bohre in den Boden der Dosen jeweils in der Mitte ein Loch. Stecke durch jedes Loch das Ende einer Schnur und befestige sie mit einem Knoten, damit die Schnur nicht herausrutscht, wenn sie gespannt wird.

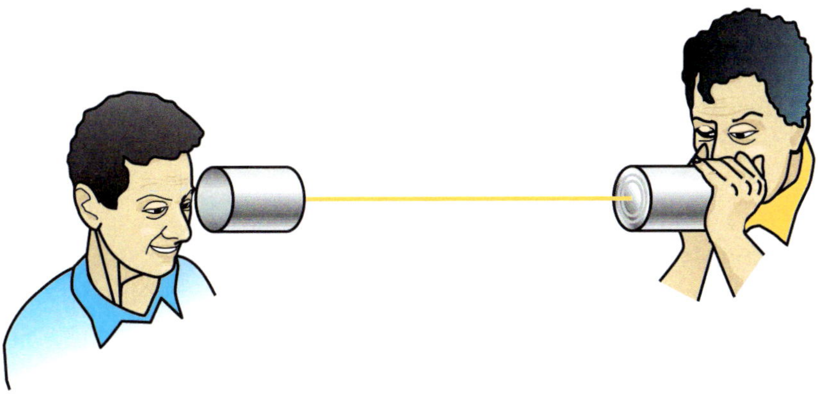

Bittet eine andere Person, die Dose dicht ans Ohr zu halten und die Schnur zu spannen, während Du selbst in die Dose sprichst und umgekehrt (s. Abb.).

Alternativen

1. Eine dritte Person kann sich an dem Gespräch beteiligen, wenn Du noch ein Stück Schnur und noch eine Dose hast. Knote das eine Schnurende wie bekannt an die Dose und das andere Ende an der Mitte der Schnur, die die anderen beiden Dosen verbindet.
2. Du kannst auch nur eine Dose verwenden. Einer oder eine von Euch sollte das Ende der Schnur fest zwischen den Zähnen halten oder in einer Schlaufe halten, die um den Kopf gebunden wird. Das Geräusch ist klarer, wenn die Person ohne Dose am Schnurende ihre Ohren zuhält.

3. Als Letztes kannst Du nur die Schnur verwenden. Ein Ende sollte fest zwischen den Zähnen oder in einer Schlaufe um den Kopf des Zuhörers gehalten werden. Das andere Ende sollte locker um den Hals des Sprechers gelegt werden, der hinter dem Hörer stehen sollte. Spanne die Schnur, um zu testen, ob der Hörer Töne hören kann, die vom Sprecher (Sender) durch die Schnur übertragen werden. Die Töne sind klarer, wenn der Hörer die Ohren bedeckt. „Hörst" Du besser mit Deinem Kopf oder mit Deinen Zähnen? Findest Du eine Möglichkeit, diese unkonventionelle Methode zum Hören von Tönen zu verbessern?

Zwei Schritte weiter

A. Vergrößerung der Dosen

Du kannst gleich große Dosen auf jeder Seite der Schnur verwenden, oder Du kannst unterschiedliche Größen ausprobieren. Sind der Durchmesser und die Tiefe entscheidend für die akustische Empfindlichkeit des Sprechers und Hörenden? Was ist mit der Schnur? Wenn Du eine dickere oder eine dünnere Schnur nimmst, wie verändert dies die Leistung Deines Telefons? Versuche auch eine gemischte Schnur (beispielsweise ein dickes Stück, das an ein dünnes Stück geknotet ist). Wie hängt die Übertragung von der Steifigkeit oder der Flexibilität der Dosenböden ab? Was würde passieren, wenn die Dosenböden gedehnte Teile eines Ballons wären?

B. Wattemund

Halte die Innenfläche Deiner Hand vor Deinen Mund. Verändert sich der Luftdruck, während Du sprichst? Lege ein kleines Stück Watte auf einen Tisch. Sprich leise ein paar Worte, während Du mit dem Mund auf der Höhe des Wattestücks (ca. 10 cm Abstand) bist. Tanzt der Ball, während Du sprichst? Lassen unterschiedliche Buchstaben oder Silben ihn unterschiedlich tanzen? In Anwesenheit eines Erwachsenen kannst Du auch in der Nähe einer Kerzenflamme sprechen. Sei vorsichtig, damit Du Dich nicht verbrennst! Verwende eine Papierröhre, die mit einem Ende in die Nähe der Kerzenflamme (ca. 5 cm Abstand) gehalten wird und deren anderes Ende in der Nähe Deines Mundes ist. Tanzt die Flamme, während Du sprichst? Du kannst auch hier die Tänze vergleichen, die bei unterschiedlichen Buchstaben oder Silben auftreten. Benutze Deine Handinnenfläche, um Deine Kehle, Deinen Schädel, Deinen Nacken und Deinen Brustkorb zu befühlen, während Du sprichst. Vibrieren auch andere Teile Deines Körpers, wenn Du Töne produzierst?

Wissenswertes

Wenn Du sprichst, fluktuiert der Luftdruck um den atmosphärischen Druck auf und ab, was verantwortlich dafür ist, dass der Watteball und die Kerzenflamme

vor und zurück tanzen (siehe auch das Experiment „Von der Lunge zum Mund" in diesem Kapitel). Diese Kompressionen und Verdünnungen verbreiten sich durch die Kollisionen zwischen Luftmolekülen. Die Druckwellen, die Du beim Sprechen produzierst, lassen den Boden Deiner Dose vibrieren wie eine Trommel, wenn der Druck steigt und fällt. Dasselbe passiert in Deinem Ohr, wenn kleine Schläge von Luftmolekülen auf das Trommelfell treffen, um die Geräusche, die Du hörst, weiterzuleiten.
Das Schnurende, das am Boden der zweiten Dose befestigt ist, wird ebenso angespannt oder entspannt, je nachdem, ob die Schnur mehr oder weniger gespannt wird. Der Luftdruck im Inneren der Dose nimmt zu oder ab, wenn sich der Boden hin- und herbewegt. Der Boden vibriert wie eine Trommel, die Töne produziert. Das Tanzen der Böden beider Dosen folgt dem Rhythmus Deiner Stimme. Geräusche können sich nicht nur in der Luft, sondern auch durch unseren Schädel ausbreiten und das Trommelfell erreichen, wie das Experiment mit einer Dose zeigt. Dies wird Knochenleitung genannt. Wie ist es, wenn man zwei gleichzeitige Rufe durch diese alternative Art der Geräuschleitung hört?

4.2 Kratzen lauter machen

Verstärke das Kratzgeräusch nur mit einem Stück Papier.

Material	M 4.2
• *1 Stück stabiler Draht (teste unterschiedliche Längen)* • *1 Stück Papier* • *1 Stück Sperrholz, starres Plastik, Metallplatte oder ein Stein*	

Schritt für Schritt
Kratze mit dem Draht auf dem Sperrholz hin und her. Kannst Du etwas hören? Befestige nun einen Streifen Papier wie eine Flagge am Draht. Kratze wieder und vergleiche das Geräusch mit dem Geräusch ohne Papier. Jetzt baue einen Trichter aus einem Stück Papier und befestige den Draht daran, wie es in der Abbildung (S. 206) zu sehen ist. Kratze erneut und höre Dir das Geräusch an, das aus dem Trichter kommt. In welchem Fall erhältst Du das lauteste Geräusch?

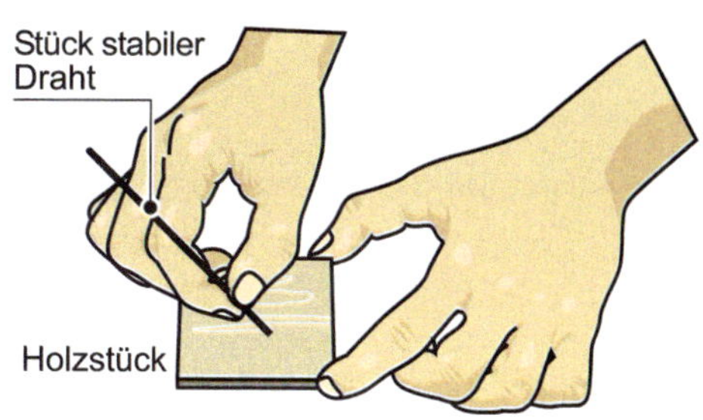

Einen Schritt weiter
Bilde mit Deinen Händen zwei Handmuscheln. Halte die Handmuscheln mit der Innenseite so nach vorne, dass die Daumen hinter den Ohren anliegen. Dann drehe die Hände um, so dass die kleinen Fingern vor den Ohren anliegen.

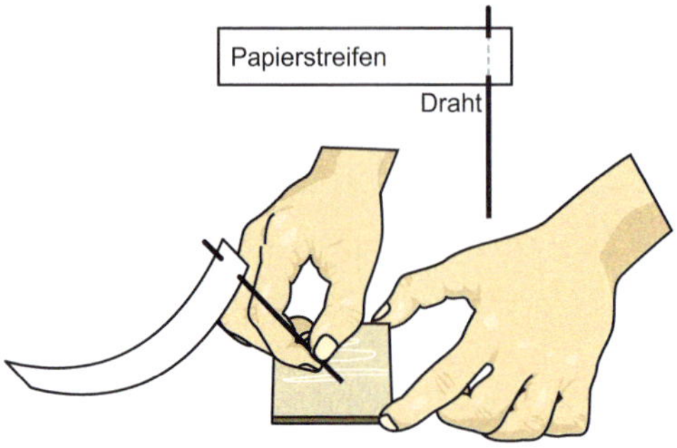

Einen Schritt weiter
Lege die Finger eng zusammen und bilde zwei Schalen. Halte die geschlossenen Hände hinter Deine Ohren, mit den Daumen dicht an Deinem Kopf, als ob Deine Hände eine Erweiterung Deiner Ohren wären. Bemerkst Du irgendeinen Unterschied bei den Geräuschen, die Du hörst? Vergleiche Deine eigene Stimme und die Stimmen der anderen Leute.

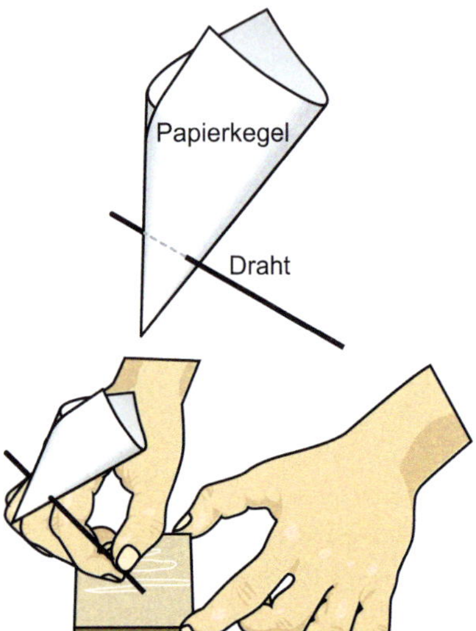

Wissenswertes
Wenn Du die Holzoberfläche mit dem Draht alleine kratzt, werden die Vibrationen, die im Draht entstehen, von der Luft um den Draht herum weitergeleitet und produzieren ein Geräusch. Weil die Drahtoberfläche sehr klein ist, hörst Du ein leises Geräusch. Wenn Du nun einen Streifen Papier am Draht befestigst, werden die im Draht produzierten Schwingungen an den Streifen weitergegeben, der eine größere Fläche hat, so dass das Geräusch verstärkt wird. Der Trichter, der eine noch größere Fläche besitzt, ist viel effizienter als andere geometrische Formen, um Geräusche in die Umwelt auszusenden, wie ein Lautsprecher. Ersetze den Trichter beispielsweise durch eine Ecke aus Papier oder versuche andere Formen, indem Du Papierstücke benutzt, die genauso groß sind wie das Stück Papier aus dem Du den Trichter gebastelt hast. Der Trichter arbeitet wie der mittlere Ball in „Einen Schritt weiter" im Experiment 1.17, „Fliegende Bälle", S. 51. Dieser Ball (Trichter) erlaubt eine effizientere Energieübertragung (Geräusch) vom großen Ball (der Geräuschquelle) zum kleineren Ball (der Umgebung). Ingenieure und Physiker nennen diesen Effekt Impedanzanpassung. Er gibt ihn auch bei Ultraschalluntersuchungen. Zwischen dem Prüfkopf (Ultraschallquelle und Verstärker), und dem Körper, der untersucht wird, existiert eine Luftblase. Weil die Schallgeschwindigkeit in der Luft viel kleiner ist als im menschlichen Körper, wird der Ton, der durch den Schallkopf ausgesendet wird, stark an der Haut reflektiert. Um dies zu verhindern, wird ein Gel verwendet, das sich zwischen dem Prüfkopf und der Haut befindet und die Luft-

blase eliminiert. Der Ultraschall kann sich jetzt ohne Reflexion von der Quelle weg ausbreiten. Man passt also die Schallquelle an ihre Umgebung an. Der Kegel aus Papier arbeitet in einer ähnlichen Weise. Wenn Du die geschlossenen Hände in der Nähe Deiner Ohren platzierst, kann es sein, dass Du für bestimmte Frequenzen eine bessere akustische Anpassung zwischen Deinen Ohren und der Umgebung erreichst. Wie wäre es, das Stück Papier durch Tonpapier oder Plastik zu ersetzen? Erzeugt dies lautere Geräusche? Was passiert dann?

4.3 Ein Rohr, das zur Glocke wird

Hier gibt man einem einfachen Rohr die Chance, eine Glocke zu werden.

Material	**M 4.3**
• *50 cm langes Metallrohr (oder Draht oder Metallstab)* • *zwei gleichlange Stücke Schnur, ca. 50 cm lang* • *zwei Plastikflaschen von 1/2 Liter Inhalt mit Verschluss* • *oder zwei Plastikbecher und ein Hefter*	

Schritt für Schritt

Schneide die zwei Plastikflaschen 7 cm unterhalb des Halses ab, damit Du zwei Trichter als Kopfhörer erhältst. Bohre ein Loch in die beiden Verschlüsse, das groß genug für die Schnur ist. Stecke die Schnur von außen hindurch und befestige sie innen mit einem Knoten. Schraube die Verschlüsse auf die Flaschen und befestige das andere Ende der Schnur am Metallrohr (s. Abb.). Du kannst den Kopfhörer auch aus Plastikbechern herstellen. In diesem Fall wird die Schnur mit Hilfe eines Hefters an der seitlichen Becherwand befestigt. Die Heftklammer verstärkt den Becher und verhindert, dass er einreißt. Halte die Kopfhörer an Dein Ohr und bitte jemanden, mit einem Schraubenzieher an das Metallrohr, den Draht oder die Metallstange zu schlagen. Dabei darf das Rohr deinen Körper nicht berühren. Es soll frei im Raum hängen, nur von der Schnur festgehalten. Was hörst Du?

Wissenswertes

Wenn an einen Draht oder ein Rohr geschlagen wird, vibriert er/es. Die Vibrationen setzen sich entlang der Schnur fort und verursachen, dass sie sich dehnt oder entspannt, genauso wie die Dosen im Experiment „Schnurtelefon", S. 203. Hörst Du Töne, wenn jemand die beiden Schnüre in der Mitte festhält? Der Boden der Kopfhörer folgt dann dem Rhythmus, der von dem vibrierenden Draht vorgegeben wird, und produziert Töne. Du kannst die Schnur direkt neben Dein Ohr halten und den gleichen Effekt erzielen. Welche Vorteile hat es, einen Becher zu verwenden? Produzieren Becher eine größere Lautstärke? Warum?

M 4.4	**Material** • *Papprohre oder PVC-Rohre verschiedener Längen* • *Armbanduhr*

4.4 Uhrticken

Wie man die Stimme der Armbanduhr hört.

Schritt für Schritt

Halte die Uhr entsprechend der Länge des Rohres vom Ohr entfernt. Hörst Du etwas? Jetzt halte das Ohr an das Ende des Rohres. Was hörst Du? Bringe die Uhr an das entgegengesetzte Ende des Rohres und halte dieses zu. Was hörst Du jetzt? Wozu dient das Rohr dann? Gibt es einen Zusammenhang zwischen diesem Experiment und den großen Muscheln aus dem Meer?

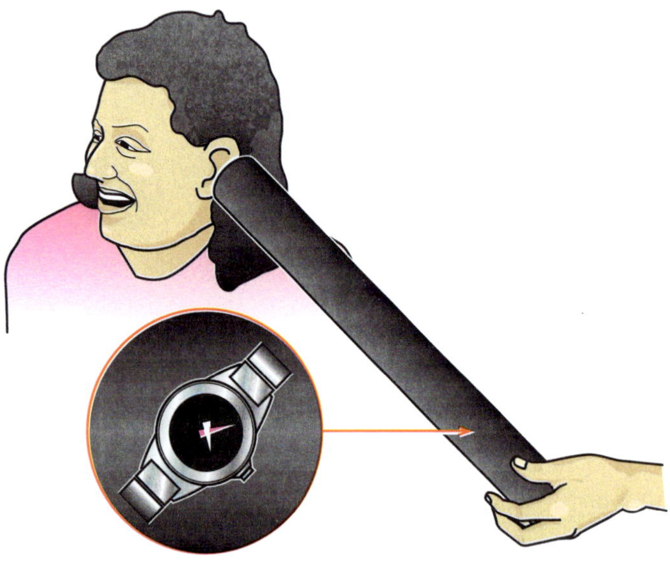

Einen Schritt weiter

A. Uhrticken am Ende des Tunnels

Benutze die gleiche Ausstattung wie beim Experiment „Licht am Ende des Tunnels", S. 121. Stecke die Uhr in das Rohr, das festgehalten wird. Halte Dein Ohr dicht an die Öffnung des anderen Rohres, während Du den Winkel zwischen den Rohren änderst. In welcher Stellung des beweglichen Rohres hörst Du das Uhrticken am Ende des Tunnels? Ist es bei der gleichen Stellung, in der Du das Licht am Ende des Tunnels siehst?

Tipp: Nimm die Uhr aus dem Rohr und leuchte mit der Taschenlampe in das Rohr, während Du durch das andere Rohr schaust.

B. Tick Tack im Trichter

Du kannst den flexiblen Kabelführungsschlauch mit dem Trichter aus der Plastikflasche benutzen (s. „Singender Schlauch", S. 221).

C. „Trichtere" Deinen Herzschlag

Halte den Trichter auf die Brust über dem Herzen und das andere Ende des Schlauches an Dein Ohr. Jetzt musst Du nur gut hinhören, um das Schlagen Deines Herzens wahrzunehmen.

Wissenswertes

Eine flache Oberfläche kann wie ein flacher Spiegel für akustische Wellen (Töne) wirken, fast genauso, wie flache Spiegel das Licht reflektieren. Dies geschieht, weil Töne, die sich in Luft ausbreiten, aus Kollisionen von Luftmolekülen bestehen. Wenn die Moleküle die Oberfläche treffen, werden sie reflektiert wie Billardkugeln oder Murmeln, wie man mit dem Experiment oben (Teil A) und mit „Einen Schritt weiter" demonstrieren kann. Im Falle von Tönen, die sich in einem Schlauch ausbreiten, reflektieren die inneren Wände des Schlauchs die Luftmoleküle und leiten sie weiter.

4.5 Drahtloses Telefon: akustischer Parabolspiegel

Wie man mit Antennen kommuniziert.

Material — M 4.5

- *Plastiklineal von 30 cm Länge*
- *Holzscheibe von 35 cm Radius und 1-1,5 cm Dicke*
- *Holzbretter von 1 bis 1,5 cm Dicke*
- *widerstandsfähiger Pappkarton, am besten bunt*
- *Klebstoff oder Sekundenkleber*

Modell A: Spiegel mit Holzstruktur

Schritt für Schritt

Zeichne ein Rechteck von 40 cm x 75 cm auf den Pappkarton. Markiere die Punkte P1 bis P7 entsprechend der Tabelle und der Abbildung.

Tabelle:

P1:	X1 = 0 cm	Y1 = 3,0 cm
P2:	X2 = 14,5 cm	Y2 = 4,0 cm
P3:	X3 = 25,2 cm	Y3 = 6,0 cm
P4:	X4 = 37,7 cm	Y4 = 9,7 cm
P5:	X5 = 51,7 cm	Y5 = 15,6 cm
P6:	X6 = 62,3 cm	Y6 = 21,3 cm
P7:	X7 = 75,0 cm	Y7 = 29,5 cm

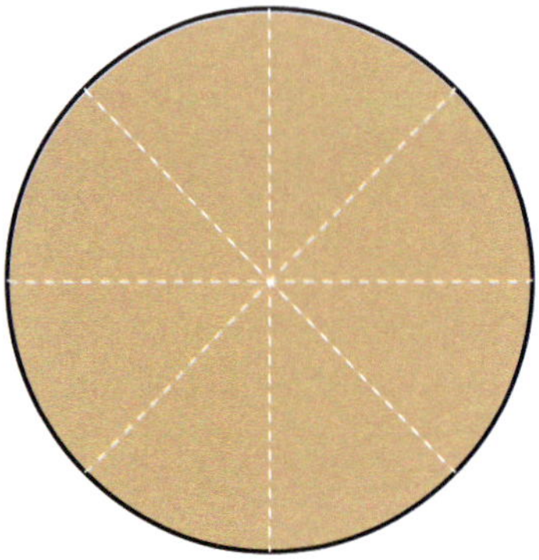

Ziehe mit Hilfe des leicht verbogenen Lineals eine Kurve, es ist eine Parabel, durch die Punkte P1, P2 und P3. Das Gleiche wird mit den Punkten P3, P4 und P5 und schließlich mit den Punkten P5, P6 und P7 gemacht. Schneide die Schablone aus und schneide sie 2 cm an der Spitze ab (schwarz markiertes Quadrat auf der Abbildung), da wegen der Dicke des Holzes nicht alle Holzelemente bis ins Zentrum reichen können. Säge das Modell acht Mal in Holz aus und Du erhältst die acht Elemente, die den Parabolspiegel tragen. Du solltest versuchen, das vorhandene Material so gut wie möglich zu nutzen, damit nichts verschwendet wird. Teile die Holzscheibe in acht gleiche Teile ein (s. Abb.).

Befestige die acht Elemente, die Du aus der Pappschablone erhalten hast, an den gestrichelte Linien auf der Holzscheibe. Im Zentrum sollte ein Kreis von 2 cm Radius freibleiben.

Falls notwendig, verstärke die Holzstruktur des Spiegels mit Holzlatten und konstruiere damit eine Stützbasis für den Spiegel. Um jeden der acht Teile des Spiegels auszukleiden, halte die Pappe auf die Holzstruktur, trage mit einem Stift die jeweilige Fläche ab und schneide sie dann aus. Klebe die Pappelemente mit Klebstoff oder Sekundenkleber auf der Holzstruktur fest. Falls notwendig, kannst Du sie mit kleinen Nägeln befestigen. Befestige eine Holzlatte von 1 m Länge als Stütze für den Spiegel an einer Basis (s. Abb.) und schraube sie an der Rückseite des Spiegels fest.

Der Fokus

Jeder Spiegel ist so berechnet, dass sein Fokus 53 cm vom Zentrum entfernt ist (s. Abb.). Es ist hilfreich, einen mit Draht abgestützten Ring am Rand des Spiegels zu befestigen, um den Fokus zu markieren.

Hinweis
Verwende einen Winkelmesser mit einem 45°-Winkel, um die Wände richtig aufzustellen. Du kannst auch einen Laserpointer und zwei flache Spiegel benutzen, um die Periskopbedingungen herzustellen.

Alternative
Du kannst versuchen, Dich an einem Regentag mit jemandem über den akustischen Spiegel zu unterhalten. Die Spiegel werden regengeschützt aufgestellt, jedoch sollte der Raum zwischen ihnen unter freiem Himmel sein, damit sich der Ton durch den Regen leiten muss. Wie wirkt sich der Regen aus?

Zwei Schritte weiter

A. Spiegelung des Tons
Positioniere die Spiegel entsprechend der Abbildung, um die Reflexion des Schalls an der Wand zu zeigen.
Du kannst auch den Aufbau des Experiments „Licht am Ende des Tunnels" benutzen (S. 121) und eine einfache Armbanduhr an das Ende eines PVC-Rohrs halten. Variiere den Winkel zwischen den PVC-Rohren, mit dem Ohr am Ausgang des beweglichen Rohres (s. auch „Uhrticken" auf S. 208).

B. Akustisches Periskop
Stelle die Parabolspiegel so auf, dass ihre Achsen parallel zueinander liegen und zwei Holzwände von 1,5 cm x 2 m oder zwei parallele Wände entsprechend der Abbildung als Planspiegel so benutzt werden können, dass sie einen Winkel von 45° zu den Achsen der Parabolspiegel bilden.

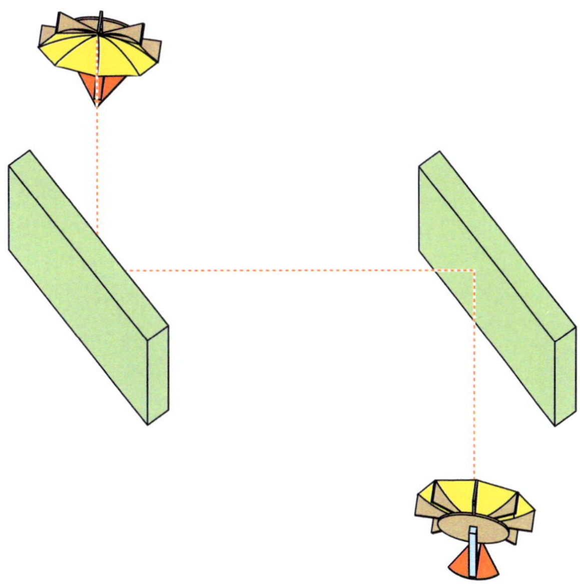

Modell B: Sonnenschirme zu akustischen Spiegeln umbauen
Schritt für Schritt
Zuerst musst Du Dich vergewissern, dass Deine Sonnenschirme eine parabolische Form haben. Miss dazu die Koordinaten (x1, y1) und (x2,y2) von zwei Punkten P1 und P2 entlang der Rippen aus, indem Du beispielsweise ein Stück Schnur und ein Plastiklineal verwendest (s. Abb.). Wenn x1*x1/y1 ungefähr dasselbe ergibt wie x2*x2/y2, dann haben Deine Sonnenschirme eine sehr gute parabolische Form und können leicht zu akustischen Spiegeln umgebaut werden. Der Spiegelfokus (Brennpunkt) sollte von

M 4.5

Material

- *2 gleiche Sonnenschirme*
- *stabiler Pappkarton, am besten bunt*
- *eine Stütze für jeden der Schirme (je eine Holzlatte, die an einer Basis befestigt wird)*
- *Schnur*
- *2 Stücke PVC-Rohr, 30 bis 40 cm lang, das locker in das Schirmrohr passt*
- *Holzstücke*

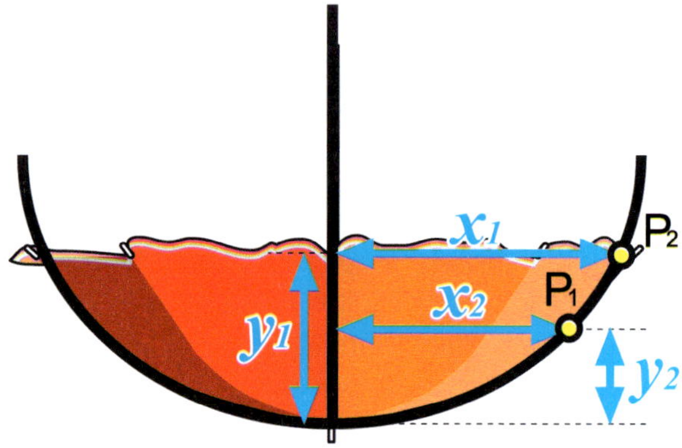

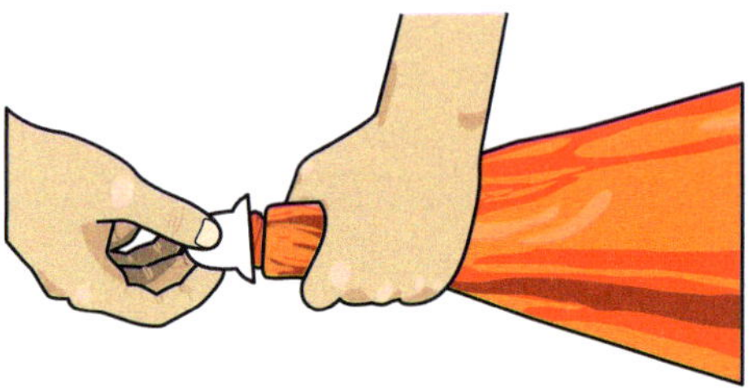

der Mitte des Schirms (x=0, y=0) ungefähr einen Abstand von x1*x1/y1 geteilt durch 4 haben. Du kannst testen, ob die Sonnenschirme, so wie sie sind, als akustische Spiegel funktionieren, in dem Du Geräusche vor dem Schirm im Fokus erzeugst. Als Nächstes schraubst Du die Kappe an dem Stützrohr ab (s. Abb.), entfernst die zwei Teile dieses Rohres sowie seine Spitze. Platziere die Pappe auf der Schirmunterseite. Achte dabei darauf, dass die Pappe den Rahmen berührt und ein wenig übersteht, damit man ein Muster aufmalen und es später am Rahmen befestigen kann. Schneide genügend gleiche Teile aus, um die ganze Schirmunterseite beschichten zu können. Um den Schirm an der Halterung des vorangegangenen Experimentes zu befestigen, bohre ein Loch so in die Halterung, dass das obere Teil des Stützrohres hineinpasst. Verwende das PVC-Rohr, das Du in das Loch in der Halterung hineinsteckst, um die beide Teile des Stützrohres wie abgebildet zu verbinden. Um die Struktur ausbalanciert zu halten, knote ein Ende der Schnur an das Rohrende, das als Hebelarm fungiert, halte die Schnur gespannt und befestige ihr anderes Ende wie abgebildet an der Halterung. Falls notwendig, solltest Du die Achse des Schirms horizontal ausrichten, indem Du mit Hilfe eines Holzkeils und einer Wasserwaage die Schirmhalterung leicht ankippst (s. Abb.). Platziere die beiden akustischen Spiegel mit aufeinander ausgerichteten Achsen einander gegenüber und teste, über welche Strecke Du mit Deiner neuen Erfindung kommunizieren kannst.

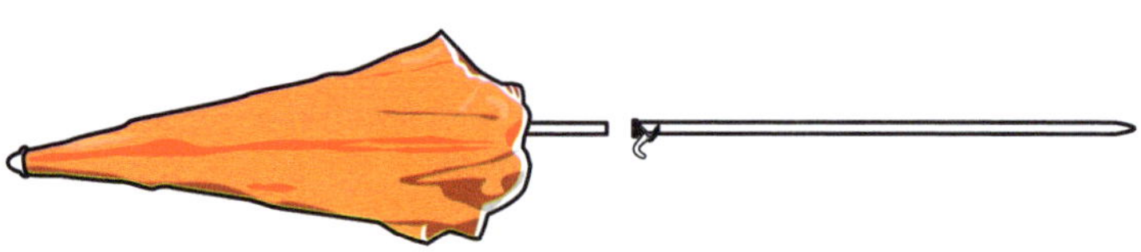

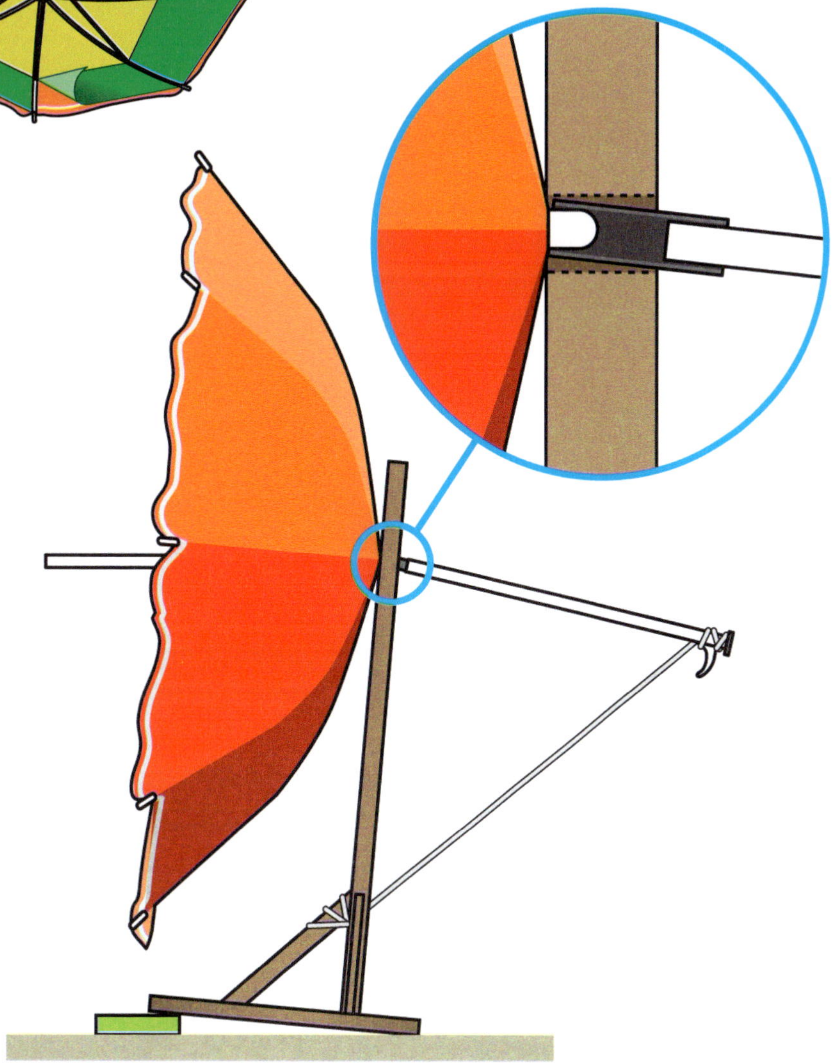

Wissenswertes

Eine parabolische Tonsammelschüssel ist im Grunde genommen eine parabolische Antenne für Geräusche. Du hast vielleicht schon bemerkt, dass Autoscheinwerfer genau wie Taschenlampen parabolische Spiegel haben, die die Glühlampe im Scheinwerfer umgeben. Dies sorgt für eine gerichtete Ausbreitung des Lichts. Wenn parallele Lichtstrahlen das Innere des Spiegels entlang seiner Achse treffen, konzentrieren sie sich nach der Reflexion auf einem Punkt, genannt Fokus (Brennpunkt) des Spiegels. Satellitenantennen und die Antennen riesiger Radioteleskope arbeiten auf die gleiche Weise. Bei der parabolischen Schüssel für Töne ist es genauso. Das bedeutet, dass alle ankommenden Geräuschwellen von der Schüssel abprallen und synchronisiert im Fokus zusammenlaufen, so dass sie gemeinsam Geräuschvibrationen erzeugen, die so laut sind wie möglich. Das Geräusch wird also im Fokus verstärkt, aber nur dann, wenn es von einer bestimmten Quelle kommt. Geräusche von anderen Quellen verpassen den Fokus. Wenn die Ausbreitungsrichtung der gesammelten Tonwellen, bezogen auf die Achse der Antenne, gekippt wird, wird das Geräusch in einem anderen Punkt in der Brennebene des Spiegels verstärkt. Die Brennebene ist eine Ebene, die senkrecht zur Spiegelachse durch den Fokus verläuft. Die Antenne arbeitet genauso andersherum. Wenn Du einen Ton im Fokus aussendest, prallen die Tonwellen vom Spiegel ab und breiten sich parallel zur Achse der Antenne aus, genau wie das Licht in Taschenlampen. Es handelt sich einfach nur um eine Umkehrung der gerichtet ankommenden Geräuschwellen. Kleine Antennen senden nur Geräusche mit Wellenlängen aus, die kleiner als die Antennendimensionen sind. Das bedeutet, dass nur die höheren Frequenzen des Geräusches fokussiert werden. Dies ist analog zur Streuung (Beugung) von Licht, wenn es Hindernisse trifft, deren Dimensionen in derselben Größenordnung wie die Wellenlänge des Lichts sind (siehe auch das Experiment „Auto- und Fernseherbedienung“, S. 279).

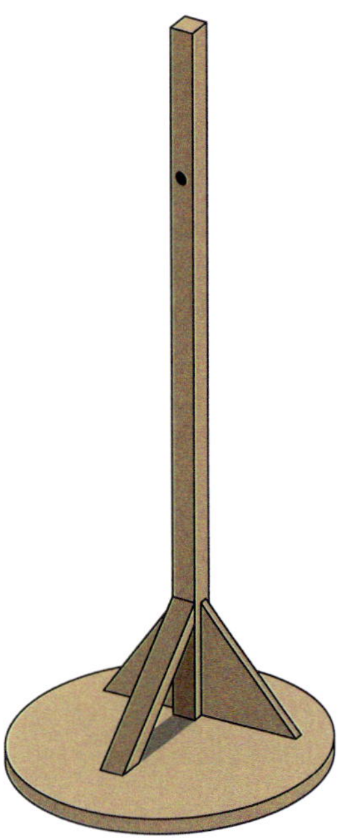

M 4.6

Material
- *Ballons in unterschiedlichen Größen*
- *eine 1,5- bis 2-Liter-Mineralwasserflasche, gefüllt mit Mineralwasser oder*
- *eine 0,5-Liter-Flasche, Essig und Backpulver*

Hinweis
Es ist CO_2, was Du schäumen und blubbern siehst, wenn Du Essig mit Backpulver mischst oder wenn Du eine Mineralwasserflasche öffnest. Das CO_2 wird mit hohem Druck in die Flasche gepresst und löst sich in der Flüssigkeit. Wenn Du die Flasche öffnest, ist der äußere atmosphärische Druck viel geringer und das CO_2 kommt heraus. Das ist der Grund, weshalb Du den Ballon füllen kannst, indem Du seine Öffnung über den Hals der Flasche stülpst.

Damit die Parabolantennen gut als Geräuschspiegel arbeiten, müssen sie groß genug sein, um alle gewünschten Frequenzen zu fokussieren. Außerdem müssen ihre Wände ausreichend starr sein, sonst würde das Geräusch den Spiegel und seine Halterung selbst vibrieren lassen und das Geräusch würde verloren gehen.

4.6 Töne fokussieren

Kannst Du Geräusche genauso fokussieren wie Licht?

Schritt für Schritt
Öffne die Mineralwasserflasche (oder ein anderes mit CO_2 versetztes Getränk) und stülpe schnell die Öffnung eines Ballons über den Flaschenhals.
Schüttle die Flasche vorsichtig, um den Prozess zu beschleunigen. Alternativ kannst Du auch ca. 16 Esslöffel Essig in eine leere Plastikflasche leeren. Ergänze dann ungefähr einen Teelöffel Backpulver. Im Falle eines größeren Ballons kannst Du die Zutaten auch im gleichen Verhältnis (16:1) erhöhen. Drücke die Flasche so, dass ein größerer Anteil an CO_2 in den Ballon entweicht. Wenn der Ballon voll ist, knote ihn zu. Blase zum Vergleich auch einen Ballon mit normaler Luft auf. Halte in einem sehr ruhigen Raum den Ballon zwi-

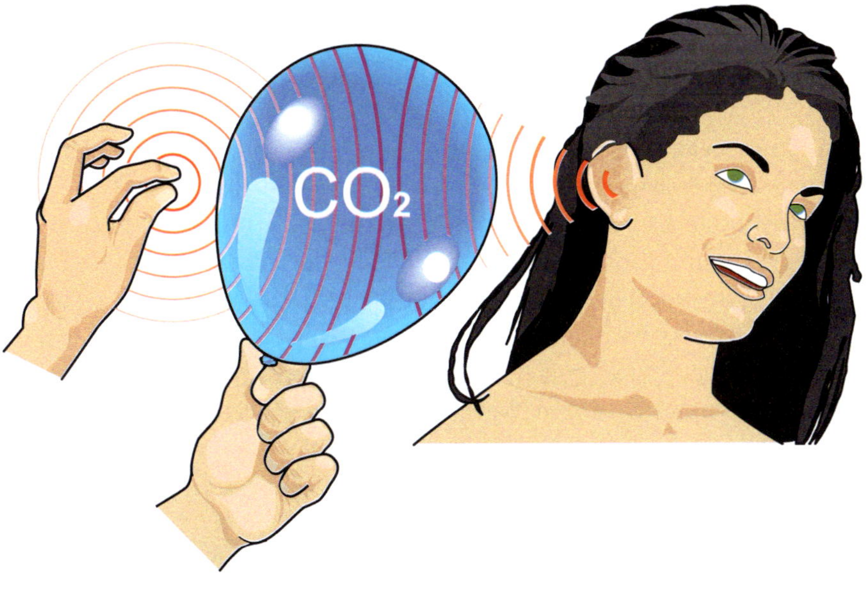

schen Dein Ohr und eine leise Geräuschquelle, beispielsweise eine tickende Uhr. Bewege den Ballon in die Nähe und weiter weg von Deinem Ohr, bis du das Geräusch am lautesten hörst. Wie ist dies im Vergleich zum luftgefüllten Ballon? Teste Ballons mit unterschiedlichen Größen und Formen und vergleiche ihre Leistungen. Du kannst Deinen Ballon auch mit der Achse des akustischen Parabolspiegels (siehe das Experiment „Drahtloses Telefon", S. 209) in einiger Entfernung vom Spiegel (ca. 15 bis 40 m) ausrichten und jemanden bitten, mit Dir zu sprechen. Vergleiche die Geräusche, die Du mit und ohne Ballon hörst.

Einen Schritt weiter

Wenn Du Deinen mit CO_2 gefüllten Ballon lange genug in den Gefrierschrank steckst, wird seine Temperatur sinken und sein Volumen wird geringer. Wie wirkt der gefrorene Ballon als akustische Linse? Probiere es mal!

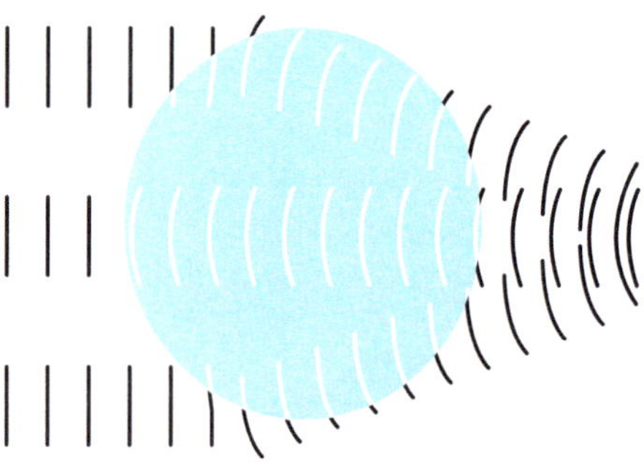

Wissenswertes

Das Geräusch z.B. einer tickenden Uhr bewegt sich in den mit Kohlenstoffdioxid (CO_2) gefüllten Ballon hinein. Die Kollisionen zwischen den Molekülen im Ballon sind direkt verantwortlich für die Ausbreitung des Schalls. Da die CO_2-Moleküle träger sind als die Luftmoleküle, breitet sich das Geräusch im Ballon langsamer aus als draußen. Man kann sagen, dass der Ballon einen größeren Brechungsindex für den Schall hat als die Luft.
Ein durchsichtiger Gegenstand wirkt wie eine normale Linse für das Licht, wenn er eine Krümmung und einen Brechungsindex unterschiedlich von Luft besitzt. Weil der CO_2-Ballon ebenfalls beide Eigenschaften hat, wirkt er wie eine akustische Linse. Deswegen wird das Geräusch nahe Deinem Ohr fokussiert, so, als ob die Geräuschquelle direkt neben Dir wäre. Was passiert mit den Geräuschanteilen bei niedrigeren Frequenzen (Wellenlängen, die vergleichbar mit dem Ballondurchmesser oder größer sind); siehe das Experiment „Auto- und Fernseherbedie-

nung“, S. 279. Kannst Du einen mit Luft gefüllten Ball unter Wasser als Geräuschlinse verwenden? Benimmt sie sich ähnlich wie die Linse in dem Experiment „Untergetauchte Linse“, S. 146?

4.7 Selbstgebaute Pfeife mit variabler Tonhöhe

Hast Du irgendwann mal dran gedacht, Dir eine eigene Pfeife zu bauen? Hier ist Deine große Chance, es wahr werden zu lassen!

Material — **M 4.7**

- *1 Plastikhülse von einem Stift ohne Farbpatrone*
- *1 Holzstab*
- *1 Stück starres Gummi*
- *1 Stück Holz oder Metall*
- *Sekundenkleber*

Schritt für Schritt

Schneide eine Öffnung und einen Schlitz in eine Plastikhülse (z.B. die leere Hülle eines großen Kugelschreibers oder Buntstiftes), wie in der Abbildung zu sehen ist. Du kannst unterschiedliche Modelle herstellen, indem Du unterschiedliche Positionen und Größen für die Öffnung und den Schlitz wählst. Klebe ein dünnes Stück Holz oder Metall in den Schlitz. Nun klebe ein rundes Stück Gummi so auf das Ende des Holzstabes, dass das Gummi, wenn Du es in die Hülse schiebst, gut abgedichtet, aber trotzdem leicht verschiebbar ist. Blase in das offene Ende der Plastikhülse und schiebe dabei den Holzstab hin und her (s. Abb.), um unterschiedliche Töne zu erzeugen.

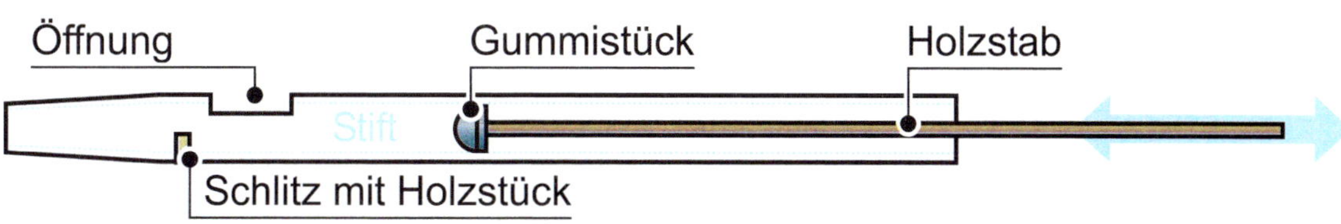

Wissenswertes

Beim Blasen in die Plastikhülse entsteht eine Turbulenz, wenn die Luft durch die Verengung im Plastikröhrchen gepresst wird. Der Luftdruck schwankt dann und erzeugt einige Geräuschwellen. An dem festen Gummi werden die Geräuschwellen reflektiert. Das Gleiche passiert bei der Verengung, wo die Impedanzanpassung schlecht ist (siehe Wissenswertes von „Kratzen lauter machen“, S. 206). Es kann mehr als eine Schwingung gleichzeitig vibrieren, wenn Du über die Verengung bläst. Die Luftstrom wird dann leicht abgelenkt und versucht, dem Rhythmus der Luft im Inneren des Hohlraumes zu folgen. Der Hohlraum zwischen der

Verengung und dem Gummiende des Holzstabes bestimmt, wie die Luft in diesem Raum schwingen kann (Schwingungsmode) und dadurch, welche Frequenzen in dem Ton dominieren, den die Pfeife von sich gibt. Je kürzer die Länge des Pfeifenhohlraumes ist, desto höher ist die Frequenz seiner Vibrationsmoden. Vergleiche dazu den Versuch mit einem Lineal: Halte ein flexibles Plastiklineal flach so auf einer Tischoberfläche, dass ein Ende frei über die Tischkante ragt. Nun lasse das freie Ende vibrieren, indem Du das Lineal anzupfst.
Wenn Du den vibrierenden Teil des Lineals verkürzt, nimmt seine Masse ab und die Steifheit der Rückstellkraft wird größer. Beide Faktoren führen zu höheren Vibrationsfrequenzen. Dasselbe gilt für die Luft in dem kürzeren Hohlraum der Pfeife. Du kannst Töne auch erzeugen, wenn Du in leere oder teilweise leere Wasserflaschen bläst. Du kannst die Flaschen mit Wasser füllen, um das Luftvolumen und die Resonanzfrequenzen des Hohlraumes zu verändern, wie Du es bei der Pfeife durch das Verschieben des Gummiendes machst. Kannst du zwei solcher Pfeifen aufeinander abstimmen? Was passiert, wenn sie gleichzeitig geblasen werden und eines der Gummienden leicht falsch steht? Wie wäre es, eine verbesserte Version herzustellen, um deutlichere Töne zu bekommen?

M 4.8	**Material** • *Stück Papier oder Zeitung*

4.8 Papierklang

Auch Papier hat etwas zu sagen.

Schritt für Schritt

Zerreiße unterschiedlich große Papierstücke in verschiedenen Richtungen und mit variierenden Geschwindigkeiten. Was für Geräusche hörst Du? Jetzt probiere das Ganze mit nassem Papier. Hörst Du immer noch ein Geräusch? Versuche das Papier zu zerknittern. Teste unterschiedliche Knittergeschwindigkeiten. Du kannst ein Blatt Papier wieder glattstreichen, nachdem Du es zu einem kompakten Ball geknüllt hast, und es dann erneut zerknittern. Gibt es beim zweiten Zerknittern ein anderes Geräusch? Ist die Papiergröße entscheidend für die Geräusche, die Du produzierst, wenn Du das Papier zerreißt oder zerknitterst? Du kannst auch die Reibung zwischen zwei Papierblättern testen, indem Du eins an dem anderen entlang ziehst. Gibt es ein bestimmtes Geräusch?

Wissenswertes

Wenn Du Papier zerreißt, gibt es ein örtlich begrenztes Freiwerden von elastischer Energie an der Reißkante, verbunden mit der Produktion von Geräuschimpulsen, die Du Dir als impulsive Ereignisse vorstellen kannst. Denke an das

Dehnen eines Stückes Faden oder elastischen Teils bis zum Zerreißpunkt. Dabei entsteht ein bestimmter Geräuschimpuls. Du kannst beide Enden eines gedehnten Gummibandes befestigen und die Mitte mit einer Kerzenflamme erwärmen. Du wirst ein bestimmtes Geräusch hören, wenn das Gummiband an der erwärmten Stelle zerreißt. Im Papier kann ein Riss einer Bindung, einer Faser oder von beidem eintreten. Wenn Du das Papier schneller und schneller zerreißt, steigt die Anzahl von Rissen pro Sekunde und damit auch die Anzahl von Geräuschimpulsen. Eventuell fließen sie zu einem Geräusch zusammen. Eine Menge von Systemen, für die sich Physiker interessieren, wie Erdbeben, Magnete und Lärmimpulse, die von belasteten Materialien ausgesendet werden, senden Energieimpulse aus, wie es reißendes oder zerknitterndes Papier tut. Das Herumspielen mit Papier öffnet Dir eine Welt voll spannender Wissenschaft.

4.9 Geheimnis der Gitarre

Hier kannst Du entdecken, wie die Einzelteile einer Gitarre funktionieren.

Material — M 4.9

- *durchsichtige Plastikschachtel (z. B. Verpackung von Süßigkeiten)*
- *Gummiband*
- *Fernseh- oder Computerbildschirm*

Schritt für Schritt

Dehne das Gummiband mit den Fingern und lass es vibrieren. Konstruiere dann eine vereinfachte Gitarre, indem Du das Gummi um die Schachtel spannst (s. Abb. S. 220). Jetzt vergleiche den Ton Deiner Gitarre mit dem Ton des um die Hand gespannten Gummis. Wozu dient die Schachtel? Dehne das Gummiband als Gitarrensaite allmählich weiter, wobei es immer in Kontakt mit den Seiten der Schachtel bleibt und mit den Fingern zum Vibrieren gebracht wird. Wozu dienen die Gitarrenwirbel? Jetzt stelle die Gitarre zwischen Dich und den Bildschirm des Fernsehers oder Computers. Was beobachtest Du, wenn das Gummi vibriert?

Einen Schritt weiter

Fülle die Schachtel allmählich mit Wasser und wiederhole das Experiment. Was passiert, wenn sich das Luftvolumen der Schachtel verringert? Fülle eine große Muschel mit Wasser. Kannst Du das Meer rauschen hören?

Wissenswertes

Wenn Du die Saiten einer Gitarre oder eines anderen Saiteninstrumentes zupfst, vibrieren sie auf und ab, fegen durch die Luft um sie herum und produzieren dabei ein Geräusch. Weil ständig neue transversale Wellen generiert werden, wenn Du die Saiten zupfst, überleben nur diejenigen, die sich konstruktiv überlagern. Wellen mit anderen Wellenlängen überlagern sich destruktiv und produzieren kein Geräusch. Die Saiten wählen also die Tonfrequenzen aus, die zu ihren Resonanzfrequenzen passen, siehe das Experiment „Empfindliche Pendel“ im Kapitel Lustige Mechanik. Zusätzlich zur Saitenlänge hängen die ausgewählten Frequenzen von der Masse der Saiten und ihrer Spannung ab. Die Lautstärke des Tones, der durch eine vibrierende Saite entsteht, ist gering, weil die Saitenoberfläche zu klein ist, siehe das Experiment „Kratzen lauter machen“ in diesem Kapitel. Die Vibrationen, die entstehen, setzen sich jedoch zu den „Geräuschkästen“ der Instrumente fort, die eine wesentlich größer Kontaktoberfläche mit der Luft haben (siehe die beiden vorangegangenen Experimente). Die Hin- und Herbewegung des Bauches der Instrumente produziert eine merkbare Verstärkung. Ein Teil des Geräusches kommt von der äußeren Bauchoberfläche, während ein anderer Teil von der inneren Oberfläche kommt und durch das Loch im Instrumentenbauch entweichen muss. Wenn die Resonanzfrequenzen von zwei gedehnten Saiten, die nebeneinander liegen, übereinstimmen, kannst Du die eine vibrieren lassen, indem Du die andere zupfst. Der Ton, den Du erzeugst, wenn Du eine Saite (ein Gummiband) zupfst, hat dieselbe Frequenz wie die oszillierende Saite. Dieser Ton wiederum lässt die andere Saite (Gummiband) vibrieren, weil der Energietransfer des Tones mit dem Vibrationsrhythmus der Saite synchronisiert ist. Eine vibrierende Saite produziert einen Ton und der Ton lässt eine Saite vibrieren!

Material	M 4.10
• *flexibler Kabelschlauch von ca. 50 cm-80 cm Länge* • *Plastikflasche*	

4.10 Singender Schlauch

Hier lernst Du die Musik der flexiblen Kabelschläuche kennen.

Schritt für Schritt

Halte ein Ende des flexiblen Kabelschlauches fest und schwinge ihn im Kreis, wobei die Öffnungen offen bleiben sollten. Du kannst angenehme Töne hören, die sich mit der Drehgeschwindigkeit verändern.

Vier Schritte weiter

1. Befestige eine Plastiktüte am Ende des Schlauches und drücke die Tüte zusammen, damit die Luft aus der Tüte entweicht. Was passiert mit der Plastiktüte, wenn Du den Schlauch schleuderst?

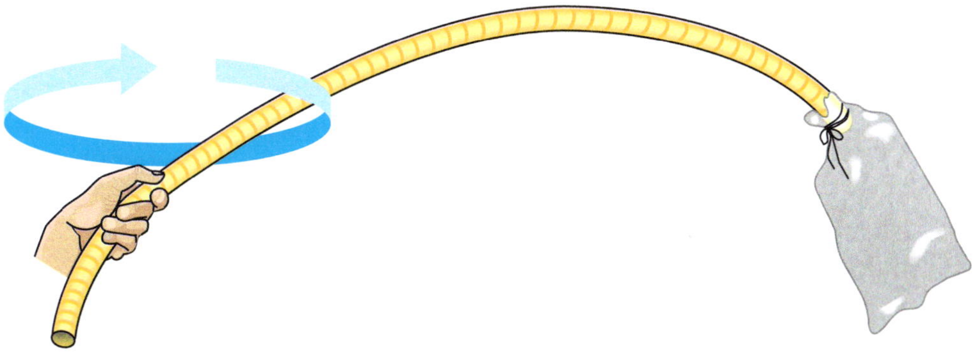

2. Fülle den unteren Teil der Flasche mit gefärbtem Wasser. Bitte jemanden, ein Ende des durchsichtigen Schlauches in Wasser getaucht festzuhalten, während Du den Schlauch wie gezeigt herumschleuderst. Beobachte die Wassersäule, die sich in der Nähe des eingetauchten Endes während des Schleuderns bildet. Was passiert und warum?

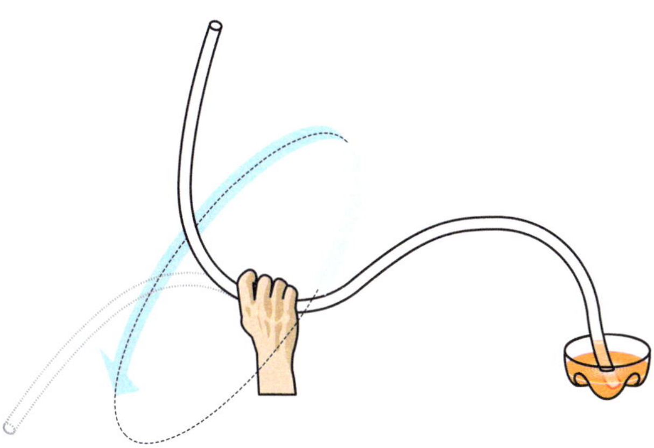

Material	M 4.10
• *1 Stück durchsichtiger (glatter) Plastikschlauch, ca. 60 cm bis 80 cm lang* • *1,5- bis 2-Liter-Plastikflasche* • *1 Eimer* • *Wasser* • *Lebensmittelfarbe (für den Kontrast)* • *Klebeband* • *Ballons* • *Plastiktüte*	

3. Zerschneide die Plastikflasche in der Nähe des Bodens, um einen langen Becher herzustellen (s. Abb.). Schraube ein Ende des geriffelten Schlauches auf den Flaschenhals. Falls notwendig, verwende Klebeband, um ihn sicher zu befestigen. Fülle jetzt den Eimer mit Wasser, tauche den Becher ins Wasser und hebe ihn hoch. Bewege den Becher auf und ab, um den Schlauch immer wieder singen zu hören. Woher kommt die Stimme des Schlauches? Was ist das Besondere am geriffelten Schlauch? Teste auch den glatten Schlauch. Funktioniert der Trick dann auch?
4. Fülle einen Ballon mit Luft, dehne seine Öffnung wie abgebildet und lasse die Luft heraus. Warum wird ein Geräusch produziert? Wie wäre es mit einem Duett zweier Ballons? Bitte jemanden, Dir dabei zu helfen. Wenn Du die Ballons unterschiedlich stark dehnst, könntest Du ein bestimmtes Geräusch hören, das sich von den Geräuschen der einzelnen Ballons unterscheidet.

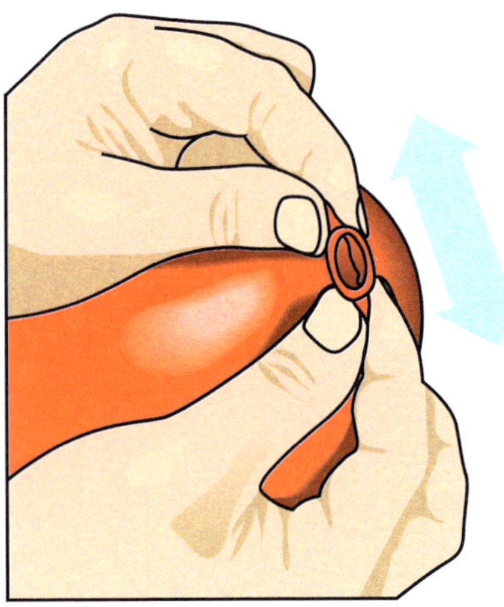

Wissenswertes

Die Luft im Inneren des Schlauches wird unterschiedlichen Radialkräften ausgesetzt, weil sie sich in Kreisen mit unterschiedlichen Radien bewegt. Das entspricht Newtons Eimer (siehe das Experiment 1.9, „Abflachung der Erde an den Polen", S. 31); allerdings gibt es jetzt keine Wand, die die Luft am Entweichen hindert. Am sich drehenden Ende ist der Luftdruck geringer als der atmosphärische Druck, was ein Druckungleichgewicht ergibt, wie Du in Schritt 1 und 2 zeigen kannst. Die Luft im unbewegten Ende wird zum sich drehenden Ende gesaugt und erzeugt einen Luftstrom im Schlauch. In Schritt 3 nimmt das der Luft zur Verfügung stehende Volumen ab, wenn Du den Becher nach unten bewegst; der Luftdruck nimmt also zu. Damit zwingst Du die Luft aus dem Schlauch heraus. Wenn Du den Becher nach oben bewegst, nimmt das der Luft zur Verfügung stehende Volumen zu und der Luftdruck nimmt ab. Als Ergebnis wird Luft hineingesaugt. Allein der Luftfluss durch die Schlauchöffnung reicht aber nicht aus, um

Geräusche zu machen. Dies zeigt dasselbe Experiment mit dem glatten Schlauch. Die Furchen spielen eine wichtige Rolle beim Erzeugen des Geräusches. Um zu erkennen, wie das Geräusch entsteht, betrachte zunächst den mit Luft gefüllten Ballon mit der gedehnten Öffnung (Schritt 4). Im Inneren der Öffnung wird die Druckenergie der Luft in kinetische Energie umgewandelt, so dass der Druck in der Öffnung abnimmt, wenn Luft herauskommt. Als Ergebnis „würgt“ die äußere Luft den Ballon. Der Luftstrom durch den Hals des Ballons nimmt dadurch ab, während der Druck im Inneren die Luft weiterhin nach außen treibt. Dieser unterbrochene Luftfluss, verbunden mit sich schnell änderndem Luftdruck, produziert das Geräusch, das Du hörst. Wenn Du das alles zusammen betrachtest, kannst Du verstehen, warum der geriffelte Schlauch in der Lage ist, die Luft zu modulieren, die durch ihn hindurchfließt und den Schlauch singen lässt.

4.11 Von der Lunge zum Mund

Sprache hört sich verzaubert an.

Material — M 4.11

- *Ballons*
- *1 Stück PVC-Rohr, 17 cm lang und ca. 3 cm Durchmesser*
- *1 Stück starrer Draht, 45 cm lang*
- *1 Korken mit einem kleineren Durchmesser als das PVC-Rohr*
- *1 Plastikflaschenhals*
- *Klebeband*

Schritt für Schritt

Stecke ein Ende des starren Drahtes in den Korken, welcher Deine Zunge repräsentiert. Befestige den Flaschenhals an einem Ende des PVC-Rohres. Du musst eventuell mehrere Schnitte in den Flaschenhals senkrecht zu seiner Kante machen, um ihn leichter am PVC-Rohr befestigen zu können. Benutze Klebeband dazu. Fülle den Ballon mit Luft und verdrehe seinen Hals so, dass die Luft nicht entweicht. Bitte jetzt jemanden, die „Zunge“ in das PVC-Rohr zu stecken (Deinen „Vokaltrakt“) und die Öffnung des Ballons über den Flaschenhals zu stülpen. Öffne den Ballon und

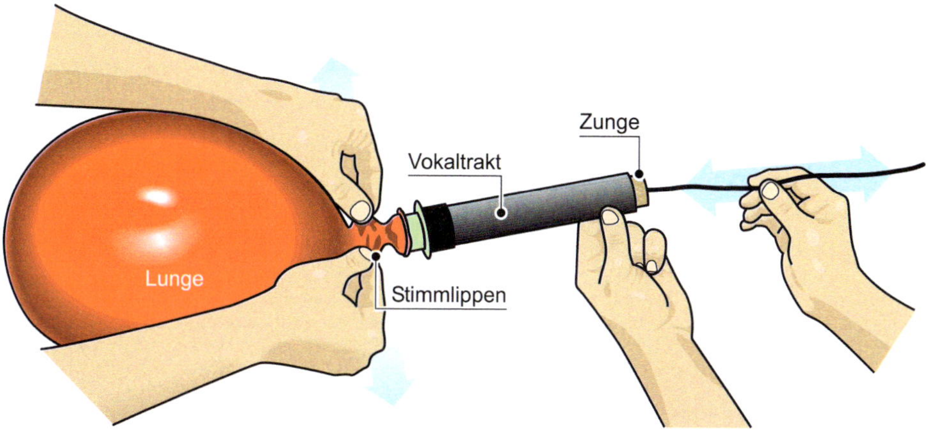

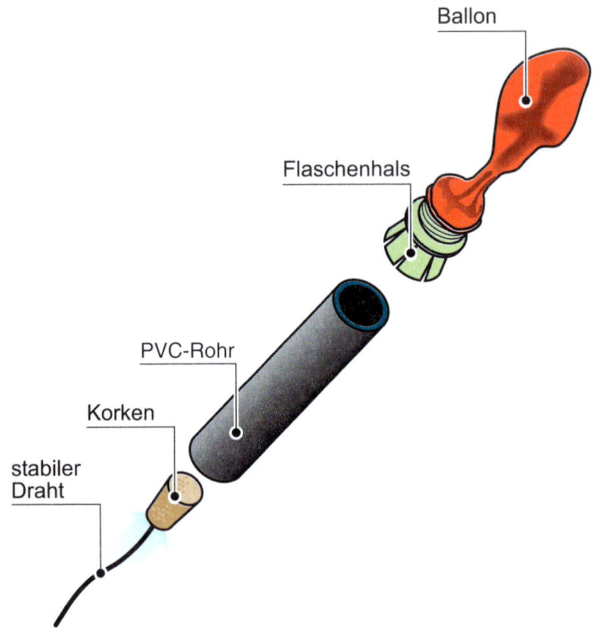

dehne ihn, um Töne zu produzieren, während die Zunge im Rohr verschoben wird. Kannst Du unterschiedliche Töne hören, wenn die Zunge verschoben wird? Wenn Du gedanklich den gedehnten Ballonhals mit Deinen Stimmlippen und den Luftballon mit Deiner Lunge verknüpfst, wirst Du nachvollziehen können, wie die Vokale entstehen.

Einen Schritt weiter

Teste unterschiedliche PVC-Rohre mit unterschiedlichen Längen (Vokaltrakte mit unterschiedlichen Längen) und Korken (Zungen) mit verschiedenen Größen; dehne den Ballonhals auf unterschiedliche Weisen. Wie wäre es mit einem geriffelten Schlauch als Vokaltrakt? Kannst Du Dein Modell singen lassen?

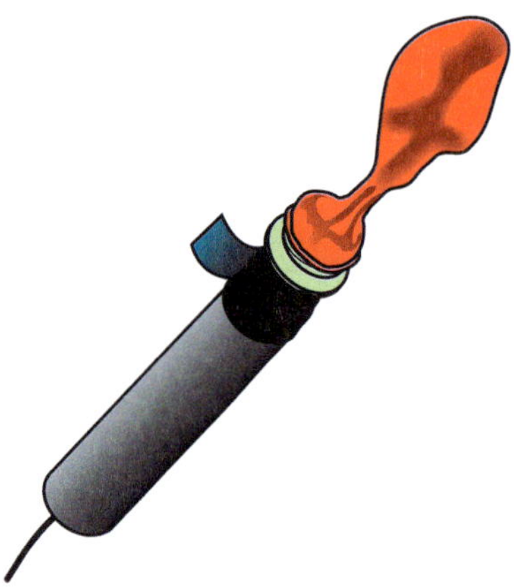

Wissenswertes

Wenn Du den Hals des Ballons dehnst, produzierst Du Geräusche (siehe Schritt 4 des Experiments „Singender Schlauch", S. 221, und die entsprechenden Informationen unter Wissenswertes). In diesem Modell stellt der gefüllte Ballon Deine Lunge dar. Die Luft, die durch die Stimmritze (Raum zwischen den Stimmlippen, dargestellt durch den gedehnten Ballonhals) strömt, wird durch die Bewegung der Stimmlippen moduliert, die mit ihrer Bewegung den Luftdruck verändern. Die Töne, die dadurch entstehen, werden in der Mundhöhle zu den verschiedenen Geräuschen geformt, aus denen Sprache besteht. In der Mundhöhle werden die Töne unterschiedlich verstärkt, weil Du beispielsweise Deine Zunge, Deine Lippen und Deinen Kiefer bewegst. Weil Du den starren Draht, der im Korken steckt, hinein und heraus schiebst, simulierst Du einige dieser Möglichkeiten. Entdecke sie alle!

4.12 Klangbilder

Es werden Klänge in lustige Bilder umgewandelt.

Material	M 4.12
• *Luftballon* • *große Dose (z. B. Milchpulverdose)* • *Schlauch (z. B. Wellschlauch)* • *Plastikflasche* • *Sägespäne oder Kreidemehl* • *kleines Stück eines Spiegels* • *Laserpointer* • *Wäscheklammer* • *Kreppband oder Gummiband* • *fünf Holzleisten*	

Schritt für Schritt

Bohre in den Boden der Dose in die Mitte ein Loch, um den Schlauch hineinzustecken. Klebe an die Seiten der Dose entsprechend der Abbildung drei Holzleisten an oder schraube sie an. Zerschneide die Plastikflasche so, dass ein Trichter (Mikrophon) entsteht, der mit dem anderen Ende des Schlauches verbunden wird (s. „Singender Schlauch", S. 221). Schneide ein Stück vom Luftballon ab. Dehne dieses Stück und befestige es mit Kreppband oder Gummiband auf der Dose. So erhältst Du eine Trommel. Verteile dann Sägespäne oder Kreidemehl auf der Trommel. So kannst Du auf der „Trommel" das Bild der eigenen Stimme sehen, wenn Du verschiedene Töne erzeugst und den Mund nahe ans Mikrophon hältst. Wie wäre es nun, Licht und Klang miteinander zu verbinden?

Du kannst ähnliche visuelle Effekte herstellen, indem Du den Aufbau des Experimentes „Erforschung des Laserstrahls" im Kapitel Spielereien mit Licht verwendest. Der Laserstrahl sollte das Wasser knapp unter der Wasseroberfläche und parallel zu ihr durchkreuzen. Wenn Du beispielsweise mit einem Finger oder einem Löffel Wellen auf der Wasseroberfläche produzierst, wirst Du den Lichtpunkt des Laserstrahls, der auf eine Wand („Schirm") projiziert wird, schnell tanzen sehen. Du kannst auch unterschiedliche Wellen überlagern und untersuchen, wie der Laserstrahl reagiert. Versuche den Laserstrahl das Wasser in verschiedenen Tiefen kreuzen zu lassen und untersuche, was mit dem projizierten Lichtpunkt passiert, wenn Du Wellen auf der Wasseroberfläche erzeugst. Viel Spaß beim Herumtüfteln!

Alternative

Wie wäre es damit, Klangbilder einmal ganz anders zu erzeugen?
Finde die Vorteile dieser neuen Version heraus!

Material	M 4.12
• *zwei Plastikflaschen (2 Liter), eine davon mit Schraubverschluss* • *Holzbretter, 7 bis 10 mm dick mit folgenden Abmessungen: zwei Stücke 15 cm x 15 cm („Seitenstützen") und ein Stück 15 cm x 30 cm (Basis)* • *vier hölzerne Leisten 15 cm lang und 2 cm x 2 cm Querschnitt (Fußhalterungen)*	

Dieses Experiment sollte nur unter der Aufsicht eines Erwachsenen durchgeführt werden!

Schritt für Schritt

1) Elliptische Trichter und Trommel

Fülle die Flaschen ungefähr zur Hälfte mit Wasser. Dann stelle sie auf den Kopf und neige sie um

Lissajousfiguren

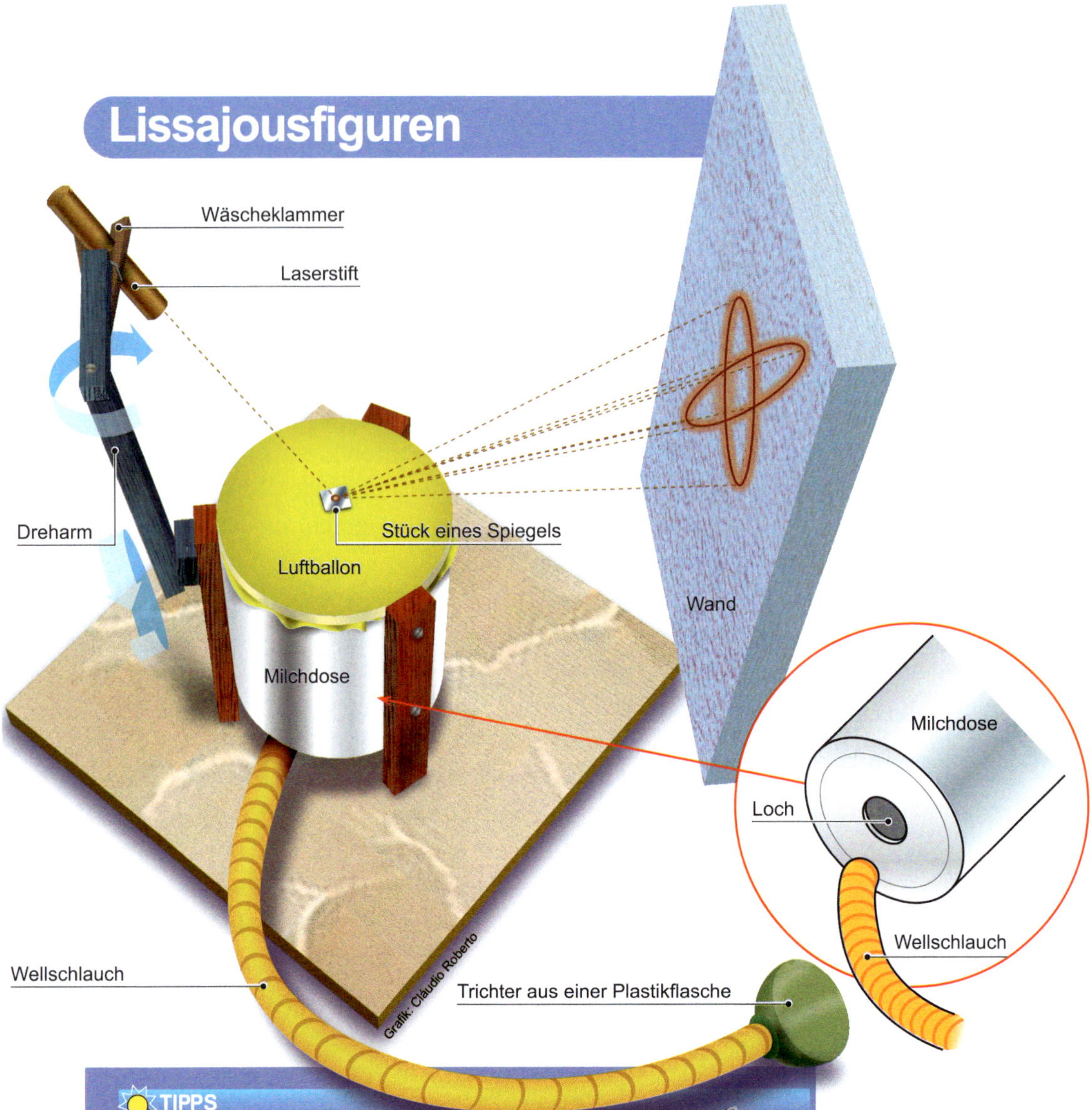

TIPPS

Die beweglichen Holzarme werden so eingestellt, dass der Laserstrahl vom Spiegel reflektiert und auf die Wand oder Decke projiziert wird. Die Wäscheklammer hat die Funktion, den Laserstrahl kontinuierlich eingeschaltet zu lassen. Mit dem Mund produziert man verschiedene Töne nahe am Mikrofon. An der Wand oder Decke kann man dann die entsprechenden Bilder beobachten, die durch den Laserstrahl erzeugt werden. Wie wäre es,die "Trommel" dem Lautsprecher oder umgekehrt zu nähern, wenn man Musik hört. Falls nötig, verstärkt man die Lautstärke. Man kann jemanden dazu einladen ein Duett zu veranstalten, indem man gleichzeitig Töne in der Nähe des Mikrofons und der "Trommel"erzeugt, ohne dass der Laserstrahl das Gesicht berührt

45°. Markiere mit einem Stift auf beiden Flaschen außen den Wasserspiegel. Schneide dann den oberen Teil der Plastikflaschen entlang der Markierung schräg ab, um zwei elliptische Trichter zu erhalten.
Nimm jetzt einen der beiden Trichter und drücke ihn mit dem Rand eine Zeitlang gegen ein heißes Bügeleisen, bis Du siehst, wie das Plastik schmilzt und sich der Rand wie bei einem Einwegbecher verdickt. Zerschneide jetzt den Luftballon wie abgebildet. Das gedehnte Stück Luftballon wird mit Klebeband (z.B. Isolierband) um den Rand des elliptischen Trichters herum festgeklebt. Du hast jetzt eine elliptische Trommel! Genau in der Mitte des Trommelfells musst Du den kleinen Spiegel mit doppelseitigem Klebeband anbringen.

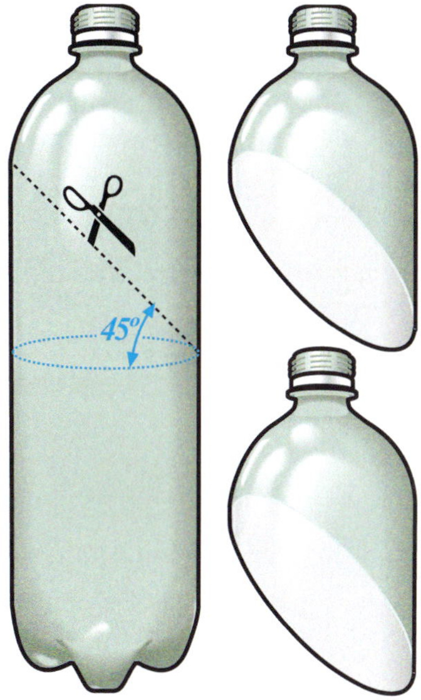

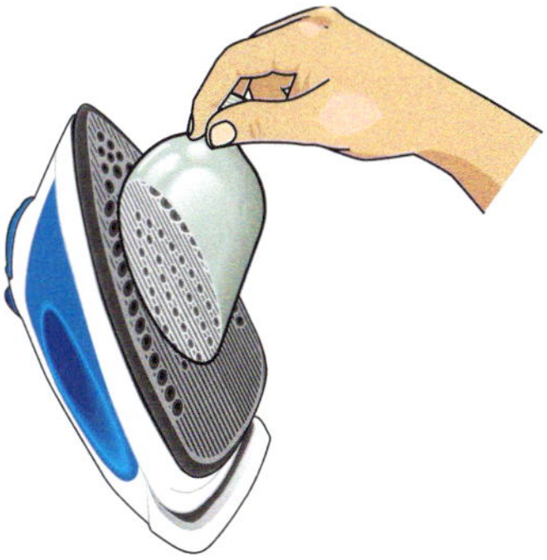

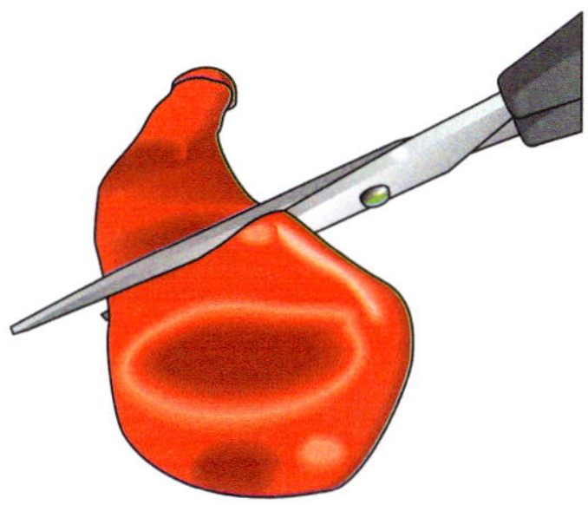

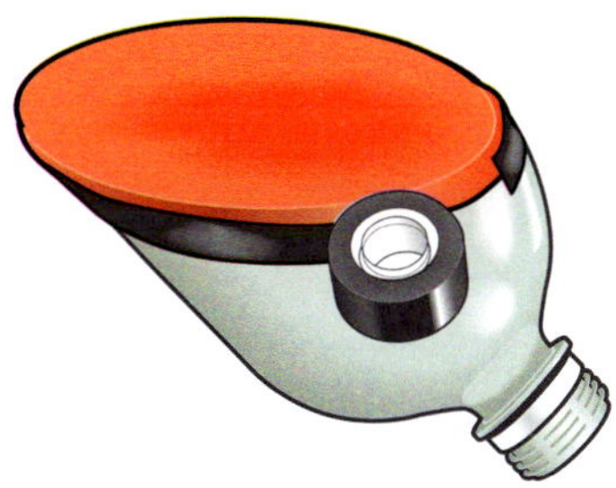

2) Halterung und Zusammenbau
Nimm nun die beiden Seitenstützen. Säge in den oberen Rand jeweils eine Ausbuchtung, in welche die Hälse der Trommel und des zweiten Trichters mit Druck hineingesteckt werden. Beide Teile werden nun wie abgebildet zusammengesteckt. Die gesamte Konstruktion wird auf die Basis gestellt und mit den Leisten als Fusshalterungen fixiert. Bohre mittig in den Schraubverschluss ein Loch, um den Laser dort fest fixieren zu können. Der Laser wird so hineingesteckt, dass

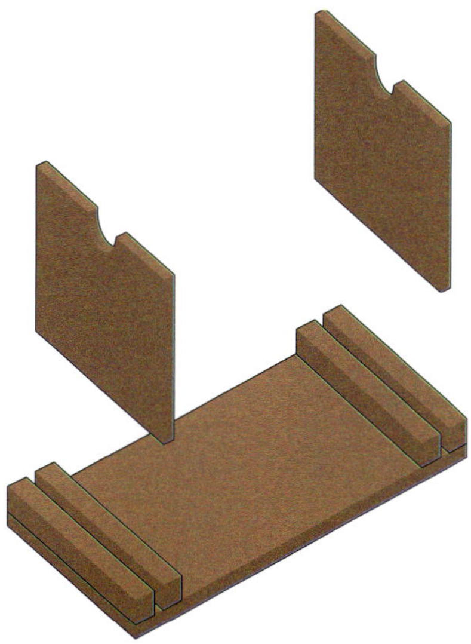

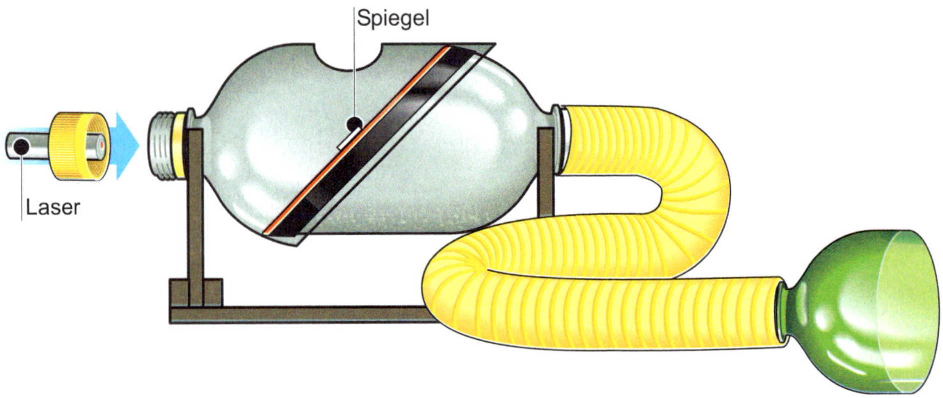

der Einschaltknopf gedrückt bleibt. Schraube diesen Verschluss mit dem eingepassten Laser auf den zweiten Trichter. Der Laserstrahl wird vom Spiegel umgelenkt und trifft auf die obere Seite des Trichters. Dort musst Du ein Loch mit 2 bis 3 cm Durchmesser hineinschneiden, damit der Laserstrahl austreten kann. Es fehlt nur noch der flexible Schlauch mit Trichter („Mikrofon") aus dem vorherigen Modell, den man auf die Flaschenöffnung der Trommel steckt. Erzeuge nun in einem dunklen Raum mit dem Mikrofon Töne und beobachte die schönen Muster, die der reflektierte Laserstrahl an der Raumdecke bildet.

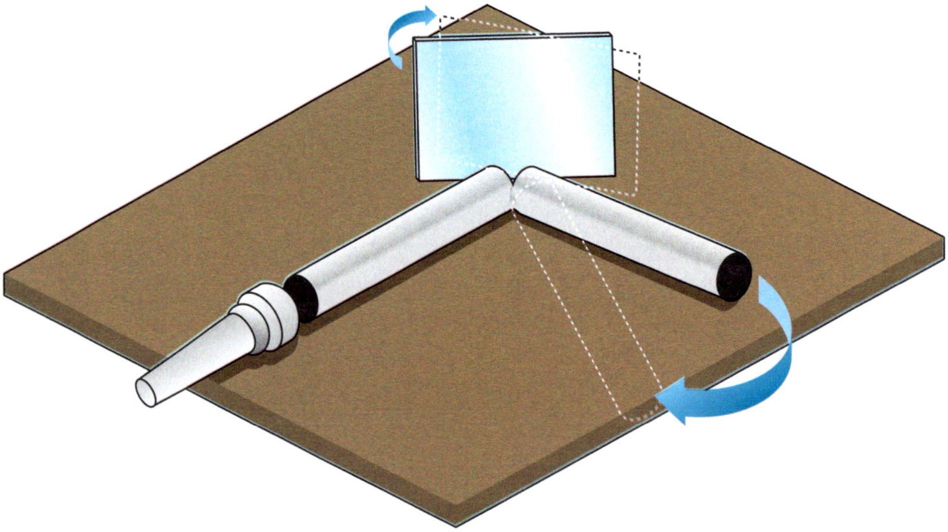

Wissenswertes

Weil Du im „Mikrofon" Geräusche produzierst, schwankt der Luftdruck in der Dose um den normalen atmosphärischen Druck herum. Als Ergebnis vibriert das gedehnte Stück des Ballons. Weil dieses eine elastische Membrane ist, bewegt es sich markanter auf und ab als es der Dosenboden tun würde (siehe das Experiment „Schnurtelefon" in diesem Kapitel). Der kleine Spiegel, der am Ballon befestigt ist, vibriert also auch. Weil der Laserstrahl bei jeder Spiegelposition auf einen anderen Punkt reflektiert wird, folgt der durch die Reflexion auf einen „Schirm" (Wand oder Decke) entstandene Punkt dem Rhythmus der Geräusche, die Du produzierst. Je größer der Abstand des Spiegels vom Schirm ist, desto größer ist der visuelle Effekt, der entsteht. Wenn Du einen leichten Spiegel und einen Laser hast, kannst Du jemandem den Spiegel mit einem Stück doppelseitigem Klebeband auf das Handgelenk kleben und den reflektierten Laserstrahl dazu verwenden, den Puls abzulesen. Beachte immer die Vorsichtsmaßnahmen beim Gebrauch von Lasern!

Die Ausstattung des Experimentes 3.6, „Licht am Ende des Tunnels", S. 121., macht anschaulich, wie eine kleine Änderung in der Position des Spiegels den reflektierten Laserstrahl stark beeinflusst (s. Abb.). Die gleiche Idee wird in einer großen Bandbreite in industriellen und wissenschaftlichen Aufbauten genutzt, um kleinste Bewegungen zu vergrößern und zu messen. Kannst Du diese Idee verwenden, um Deinen Herzschlag zu „sehen" oder um zu beobachten, wie andere Teile Deines Körpers vibrieren, während Du sprichst?

M 5.1

Material

- *Ballons (mittlere Größe, vorzugweise durchsichtig)*
- *eine Plastikflasche mit Schraubverschluss*
- *Styroporkugeln mit ca. 5 mm Durchmesser (Du kannst auch kleine Würfel verwenden, die Du aus einem Styroporstück herausschneidest)*
- *ein Stück Styropor, ca. 4 cm x 8 cm groß und 2 cm dick, zum Rubbeln (versuche es auch mit einer Plastiktüte)*
- *ein Stück stabiler Draht mit ca. 1,5 mm Durchmesser, länger als die Plastikflasche*
- *Aluminiumfolie*
- *Tesafilm*

Hinweis

An feuchten Tagen funktioniert dieser Trick nicht. Was passiert, wenn man den Ballon anfeuchtet? Verwende einen Fön (heiße Luft), um den Ballon zu trocknen. Versuche den Ballon durch das Reiben am Haar wieder aufzuladen.

5 | Elektrisierende Experimente

5.1 An der Wand klebende Luftballons

Du kannst eine außergewöhnliche Aufführung machen, indem Du die Luftballons und den Kopf benutzt.

Schritt für Schritt

Blase den Ballon auf und knote ihn zu. Reibe den Ballon am trockenen Haar, einem Tuch oder Pullover und halte ihn an die Wand. Was passiert?

Hinweis
Um einen mit Luft gefüllten Ballon elektrostatisch aufzuladen, reibe ihn an Deinen Haaren, die sauber und trocken sein sollten, oder an Deiner Kleidung.

Einen Schritt weiter: Ballons an Plastikwände kleben
Viel Spaß mit statischer Elektrizität!

Schritt für Schritt

A. Klebende Bälle

Fülle viele Styroporkugeln in die Plastikflasche und schraube den Verschluss fest zu. Schüttle die Flasche eine Weile lang kräftig. Stell die Flasche auf den Kopf und wieder zurück. Was passiert mit den kleinen Styroporkugeln am Boden der Flasche?

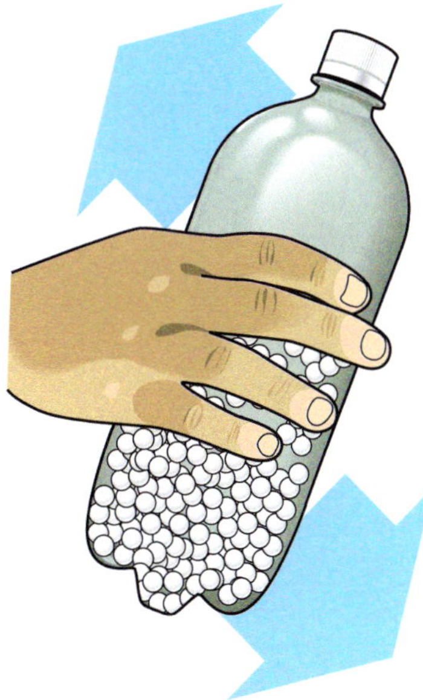

B. Elektrische Kräfte beim Arbeiten

Blase einen Ballon auf und verknote das Ende. Reibe mit dem Stück Styropor oder mit einer Plastiktüte am Ballon. Nähere anschließend die geriebene Oberfläche des Styropors oder der Plastiktüte der Wand der Plastikflasche und mache dasselbe mit der geriebenen Seite des Ballons. Wie reagieren die Styroporkugeln in beiden Fällen? Lege einige Styroporkugeln auf einen Tisch und beobachte, wie sie reagieren, wenn Du die geriebene Seite des Styropors oder der Plastiktüte in ihre Nähe bringst. Reibe den Ballon an Deinen Haaren oder an Deiner Kleidung und bringe dann die geriebene Ballonseite in die Nähe der Plastikflasche.

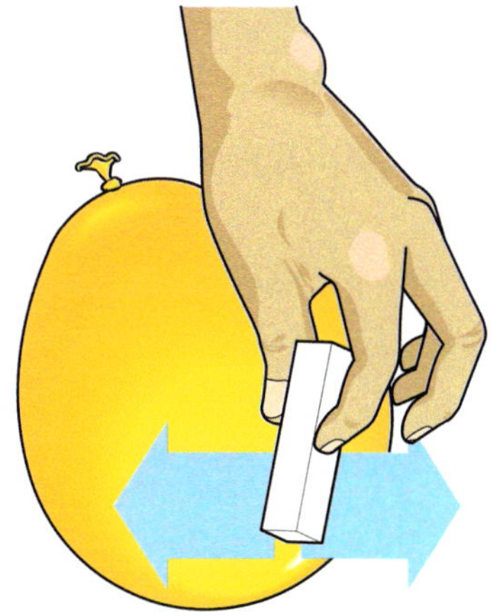

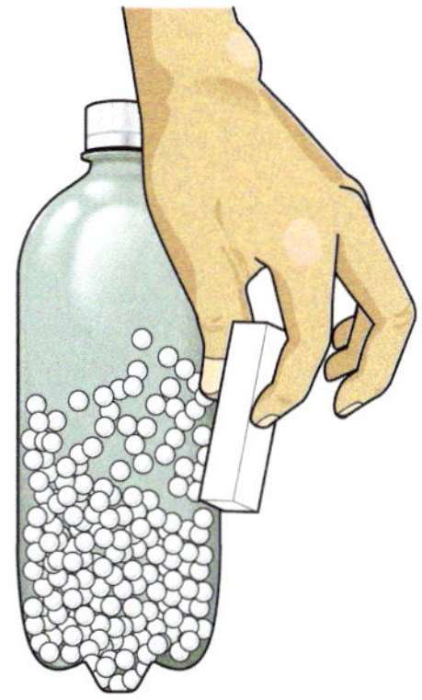

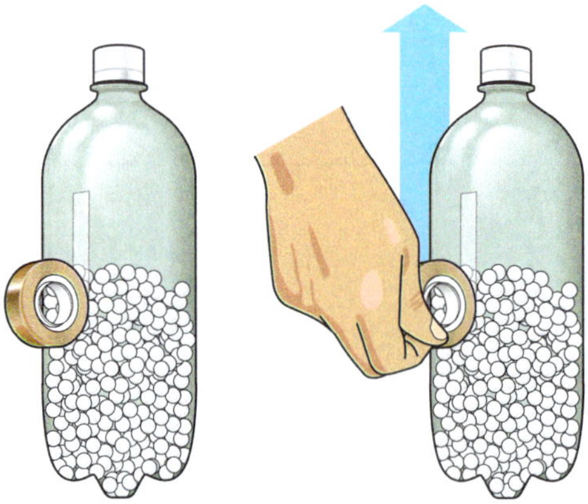

C. Die Wand anstreichen (elektrostatische Lackierung mit Styroporkugeln)
Klebe ein Stück Tesafilm auf die verschlossene Plastikflasche, vorzugsweise an einer Stelle der Wand, hinter der sich keine Styroporkugeln befinden. Dann reiß den Tesafilmstreifen schnell ab und beobachte, wie sich die Kugeln in dem Bereich der Wand verhalten, auf dem der Tesafilm klebte.

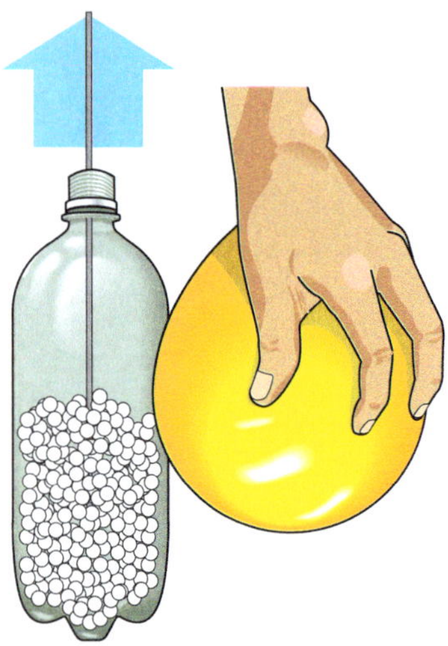

D. Elektrostatischer Aufzug
Stecke den Draht so in die Flasche, dass er den Boden der Flasche berührt. Nun reibe den Ballon an Deinen Haaren und halte die geriebene Stelle in die Nähe der Flasche; dann zieh den Draht langsam aus der Flasche heraus. Arbeitet der Draht wie ein elektrostatischer Aufzug? Was passiert, wenn Du den Ballon von der Flasche entfernst? Ersetze den Draht durch einen Trinkhalm, einen hölzernen Spieß oder ein Stück Schnur. Wiederhole das Experiment und ersetze den Ballon durch das Stück Styropor oder eine Plastiktüte.
Was passiert jetzt? Nun stecke den Draht und einen Holzspieß gleichzeitig in die Flasche. Funktioniert der Trick immer noch?

Einen Schritt weiter
Biege das obere Stück des Drahtes um 90°, so dass ein L entsteht; stecke den längeren Teil des L in die Flasche, bis er den Boden berührt. Wie reagiert der Draht, wenn Du den geriebenen Ballon in die Nähe des umgebogenen Teils bringst?

E. Aluminiumball bei der Arbeit
Mach aus einem Stück Aluminiumfolie einen kleinen Ball und stecke ein Ende des Drahtes in den Ball. Stecke den Aluminium-

ball mit dem Draht in die Plastikflasche und bringe ihn in Kontakt mit den Styroporbällen am Boden der Flasche. Reibe einen Ballon an Deinen Haaren oder an Deiner Kleidung. Halte die geriebene Seite des Ballons in die Nähe der Flasche und ziehe den Draht mit dem Ball oben. Was ist das Besondere an diesem Aluminiumball? Was passiert, wenn Du seinen Durchmesser vergrößerst? Versuche den Aluminiumball durch einen etwas größeren Styroporball zu ersetzen.

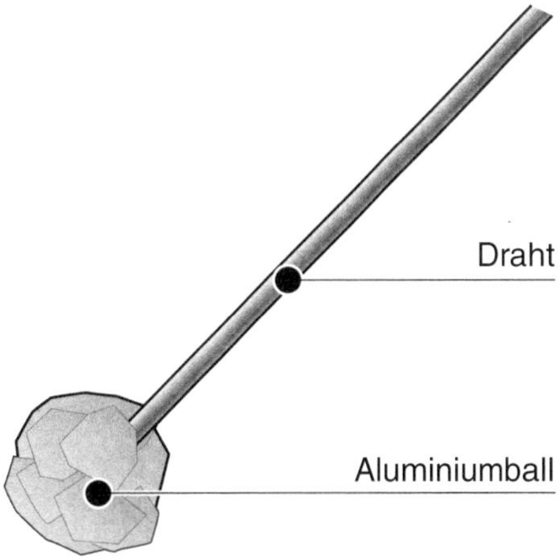

Wissenswertes: Gleitreibung und statische Elektrizität
In allen Objekten gibt es elektrische Ladungen. Diese sind dafür verantwortlich, jede Art von Materie, die aus Atomen besteht, zusammenzuhalten. Normalerweise haben die Gegenstände um uns herum gleiche Beträge an negativer elektrischer Ladung (Elektronen) und positiver elektrischer Ladung, so dass es keine Nettoladung in ihnen gibt. Du erzeugst elektrostatische Ladung, wenn Du z. B. zwei Oberflächen aneinander reibst (Gleitreibung). Wenn eine der beiden Oberflächen Elektronen der anderen Oberfläche anzieht, produziert dies einen Überschuss von negativer Ladung. Wenn die Oberfläche nicht leitend (ein Isolator) ist, wie im Falle des Ballons, des Styropors bzw. der Plastiktüte, werden zusätzliche Elektronen so lange auf der Oberfläche festgehalten, bis die Oberfläche in Kontakt mit etwas Metallischem kommt, z. B. einem Draht, in dem die Elektronen mobil sind. Selbst Wasser oder feuchte Luft leiten die elektrische Ladung. Die gleiche Begründung gilt für die Oberfläche, die bereitwillig Elektronen abgibt. Sie wird durch das Defizit an Elektronen positiv aufgeladen. Materialien wie Gummi, Plastik, Vinyl (PVC) und Tesafilm sind sehr gierig und versuchen dauernd, Elektronen von den Oberflächen, mit denen sie in Kontakt geraten, wegzuleiten. Trockene Haut, Haare und Glas sind eher bereit, Elektronen abzugeben. Statische Elektrizität wird also produziert, wenn Du einen Gummiballon an Deinem Haar oder weiches, trockenes Plastik an einem Glas reibst. Dieser Prozess wird Aufladung durch Reibung genannt. Denselben Effekt erlebst du, wenn Du über einen Teppich gehst. Die Gleitreibung überträgt negative Ladungen vom Teppich auf die stark isolierenden Gummi- oder Plastiksohlen Deiner Schuhe. Wenn Du Ledersohlen hast, ist es umgekehrt. Wenn Du auf einem Stuhl sitzt, kann der Kontakt zwischen

Hinweise

Zieh einen Luftballon über die Öffnung der Plastikflasche und versuche, die Styroporkugeln in den leeren Ballon zu schütteln. Sollten sie nicht von allein fließen, dann drücke die Wände der Flasche ein wenig. Ziehe den Ballon vorsichtig von der Flasche ab und blas ihn auf. Pass auf, dass Du die Kugeln nicht verschluckst. Beobachte, wie sich die Styroporkugeln beim Aufblasen verhalten! Dann verknote die Öffnung, damit weder die Luft noch die Kugeln entweichen können. Wiederhole die Experimente C bis E, indem Du die Flasche durch den Ballon ersetzt oder indem Du die Kugeln im Ballon dazu benutzt, die geriebene Fläche zu kennzeichnen. Was passiert mit den Kugeln in dem aufgeladenen Ballon, wenn Du Deine Fingerspitze oder das Ende eines Drahtes in seine Nähe bringst? Funktionieren die Experimente A bis E an feuchten Tagen? Versuche mit einem Fön heiße Luft in die Flasche zu blasen. Was ändert sich?

Deiner Kleidung und der Sitzoberfläche eine starke elektrostatische Aufladung Deiner Kleidung hervorrufen. Und wenn Du eine Katze oder einen Hund hast, hast Du sicherlich schon bemerkt, dass im Winter, wenn die Luft trocken ist, Funken entstehen können, wenn Du das Tier berührst.

Wissenswertes: Elektrische Kräfte

Geladene Körper können einander anziehen oder abstoßen, abhängig davon, ob sie Nettoladungen mit unterschiedlichen Vorzeichen (Anziehung) oder mit gleichem Vorzeichen (Abstoßung) haben. Reibe einen mit Luft gefüllten Ballon an Deinen Haaren und bitte jemanden, dasselbe mit einem zweiten Ballon zu tun, der an einer Schnur aufgehängt wird. Beobachte, was mit Euren Haaren passiert, während Ihr die Ballons aufladet. Bewege nun Deinen geladenen Ballon zuerst in die Nähe Deiner Haare; anschließend halte ihn nah an den anderen Ballon. Was passiert in beiden Fällen? Du kannst auch ein Glas auf weichem, trockenem Plastik reiben (z.B. eine Plastikhandtasche) und beobachten, wie der geladene Ballon ihm gegenüber reagiert. Wenn Du jetzt den geladenen Ballon in die Nähe einer neutralen Wand bringst, stoßen die Ladungen des Ballons die gleichen Ladungen (gleiches Vorzeichen) der Wand ab und ziehen die entgegengesetzten Ladungen an. Als Ergebnis hast Du eine Nettoanziehung zwischen Ball und Wand, obwohl die Wand vorher neutral war. Das Gleiche passiert am Glas Deines Fernsehers. Wenn es geladen wird, sammelt es Staub. Kannst Du dies mit den kleinen Styroporkugeln, die an der Wand der Plastikflasche kleben, in Verbindung bringen?

Wissenswertes: elektrische Entladungen

Statische Elektrizität kann Schläge produzieren, wenn ein elektrostatisch aufgeladener Körper Metall berührt und somit plötzlich entladen wird. Die Ladung Deiner Schuhsohlen induziert eine statische elektrische Ladung Deines Körpers und diese Ladung wiederum erscheint als Hochspannung, die 5000 Volt oder höher sein kann. Wenn Du z.B. eine Metalltürklinke oder einen -schrank berührst, findet eine schnelle Entladung statt und Du bekommst einen Schlag. Im Winter be-

schwerden sich viele Leute darüber, dass sie bei Berührung bestimmter Gegenstände elektrische Schläge bekommen. Ihre trockene Haut sammelt eine Menge positive elektrische Ladung, weil die Haut Elektronen an die aus Polyester hergestellte Kleidung abgibt. Kleidung, die nicht aus Naturfasern hergestellt ist, zieht negative Ladung an. Um die Stromschläge zu verhindern, sollte man Baumwoll- oder Wollkleidung tragen, die elektrisch neutral ist. Auch feuchte Haut reduziert die Anhäufung von Ladungen drastisch. An heißen Sommertagen können sich fahrende Autos durch die Reibung mit der Luft elektrisch aufladen. Busse besitzen metallbeschichtete Gummistreifen, die über die Straße schleifen und somit eine Aufladung verhindern. Kannst Du Dir weitere Möglichkeiten ausdenken, um elektrische Schläge und sonstige Unannehmlichkeiten, die durch statische Elektrizität entstehen, zu verhindern oder zu minimieren?
Statische Elektrizität wird jedoch bei vielen technischen Anwendungen auch benötigt, z. B. bei Tintenstrahl- und Laserdruckern, Kopierern und beim elektrostatischen Malen. Sie erlaubt eine sehr präzise und selektive Bedeckung von Papieroberflächen mit Tinte und Toner. Auch das Lackieren von Autos basiert auf einem elektrostatischen Prozess. Bist Du bereit, neue Wege herauszufinden, um statische Elektrizität sinnvoll einzusetzen?

Wissenswertes: Elektrostatische Aufzüge und Manipulation von Atomen
Eine scharfe Spitze, wie das Ende des Drahtes in Experiment D, kann anziehende und abstoßende Kräfte erzeugen. Die Nanotechnologie hat Verfahren entwickelt, um pyramidenförmige Spitzen herzustellen, an deren Scheitelpunkt ein einziges Atom steht (Nanospitzen). Heutzutage werden diese Spitzen in computerkontrollierten Geräten zum Manipulieren einzelner Atome verwendet, die vergleichbar sind mit den kleinen Styroporkugeln in unseren Experimenten. Diese Geräte arbeiten, indem sie Atome anziehen und wieder abstoßen, um sie auf dem gewünschten Platz abzulegen. Die Kontrolle von Nanospitzen basiert auf elektrischen Kräften und funktioniert ähnlich den Experimenten D und E, in denen ein geriebener Ballon oder ein geriebenes Stück Styropor in die Nähe der Plastikflasche gehalten wird. Kannst Du erklären, wie der aufgeladene Ballon den Draht und den Aluminiumball am Drahtende beeinflusst?

Licht mit Elektrizität kontrollieren

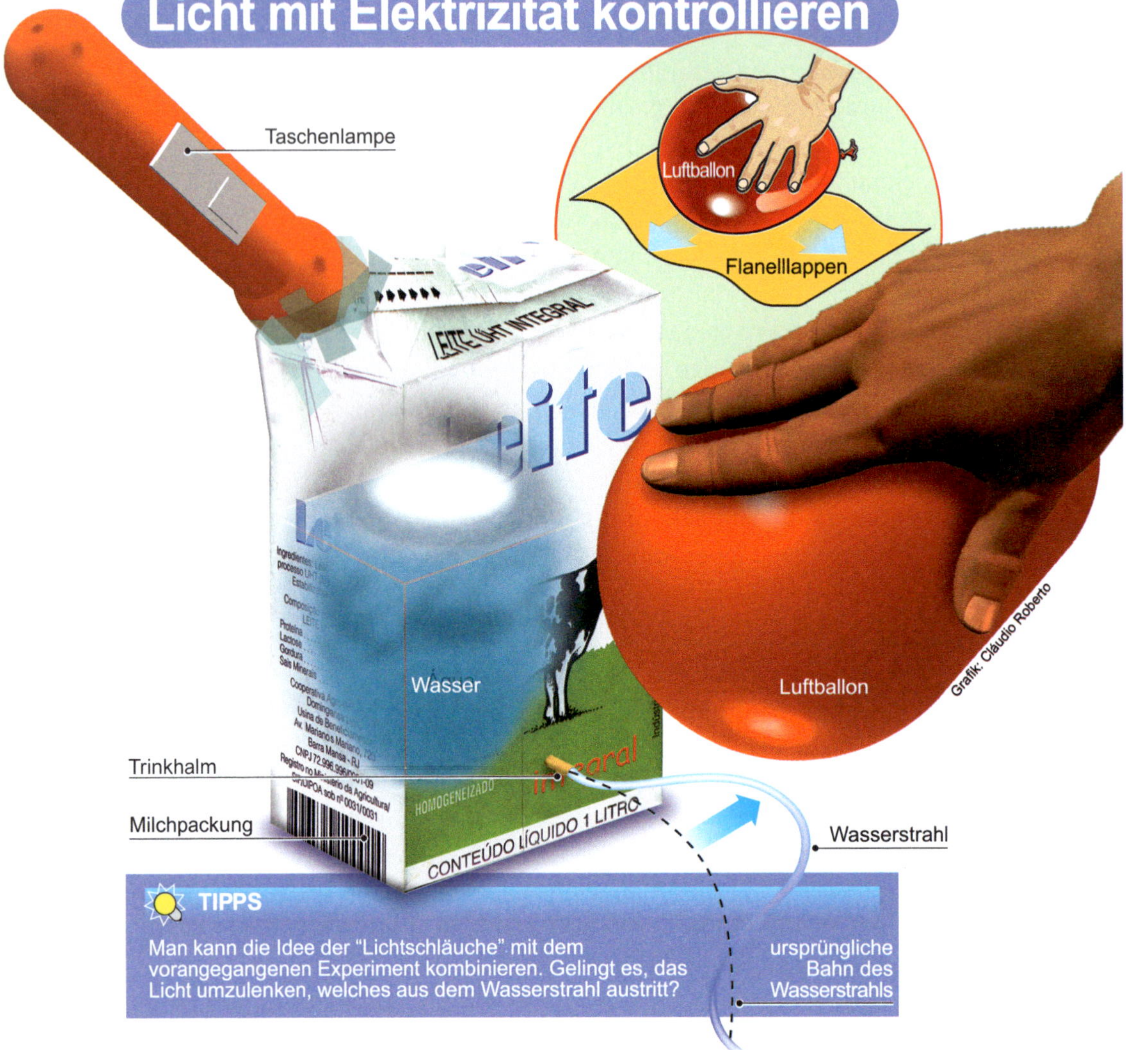

TIPPS

Man kann die Idee der "Lichtschläuche" mit dem vorangegangenen Experiment kombinieren. Gelingt es, das Licht umzulenken, welches aus dem Wasserstrahl austritt?

Material M 5.2
- *Luftballon oder Plastiklineal*
- *Wasserstrahl (aus dem Wasserhahn)*

5.2 Umlenkung von Wasserstrahlen

Was passiert, wenn Du einen elektrisierten Ballon einem Wasserstrahl näherst?

Schritt für Schritt

Reibe den Luftballon oder das Lineal am trockenen Haar oder an einem Flanelltuch. Nähere den Ballon oder das Lineal dem Wasserstrahl. Was passiert? Das Experiment kannst Du mit zwei Luftballons oder zwei Linealen wiederholen; plaziere sie so, dass sich der Wasserstrahl zwischen ihnen befindet.

Material M 5.2
- *Aufbau des Experimentes „Lichtschläuche", S. 147*
- *Luftballon*

Einen Schritt weiter

Wie wäre es, das Licht umzulenken?

Wissenswertes

Die Wassermoleküle haben eine ganz besondere Eigenschaft. Du kannst Dir vorstellen, dass sie zwei entgegengesetzte Ladungen haben, die durch eine sehr kleine Distanz (atomare Größe) voneinander getrennt sind. Solche Moleküle werden polar genannt. Wenn Du ein geladenes Objekt in die Nähe des Wassers bringst, zieht es die entgegengesetzte Ladung in den beweglichen Wassermolekülen stärker an, als es die Ladung mit demselben Vorzeichen abstößt. Das Nettoresultat ist die Anziehung, wie Du leicht durch das Biegen des Wassers mit einem geladenen Ballon demonstrieren kannst. Wenn der Wasserstrahl gebogen ist, „geht" das Licht, das an den Innenseiten des Wasserstrahls reflektiert wird, mit dem Strahl. Letztendlich hast Du den Lichtweg mit Elektrizität kontrolliert.

Material M 5.2
- *1 Softdrink-Aluminiumdose*
- *1 Ballon, 1 Plastiklineal und / oder 1 Plastikflasche*

Noch einen Schritt weiter: Geladene Dose

Schritt für Schritt

Reibe einen mit Luft gefüllten Ballon an Deinen Haaren, die sauber und trocken sein sollten. Bringe den geriebenen Ballon in die Nähe der Dose (Abb. S. 238); bewege ihn langsam auf die Dose zu. Was passiert mit der Dose? Warum? Du kannst denselben Trick ausprobieren, indem Du den Ballon durch ein Plastiklineal oder eine Plastikflasche ersetzt – reibe sie und wiederhole das Experiment. Ersetze die Dose durch einen Flaschenkorken oder eine kleine zylindrische Plastikflasche. Wie reagieren diese Gegenstände, wenn Du Dich ihnen mit dem geladenen Ballon, dem geladenen Lineal oder der geladenen Flasche näherst? Was passiert, wenn Du die Dose durch eine große (1,5 bis 2 Liter) Plastikflasche ersetzt?

Wissenswertes
Aluminium hat wie die meisten Metalle eine große Anzahl von „freien" negativ geladenen Elektronen. Diese Elektronen sind sehr beweglich und leiten also Elektrizität. Das Material als Ganzes ist elektrisch neutral. Die positiven Ladungen (Ionen) sind überwiegend unbeweglich. Wenn die Elektronen durch einen elektrisch geladenen Ballon oder ein anderes geladenes Objekt angezogen werden, entsteht eine Nettokraft, die ein Drehmoment produziert, das dafür sorgt, dass die Dose dem Ballon oder jedem anderen geladenen Objekt folgt. Kork und Plastik sind Isolatoren (sie haben keine „freien" Elektronen). Diese Materialien verhalten sich also in der Anwesenheit eines geladenen Objektes wie Wasser, wie im vorangegangenen Experiment demonstriert wurde.

M 5.3	**Material** • *1 Leuchtstoffröhre (es genügt eine nicht mehr funktionierende Röhre, vorausgesetzt, das Glas ist in Ordnung)* • *1 Stück PVC-Rohr* • *weiches Plastik (eine Plastiktüte genügt)* • *1 Papiertuch oder 1 Stück Stoff*
	Achtung *Sei mit den Leuchtstoffröhren vorsichtig. Sie sind zerbrechlich und die innere Beschichtung des Glases ist giftig. Die Aufsicht eines Erwachsenen ist angeraten.*

5.3 Kabellose Lampe

Benutze ein Rohr, um eine Lampe leuchten zu lassen.

Schritt für Schritt
Reibe das PVC-Rohr wie gezeigt mit dem Papiertuch. Bringe das Rohr in einem dunklen Raum in die Nähe der Lampe und beobachte, was passiert. Du kannst auch die Leuchtstoffröhre direkt mit der Plastiktüte reiben. Halte dabei ein Ende der Lampe mit einer Hand und reibe sie schnell mit der anderen Hand. Trage in diesem Fall Schutzhandschuhe, um Verletzungen zu vermeiden. Kannst Du diesen Trick beim nächsten Stromausfall benutzen?

Wissenswertes
Eine Leuchtstoffröhre besteht aus einem luftdicht abgeschlossenen Glasrohr, welches eine sehr kleine Menge Quecksilberdampf und ein Schutzgas, normalerweise Argon, enthält. Im Rohr herrscht ein Unterdruck. Das Glas ist auf der Innen-

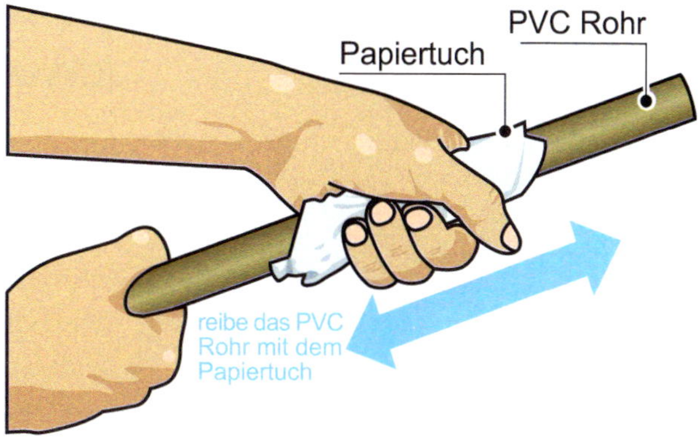

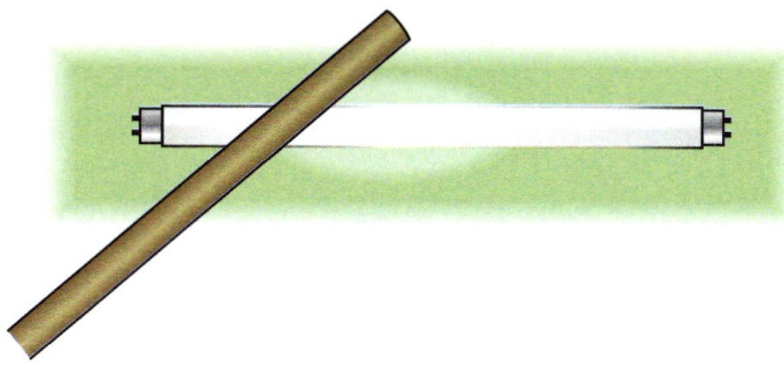

seite mit Phosphorpulver beschichtet. Wenn Du das PVC-Rohr reibst, wird es negativ aufgeladen. Wenn Du die Lampe direkt mit einer Plastiktüte reibst, wird die Glasröhre der Lampe positiv aufgeladen. In beiden Fällen produzieren die elektrischen Ladungen, die sich in den Glaswänden angesammelt haben, elektrische Kräfte, die stark genug sind, um einige freie Elektronen (mit negativer Ladung) zu beschleunigen, die im Glasrohr immer zur Verfügung stehen. Diese sich bewegenden Elektronen können ihrerseits auf Quecksilberatome treffen, wodurch man zusätzliche freie Elektronen erhält. Hierdurch wird ein lawinenartiger Prozess ausgelöst, der insgesamt freie Elektronen erzeugt. Diese Elektronen wiederum treffen entlang ihres Weges auf neutrale Quecksilberatome und übertragen Energie an sie. Die Energie der Quecksilberatome wird erhöht, sie werden elektrisch „angeregt." Wenn die angeregten Quecksilberatome in ihrem Ausgangszustand von niedrigster Energie zurückkehren, senden sie ultraviolettes (UV)-Licht aus, welches für das menschliche Auge nicht sichtbar ist. Wenn dieses UV-Licht nun seinerseits auf das Phosphorpulver trifft, wird das schwache Licht ausgestrahlt, das Du siehst. Dieser Prozess wird entweder durch das Annähern des geladenen PVC-Rohrs an die Leuchtstoffröhre oder durch das direkte Reiben des Glases der Röhre mit einer Plastiktüte ausgelöst. Das ist der Grund, weshalb ein leichtes Glimmen häufig „Phosphoreszenz" genannt wird.

M 5.4

Material

- *500-ml-Plastikflasche*
- *2 Bleistifte bzw. ein in 2 Teile zerbrochener Bleistift*
- *Sekundenkleber*
- *elektrisches Kabel*
- *2 1,5-V-Batterien*
- *Luftballon*
- *Salzwasser*
- *Rotkohl*

Achtung

Das Gas, welches den Luftballon füllt, ist leicht entzündbar und kann explodieren. Deswegen darf er nicht in die Nähe von Flammen oder anderen Wärmequellen gehalten werden!

5.4 Wasser wird zu Gas

(Elektrolyse)

Durch Elektrizität kannst Du Wasser in Sauerstoff und Wasserstoff verwandeln.

Schritt für Schritt

Schneide die Bleistifte so zu, dass der Graphit an beiden Seiten sichtbar ist (vgl. Abb.). Bohre zwei nahe beieinander liegende Löcher in die Wand der Plastikflasche und stecke die Stifte hinein. Dichte die Löcher mit Sekundenkleber ab. Fülle die Flasche mit einer Mischung aus Wasser und etwas Salz auf und befestige das Mundstück des Luftballons auf der Flaschenöffnung. Wickle um jedes Stiftende ein Stück Draht. Wenn Du jetzt die beiden Drähte mit je einem Pol einer Batterie verbindest, erzeugst Du einen geschlossenen Stromkreis. Nach 20-30 Minuten solltest Du den Ballon befühlen. Was passiert im Laufe der Zeit mit den Bleistiftspitzen, die im Kontakt mit dem Wasser sind?

Wissenswertes

Zwei Wasserstoffatome (H) und ein Sauerstoffatom (O) bilden ein Wassermolekül (H_2O). Wassermoleküle, die neutral sind (also keine Nettoladung haben), können dissoziieren und dabei einen positiven Teil (H^+) und einen negativen Teil (OH^-) produzieren. Diese Teile werden Ionen genannt. Normales Salz (Natriumchlorid, kurz NaCl) besteht aus einem Atom Natrium (Na) und einem Atom Chlor (Cl). Wenn es in Wasser gelöst wird, trennt sich das Salz in einen positiven Teil (Na^+) und einen negativen Teil (Cl^-). Die H^+-Ionen werden vom Graphitstift angezogen, der mit dem negativen Pol der Batterie verbunden ist. Dort bilden je zwei H^+-Ionen mit zwei Elektronen aus der Batterie ein neutrales Wasserstoffmolekül (H_2). Wenn die H^+-Ionen verschwinden, verbleiben die OH^--Ionen in der Lösung. Die Cl^--Ionen werden von dem Graphitstift angezogen, der mit dem positiven Pol der Batterie verbunden ist. In diesem Fall geben je zwei Cl^--Ionen zwei Elektronen an die Batterie ab, so dass zwei Moleküle Chlorgas (Cl_2) entstehen. Letztendlich gibt die Batterie genauso viele Elektronen ab, wie sie aufnimmt. Im Salzwasser bilden sich Na^+- und OH^--Ionen in Form von NaOH-Lösung. Das HCl-Gas, das leichter als Wasser, ja sogar leichter als Luft ist, sammelt sich im Ballon an. Natürlich kostet dies Energie. Mit dem folgenden Experiment kannst Du den Prozess veranschaulichen, der in der Flasche passiert. Zuerst bereiten wir uns etwas Rotkohlsaft zu. Zerschneide den Rotkohl, stecke die Scheiben mit etwas Wasser in einen Mixer und mixe alles. Schütte die Mixtur durch ein Sieb, um den Saft zu trennen. Der Rotkohlsaft ist ein „Indikator“, wie das Chemiker nennen. Wenn Du einige Tropfen des Safts in Essig (eine Säure) tropfst, färbt sich der Essig lila. Wenn Du ein wenig Saft in Seifenwasser gießt, wird das seifige Wasser grün. Nachdem der Ballon teilweise gefüllt ist, tropfe einige Tropfen des Safts in die Flasche mit Salzwasser. Was passiert? Ist die NaOH-Lösung säureähnlich oder seifenähnlich? Du kannst Deinen Rotkohlsaft auch verwenden, um herauszufinden, welche Flüssigkeiten Säuren und welche Seifen (oder Basen, wie die Chemiker sie nennen) sind.

Achtung

Sorge für eine gute Belüftung! Obwohl nur kleinste Mengen von Chlor- und Wasserstoffgas produziert werden, vermeide es, die Gase einzuatmen. Das Chlorgas kann giftig sein und das Wasserstoffgas ist brennbar; führe Dein Experiment also nicht in der Nähe von Flammen durch. Die entstandene Lösung von Natriumhydroxid (eine Lauge) ist ätzend; vermeide also, sie zu berühren oder sie mit irgendetwas (wie Kleidung oder Möbeln) in Verbindung zu bringen. Beende Dein Experiment, sobald Du siehst, dass die Farbe des Rotkohlindikators sich verändert. Die Aufsicht eines Erwachsenen wird angeraten.

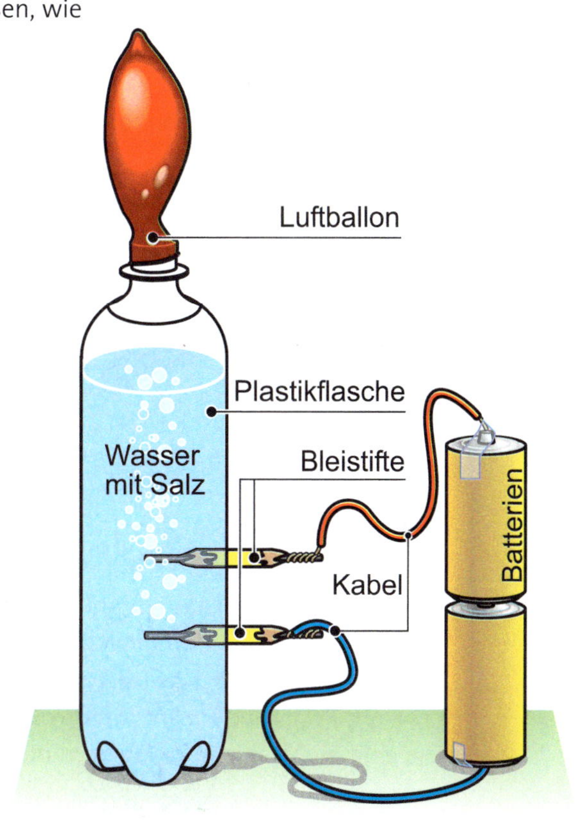

M 5.5

Material

- *1 rechteckiges Holzbrett, an dem rechtwinklig zwei Holzstäbe befestigt sind (siehe Abbildung)*
- *Batterie (1,5 Volt)*
- *1 kleine Glühlampe, beispielsweise von einer Taschenlampe*
- *Klingeldraht*
- *Aluminiumfolie*
- *1 Stück Papier*
- *1 kleine Flamme (von einem Feuerzeug oder einem Streichholz)*
- *Klebeband*
- *Kleber*

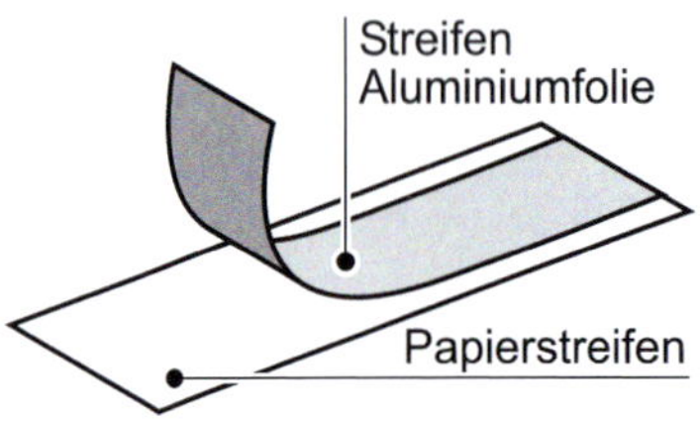

5.5 Elektrische Schalter: Thermische Relais

Elektrische Stromkreise mit der Wärme einer Flamme unterbrechen.

Schritt für Schritt

Schneide ein Stück Papier und ein gleich großes Stück Aluminiumfolie von ca. 1,5 x 4 cm aus. Klebe die weniger reflektierende Seite der Aluminiumfolie auf das Papier (Dein „Relais"). Befestige ein Ende der zwei Klingeldrähte mit Klebeband wie abgebildet an den Holzstäben. Befestige außerdem ein Ende des Relais (Aluminiumfolie nach unten) mit Klebeband an einem der festgeklebten Drähte. Das andere Ende des Relais berührt den anderen Draht lose. Überprüfe, ob ein geschlossener Stromkreis entsteht und die Lampe leuchtet, wenn das Relais, die Lampe und die Batterie miteinander verbunden sind. Nun erhitze vorsichtig (mit einem Streichholz oder einem Feuerzeug) das Relais von unten. Halte die Flamme in einem Abstand von ca. 2 cm und beobachte, was passiert.

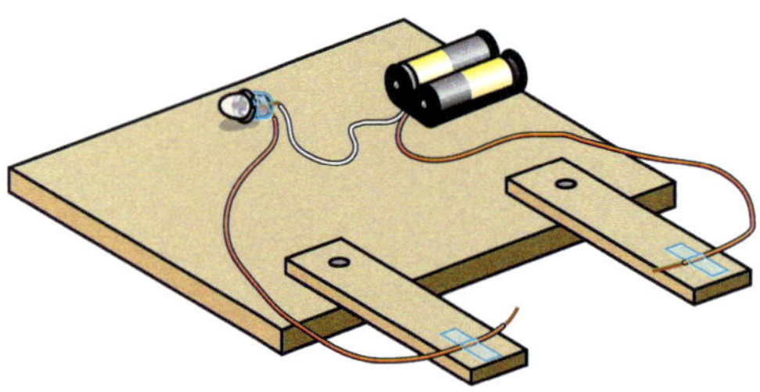

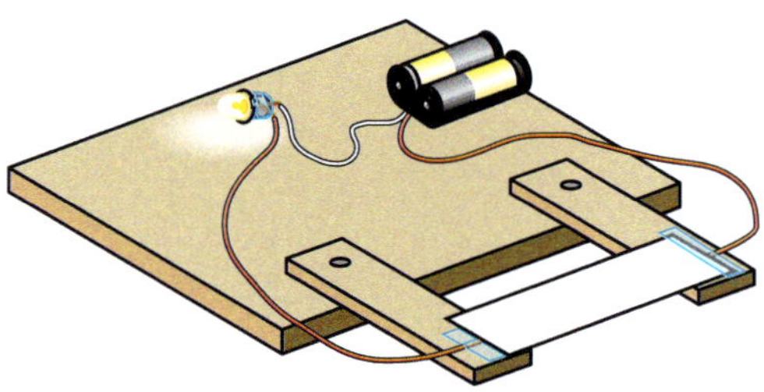

Wissenswertes

Der Klingeldraht und die Aluminiumfolie sind sehr gute Leiter für den elektrischen Strom. Wenn Aluminiumfolie und Papier aneinandergeklebt sind und gemeinsam durch die Flamme erhitzt werden, dehnen sie sich unterschiedlich aus. Die Aluminiumfolie dehnt sich als Metall stärker aus als das Papier. Daher biegt sich das Relais nach oben, unterbricht den elektrischen Stromkreis und die Lampe geht aus. Thermische Relais werden in Stromkreisen eingesetzt, um die elektrische Stromstärke zu begrenzen. Wenn die Stromstärke einen bestimmten Wert überschreitet, öffnet die im Leiter entstandene Wärme das Relais, genau wie es bei Deinem thermischen Relais passiert ist. Nun kannst Du Dir überlegen, wie man andere Arten einfacher elektrischer Relais bauen könnte.

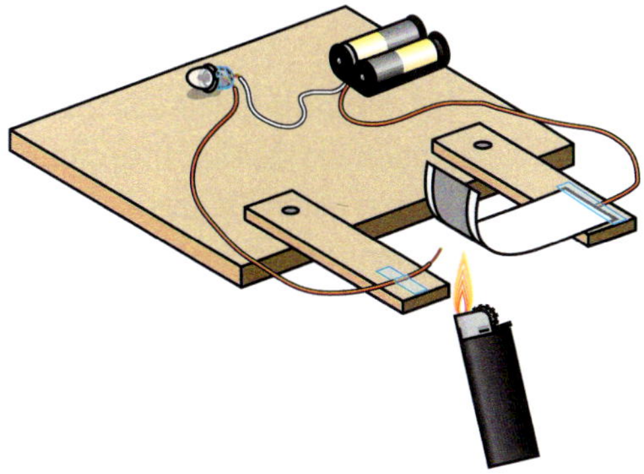

5.6 Elektrischer Kran

Wie ein elektrischer Kran funktioniert.

Material | M 5.6

- *großer Eisennagel oder Schraube*
- *feiner isolierter Kupferdraht*
- *1,5-V-Batterie oder Netzgerät*
- *kleine Nägel, Büroklammern aus Metall, Papierstückchen, Plastikteilchen*

Achtung

Die Batterie kann sehr heiß werden, wenn sie direkt kurzgeschlossen wird. Um zu verhindern, dass Du Dich verbrennst, halte die Batterie an einer Schnur oder führe das Experiment schnell durch.

Schritt für Schritt

Wickle den Draht um den Nagel oder die Schraube. Nun nähere den Nagel oder die Schraube einem Berg von Nägeln oder Büroklammern. Was passiert?

Jetzt befreie die Enden des Drahtes von der Plastikisolierung und befestige sie mit Klebestreifen an den Enden der Batterien. So kannst Du herausfinden, wie elektrische Kräne funktionieren. Du kannst den Kran mit einem Magneten vergleichen. Was haben beide gemeinsam? Zieht der Kran Plastik oder Papier an? Oder einen Magneten? Was passiert, wenn Du die elektrischen Anschlüsse des Elektromagneten an der Batterie vertauscht?

Einen Schritt weiter

Wie wäre es, den Kolben bei den „Robotern aus Spritzen" (s. S. 65) mit Elektromagneten auszustatten?

Wissenswertes

Mit dem elektrischen Kran kann man demonstrieren, dass ein eingerollter Draht als Magnet mit einem Nordpol (N) und einem Südpol (S) funktioniert, wenn ein elektrischer Strom durch ihn fließt. Mit Deinem

Kran kannst Du unterscheiden, welche Materialien von einem Magneten angezogen werden und welche nicht. Papier und Plastik sind Isolatoren, die keinen Strom leiten. Dagegen ist Aluminium ein Metal, welches eine riesige Anzahl von freien Elektronen besitzt, die für die elektrische Leitung in Metallen verantwortlich sind. Eisen und Stahl sind ebenfalls gute Stromleiter. Allerdings reagieren nicht alle Metalle auf den Magneten. Versuche mit Deinem elektrischen Kran andere Materialen zu finden, die eine Wechselwirkung mit Magneten haben. Wie wäre es, neue Anwendungen für Elektromagneten zu erfinden, z. B. einen „elektromagnetischen Besen“. Die angezogenen Metallteilchen können günstiger entsorgt werden, wenn man den Magneten benutzt, um diesen Sondermüll zu sammeln. Recycling von Metallen spart Energie und trägt dazu bei, dass die Umwelt weniger belastet wird und somit bessere Lebensbedingungen für die Menschen möglich werden.

5.7 Chaotische Pendel

Baue mit Hilfe von Magneten ein völlig chaotisches Pendel.

M 5.7

Material
- *ein kleiner Magnet für das Pendel (s. Abb.), z. B. aus einem Lautsprecher, und drei (oder mehrere) weitere, gleich große Magnete oder Magnetstücke*
- *Metallplatte, die Magneten anzieht (z. B. Keksdose oder ihr Deckel)*
- *1,5 m-2,5 m Schnur*

Achtung
Da die Magneten sich gegenseitig anziehen, könnte die Hand bzw. Haut eingeklemmt werden. Wenn die Magneten „zusammenkleben“, kann man sie voneinander lösen, indem man sie parallel voneinander wegschiebt.

Schritt für Schritt
Das Magnetpendel wird von drei Schlaufen gehalten, die an eine Schnur geknotet werden (s. Abb.). Befestige das freie Ende der Schnur an der Decke oder an einem Besenstiel, den Du auf zwei Stühlen abstützt. Stelle die Metallplatte unter dem Pendel auf den Boden; verteile die Magneten gleichmäßig darauf. Reguliere nun die Länge des Pendels so, dass sich der hängende Magnet nah über den festen Magneten befindet. Überprüfe, ob diese Magnete das Pendel anziehen oder abstoßen und finde heraus, wie das Pendel „chaotisch" wird. Um dem Experiment den Anschein von Zauberei zu geben, kannst Du die festen Magneten mit Pappe oder einem Stück Stoff zudecken. Lass zuerst das Pendel frei schwingen; dann führst Du den „Faktor Chaos" ein. Du kannst die Magnete umdrehen und damit Anziehung in Abstoßung umwandeln und umgekehrt. Ebenso kann man die Metallhalterung drehen, um die Position der Magnete zu verändern. Du kannst versuchen, mit dem neuen Pendel das totale Chaos zu produzieren.

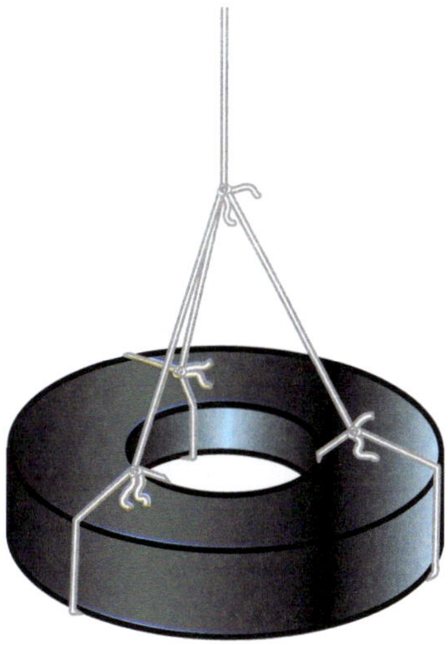

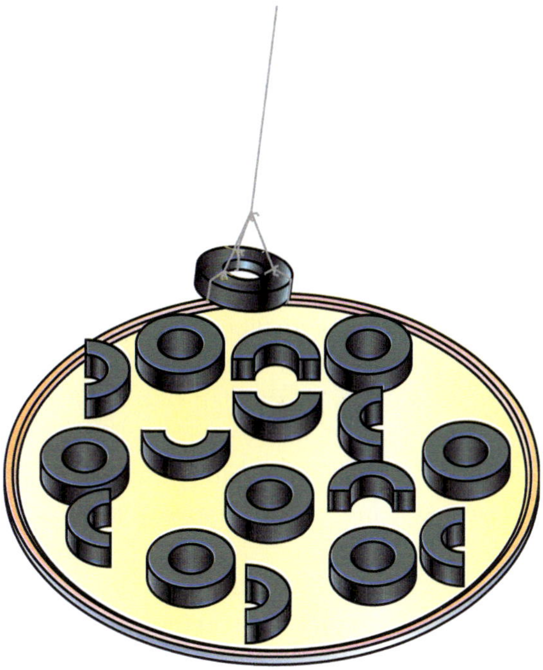

Alternative

Du kannst die festen Magneten dicht nebeneinander legen, so dass alle das Magnetpendel abstoßen – eine Analogie zu „Streuung eines geladenen Partikels wie ein Proton (Magnetpendel), hergerufen durch einen Atomkern (fester Magnet)". Eine andere Möglichkeit wäre es, die festen Magneten schachbrettförmig zu ordnen, so dass ein abstoßender Magnet immer neben einem anziehenden Magneten liegt („Antiferromagnet"). Diese Muster veranschaulichen Wechselwirkungen und Organisationsformen innerhalb der atomaren Welt.

Wissenswertes

Ohne die Magnetunterlage oszilliert das Pendel hin und her. Ohne die Anziehungskraft der Erde würde es gar nicht schwingen. Wenn Du die Magnete unter dem Pendel platzierst, wirken neben der Schwerkraft zusätzliche Kräfte auf das Pendel. Weil das Pendel auch ein Magnet ist, können die Magnete das Pendel entweder abstoßen oder anziehen. Auf diese Weise kann eine regelmäßige Bewegung chaotisch werden.

M 5.8

Material
- *Aufbau von „Elektrischer Kran“ (S. 243)*
- *Computerbildschirm (am besten schwarz-weiß) oder Bildschirm eines Farbfernsehers*

Achtung
Da die Batterie sehr heiß werden kann, folge den Ratschlägen aus dem vorherigen Experiment.

5.8 Mit dem elektrischen Kran auf einem Bildschirm malen

Wie Du einen elektrischen Kran in einen Pinsel umwandelst und Dich damit vergnügst.

Schritt für Schritt

Schalte einen Fernseher oder Computer ein. Nähere Dich dem Bildschirm mit dem rechtwinklig zu ihm gehaltenen Kran. Schalte den Kran ein und aus und beobachte, was passiert. Anschließend berühre mit dem parallel gehalten Kran den Bildschirm (vgl. Abb.) und schalte ihn erneut an. Du kannst auch versuchen, statt einer zwei Batterien zu benutzen und die Neigung des Krans zum Bildschirm zu variieren. Was passiert? Wie kann man den Kran in einen Pinsel verwandeln?

Einen Schritt weiter

Probiere aus, ob dieser Trick auch bei einer Flüssigkristallanzeige von Laptop-Computern oder Uhren funktioniert.

Wissenswertes

Das Bild, das wir auf dem Bildschirm vieler Computermonitore und Fernseher sehen, wird von einem Elektronenstrahl erzeugt. Dieser Elektronenstrahl fegt ständig über den Bildschirm hin und her, von links nach rechts und von oben nach unten. Jedes Elektron, das den mit Phosphor beschichteten Bildschirm trifft, erzeugt einen Lichtfunken; die Gesamtheit dieser Lichtfunken wird von uns als geschlossenes Bild wahrgenommen. Das bewegte Elektron wird genau wie der elektrische Strom vom Magnetfeld eines Elektromagneten beeinflusst (siehe das Experiment „Elektromotor“ in diesem Kapitel). Die verschiedenen Ausrichtungen des Krans in Bezug auf den Bildschirm entsprechen den verschiedenen Orientierungen des Magnetfeldes, das vom Kran erzeugt wird. Welche Orientierung beeinflusst am stärksten den Elektronenstrahl, der den Schirm erreicht?

Das vorgeschlagene Experiment kann im Prinzip auch mit

einem Permanentmagneten (z. B. aus einem Lautsprecher) durchgeführt werden. Jedoch besteht hierbei das Risiko, dass bleibende Flecken auf dem Bildschirm entstehen. Die Verwendung des elektrischen Krans vermeidet dieses Risiko.

5.9 Elektromotor

Versuche die einfachsten Motoren der Welt herzustellen!

Material — M 5.9

- *1 m Kupferdraht von ca. 0,5 mm Durchmesser, außen mit isolierendem Lack beschichtet*
- *2 Stücke Draht von 20 cm Länge*
- *1 große 1,5-V-Batterie*
- *Magnet (s. Abb., z. B. aus Lautsprechern)*
- *Klebestreifen*
- *feine Feile oder Drahtwolle*

Schritt für Schritt

Wickle den isolierten Draht um die Batterie, um die Spule des Motors herzustellen. Mit einem Draht von 1 m Länge kann man ca. 22-25 Schlaufen herstellen. Zieh die Schlaufen vorsichtig von der Batterie und umwickle sie mit je 3 oder 4 Windungen der freien Enden des Drahtes. Lass auf jeder Seite 2 cm Draht für die Achse des Motors übrig (s. Abb.). Stelle aus den Drahtstücken zwei Halterungen für die Spule her, entsprechend dem abgebildeten Modell. Falls notwendig, entferne Roststellen mit einer Feile oder Drahtwolle. Befestige die Halterung mit Klebeband an den Polen der Batterie. Entferne den gesamten Isolierungslack der linken Spulenachse; von der rechten Achse wird nur die Hälfte des Isolierungslacks entfernt. Jetzt musst Du nur noch die Achsen der Spule in die Halterung einhängen und den Magneten auf die Batterie legen (s. Abb.). Falls notwendig, stößt Du die Spule etwas an, um den Motor zu starten.

Einen Schritt weiter

Flache die Spule etwas ab und beobachte, wie sich die Leistung des Motors durch das neue Format verändert. Gibt es einen Zusammenhang zwischen diesen beiden Spulen und dem „Trick der Balletttänzerin"(S. 91)? Du kannst einen Fernseh- oder Computerbildschirm benutzen, um die Bewegung der Spule zu begleiten (s. „Zeitlupentempo", S. 149). Kannst Du einen noch einfacheren Motor bauen?

M 5.9

- *ca. 7 m isolierter Kupferdraht mit 1,2 mm Durchmesser*
- *ein 10 cm langes Stück desselben Kupferdrahtes*
- *2 m isolierter Kupferdraht mit einem Durchmesser von 0,51 mm*
- *2 oder 3 Batterien, 1,5 Volt*
- *1 kleine Batterie (AA) oder ein dicker Bleistift*
- *1 Stück PVC-Rohr, ungefähr 2,5 cm Durchmesser, mit einem kleinen Schlitz entlang der Achse, um ein Ende des Kupferdrahtes zu halten*
- *Klebeband*
- *2 kleine Stücke starres Plastik*

Weitere Schritte

A) Lass uns einen Magneten einsparen

Was passiert, wenn Du den Magneten durch den elektrischen Kran ersetzt?

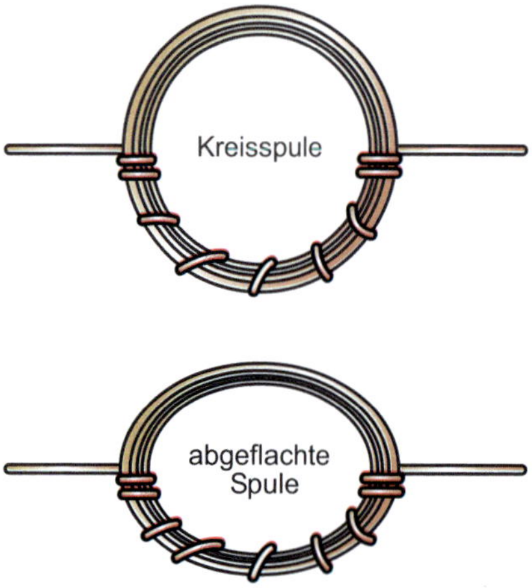

Schritt für Schritt

Wickle den 2 m langen Kupferdraht um eine kleine Batterie (AA) oder einen dicken Bleistift, um die Motorspule herzustellen. Dann folge den gleichen Schritten wie im vorherigen Modell, wobei Du von jedem Drahtende 2 cm für die Motorwelle oder Motorachse übriglassen solltest. Vergewissere Dich, dass die ganze Isolation des Kupferdrahtes an einem Ende der Motorachse entfernt ist und dass am entgegengesetzten Ende die Hälfte der Isolation bleibt. Entferne die gesamte Isolierung von beiden Enden sowohl des 10 cm als auch des 7 m langen Drahtes. Nun wickle 7 m Draht um das PVC-Rohr, um eine größere Spule herzustellen, wobei Du an beiden Enden 10 cm frei lassen solltest. Diese Spule entspricht dem elektrischen Kran, der den Permanentmagneten des vorherigen Modells ersetz-

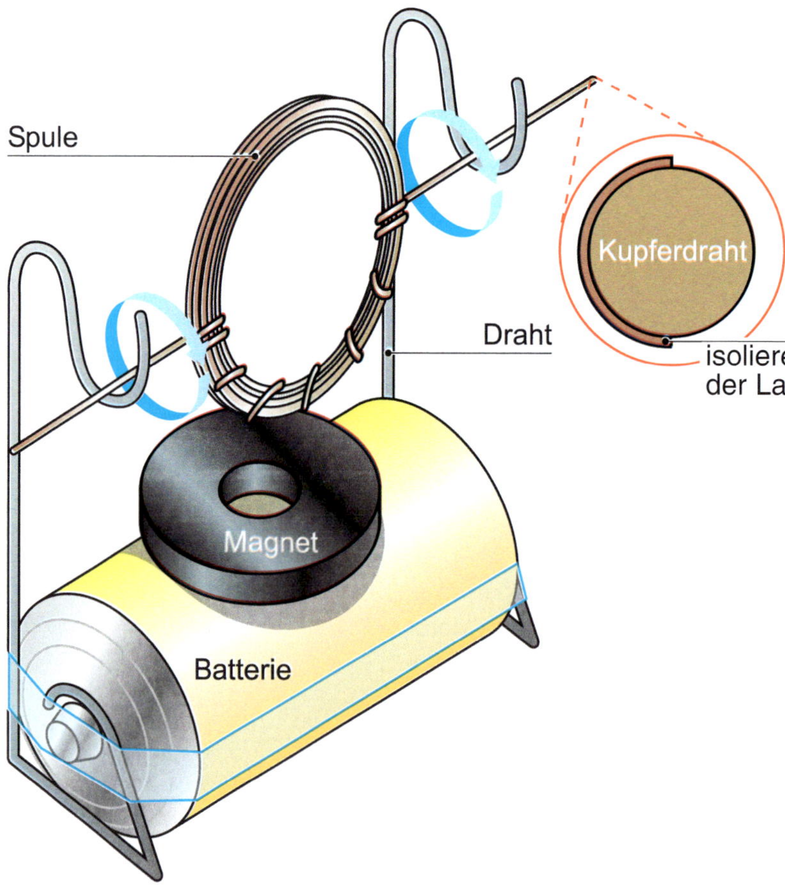

ten soll. Verwende ein Ende der Spule, um die Wicklungen zusammenzuhalten und um gleichzeitig eine kleine Schlaufe zu formen, die als Halterung für ein Ende der Motorachse dient. Das andere Ende der Spule sollte mit einem Pol der Batterien verbunden werden. Baue aus dem 10 cm Stück Draht genauso eine Halterung für die Motorachse. Befestige diese Halterung wie abgebildet an der größeren Spule. Das andere Ende dieses Haltedrahtes sollte mit dem anderen Pol der Batterien verbunden werden. Stecke ein Ende der Motorachse so in die Plastikstücke, dass die entsprechende Halterung (kleine Schlaufe) zwischen den Plastikteilen liegt (s. Abb.), damit die Motorachse nicht seitlich verrutscht.

Wissenswertes
Die Spule (der Rotor) ist nur eine Variante des elektrischen Krans. Wenn ein elektrischer Strom durch ihre Windungen fließt, arbeitet der Rotor wie ein Magnet. Zwei Magnete, die man dicht nebeneinander legt, kleben zusammen. Das ist unvermeidlich. Der Motor stoppt, wenn entweder der Südpol der sich bewegenden

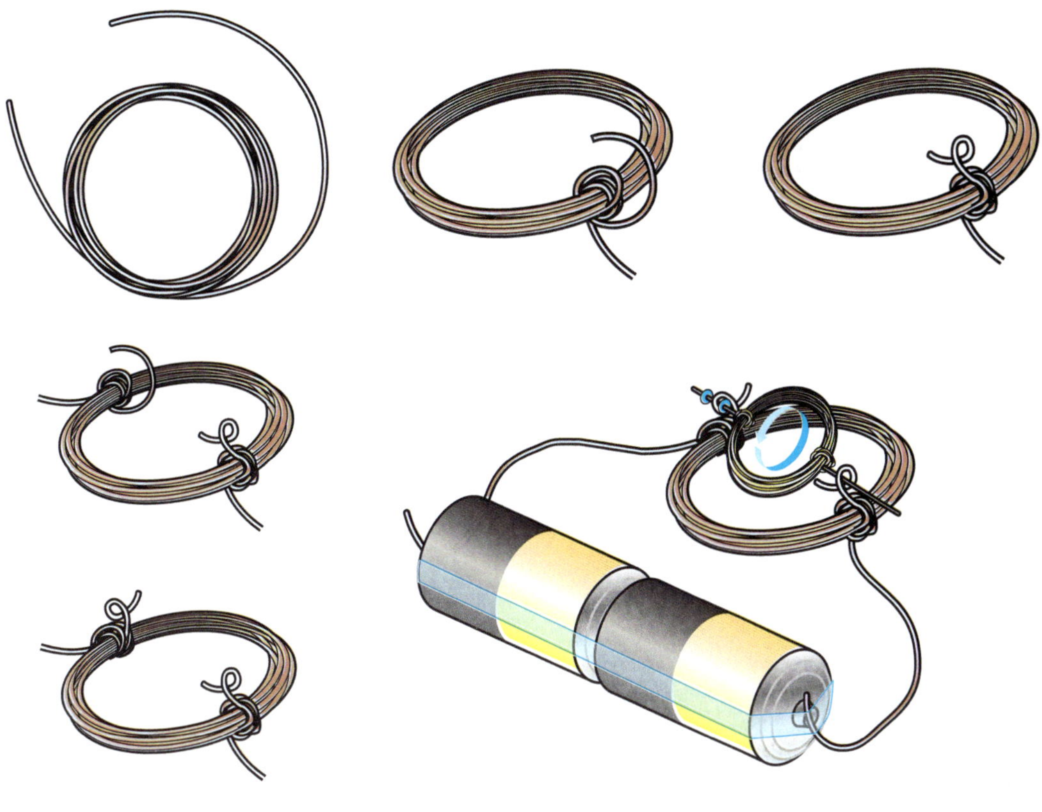

M 5.9

Material

- *1,5-Volt-Batterie*
- *1 Rare-Earth-Disk-Magnet (Neodym-Dauermagnet) mit 2 cm-2,5 cm Durchmesser und ca. 0,5 cm Dicke; verwende Suchmaschinen im Internet, um Anbieter dieser Magnete zu finden.*
- *1 Nagel (ungefähr 5 cm lang, 3 mm Durchmesser)*
- *1 Stück isolierter Kupferdraht (ca. 25 cm lang und 0,5 mm dick), bei dem an beiden Enden die Isolation entfernt ist*
- *1 Stück isolierter Kupferdraht (ca. 40 cm lang und 2 mm dick)*
- *1 Stück lackierter Kupferdraht (ca. 35 cm lang und 1 mm dick)*
- *2 kleine Stücke starres Plastik*

Achtung

Dieses Experiment benötigt die Hilfe eines Erwachsenen!
Beim Umgang mit den Rare-Earth-Disk-Magneten musst Du aufpassen, dass sie nicht zu dicht beieinander liegen. Sie könnten sich plötzlich anziehen und Deine Hand einklemmen. Wenn sie zusammenkleben, schiebe sie seitlich auseinander (nach oben und unten), bis sie trennbar sind (s. Abb).

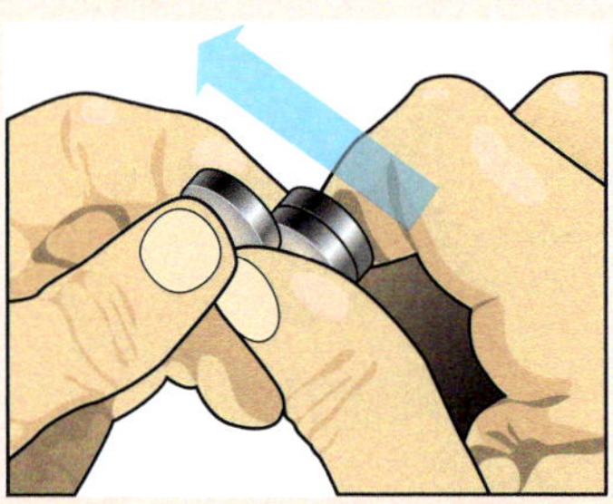

Diese Magnete können bleibende Schäden an Computern und anderen elektronischen Geräten verursachen. Halte sie also fern von Computerfestplatten, Kreditkarten, Audiokassetten oder anderen Medien, die Informationen magnetisch speichern.

Motorspule und der Nordpol des Magneten (erstes Modell) oder des „Krans" (zweites Modell) einander gegenüberliegen. Dies ist der Grund, weshalb Du nur die Hälfte der Isolation eines Drahtendes entfernen solltest. Die sich bewegende Spule ist nur so lange ein Magnet, wie ein Strom durch sie hindurchfließt. Wenn auf Grund der Isolation kein Strom fließen kann, übt sie keine Magnetfunktion mehr aus. Die Spule dreht sich nur aufgrund ihrer eigenen Trägheit weiter (Erhaltung des Drehimpulses), weil nichts sie davon abhält, bis auf ein wenig Reibung (siehe Experiment „Der Trick der Baletttänzerin", S. 91.).
Überlege Dir, was Du tun musst, damit sich die Spule dreht, ohne andauernd den Stromfluss unterbrechen zu müssen. Wird dies den Rotor Deines neuen Modells schneller drehen lassen? Kannst Du Deinen Motor auch als Generator arbeiten lassen, so dass er Elektrizität produziert, statt sie zu verbrauchen?

B) Spulenlose Elektromotoren
Schritt für Schritt
Modell A

Halte die Batterie senkrecht, mit dem negativen Pol (Boden) nach oben. Dann bringe die vier Komponenten (Magnet, Nagel, Batterie und Draht) wie abgebildet in Kontakt. Halte ein Ende des Drahtes an den Boden der Batterie und berühre vorsichtig mit dem anderen Ende des Drahtes die Seite des Magneten, um den Motor zu starten. Versuche auch, die Batterie umzudrehen (Pluspol nach oben und Minuspol nach unten). Rotiert der Magnet in beiden Fällen gleich? Was passiert, wenn Du nun den Motor mit dem umgedrehten Magneten betreibst? Klebe ein kleines Stück Klebeband an den Rand des Magneten, um die Rotation besser beobachten zu können.

Modell B

Biege den dicken Draht in Form eines Apfels. Entferne an beiden Enden sowie in der Mitte, wo sich der Draht auf der Batterie abstützen wird, die Isolation. Stell die Batterie mit dem Boden auf den Magneten und lege den Draht so auf die Batterie, dass er sich auf deren positiven Pol abstützt und gleichzeitig mit seinen Enden den Magneten berührt. Was passiert, wenn nur ein Ende des Drahtes den Magneten berührt? Rotiert der Draht genauso, wenn Du die Polung der Batterie umkehrst? Erfinde neue Varianten dieses eigenartigen Motors!

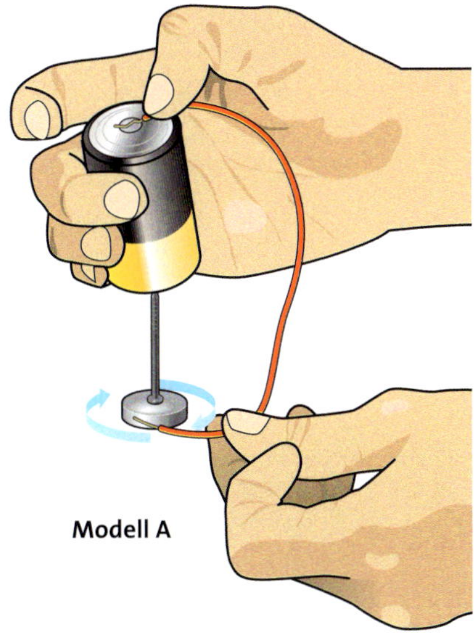

Modell A

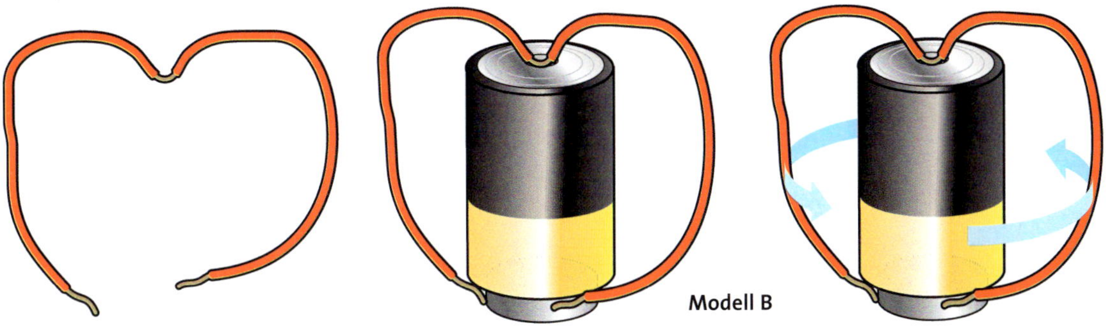

Modell B

Wissenswertes

Modell A

Wenn der Stromkreis geschlossen wird, fließt ein elektrischer Strom durch den Magneten (und/oder entlang seiner Oberfläche), von seiner Mitte zu seiner Seite oder umgekehrt, abhängig davon, welcher Batteriepol oben ist. Das intensive permanente Magnetfeld der Scheibe ist senkrecht zum Stromfluss. Dadurch entsteht eine tangentiale Kraft (Lorentzkraft), die ein Drehmoment erzeugt, welches für die Drehung von Magnet und Nagel sorgt. Versuche Deinen Motor vor einen Fernseh- oder Computerbildschirm mit Bildröhre zu platzieren (mindestens 30 cm Abstand, um Schäden zu vermeiden – siehe auch das Experiment „Zeitlupentempo“, S. 149). Lenke mit einem flachen Spiegel das Licht Deines Fernsehers oder Computerbildschirmes so, dass es den sich drehenden Magneten mit stroboskopischem Licht beleuchtet, ohne Schäden am Bildschirm zu riskieren.

Modell B

Während in Modell A der Draht fest ist und der Magnet rotiert, klebt in Modell B der Magnet fest am positiven Pol der Batterie und der Draht rotiert. Nun beeinflusst der Magnet den elektrischen Strom im Draht. Die Kräfte, die auf jeden Arm des Drahtes wirken, sind entgegengesetzt zueinander und produzieren gemeinsam ein Drehmoment, das den Draht rotieren lässt. Probiere aus, ob der Draht und der Magnet sich in den Modellen A und B in der gleichen Richtung drehen, wenn Du die gleiche Anordnung für die Batterie- und Magnetpolung benutzt.

M 5.9

Material
- *2 Rare-Earth-Disk-Magnete (Neodym-Dauermagnet) mit 2 cm-2,5 cm Durchmesser, ca. 0,5 cm dick (Räder). Verwende Suchmaschinen im Internet, um Anbieter dieser Magnete zu finden.*
- *1 Batterie Größe AA*
- *1 Stück Aluminiumfolie (als Straße)*

Achtung

Dieses Experiment benötigt die Hilfe eines Erwachsenen!
Beachte die Vorsichtsmaßnahmen auf S. 250, wenn Du mit Rare-Earth-Disk-Magneten arbeitest.

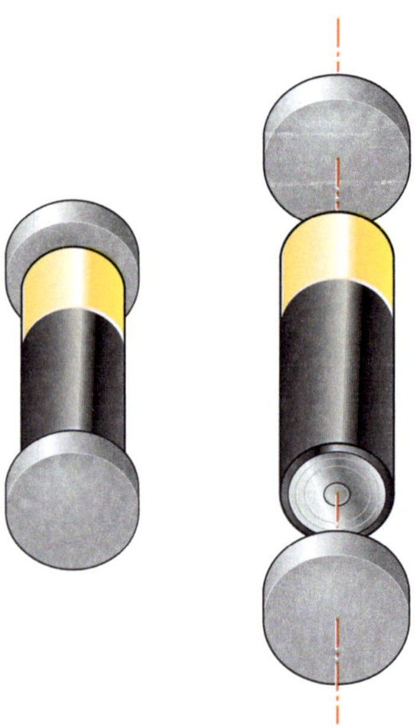

C) Magnetischer Zweiradantrieb

Schritt für Schritt

Verbinde die drei Komponenten (2 Magnete und Batterie) so, dass die Oberflächen der Magnete, die an der Batterie kleben, einander abstoßen. Vergewissere Dich, dass die Batteriepole in der Mitte der Magnete sitzen. Lege die Räder auf die „Straße"(Aluminiumfolie) und lasse sie laufen! Schaffst Du es, die Fahrrichtung der Räder umzukehren?

Wissenswertes

Die sich drehenden magnetischen Räder sind eine Variante von Modell A (siehe „spulenlose elektrische Motoren", S. 250). Da die Aluminiumfolie ein guter Stromleiter ist (siehe das Experiment 5.5, „Elektrische Schalter – Thermische Relais", S. 242), schließt sie den Stromkreis, bestehend aus Batterie, Magneten und Aluminiumfolie. Ein elektrischer Strom fließt dann durch die Magnete (und/oder entlang ihrer Oberfläche), von ihrer Mitte zu ihrem Rand oder umgekehrt. Das resultierende Nettodrehmoment jedes Magneten lässt die Räder rollen. Wenn die „Straße" magnetisch wäre, wären die anziehenden Kräfte zwischen Straße und Magneten stark genug, um das Drehen der Räder zu verhindern, weil die Reibung in diesem Fall auch zunehmen würde. Weil die Aluminiumfolie nicht von den Magneten angezogen

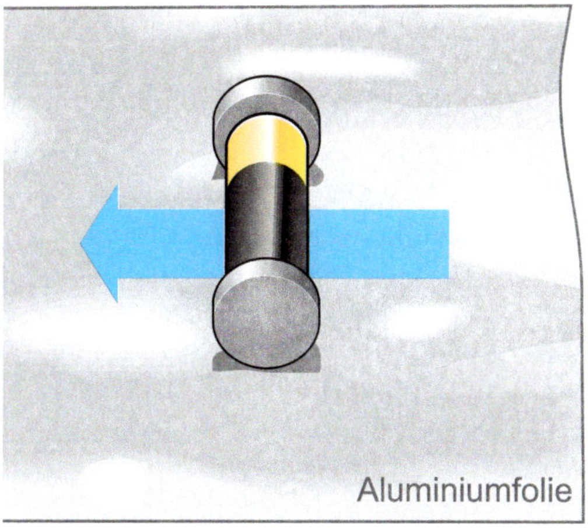

wird, reicht die Reibung gerade aus, damit beide Räder sich drehen und sich auf der Oberfläche bewegen können. Du kannst versuchen, die Magnete umzudrehen. Funktioniert der Trick genauso?

5.10 Unsichtbares Feld

Mache die einzigartigen unsichtbaren Feldlinien der Magnete sichtbar.

Schritt für Schritt

A) Reibe die Stahlwolle an einer flachen Feile und erzeuge ein wenig Stahlpulver. Es ist ratsam Handschuhe zu tragen, um die Hände vor den spitzen Stahlwollstückchen zu schützen. Lege ein Blatt weißes Papier flach auf einen Tisch und verteile das Pulver gleichmäßig darauf. Presse einen Magneten gegen die Unterseite der Tischplatte, genau unter dem Papierblatt. Kannst Du die „Feldlinien" sehen, die aus dem Magneten kommen? Nimm den Magneten weg und verteile das Pulver wieder gleichmäßig auf dem Blatt. Was passiert, wenn Du das Papier direkt über den Magneten

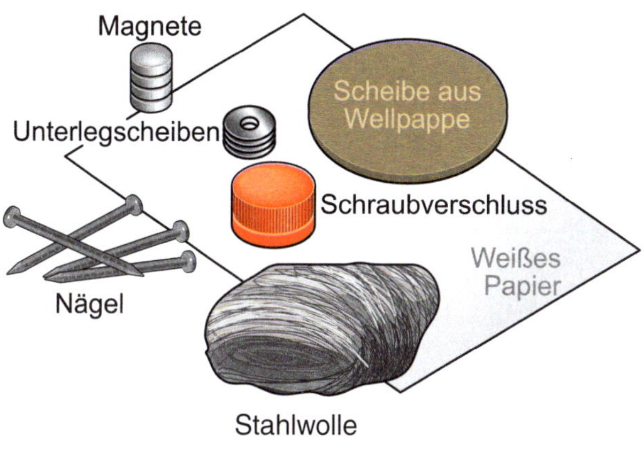

Material — M 5.10

- *2 bis 4 Rare-Earth-Disk-Magnete (Neodym-Dauermagnet) mit 2 cm-2,5 cm Durchmesser, ca. 0,5 cm dick. (Quelle: s. Suchmaschinen im Internet)*
- *Stahlwolle*
- *1 Stück weißes Papier*
- *1 Plastikdeckel (von einer Plastikflasche) oder ein Stück flaches Holz*
- *4 Nägel, ca. 5 cm lang, 3 mm Durchmesser*
- *1 Stück Wellpappe, ca. 5 mm dick. Du kannst den Rotor der Windturbine benutzen, s. „Spaß mit Turbinen", S. 256*
- *4 Unterlegscheiben mit einem Außendurchmesser von ca. 2 cm*

Achtung

Dieses Experiment benötigt die Hilfe eines Erwachsenen!
Beachte die Vorsichtsmaßnahmen auf S. 250, bevor Du mit Rare-Earth-Disk-Magneten umgehst.
Heißklebepistolen können genau wie Heißkleber ernsthafte Verbrennungen hervorrufen, wenn sie mit Deiner Haut in Berührung kommen.

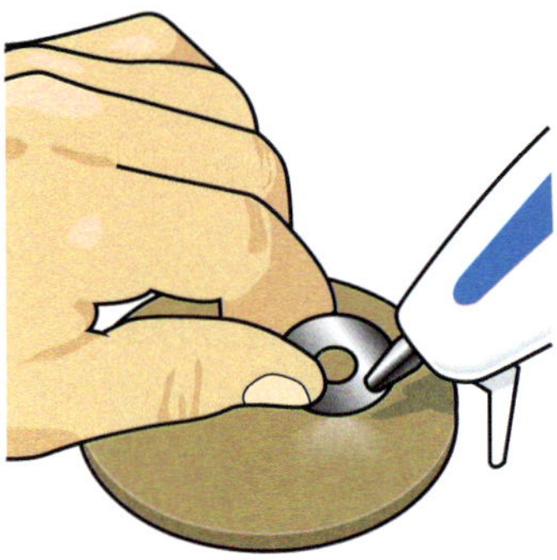

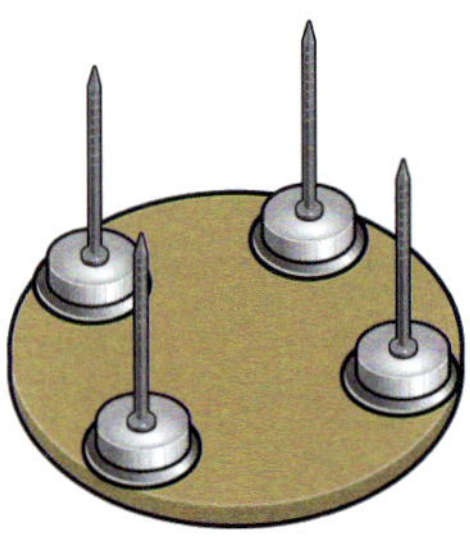

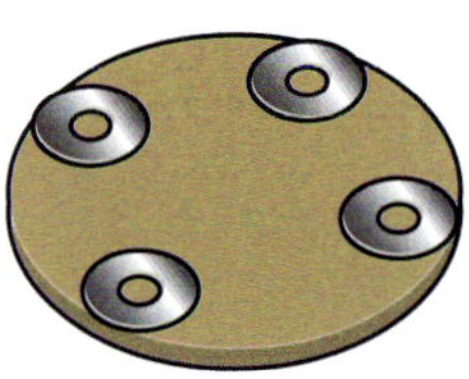

hältst? Falte dazu die Kanten des Papiers nach oben, um zu verhindern, dass das Pulver herunterfällt. Versuche den Magneten seitlich zu bewegen und beobachte die „magnetischen Feldlinien".

B) Befestige die vier Unterlegscheiben mit Sekundenkleber oder Heißkleber sorgfältig so an dem Stück Wellpappe, dass sie ein Quadrat mit einer Kantenlänge von ungefähr 7,5 cm bilden. Alternativ kannst Du den Rotor der Windturbine ohne Achse verwenden (siehe „Spaß mit Turbinen", S. 256). Lege die Magnete auf die Unterlegscheiben (siehe Rotor, Seite 260). Du kannst mit zwei Magneten auf benachbarten Unterlegscheiben beginnen, wobei beide Magnete mit demselben Pol nach oben zeigen sollten. Hinterher legst Du die restlichen zwei Magnete mit umgekehrter Polung auf die freien Unterlegscheiben. Verteile das Pulver gleichmäßig auf dem Stück Papier. Drücke die Oberflächen der Magnete von unten gegen die Tischplatte, genau unterhalb des Stückes Papier. Wie sehen nun die „magnetischen Feldlinien" aus?

Alternative
Lege die Wellpappe mit den Magneten, die an den Unterlegscheiben befestigt sind, auf den Tisch. Klebe jeweils den Kopf eines Nagels in die Mitte der Oberfläche eines jeden Magneten. Du kannst bei allen Magneten mit der gleichen Polung beginnen. Halte ein Stück weißes Papier mit gleichmäßig verteiltem Stahlwolle-Pulver über die Spitzen der Nägel. Versuche unterschiedliche Möglichkeiten, indem Du die Polung der Magnete veränderst. Entdecke neue Muster, indem Du die Anordnung der Magneten veränderst.

Wissenswertes

Jeder Magnet verändert seine Umgebung, indem er den Raum um sich herum mit einem unsichtbaren Magnetfeld füllt. Die Stahlpartikel werden unter dem Einfluss des Magnetfeldes zu winzigen Magneten. Jeder dieser kleinen Magnete wird von seinen direkten Nachbarn angezogen, weil sie jeweils mit entgegengesetzten Polen zueinander liegen. Weil es zwischen nebeneinander liegenden Stahlpartikeln eine Abstoßung gibt, bilden die Stahlteilchen Linien wie eine Halskette, die die Verteilung des magnetischen Feldes im Raum zeigen. Die Stahlpartikel sind mit dem magnetischen Feld des Magneten verbunden, genauso wie normale Kompasse mit dem Magnetfeld der Erde verbunden sind. Unser Planet ist ein riesiger Magnet. Sein Magnetfeld ist aber wesentlich schwächer als das unseres Magneten. Die magnetische Energie, die mit den Stahlteilchen verbunden ist, wird also genauso minimiert wie unsere Gravitationsenergie, wenn wir der Erde so nah wie möglich kommen. Wie die obigen Experimente zeigen, gibt es unterschiedliche Muster bei den Magnetfeldern, abhängig davon, ob die Magnete sich anziehen oder abstoßen. Das Magnetfeld ist stärker, wo das Stahlpulver dichter liegt, und es ist schwächer, wo es weniger Stahlpulver gibt. Welche Rolle spielen die Nägel, die an den Magneten kleben? Was passiert mit dem Magnetfeld an der Spitze der Nägel? Ist es möglich, Magnetfeldlinien umzuleiten? Kannst Du nun erkennen, weshalb Nägel und Schrauben verwendet werden, um einfache Elektromagneten herzustellen?

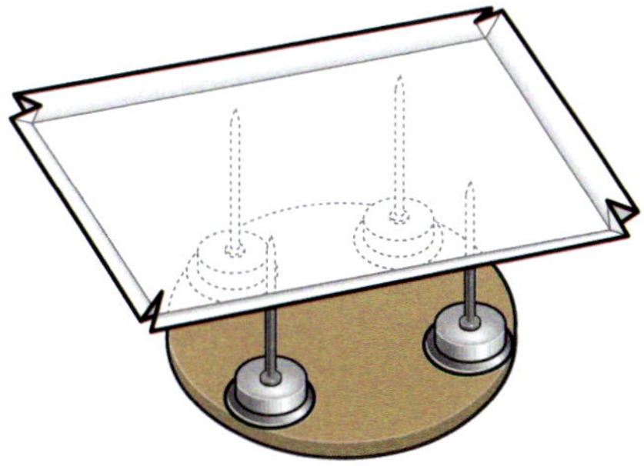

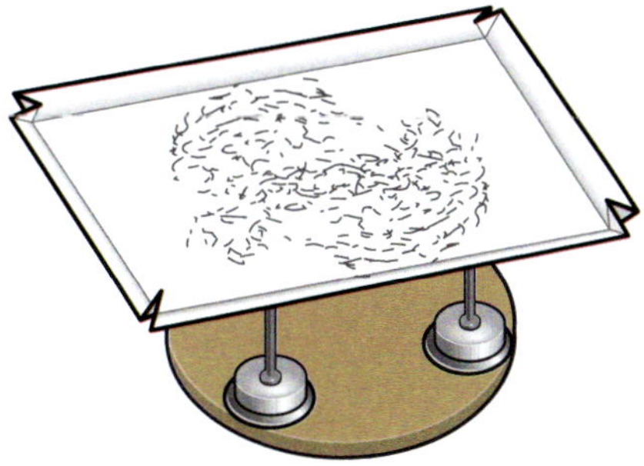

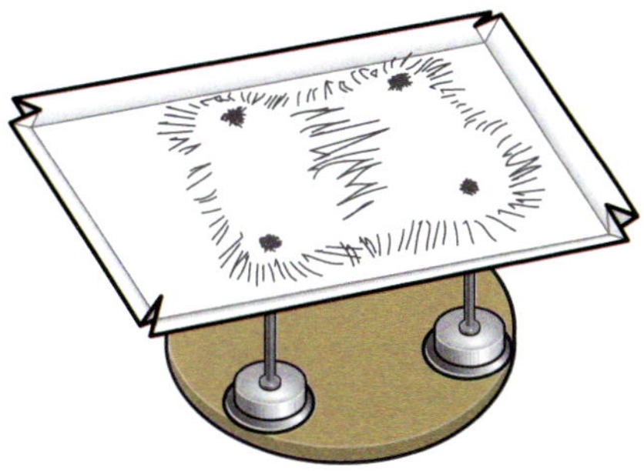

5.11 Spaß mit Windturbinen

Entdecke das Universum alternativer Energiequellen mit einem vielseitigen Modell und entwickle Deine eigene Turbine.

Das Konzept des Winturbinenmodells

Wenn Du mit einem einfachen Modell anfangen möchtest, dann lies die Anleitung „Einfachere Version“. Wenn Du aber eine größere Herausforderung suchst , so wie es in der Forschung und Entwicklung von neuen Technologien passiert, folge der Anleitung von „Komplettes Modell“ und „Varianten“.

Die Komponenten der Windturbine (siehe Abbildungen)

Die Turbine besteht aus vier Komponenten mit folgenden Funktionen:

1. Rahmen und Basis: hält die Teile fest, um dem System die nötige Stabilität zu geben.
2. Flügel: fangen den Wind auf und erzeugen eine kontrollierte Bewegung.
3. Rotor und Spule: dienen der Transformation der Drehbewegung in Strom.
4. Achse: leitet die Rotationsbewegung der Flügel zum Rotor.

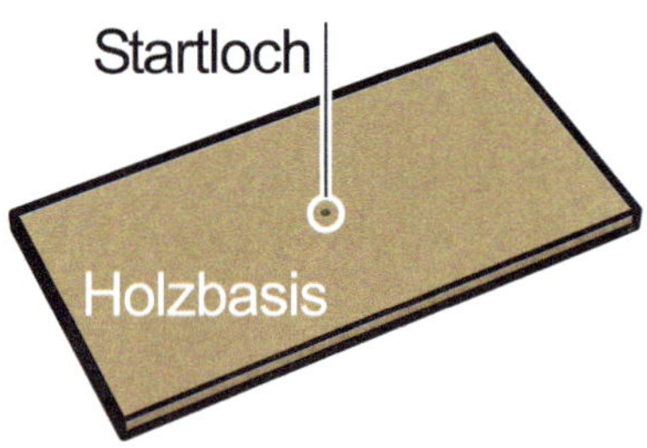

M 5.11

Material

- *durchsichtige Plastikflaschen, 500 ml bis 2 Liter Größe und zwei Schraubverschlüsse*
- *45 cm langer Metallstab oder stabilen Draht (Turbinenachse) mit ungefähr 3 mm Durchmesser und einem spitzen Ende. Du kannst stattdessen auch einen hölzernen Stab, Spieß oder eine Stricknadel verwenden (s. Varianten unten).*
- *eine flache Holzplatte, ungefähr 20 cm x 40 cm, 1 - 1,5 cm dick (Basis)*
- *zwei 40 cm lange hölzerne Leisten mit quadratischem Querschnitt, 2 x 2 cm, oder zylindrische Stäbe (hölzerner Besenstiel)*
- *sechs hölzerne Dreiecke ca. 7 cm x 14 cm und 1,5 - 2 cm dick*
- *eine hölzerne Leiste 18 - 19 cm lang und 2 cm x 1 cm Querschnitt (obere Abschlussleiste)*
- *zwei Holzdübel mit ca. 1 cm Durchmesser und 2 cm lang*
- *zwei gleichgroße Scheiben aus Wellpappe mit 6 cm Radius, ungefähr 5 mm dick oder eine aussortierte CD*
- *zwei Rechtecke aus Wellpappe ca. 14 cm x 16 cm groß, ungefähr 5 mm dick*
- *ungefähr 100 m lackierter Kupferdraht*
- *vier Rare-Earth-Disk-Magnete (Neodym-Dauermagnet) mit 2 - 2,5 cm Durchmesser und ca. 0,5 cm dick. Verwende Suchmaschinen im Internet (wie Google), um Anbieter dieser Magnete zu zufinden.*
- *Zusätzliche weitere vier solcher Magnete sind notwendig, um weitere Möglichkeiten zu testen; Du kannst auch Magnete aus Computerfestplatten verwenden (gibt es dort, wo Rechner repariert werden).*
- *vier Unterlegscheiben (Außendurchmesser ca. 2 cm)*
- *Flaschenkork (natur oder aus*

M 5.11

Kunststoff), der als Stopper dient (s. Abb.)
- *1,5 Volt-LEDs (lichtemittierende Dioden) verschiedener Farben und/oder 2 oder mehr 3 Volt; Power-LEDs vorzugsweise auch mit unterschiedlichen Farben (optional)*
- *Isolierband*
- *Klebeband*
- *Tesafilm*
- *Schmirgelpapier*
- *Leim*
- *1 Markierstift*
- *1 Fön (kalte Luft)*
- *Heißkleber*

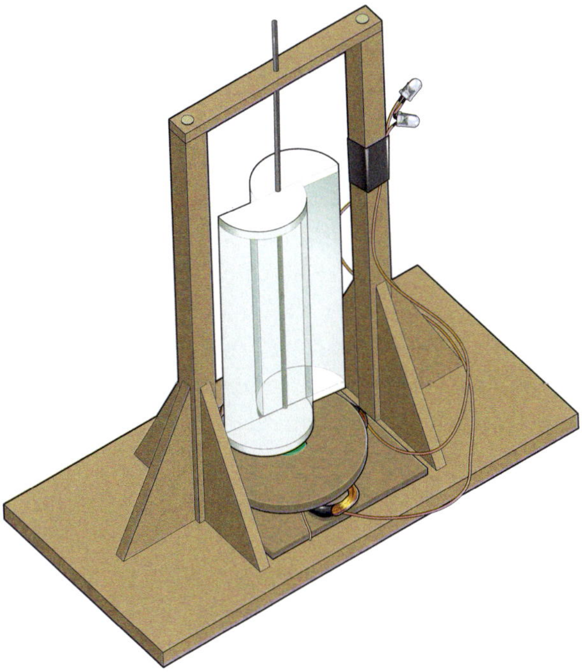

Achtung
Dieses Experiment benötigt die Hilfe eines Erwachsenen. Beachte die Vorsichtsmaßnahmen auf S. 250, bevor Du mit Rare-Earth-Disk-Magneten umgehst. Heißklebepistolen können genau wie Heißkleber ernsthafte Verbrennungen hervorrufen, wenn sie mit Deiner Haut in Berührung kommen. Du kannst z.B. die erhitzte Spize eines Lötkolbens verwenden, um Löcher in Plastikverschlüsse bzw. -flaschen zu bohren – sei vorsichtig, um Dich nicht zu verbrennen.

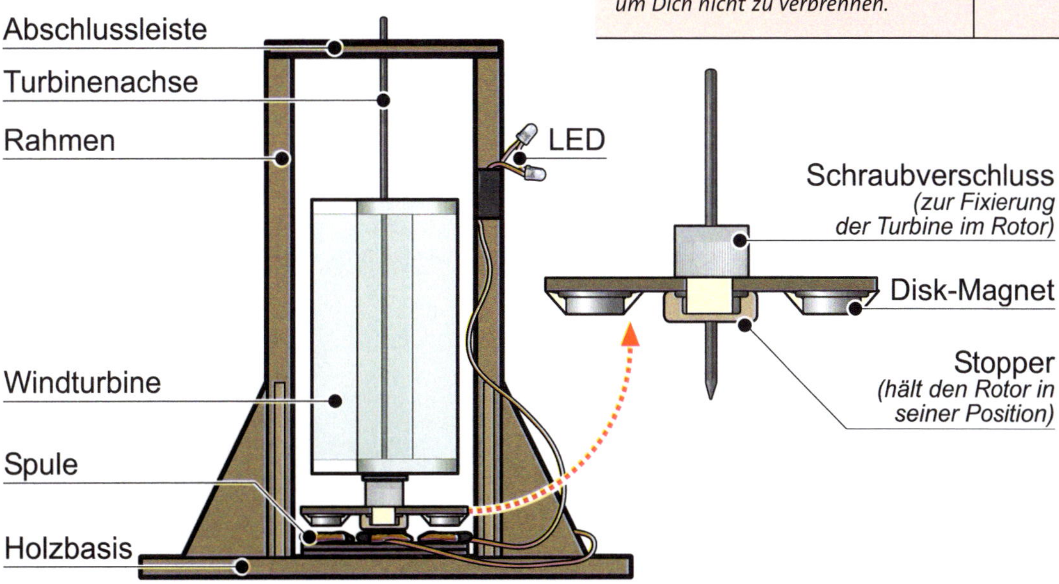

M 5.11

Material
- *Spielzeugmotor*
- *Rahmen der Turbine.*
- *Turbinenmodell mit Achse*

Einfachere Version der Windturbine
Schritt für Schritt

Baue den Rahmen und das Turbinenmodell, wie unten in den Anleitungen A und D vom „Kompletten Modell" erklärt wird. Vergrößere das mittige Loch in dem auf die Basis geklebten Verschluss, um den Motor hineinzustecken und dadurch fest fixieren zu können. Bohre zwei seitliche Löcher in dem Verschluss, um die Anschlussdrähte hineinzupassen. Wenn nötig, benutze Heißkleber, um den Motor fester in dem Verschluss zu fixieren. Verbinde die Anschlüsse des Motors/Generators mit denen von einer 1,5 Volt oder einer 3 Volt-LED. Achte darauf, dass die Elektroden der LEDs mit der richtigen Polung an den Motor/Generator angeschlossen sind (siehe unten in Varianten „Mehr als eine LED anschließen"). Die Achse des Motors wird dann mit der Achse der Turbine verbunden, in dem Du z. B. einen Dübel mit einem mittigen Loch an beiden Enden verwendest; siehe unten die Anleitungen F1-4, um die Turbine zu testen.

Komplettes Modell
Schritt für Schritt
A) Rahmen und Basis

1. Bohre ein kleines Startloch in die Mitte der Holzplatte (Basis), um das spitze Ende der Turbinenachse (45 cm langer Metallstab oder stabilen Draht) aufzunehmen. Verwende eine flache Feile, um das Ende des Drahtes bzw. Stabes anzuspitzen.
2. Baue einen Rahmen bestehend aus der Holzbasis, den zwei Leisten (Senkrechte) und den hölzernen Dreiecken. Das Startloch sollte genau in der Mitte zwischen den beiden Leisten liegen. Bohre ein Loch in die Mitte eines Schraubverschlusses, groß genug, um die Turbinenachse aufzunehmen. Verwende Heißkleber, um alle Stücke miteinander zu verkleben. Klebe ebenfalls den Schraubverschluss mit dem Rand auf die Basis, so dass ein kleines Podest entsteht und beide Löcher genau übereinander liegen (s. Abb.).

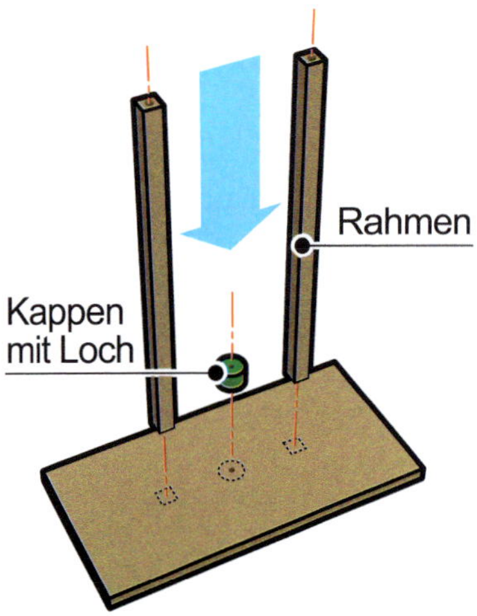

3. Bohre ein mittiges Loch in die obere Abschlussleiste, um die Turbinenachse durchzuführen. Die Abschlussleiste wird nachher auf den Senkrechten fixiert, z. B. mit zwei Schrauben, zwei Pflöcke oder Heißkleber (s. unten: „Zusammenbauen der Windturbine“). Um mehrere Modelle von Turbinen schnell zu testen, siehe unten „Varianten/ Fixierung der Abschlussleiste“. Wenn Du die Turbinenachse nun durch das Loch in der Abschlussleiste und weiter durch das mittige Loch des Schraubverschlusses steckst, sollte die Achse senkrecht zur Basis stehen und sich frei drehen können.

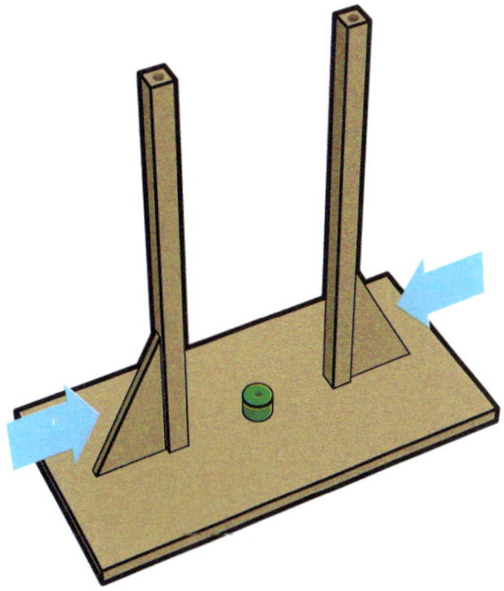

B) Spulen

Baue eine Wickelvorrichtung, etwa 20 cm lang und ca. 3 cm breit, indem Du ein 10 x 20 cm grosses Stück Wellpappe oder Fotokarton dreimal faltest und es mit Klebe- oder Isolierband zusammenklebst. Wickle vier Spulen, jede mit ungefähr 200 Windungen, und beachte dabei, dass es zwischen den Spulen eine breite Lücke gibt. Alternativ kannst Du als Wickelvorrichtung eine Klopapierrolle benutzen. Dann brauchst Du eine Rolle pro Spule. Lass vor der ersten und nach der letzten Spule ungefähr 40 cm Draht übrig. Schiebe nun alle Spulen von der Vorrichtung. Um zu vermeiden, dass sie auseinanderfallen, sichere sie mit je 2 Streifen Tesafilm oder Isolierband. Entferne die Isolierung an den beiden freien Enden des Drahtes.

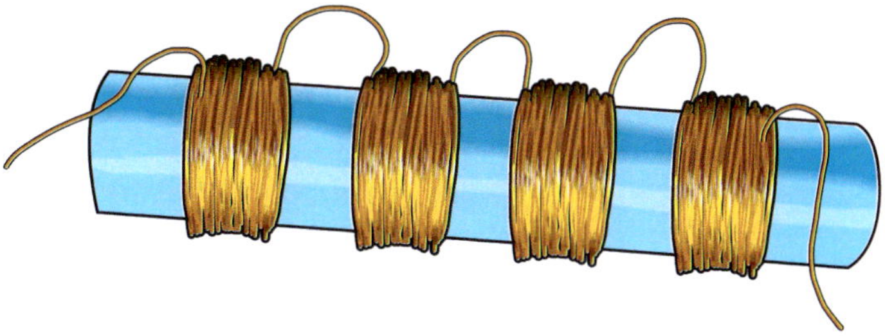

Benutze nun eines der Rechtecke aus Wellpappe, um die Spulen zu fixieren. Du solltest von den Ecken des Stückes Pappe Diagonalen zeichnen, um den Mittelpunkt zu bestimmen. Anschließend vom Mittelpunkt aus die Seitenhalbierenden und einen Kreis mit 6 cm Radius zeichnen. Schneide mit einem Cutter oder Teppichmes-

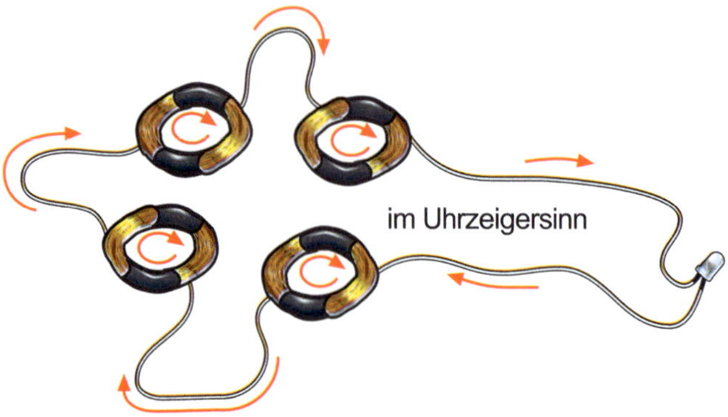

ser je ein 3 cm x 3 cm Loch in beide rechteckigen Pappstücke. Dann verteile die Spulen so, dass ihr Zentrum jeweils über dem Schnittpunkt von Kreis und Seitenhalbierenden liegt (s. Abb.). Beachte dabei, dass der elektrische Strom durch die Windungen der Spulen immer in die gleiche Richtung läuft, z. B. im Uhrzeigersinn oder entgegen dem Uhrzeigersinn (s. Abb.). Verwende Isolierband, um alle Spulen auf der Pappe zu befestigen.

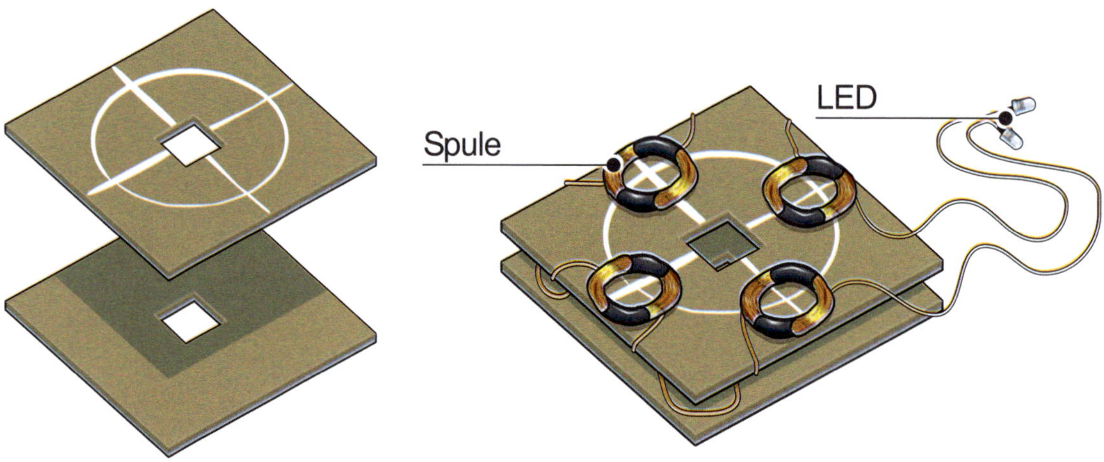

C) Rotor

Klebe die beiden runden Scheiben aus Pappe mit Leim aufeinander. Bohre ein mittiges Loch für die Turbinenachse in der Scheibe. Klebe am Rand der Scheibe vier Unterlegscheiben, die sauber und fettfrei sein sollten (s. Abb.). Trenne die Magneten vorsichtig voneinander, indem Du sie einzeln zur Seite verschiebst (s. Abb. auf S. 250). Lege die Magnete auf die Unterlegscheiben mit demselben Pol nach oben. Verwende Klebeband, um die Magneten noch zusätzlich am Rotor zu befestigen. Dies ist besonders wichtig, denn der Rotor kann sich mit hoher Geschwindigkeit drehen. Klebe auf die andere Seite der Scheibe den Boden eines Schraubverschlusses mit einem mittigen Loch. Das Loch sollte so groß sein, dass Du die Turbinenachse hindurchstecken kannst (s. Abb.).

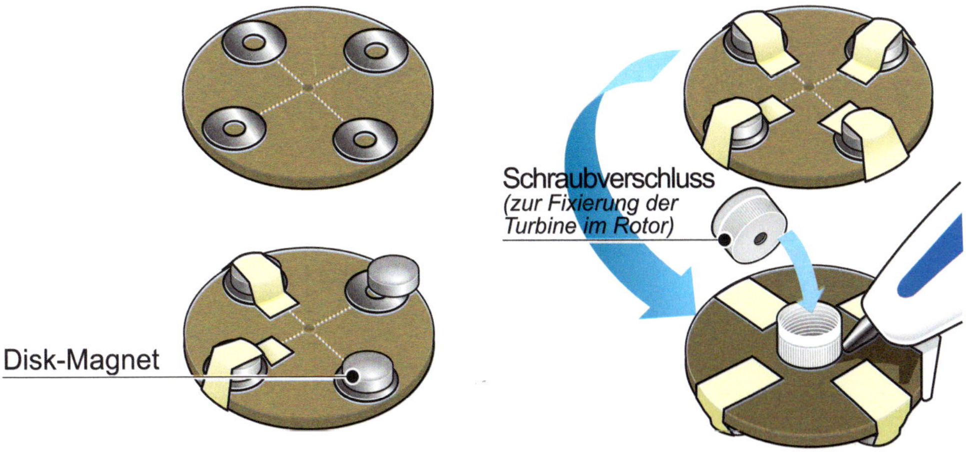

D) Turbine

Modell TA (ähnlich einer Savonius-Turbine)

1. Säge von einer Plastikflasche Kopf und Boden ab, um eine zylindrische Plastikröhre zu bekommen.
Schneide mit einer Schere das Rohr in zwei Hälften (s. Abb. unten).
2. Um eine Schablone für den Boden und den Deckel der Turbine zu bekommen, zeichne einen Kreis mit dem Durchmesser der Plastikflasche auf ein Stück Pappe und markiere die Mitte des Kreises. Teile den Kreis in zwei gleiche Segmente und schneide diese mit einer Schere aus. Zeichne eine Linie auf ein Stück Papier und platziere die zwei Halbkreise verschoben zueinander entlang dieser Linie. Benutze die Schablone, um zwei (S-ähnliche) Formen aus dem Styroporbrett auszuschneiden. Markiere in beiden S-Formen die Mitte oder den Schwerpunkt (M) wie abgebildet.

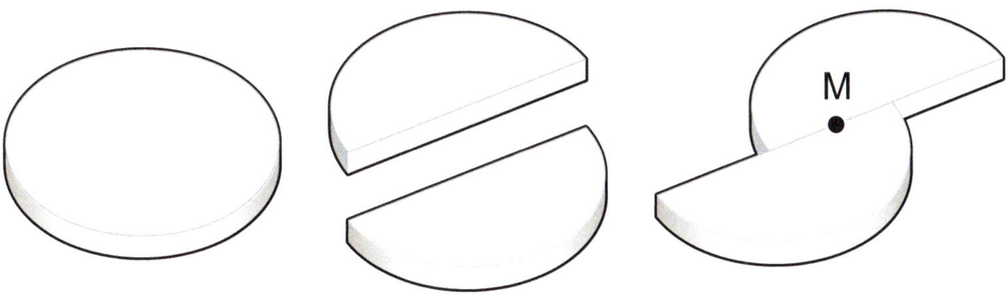

Verwende Heißkleber, um die halben Röhren an die Seiten der S-Formen zu kleben, um zwei halbkreisförmige gebogene Schaulfen zu erhalten. Klebe auch den Flaschenhals auf eine der S-Formen (Boden der Turbine). Achte dabei darauf, dass die Mitte des Halses mit dem Punkt M übereinstimmt.

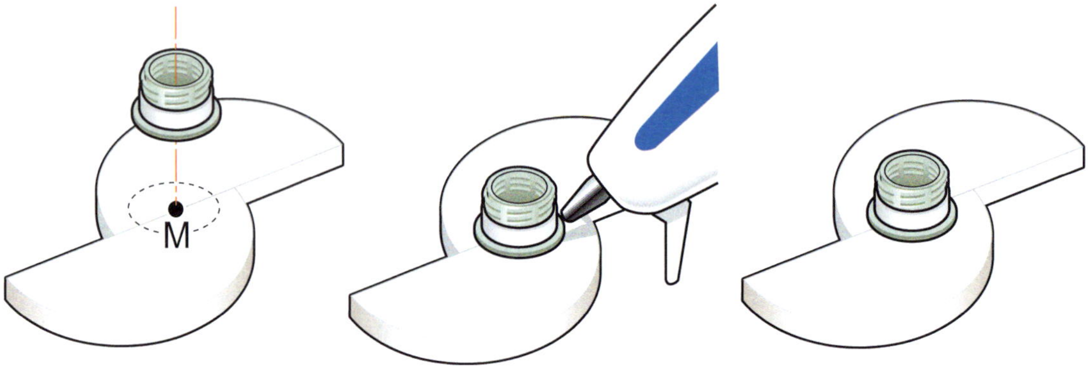

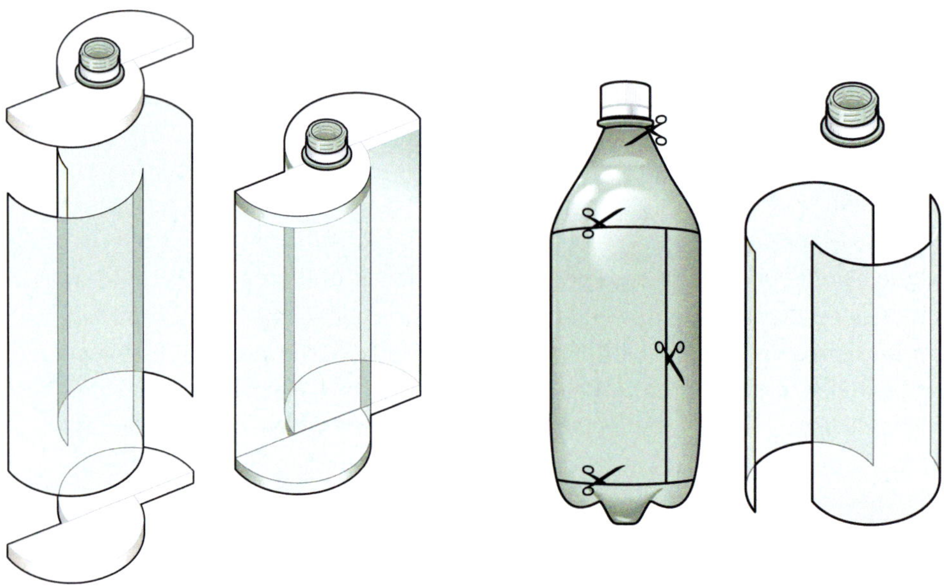

3. Um die Achse zu befestigen, durchstoße den Deckel und den Boden der Turbine mit der Spitze der Turbinenachse im Punkt M. Du kannst unterschiedliche Turbinen dieser Art bauen, indem Du den Versatz der Halbkreise in den S-Formen etwas vergrößerst oder verkleinerst.

E) Zusammenbauen der Windturbine

Platziere das glatte Papprechteck auf der Holzbasis und positioniere darüber das Papprechteck mit den Spulen so, dass die rechteckigen Löcher übereinanderliegen (s. Abb.). Drücke das spitze Ende der Turbinenachse durch das Loch im Deckel (Rotor). Lass die Achse ungefähr 6 cm aus dem Boden des Rotors herausstehen. Falls notwendig, verstärke die Achse mit Klebeband, so dass der Rotor fest sitzt.
Schraube die Turbine in die auf den Rotor geklebte Kappe. Loche das Stück Kor-

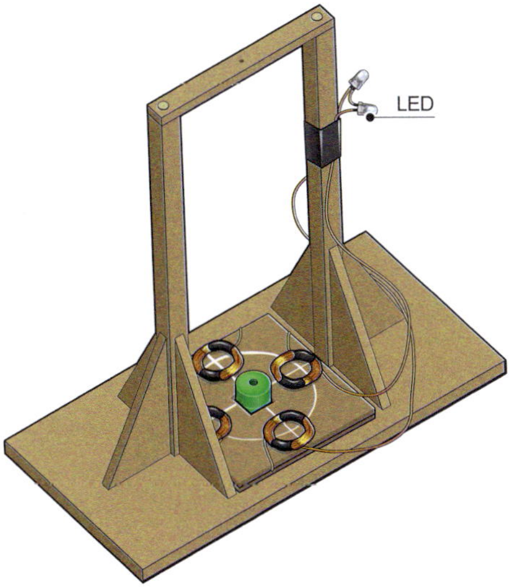

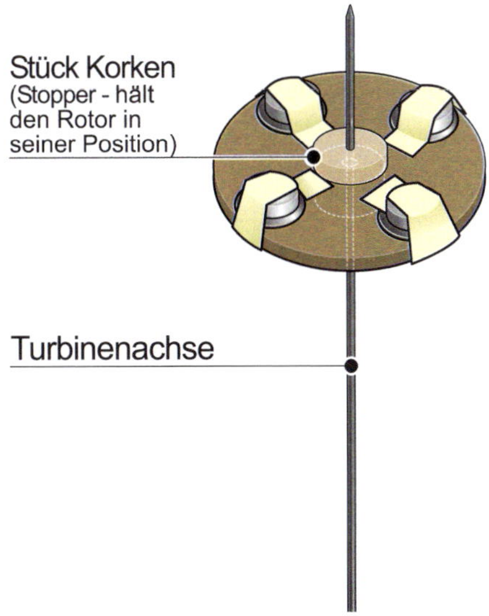

ken (Stopper) mit dem spitzen Ende der Achse. Der Stopper soll verhindern, dass der Rotor herunterrutscht.

Stelle sicher, dass die Turbine sich frei drehen kann, ohne den Rahmen zu berühren. Die Rotorscheibe sollte nicht wackeln, wenn sie sich dreht und die Lücke zwischen den Magneten und den Spulen sollte 1 mm bis 3 mm betragen (s. Abb.). Um die Lücke einzustellen, kannst Du vorsichtig das Ensemble Turbine und Rotor an der Achse hoch- oder runterschieben, wobei der Stopper immer genau unter der Rotorscheibe sitzen sollte. Zum Schluss verbinde die freien Enden des Spulendrahtes mit einer 1,5-Volt- oder einer 3-Volt-LED und befestige die LED am Rahmen mit einem Stück Tesafilm.

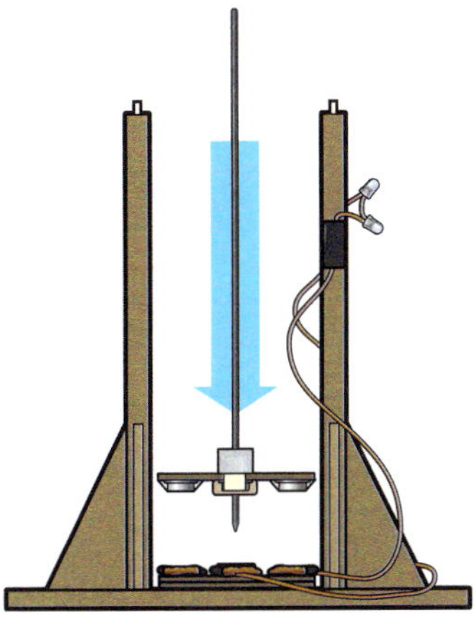

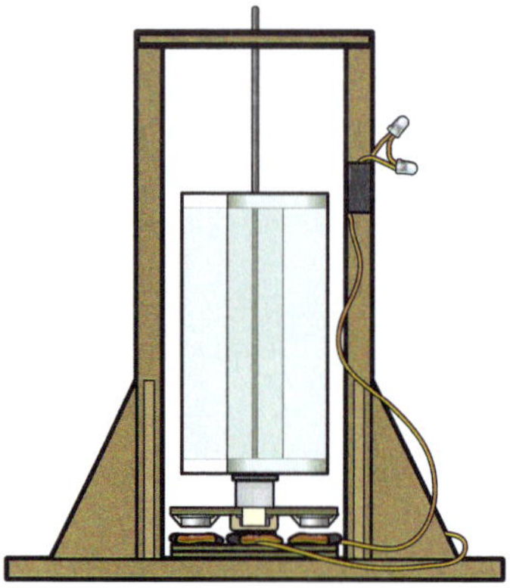

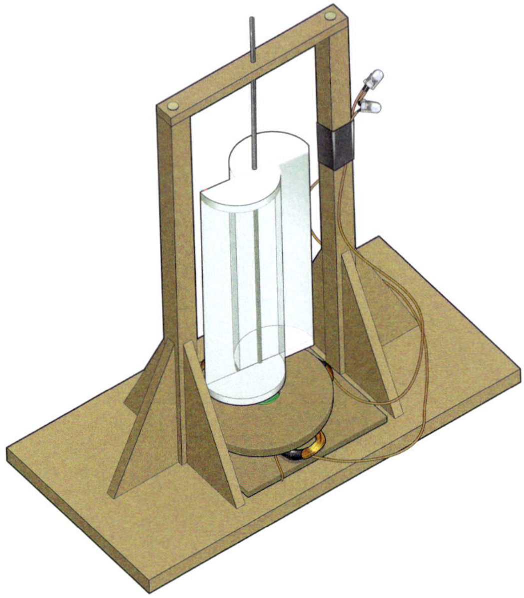

Varianten

1) Achse der Turbine

Falls Du einen Dübel, einen hölzernen Spieß oder eine lange Stricknadel als Achse verwendest, solltest Du ein größeres Loch in die Abschlussleiste und den Schraubverschluss bohren und/oder eine Schrauböse (Schraubhaken) verwenden, die Du am oberen Ende des Stabes befestigst, um den Stab aufrecht zu halten und sicherzustellen, dass er sich frei drehen kann.

2) Fixierung der Abschlussleiste

Bohre passende Löcher in beide Enden der Abschlussleiste und in die senkrechten Stäbe, in welche Du die Holzpflöcke hineinsteckst (s. Abb.) Verleime die Pflöcke an der oberen Abschlussleiste. Diese flexible Anordnung ermöglicht es uns, in demselben Rahmen verschiedene Turbinenmodelle zu verwenden.

3) Turbinen

Du kannst unterschiedliche Turbinenmodelle testen und auch Flaschen mit unterschiedlichen Größen verwenden.

Einen Schritt weiter (Modell TA)

Blockiere den Luftstrom zwischen den gebogenen Schaufeln, in dem Du ihre Überlappung z. B. mit einem breiten Klebeband schließt, das an der Kanten der Schaufeln geklebt wird. Wie beeinflusst diese Veränderung die Leistung der Turbine? Probiere andere Möglichkeiten aus!

Modell TB (ähnlich einer Darrieus-Turbine)

Markiere die Flasche mit einem Stift wie abgebildet. Für eine dreiflügelige Turbine sollte x+y ungefähr ein Drittel des Flaschenumfangs betragen (s. Abb.). Im Falle einer Flasche mit 70 mm Durchmesser könntest Du x = 20 mm und y = 50 mm wählen (s. Abb.). Schneide mit einem Cutter entlang der mit Scheren markierten Linien und biege die Teile nach innen, wo sie drei schräge Rollen bilden (Turbinenflügel). Verwende Tesafilm, um die Kanten der Rollen mit der übriggebliebenen Wand der Flasche zu verbinden. Bohre ein Loch in die Mitte des Bodens der Flasche, so dass der Metallstab (Turbinenachse) knapp hindurch passt.

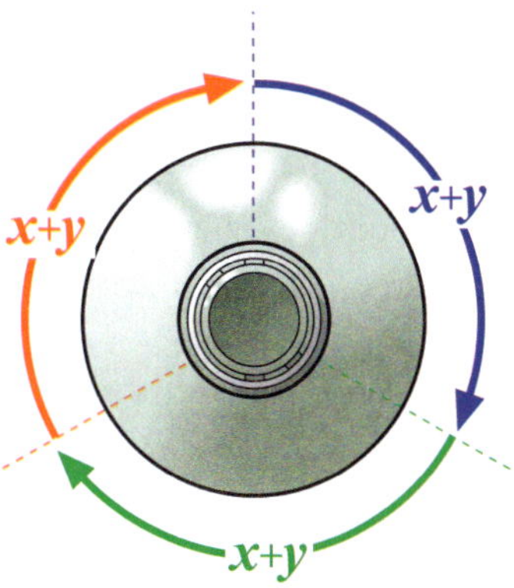

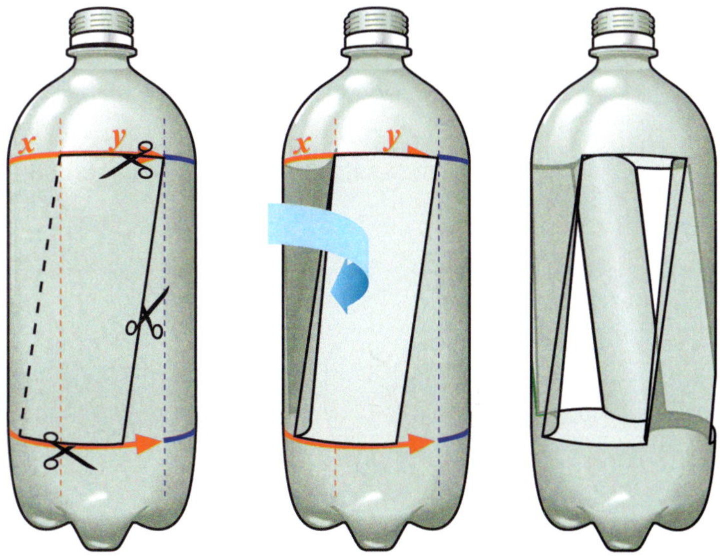

Einen Schritt weiter

Wie wäre es, Turbinen mit vertikalen Flügeln (Rolle) zu bauen? In diesem Fall markiere drei gleichgroße Rechtecke auf der Flasche, die den schrägen Turbinenflügeln entsprechen. Schneide jetzt mit einem Cutter jedes Rechteck an drei Seiten auf und biege die Teile nach innen, wo sie drei vertikale Rollen bilden (Turbinenflügel). Probiere es aus, die Anzahl der Turbinenflügeln (Rolle) zu vergrößern und Turbinen mit einer Kombination von schrägen und vertikalen Flügeln zu bauen. Welches von diesen Modellen erzeugt mehr Elektrizität?

Modell TC

Markiere auf der Flasche mit einem Stift drei gleichgroße schräge Streifen wie abgebildet und schneide diese Streifen aus. Mache drei Schnitte auf zwei Styroporscheiben von ungefähr 11-12 cm Durchmesser, um die Enden der Streifen hineinzustecken und verwende z.B. Heißkleber, um sie zu befestigen (s. Abb.). Durchstich

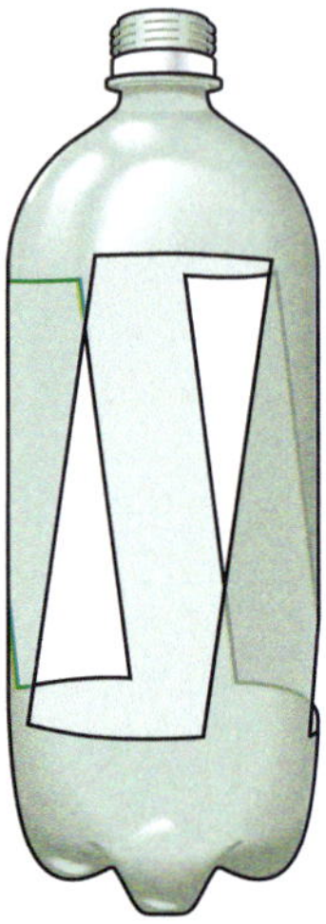

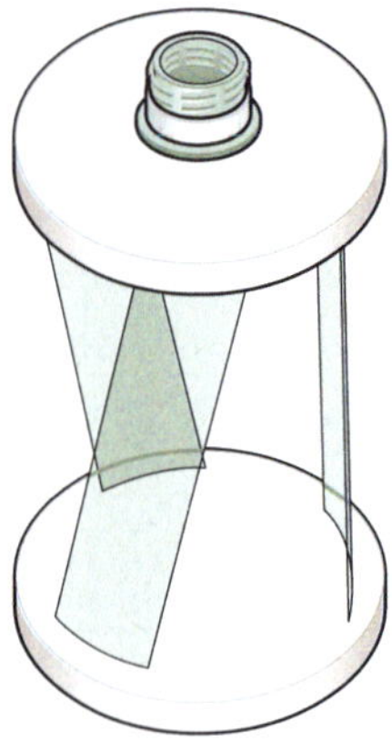

den Deckel der Turbine in der Mitte mit dem spitzen Ende der Achse und mache dasselbe mit dem Boden der Turbine.

Einen Schritt weiter

Probiere Flügel mit unterschiedlichen Breiten aus. Entdecke die optimale Breite, mit der am meisten Strom erzeugt wird.

Modell TD (5 Flügel)

Teile den Umfang der Flasche in zehn gleiche Teile. Markiere mit einem Stift zehn gleichgroße Rechtecke auf der Flasche. Schneide jetzt jedes zweite Rechteck an drei Seiten auf und klappe den Plastik wie eine geöffnete Tür nach außen. Bohre ein mittiges Loch in den Boden der Flasche, so dass der Metallstab knapp hindurchpasst.

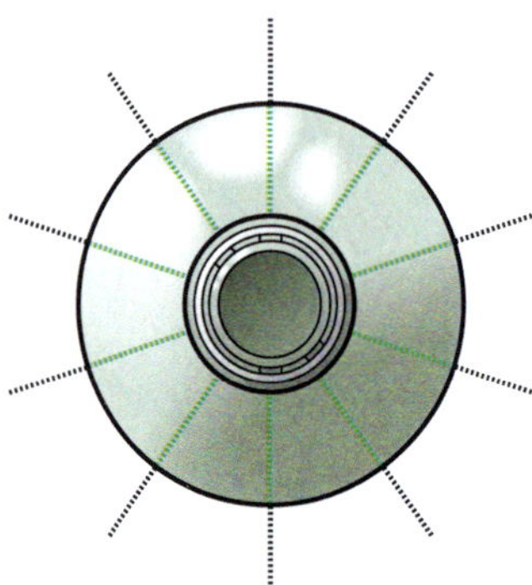

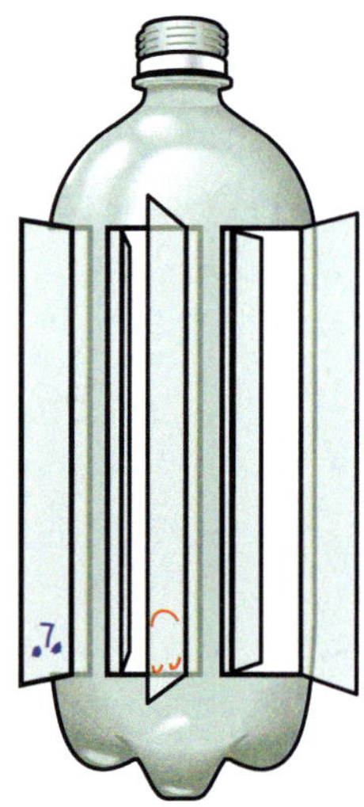

Einen Schritt weiter

Decke die Löcher der Turbine mit breitem Klebeband oder einem Stück Plastiktüte zu und beobachte, wie dies die Leistung der Turbine beeinflusst. Wie wäre es, die Anzahl der Flügeln zu variieren?

F) Tests

1) Erstes Anpusten

Wähle ein Turbinenmodell und baue alles wie oben beschrieben zusammen. Positioniere einen Fön so, dass der kalter Luftstrom die Flügel der Turbine trifft. Versuche die optimale Position für die Luftdüse des Föns zu finden, so dass die LED am hellsten leuchtet. Ist es ein kontinuierliches Leuchten oder siehst Du ein Flackern? Versuche alternativ, die Turbine anzublasen. Falls notwendig bitte weitere Personen, mit Dir einen „starken Wind" zu produzieren. Du kannst auch ein Stück dicke Schnur um die am Rotor befestigte Kappe wickeln und die Schnur dann schnell ziehen (aber nicht zu kräftig), um den Rotor sich um die Achse drehen zu lassen.

2) Mehr als eine LED anschließen

Beginne mit einer LED, versuche die Anschlüsse ihrer Elektroden (ihrer metallenen Beine) an den freien Enden des Spulendrahtes zu vertauschen und beobachte, ob das Licht leuchtet, wenn sich die Turbine dreht. Du hast vielleicht bemerkt, dass das LED-Gehäuse in der Nähe der einen Elektrode rund und in der Nähe der anderen flach ist. Wie wäre es damit, zwei LEDs parallel (nebeneinander) an den freien Enden des Drahtes anzuschließen? Du könntest beispielsweise die „runde" (positive) Elektrode der einen LED mit der „flachen" (negativen) Elektrode der anderen LED und umgekehrt verbinden. Eine andere Möglichkeit ist es, die LEDs in Serie, eine hinter der anderen, mit der positiven Elektrode der einen LED an der negativen Elektrode der anderen LED anzuschließen. Du musst dann nur noch die freien Elektroden der beiden LEDs an den freien Drahtenden anschließen. Teste noch weitere Möglichkeiten!

3) eingefrorenes Bild (siehe z.B. Modell TD, S. 256)

Befestige mit Klebeband eine oder zwei LEDs (weiße), die an den freien Enden des Spulendrahtes angeschlossen sind, an einer der Senkrechten des Rahmens in der Nähe der Turbinenblätter. Zeichne mit einem Stift auf der Höhe der LEDs auf einen Turbinenflügel ein lustiges Teil-Gesicht (s. Abb.). Zeichne an einen Nachbarflügel die Ergänzung des Gesichts in einer anderen Farbe. Beachte dabei, dass die beiden Teil-Gesichter auf gleicher Höhe angebracht sind. Die LEDs sollten die zwei Gesichtsteile beleuchten, wenn die Turbine sich dreht. Welches Bild siehst Du, wenn die LEDs in einem dunklen Raum leuchten?

4) Turbinenwettbewerb

Um andere Turbinenmodelle auszuprobieren, musst Du den oberen Abschluss des Rahmens entfernen, die Turbine aus dem Deckel herausschrauben und ein neues Modell in den mit dem Rotor verbundenen Deckel hineinschrauben. Welche der Turbinen funktioniert am besten? Versuche, ein eigenes Modell zu erfinden und so viele LEDs wie möglich zum Leuchten zu bringen.

5) doppelte Magnete

Entferne durch seitliches Verschieben die Magnete vorsichtig von den Unterlegscheiben. Bewahre sie getrennt voneinander auf, um ein Zusammenkleben zu vermeiden. Bringe nun vorsichtig zwei Magnete zusammen, wobei Du eine Kunststoffunterlegscheibe zwischen sie legen solltest. Verwende dabei die Originalunterlegscheiben, mit denen der Magnetstapel geliefert wurde. Baue vier Doppelmagnete und platziere auf den Unterlegscheiben des Rotors je einen dieser Doppelmagnete, indem Du den Magneten wieder seitlich auf die Unterlegscheibe schiebst. Beachte dabei, dass die Polung aller Doppelmagnete gleich ist. Entferne das glatte Papprechteck, um zusätzlichen Raum für die doppelten Magnete zu bekommen. Was hältst Du davon, einen 3 Volt-LED mit Deinem neuen Modell zu betreiben? Schaffst Du es, zwei solcher LEDs zum Leuchten zu bringen? Strenge Dich an, um genug elektrische Energie zu produzieren, um 3 oder mehr 1,5-Volt-LEDs zum Leuchten zu bringen, wenn die Turbine sich dreht.

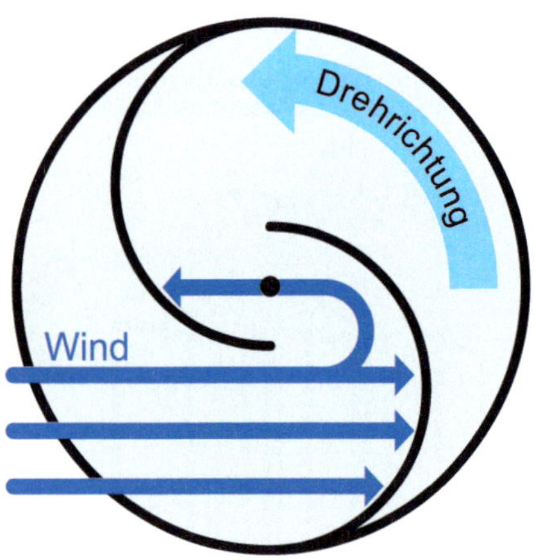

Wissenswertes

A) Aerodynamik

Jede Turbine reagiert unterschiedlich, wenn eine Luftströmung auf sie trifft. Die meisten Vertikal-Achsen-Wind-Turbinen basieren auf den Modellen TA (ähnlich der Savonius-Turbine) und TB (ähnlich der Darrieus-Turbine) oder einer Kombination von beiden.

Modell TA

Der einfallende Luftstrom übt unterschiedliche (Zug-) Kräfte in jedem Flügel aus. Auf der konvexen Oberfläche des oberen Blattes (s. Abb.) ist diese Kraft kleiner als die Kraft, die auf die konkave Oberfläche des unteren Blattes ausgeübt wird. Man kann diesen Effekt mit einem Regenschirm ausprobieren. Halte den Schirm zunächst mit der konvexen Seite gegen den Wind, dann drehe den Schirm um. Ähnliches passiert mit einer Flugzeugnase und bei einem geöffneten Fallschirm. Versuche, die konvexe Schaufel Deiner Turbine in der Mitte anzublasen, wenn die Turbine steht. Probiere das Gleiche mit der konkaven Schaufel. Der Zugunterschied sorgt dafür, dass die Turbine sich dreht und dass sie zu den Selbststartern gehört. Die Überlappung zwischen den Schaufeln erlaubt einem Bruchteil des Luftstroms, der gegen das untere (konkave) Blatt strömt, die Rückseite der oberen Schaufel zu treffen. Dies wiederum gleicht die Kraft, die durch den ankommenden Luftstrom auf die konvexe Oberfläche der oberen Kelle trifft, wieder aus und produziert so eine zusätzliches Drehmoment.

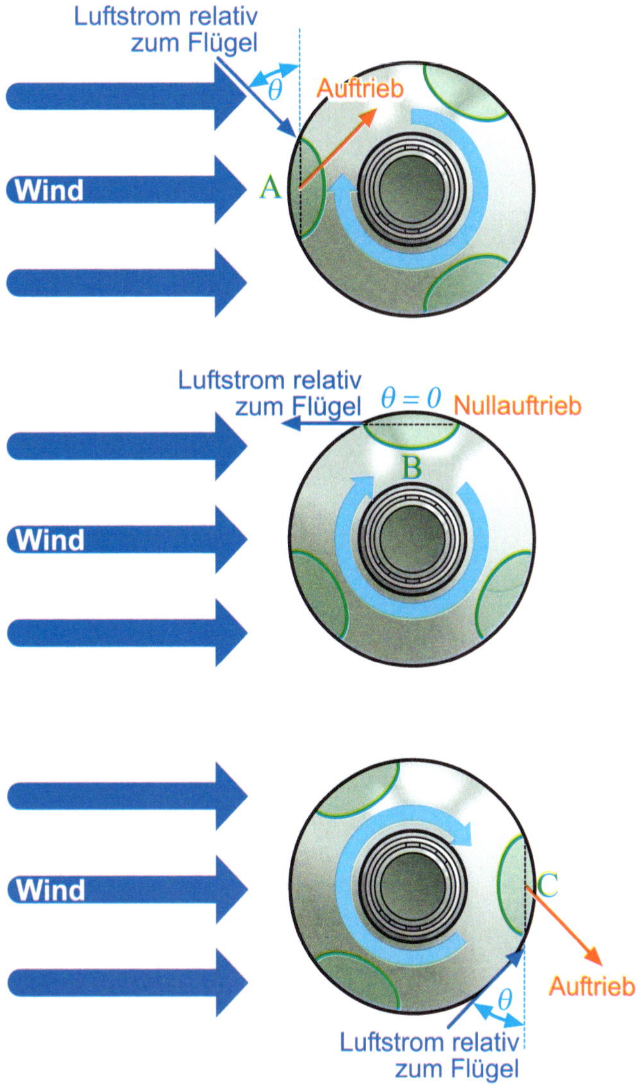

Modell TB

Stelle Dir einen Luftstrom vor, der senkrecht zu einem Luftflügel einfällt (Position A in der Abbildung). Wenn sich die Turbine gegen den Uhrzeigersinn dreht, bewegen sich die Flügel auf einer Kreisbahn vorwärts durch die Luft. Relativ zu den Flügeln wird der ankommende Luftstrom leicht gekippt und daher gibt es einen positiven Angriffswinkel des Luftstroms am Flügel, wenn er sich in Position A befindet. Siehe auch das Experiment „Windtunnel", S. 78. Dabei entsteht ein resultierender Auftrieb, der senkrecht zur Windrichtung relativ zum Flügel steht. Dies ist vergleichbar mit dem, was an den Flügeln von Flugzeugen passiert. Dieser Auftrieb wiederum produziert ein Drehmoment, das die Turbine in die Richtung dreht, in die sie sich ohnehin schon dreht. Wenn der Flügel in Position B ist, ist der Angriffswinkel gleich null und es entsteht durch den Wind kein Drehmoment. Wenn sich der Flügel hinter dem Gerät entlang bewegt (C), bekommt der Angriffswinkel ein umgekehrtes Vorzeichen. Wie auch immer, der entstehende Auftrieb ist immer noch schräg in

der Richtung der Rotation und produziert ein Drehmoment, das die Turbine am Drehen hält. Der Angriffswinkel ändert sich während der Drehung der Turbine, so dass jeder Flügel das maximale Drehmoment in den Punkten A und C (vor und hinter der Turbine) während einer Umdrehung erreicht. In robusteren dreiflügeligen Turbinen ist das Drehmoment, das durch die anströmende Luft erzeugt wird, nicht groß genug, um die Reibung und den Widerstand zu überwinden, der durch den Rotor entsteht, wenn Strom produziert wird (siehe „elektrische und magnetische Fakten" weiter unten). Diese Turbinenart ist normalerweise nicht selbststartend – versuche Deine Turbine durch Anblasen in Bewegung zu versetzen. Diese Einschränkung kann durch die Verbindung dieses Gerätes mit einer selbststartenden Turbine beispielsweise Modell TA umgangen werden. Kannst Du irgendeinen Vorteil für gekippte Flügel gegenüber senkrechten sehen?
Tipp: Baue beide Modelle und entdecke, welches besser funktioniert.

B) Elektrische und magnetische Fakten

Der Luftstrom übt ein Drehmoment auf die Turbine aus, die sich infolgedessen dreht und damit auch den Rotor, der an ihr befestigt ist. Weil die Lücke zwischen dem Rotor und den darunter liegenden Spulen sehr klein ist, kreuzen viele magnetische Feldlinien die Spulen, wenn ein Magnet sich über ihr bewegt. Siehe auch das Experiment „Unsichtbares Feld" in diesem Kapitel, S. 253. Die Anzahl der magnetischen Feldlinien, die die Spule durchkreuzen, steigt, wenn sich der Magnet der Spule nähert. Um dieser Entwicklung entgegenzuwirken, wird in der Spule ein elektrischer Strom erzeugt. Die Spule arbeitet dann als Elektromagnet, der versucht, den ankommenden Permanentmagneten abzustoßen. Wenn der Magnet sich von der Spule wegbewegt, verringert sich die Anzahl der magnetischen Feldlinien, die die Spule durchkreuzen. Um diesem Effekt entgegenzuwirken, wird wiederum ein elektrischer Strom in der Spule erzeugt – diesmal in der entgegengesetzten Richtung – und in diesem Fall wirkt die Spule wie ein Elektromagnet, der den sich entfernenden Permanentmagneten anzieht. Der Luftstrom wird langsamer, während er an der Turbine arbeitet und ein elektrischer Strom erzeugt wird. Die kinetische Energie des Windes wird also in elektrische Energie umgewandelt, die dann verwendet wird, um die LEDs leuchten zu lassen. Weil die Richtung des elektrischen Stroms (sein Vorzeichen, + oder –) sich ändert, wenn sich der Rotor dreht, wird er Wechselstrom (AC oder alternating current) genannt.

Elektromagnetisches Jojo

Einfachere Version

Verwende die einfachere Version der Windturbine (s. S. 258). Verbinde die Achse

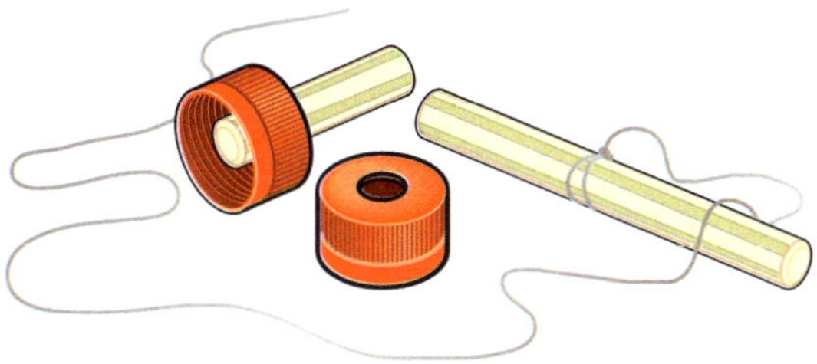

Material M 5.11
- *das Windturbinenmodell*
- *2 Schraubverschlüsse*
- *2 Stücke eines runden Dübels mit 1 cm Durchmesser und Längen von ca. 2,5 cm und 5 cm.*
- *1 Stück dickes Nähgarn von ungefähr 60 cm Länge*

des Motors mit der Achse des Jojos, in dem Du z. B. einen Dübel mit einem mittigen Loch an beiden Enden verwendest. Wenn nötig, benutze Heißkleber, um beide Achsen fester in den Dübellöcher zu fixieren. Siehe „Schritt für Schritt" unten, um die Spule des Jojos zu bauen.

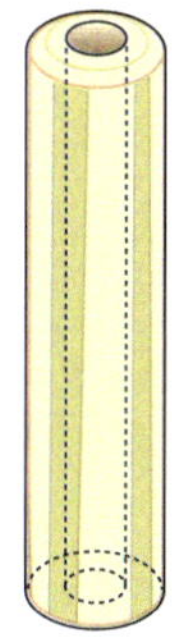

Version mit Rotor und Spulen der Windturbine

Schritt für Schritt

Verwende den runden Stab und die zwei Verschlüsse, um eine Spule zu bauen. Durchbohre den 2,5 cm langen Holzstab der Länge nach mit einem Bohrer, dessen Durchmesser ein bißchen kleiner ist als der Durchmesser der Turbinenachse. Wenn Du diese nun in den Stab hineinschiebst, sitzt dieser fest auf ihr. Säge zwei Rillen im Abstand von ca. 5 mm von beiden Enden in den Stab. Bohre ebenfalls je ein Loch in die beiden Plastikverschlüsse, dessen Durchmesser ein bißchen kleiner ist als der Durchmesser des Holztabes, und schiebe sie dann so auf den Stab, dass sie in den Rillen einrasten. Platziere ein Ende des Nähgarns im Loch des zweiten Verschlusses, bevor Du ihn in der verbliebenen Vertiefung am Stab befestigst. Deine Spule ist fertig. Als Letztes stecke die Achse mit der Spule und dem Rotor in den Rahmen (s. Abb.). Dein elektromagnetisches Jojo ist fertig. Ziehe einfach nur schnell an der Schnur und beobachte, was passiert. Wie viele LEDs kannst Du auf diese Weise zum Leuchten bringen?

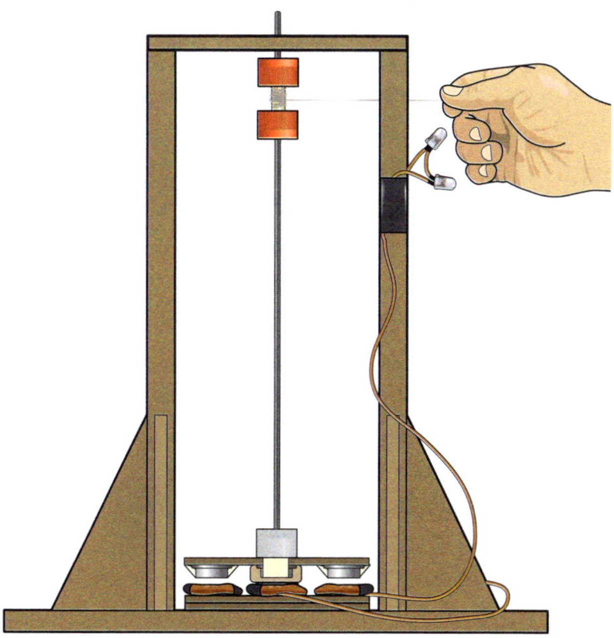

Wissenswertes

Das dicke Nähgarn ermöglicht es Dir, eine Menge der von Dir verrichteten Arbeit, wenn Du am Faden ziehst, in

Rotationsenergie umzuwandeln. Der Faden ist in der Mitte der Rotationsachse und senkrecht zu ihr befestigt, so dass er sich wieder aufwickelt, wenn das Fadenende an der Spule erreicht ist. Das Jojo dreht sich während des Ziehens in der gleichen Richtung, aber der Faden ändert die Richtung seiner Wickelung. Zuerst dreht er sich im Uhrzeigersinn (das kommt ganz darauf an, wie der Faden gewickelt ist), dann gegen den Uhrzeigersinn und zum Schluss wieder im Uhrzeigersinn, wenn man es von oben betrachtet. Dies liegt an der Erhaltung des Drehmomentes (siehe auch das Experiment 1.35, „Der Trick der Balletttänzerin", S. 91). Wenn sich der Rotor dreht, drehen sich die Magneten um die Achse und produzieren Elektrizität, weil die magnetischen Feldlinien der Magneten über die Spulen unter ihnen fegen, wie es auch im Fall der Windturbinenmodelle passiert. Du wirst so in der Lage sein, die Energie, die in Deinem Körper gespeichert ist (biomechanische Energie), in elektrische Energie umzuwandeln und dadurch LEDs zum Leuchten zu bringen. Kannst Du den erzeugten Strom benutzen, um Batterien von Handys und von anderen elektronischen Geräten aufzuladen?

M 5.11

Material

- *das Windturbinenmodell*
- *4 Schraubösen (Haken)*
- *2 Holzstücke 3 cm x 5 cm, ungefähr 1 cm dick*
- *2 runde Holzdübel, Durchmesser ca. 1 cm, 4 cm lang*
- *1 Stück Holz mit einer Länge, dem inneren Abstand der beiden Senkrechten des Windturbinenrahmens entspricht, ungefähr 3 cm breit und 1 cm dick*
- *1 Stück Metallstab mit einem Durchmesser von ca. 3 mm und ungefähr 13 cm bis 15 cm lang, versehen mit einem spitzen Ende*
- *3 Gummibänder*
- *1 quadratisches Stück Hartplastik (beispielsweise von einer Plastikflasche), 1,5 cm x 1,5 cm mit einem Loch in der Mitte, in das der Metallstab gut hineinpasst.*
- *Klebeband*
- *Heißkleber*

Achtung

Heißklebepistolen können genau wie Heißkleber ernsthafte Verbrennungen hervorrufen, wenn sie mit Deiner Haut in Berührung kommen.

Die Zauberdose (s. S. 17) noch einmal betrachtet: Die Umwandlung von Spannenergie in elektrische Energie

Einfachere Version

Verwende die einfachere Version der Windturbine (s. S. 258). Benutze einen Dübel, in dem ein Schraubhaken befestigt wurde und mit einem mittigen Loch an dem anderen Ende. Stecke die Motorachse in das Loch hinein, um sie festzuhalten. Wenn nötig, benutze Heißkleber, um die Motorachse fester in dem Dübelloch zu fixieren. Befestige eine bis drei Gummibänder oben am Haken des Rahmens (s. Abb.) und unten am Haken, der mit dem Motor verbunden ist. Drehe nun den Dübel, bis die Gummibänder gut verdreht sind, und lass ihn los.

Version mit Rotor und Spulen der Windturbine

Schritt für Schritt

Bohre Startlöcher für die Schraubhaken in die kleineren Holzstücke, ungefähr 1,5 cm von einem

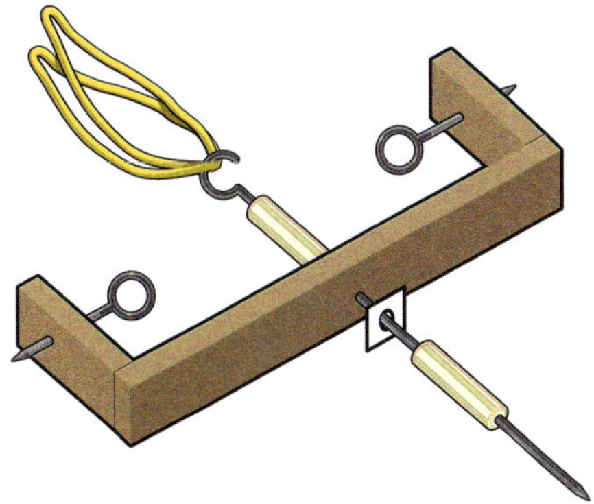

Rand entfernt. Bohre ein mittiges Loch in das längere Stück Holz, in das die Metallachse gut hineinpasst. Klebe die drei Holzstücke mit Heißkleber wie abgebildet zusammen, um eine Halterung für die Achse zu bekommen. Bohre ein mittiges Loch entlang der Achse durch einen der Dübel (unterer Dübel) hindurch, so dass die Metallachse knapp hindurchpasst. Falls notwendig, wickle Klebeband um die Achse, um den Dübel am richtigen Ort festzuhalten. Bohre ein ebensolches Loch in ein Ende des anderen Dübels (oberer Dübel) mit ungefähr 1,5 cm bis 2 cm Tiefe, in das das obere Ende der Achse knapp hineinpasst, das aus dem anderen Ende der Halterung hinausschaut. Platziere das quadratische Plastikstück zwischen dem oberen Ende des unteren Dübels und dem Boden der Halterung, um die Reibung zu verringern, wenn sich der Dübel dreht. Schraube Schraubhaken in das obere Ende des oberen Dübels und in das mittige Loch oben im Rahmen (s. Abb.). Diese zwei Schraubhaken werden die Gummibänder gedehnt halten. Baue alle Bestandteile wie abgebildet zusammen. Justiere bei gedehnten Gummibändern den Abstand zwischen den Magneten und den Spulen auf ca. 1 mm bis 3 mm, indem Du den Stopper bewegst und den Rotor an der Achse hoch- oder hinunterschiebst. Vergewissere Dich, dass alle Teile gut passen, bevor Du die Halterung an den zwei Senkrechten mit den horizontalen Schraubhaken befestigst. Drehe den oberen Dübel, bis die Gummibänder gut verdreht sind. Um Deine elektromagnetische Version der Zauberdose kennen zu lernen, musst Du sie jetzt einfach nur loslassen. Versuche das Experiment zunächst nur mit einem, dann mit einem weiteren Gummiband und anschließend mit drei Gummibändern. In welchem Fall leuchten die LEDs heller?

M 5.12

Material
- *8 cm breiter Streifen eines Pappkartons von ca. 70 cm-80 cm Länge*
- *Kreppband oder Klebestreifen*
- *Aluminiumtopf mit flachem Boden oder flaches Aluminiumblech*
- *starrer HD-Ringmagnet eines Computers (erhältlich in Computerwerkstätten) oder kleiner starker Permanentmagnet, z. B. aus Neodym (Bezugsquellen s. Suchmaschinen)*
- *Aluminiumfolie*
- *Sekundenkleber*
- *Spielzeugauto (falls vorhanden)*

Achtung
Diese Magnete können ernsthafte Schäden an Computern und anderen elektronischen Geräten verursachen. Halte sie entfernt von Computerfestplatten, Kreditkarten, Audiokassetten oder anderen Speichermedien, die Informationen magnetisch speichern.

5.12 Verrückte Rutschbahn

Wie wäre es, eine andersartige Rutsche zu konstruieren.

Schritt für Schritt

Falte den Pappkarton so, dass er eine Rinne mit einem 4 cm breiten Boden und 2 cm hohen seitlichen Wänden bildet (s. Abb.). Wenn Du den Karton faltest, wird er stabiler (vgl. „Wie die Schwachen stark werden", S. 18). Klebe die Rinne am Boden des Topfes oder des Bleches fest (s. Abb.). Um die Rutschbahn zu erhalten, musst Du nur den Topf bzw. das Blech neigen. Setze den Magnet oben auf die Rutsche und lass ihn los. Was passiert, wenn der Magnet den Teil der Rutsche auf dem Topf erreicht? Damit es noch lustiger wird, kannst Du den Magneten mit Sekundenkleber am Boden eines Spielzeugautos befestigen. Dann kannst Du sein Verhalten beim Hinabrutschen auf der Rutschbahn besser beobachten.

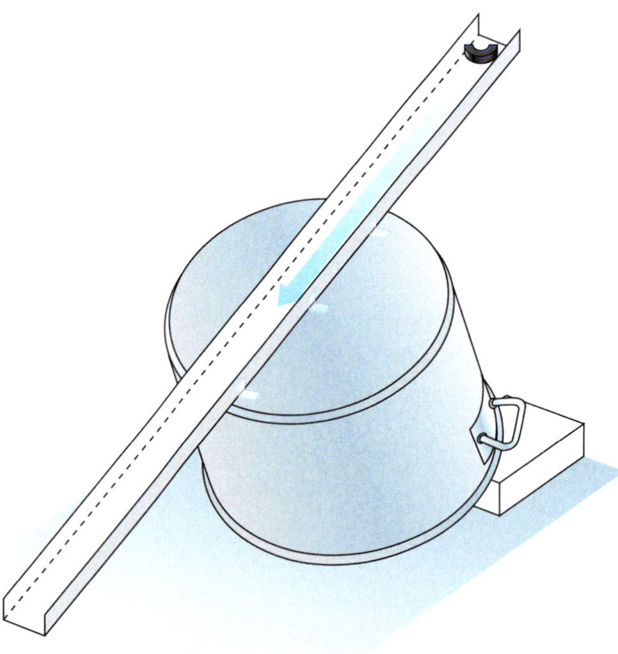

Einen Schritt weiter

Schneide ein Stück Aluminiumfolie von ca. 10 cm x 30 cm aus und breite sie mit den Händen zu einer Rampe aus. Was passiert, wenn der Magnet die Rampe hinunterrutscht? Was verändert sich in diesen beiden Experimenten?

Wissenswertes

Ein Magnet zieht metallische Büroklammern an, jedoch kein Aluminium. Aluminium kann aber als Metall Elektrizität leiten. Das bedeutet, dass es viele freie Elektronen besitzt, die sehr beweglich sind. Der Magnet ist nicht fest, er bewegt sich wegen der Erdanziehung die Bahn hinunter. Der metallische Boden nimmt ein sich änderndes magnetisches Feld wahr, wenn der Magnet sich vorbeibewegt. Dem Boden „gefällt“ dies nicht. Änderungen im magnetischen Feld werden möglichst vermieden, weshalb die freien Elektronen im Metallboden zirkulieren und Kreisströme produzieren (genannt Foucaultströme). Diese Ströme wiederum erzeugen ein Magnetfeld, um das veränderliche Magnetfeld des vorbeirutschenden Magneten auszugleichen. Im Falle des Aluminiumstreifens sind die Foucaultströme sehr klein, weil die Querschnittsfläche der Folie sehr klein ist. Stelle Dir die folgende Analogie vor. Ein Rohr mit einem großen Durchmesser lässt das Wasser leichter hindurchfließen als ein Rohr mit einem kleineren Durchmesser. Ebenso bietet ein dicker elektrischer Draht dem elektrischen Strom weniger Widerstand als ein dünner Draht. Nun vergleiche ein dickes Stück Aluminium mit einem dünnen Stück. Was schließt Du daraus? Die Foucault'schen Ströme treten auch in den elektrischen Transformatoren auf, die sich auf den Strommasten befinden. Transformatoren bestehen aus dünnen Blechen, die mit einem isolierenden Lack beschichtet und dann aneinander gepresst sind. Würde ein einziger Materialblock dafür verwendet werden, würden die Foucault'schen Ströme in Aktion treten und elektrische Energie verbrauchen. Diese Ströme werden tatsächlich dafür verwendet, um den Stromverbrauch in Deinem Zuhause zu messen. Einige Messgeräte für elektrische Energie verwenden eine Aluminiumscheibe, die sich dreht, wenn Elektrizität verbraucht wird. Ein Stromzähler besitzt kleine Elektromagnete, die in der Scheibe Foucaultströme erzeugen, die dafür sorgen, dass die Scheibe sich dreht und dabei die Ableseuhr in Gang setzt.

5.13 Magnetisches Schweben

Gegenstände, die mittels Magneten schweben können.

Material — M 5.13

- *zwei runde Magneten mit Löchern (z. B. aus einem Lautsprecher, der nicht mehr funktioniert)*
- *zwei kleine Magneten in Ringform (z. B. aus einem alten, nicht mehr gebrauchten Kopfhörer)*
- *Bleistift mit zwei Spitzen*
- *vier Nägel*
- *Widerlager (beispielsweise Trinkglas)*

Achtung

Beim Umgang mit zwei Magneten musst Du aufpassen, dass sie nicht zu dicht beieinander liegen. Sie können sich plötzlich anziehen und dann in Deine Hand „beißen“. Wenn sie zusammenkleben, schiebe sie seitlich (den einen nach oben, den anderen nach unten) auseinander, bis sie trennbar sind.

Schritt für Schritt

Zentriere die kleinen Magnete an den beiden Bleistiftenden, wie auf der Abbildung dargestellt. Stelle einen der großen Magnete auf dem Tisch auf. Damit er nicht wegrollt, befestigst Du ihn an der Basis mit zwei Nägeln (s. Abb.). Führe jetzt ein Ende des Bleistiftes mit dem Ringmagneten in

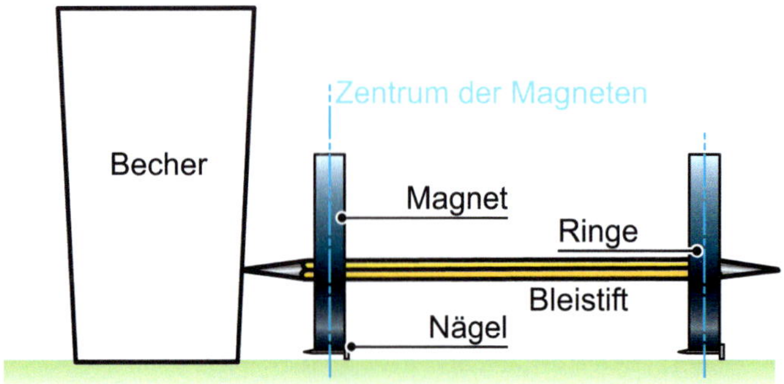

das Loch des großen Magneten. Falls der Ring nicht schwebt, muss der Magnet anders herum auf das Ende des Bleistiftes gesetzt werden. Du musst den Ring leicht vom Zentrum des Magneten weg bewegen und die Spitze des Bleistiftes auf das Widerlager stützen. Der zweite Magnet mit zentralem Loch wird entsprechend der Abbildung aufgestellt. Der Ringmagnet, der am freien Ende des Stiftes befestigt ist, soll ebenfalls etwas vom Zentrum des großen Magneten wegbewegt werden. Falls der Stift nicht schwebt, musst Du den Ringmagneten umdrehen. Du musst eventuell die Positionen der Magneten und des Widerlagers etwas verschieben und angleichen, um das magnetische Schweben zu erreichen. Du kannst versuchen, den schwebenden Stift umzudrehen. Schiebe die freie Spitze des Stiftes an und beobachte, was passiert. Ist es möglich, dass der Stift ohne Widerlager schwebt?

Wissenswertes

Schwebende Züge (z. B. der Transrapid) basieren auf demselben Prinzip der magnetischen Abstoßung, das in diesem Experiment verdeutlicht wurde. Das magnetische Schweben, das auf Permanentmagneten beruht, ist unvermeidbar instabil. Im Falle der schwebenden Züge werden Elektromagnete verwendet, statt Permanentmagnete zu benutzen (s. auch das Experiment „Elektrischer Kran: Elektromagnet" in diesem Kapitel). Bei einigen Bauarten der schwebenden Züge befinden sich die Elektromagneten auf der Fahrbahn und an der Unterseite des Zuges. Die elektrischen Ströme, die durch die Elektromagneten zirkulieren, werden von Sensoren kontrolliert, die in den Zugwagen installiert sind. Die Ströme werden kontinuierlich angepasst, so dass sich der Zug bewegen kann, ohne die Fahrbahn zu verlassen. Eine andere Möglichkeit ist das magnetelektrodynamische Schweben – induzierter Magnetismus in einer leitenden Fahrbahn, erzeugt durch einen sich sehr schnell (über 160 km/h) bewegenden Zug mit Elektromagneten. In diesem Fall ist der Strom der Elektromagneten ein Wechselstrom (alternating current – AC). Das bedeutet, dass der Strom ständig seine Richtung wechselt. Die Änderung der Richtung des Stromes erzeugt ein wechselndes Magnetfeld, das während der einen Hälfte der Zeit in die eine Richtung zeigt und während der anderen Hälfte in die andere Richtung. Du kannst dies mit Deiner Spule erreichen, indem Du die Anschlüsse zwischen dem Plus- und Minus-Pol der Batterie hin- und herwechselst. Dieses wechselnde Magnetfeld erzeugt in der metallischen Fahrbahn unterhalb des Zuges Wechselströme (siehe das vorangegangene Experiment). Die Fahrbahn arbeitet also als dynamischer Magnet, der dem wechselnden Magnetfeld des Zugs entgegenwirkt. Weil das Magnetfeld, das durch die Fahrbahn produziert wird, versucht, das Magnetfeld des Zuges auszulöschen, gibt es insgesamt eine Abstoßung, der Zug schwebt schön und bewegt sich sehr schnell.

5.14 Stummes Radio

Es ist ganz einfach, ein Radio bei voller Lautstärke verstummen zu lassen.

Material	**M 5.14**
• *Batterieradio* • *Pappkarton mit Deckel (z. B. Schuhkarton)* • *leere Milch- oder Saftpackung mit Aluminiumbeschichtung* • *Aluminiumfolie*	

Schritt für Schritt

Stelle das Radio mit maximaler Lautstärke auf einen Sender ein. Lege es anschließend in den Schuhkarton und verschließe den Deckel. Hörst Du das Radio? Öffne jetzt die Milch- oder Saftpackung mit Aluminiumbeschichtung, stecke das Radio hinein und verschließe wieder die Packung (falls nötig, mit Klebestreifen zukleben). Was hörst Du?

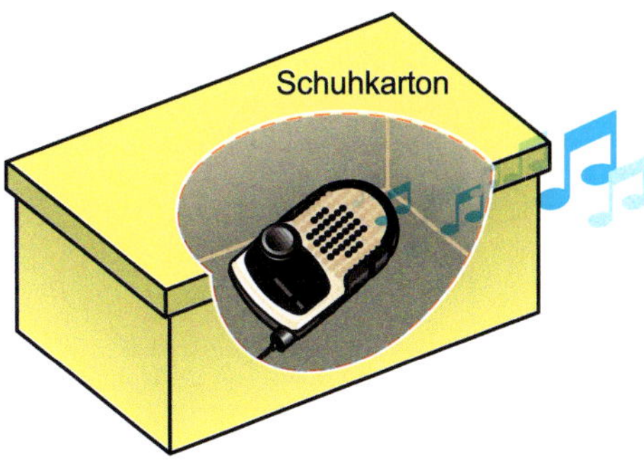

Alternative

Lege das Radio in einen Topf mit Deckel (beide aus Metall). Du kannst auch das Radio mitsamt Antenne mit Aluminiumfolie einwickeln und beobachten, was passiert. Das Experiment kannst Du mit einem Handy wiederholen, das Du in einen Metalltopf legst oder mit Aluminiumfolie einwickelst. Sendet das Handy Töne aus, wenn jemand anruft? Du kannst auch die Fernbedienung des Fernsehers oder Videogeräts, den automatischen Garagentoröffner oder Alarmvorrichtungen (Auto) in Aluminiumfolie einwickeln und sehen, ob sie noch funktionieren. Welche Gemeinsamkei-

ten gibt es zwischen diesen Kontrollgeräten, dem Radio und dem Handy?

Einen Schritt weiter

Fülle ein Glas voll Wasser und gib die gleiche Menge Wasser in eine leere Milch- oder Saftpackung, deren Innenwände mit Aluminiumfolie ausgekleidet sind. Nun stelle sowohl das Glas als auch die Packung in den Mikrowellenherd und erhitze sie 30 Sekunden. Dann vergleiche das Wasser im Glas und in der Packung. Welcher Zusammenhang besteht zwischen diesem Experiment und dem mit dem Radio?

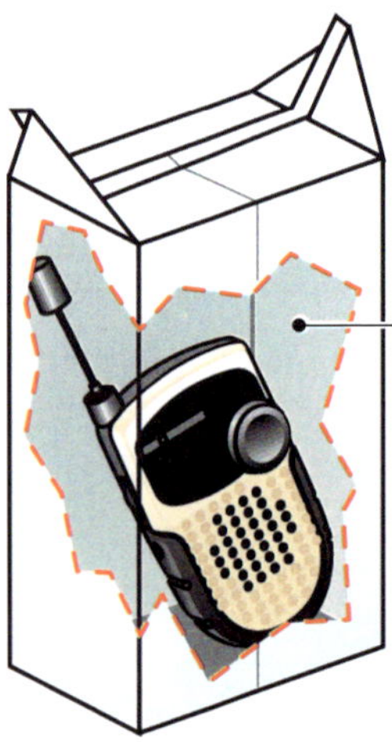

Wissenswertes

Ein metallener Topf oder Aluminiumfolie besitzen eine Menge „freier Elektronen", die innerhalb der Metallwände herumwandern. Diese Elektronen agieren wie kleine Antennen, wenn eine elektromagnetische Welle die Metalloberfläche trifft. Das elektrische Feld der Welle schubst die freien Elektronen an und veranlasst sie zu beschleunigen. Diese beschleunigten Elektronen lenken die Welle in eine neue Richtung um (absorbieren und reemittieren) und erzeugen eine Reflexion. Genauso, wie eine Kiste aus Metallspiegeln kein sichtbares Licht hineinlässt, lässt eine Kiste aus Metallwänden keine Radiowellen oder Mikrowellen eines Handys hindurch. Dasselbe passiert, wenn die elektromagnetische Welle im Inneren einer Metallbox erzeugt wird. Die Welle ist im Inneren gefangen, weil sie von den Metallwänden reflektiert wird. Diesen Effekt nennt man elektromagnetische Abschirmung. Ein Metallgitter kann auch elektromagnetische Wellen abschirmen, vorausgesetzt, dass die Löcher in dem Gitter kleiner sind als die Wellenlänge der ankommenden elektromagnetischen Wellen. Das ist genau das, was in einem Mikrowellenofen passiert. Die Löcher im Metallgitter auf der Glasscheibe des Ofens sind kleiner als die Wellenlänge der Mikrowellen, so dass das Gitter die Wellen reflektiert. Wenn Du das Radio anschaltest oder einen Anruf auf Deinem Handy bekommst, werden diese Geräte durch ankommende elektromagnetische Signale aktiviert. Wenn die Geräte innerhalb eines Metalltopfes (mit Deckel) liegen oder in Aluminiumfolie verpackt sind, schirmen die freien Elektronen im Topf oder in der Folie die ankommenden Signale ab, indem sie diese Signale schnell reflektieren. Dies passiert im Schuhkarton nicht, weil Pappe ein Isolator ist und keine freien Elektronen besitzt. Versuche eine kleine Lampe einer Taschenlampe über Papierstreifen oder Pappe an eine Batterie anzuschließen, um zu testen, ob die Lampe leuchtet. Du kannst versuchen, wie es mit nassem Papier oder nasser Pappe funktioniert. Versuche auch, Salzwasser zum Nassmachen zu verwenden. Was passiert dann?

5.15 Auto- und Fernseherbedienung

Hast Du schon mal die verschiedenen Fernbedienungen, die Du zur Hand hast, miteinander verglichen?

Material	**M 5.15**
• *1 Autoschließanlagen-Fernbedienung* • *1 Fernseher-Fernbedienung* • *1 Metalltopf (groß genug für beide Fernbedienungen)*	

Schritt für Schritt

Lege die Fernbedienung des Fernsehers auf den Boden eines Topfes und versuche, Deinen Fernseher wie gewohnt anzuschalten. Muss die Fernbedienung repariert werden? Nun mache dasselbe mit der Autofernbedienung und beobachte, ob das Auto auf Dein Kommando reagiert.

Einen Schritt weiter

Richte Deine Fernbedienungen so auf Oberflächen, dass der Fernseher oder das Auto über die Reflexion an der Oberfläche reagieren sollten. Wiederhole das Experiment, während die Fernbedienungen im Topf liegen.

Wissenswertes

Autofernbedienungen nutzen Radiowellen, deren Wellenlängen mit den Dimensionen Deines Topfes vergleichbar sind. Das Signal geht um die Ecke (die Topfkante) und kommt bei der Antenne des Autos an. Hindernisse, deren Dimensionen vergleichbar mit der Wellenlänge des Lichts oder kleiner sind, erlauben der

Welle, den Weg fortzusetzen. Diesen Effekt nennt man Difraktion; siehe „Neue Entdeckungen mit Polarisationsfiltern“, S. 135. Dies ist der Grund, weshalb Radiowellen so effektiv beim Übertragen von Radiosignalen sind. Fernseherfernbedienungen jedoch verwenden Infrarotlicht, dessen Wellenlänge viel kürzer ist als die Dimensionen unserer Alltagsgegenstände, z.B. der Durchmesser und die Höhe des Topfes. In diesem Fall ist das Infrarotsignal auf den Topf beschränkt. Du kannst aber das Signal über den Topfboden reflektieren lassen, als ob er ein flacher Spiegel wäre. Versuche es, indem Du die Topföffnung vor Deinem Fernseher platzierst. Bewege dazu den Topf so, dass das Signal den Infrarotempfänger des Fernsehgerätes treffen kann.

Schablone für das Experiment 1.13 „Das quadratische Rad und andere Räder“

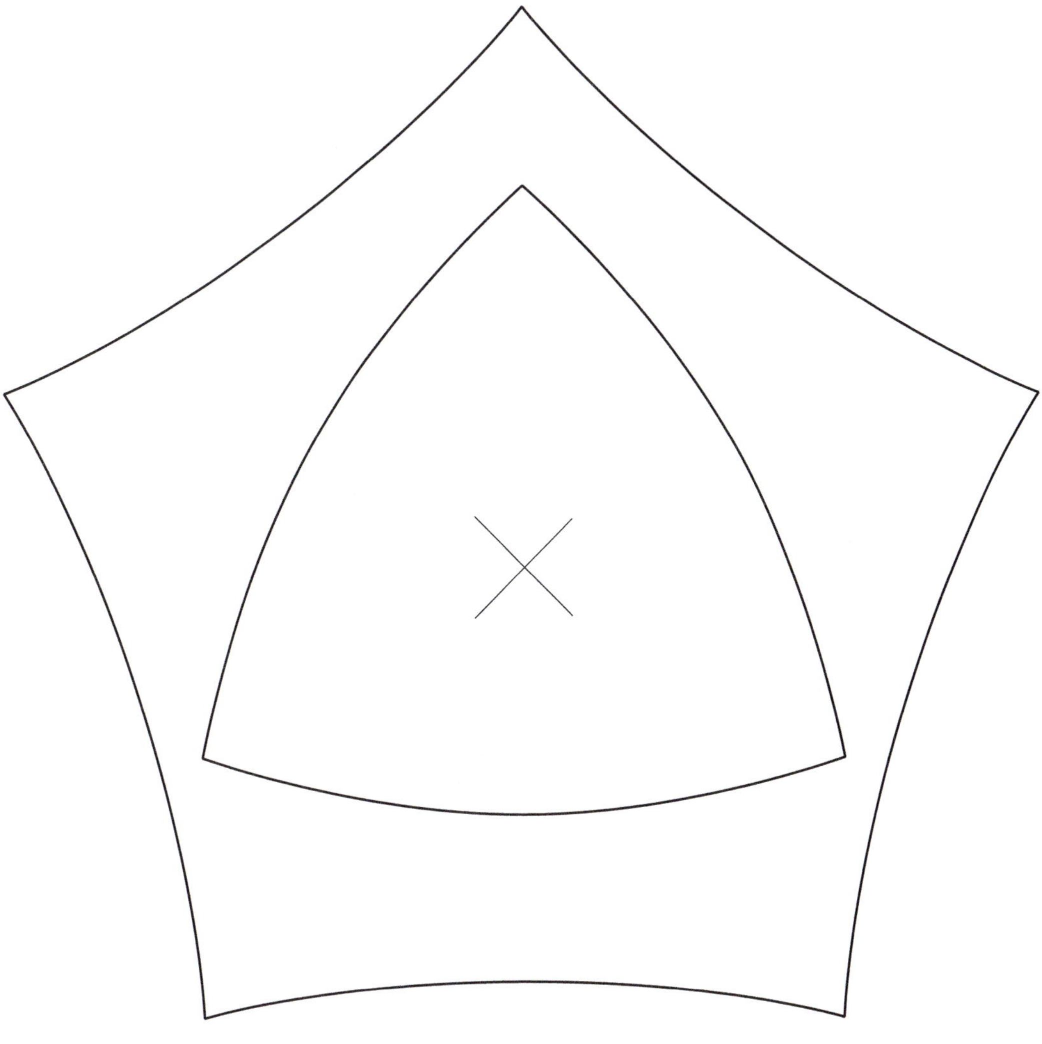

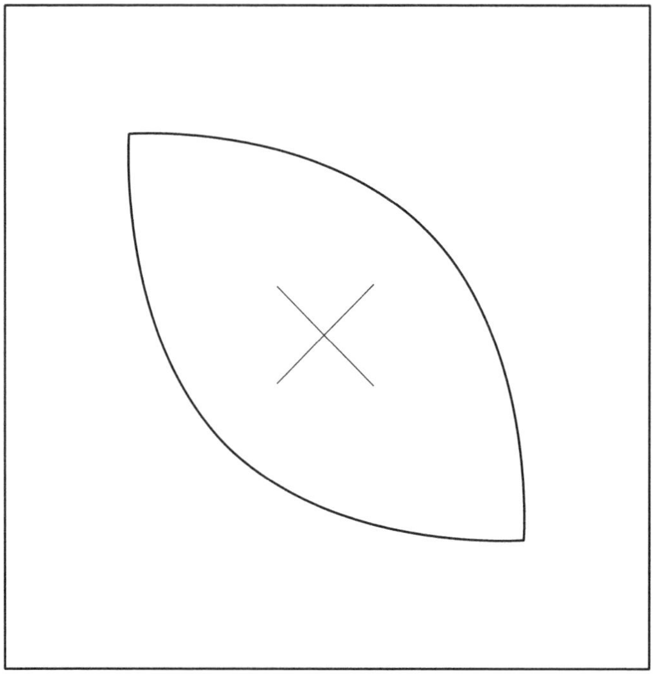

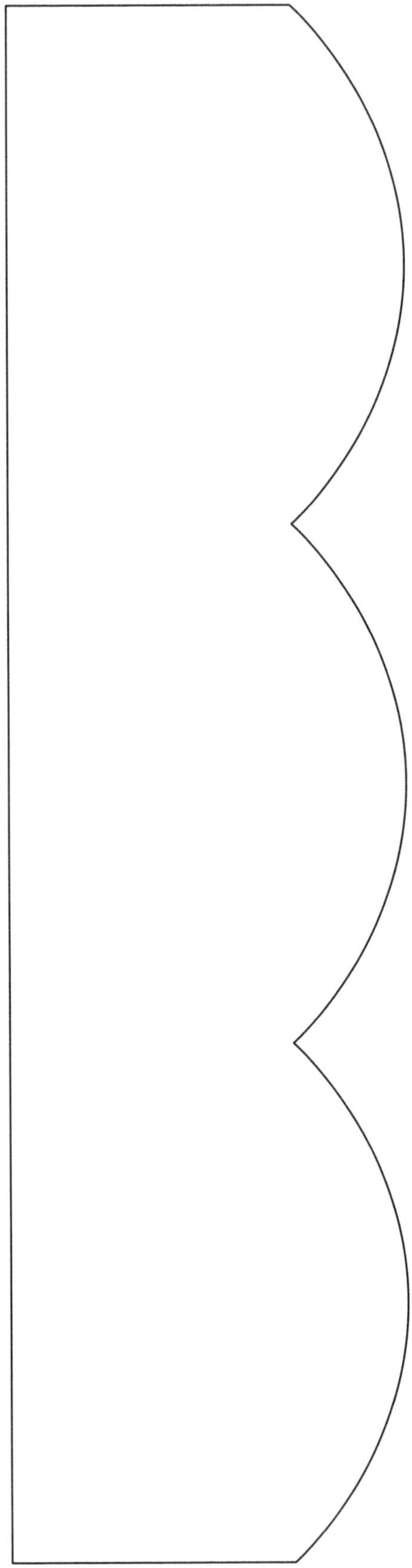

Modelle der Muster, Experiment 2.3 „Das Wahrnehmungsvermögen fördern“

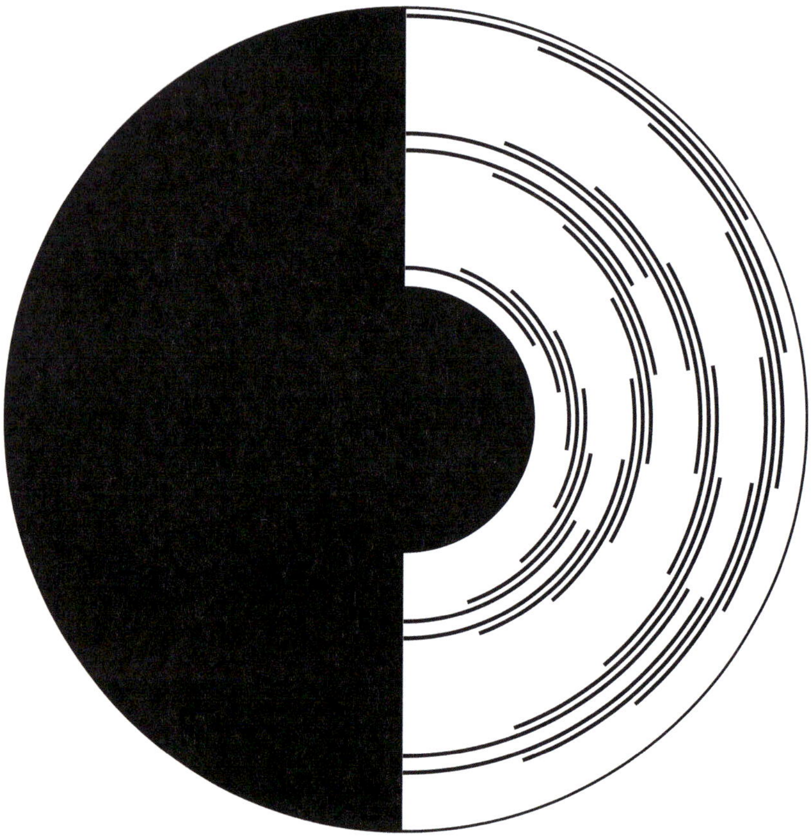

A

B

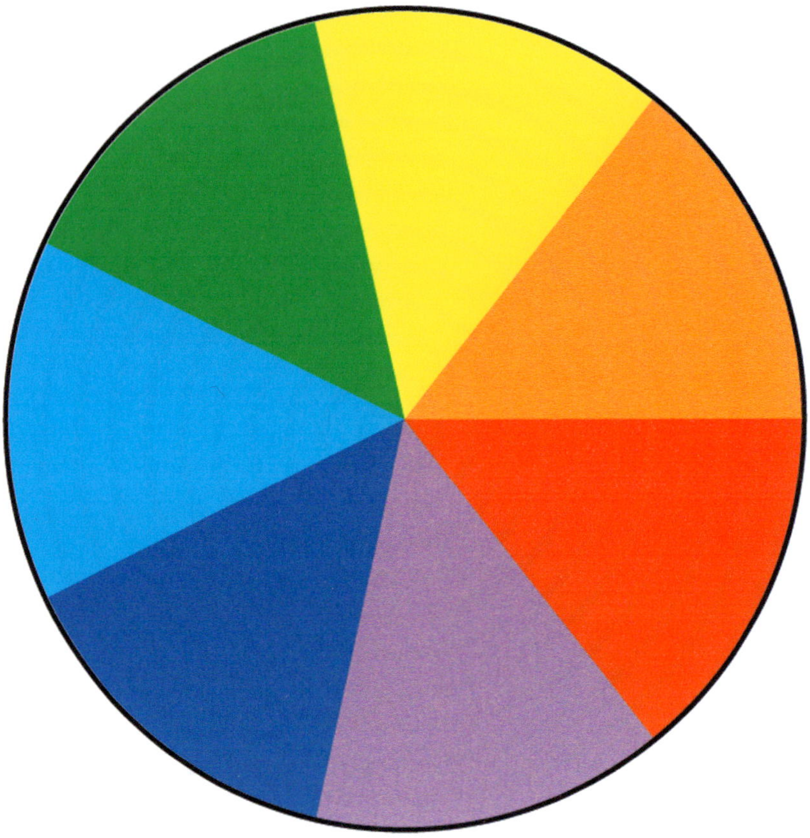

C

D